Alexis von Croy
Abenteurer der Lüfte

Zu diesem Buch

Vor hundert Jahren veränderten Orville und Wilbur Wright mit ihrem ersten Motorflug die Welt. Die Faszination des Fliegens, von der die Pioniere der Luftfahrt erfüllt waren, macht Alexis von Croy in diesem opulent bebilderten Band lebendig. Er erzählt von den größten Abenteuern und dramatischsten Begebenheiten, den interessantesten Persönlichkeiten und den spektakulärsten technischen Entwicklungen aus einem Jahrhundert Fliegerei. Von den Pioniertagen der Gebrüder Wright spannt er den Bogen über Charles Lindberghs revolutionären Atlantikflug bis zur Überschall-Concorde unserer Tage. Immer steht das Spannende und Besondere im Mittelpunkt dieses fesselnden Einblicks in die Welt des Fliegens – zum Beispiel das mysteriöse Verschwinden der Fliegerlegende Amelia Earhart oder das tragische Schicksal der »Lady be Good«, des vermißten Bombers in der Wüste ...

Alexis von Croy, geboren 1959 in München, arbeitet als Chefreporter für das Fliegermagazin. Er hält mehrere Pilotenlizenzen und ist für seine Recherchen in allen Kontinenten unterwegs.

Alexis von Croy
Abenteurer der Lüfte

Die besten Geschichten über das Fliegen

Mit 147 Abbildungen, davon 65 in Farbe

Ein MALIK Buch
Piper München Zürich

Für Marjan

Ungekürzte Taschenbuchausgabe
1. Auflage Dezember 2004
2. Auflage Februar 2006
© 2003 Piper Verlag GmbH, München,
erschienen im Verlagsprogramm Malik
Umschlagkonzept: Büro Hamburg
Umschlaggestaltung: Birgit Kohlhaas
Foto Umschlagvorderseite: Topical Press Agency / getty images (oben) und Alexis von Croy (unten)
Satz: Satz für Satz. Barbara Reischmann, Leutkirch
Druck und Bindung: Clausen & Bosse, Leck
Printed in Germany
ISBN-13: 978-3-492-24335-3
ISBN-10: 3-492-24335-5

www.piper.de

Inhalt

Vorwort 7

1903
In den Dünen von Kitty Hawk lernt
die Menschheit fliegen 9

1919
Bezwinger des Nordatlantik:
John Alcock und Arthur Whitten-Brown 39

1927
Solo nach Paris: Charles Lindbergh 59

1937
Das Jahrhundert-Mysterium:
Amelia Earhart verschwindet im Pazifik 91

1938
Aus Versehen über den Ozean:
Die Abenteuer von Douglas »Wrong Way« Corrigan . . . 127

1944
Die »Lady be Good«: Der Bomber in der Wüste 143

1947
    Mister Supersonic: Chuck Yeager 179

1967
    North American X-15: Mit dem Flugzeug
    an den Rand des Weltraums 203

1989
    Notlandung in Sioux City 233

1992
    Patty Wagstaff wird Miss Aerobatic 259

1995
    Bomber im Eis: »Kee Bird« 273

2000
    Die Concorde: Das Ende eines schönen Traums 295

1485–1903
    Die Erfindung des Fliegens 336

1903–2003
    Ein Jahrhundert Motorflug 347

Bildnachweis 366

Vorwort

100 Jahre motorisierte Luftfahrt haben tausende von spannenden Fliegergeschichten produziert – warum wollte ich ausgerechnet diese zwölf Geschichten erzählen?

Bei einigen der Stories waren Markus Dockhorn und Ulrich Wank vom Verlag und der Autor sich schnell einig: Ohne die Geschichte von der Erfindung des Flugzeugs konnten wir uns dieses Buch nicht vorstellen. Und die immer noch atemberaubenden Flüge von Charles Lindbergh, Amelia Earhart oder Chuck Yeager darf man nicht weglassen. Ihre Pioniertaten sind untrennbar verbunden mit 100 Jahren motorisierter Luftfahrt.

Aber wir wollten mehr: von Fliegerabenteuern, technischen Entwicklungen und Dramen erzählen, die viele Leser heute nicht mehr kennen. Natürlich – es gibt Luftfahrtexperten, denen der 1944 in der Wüste verschollene Bomber »Lady be Good« ein Begriff ist. Und es gibt Insider, die genau wissen, warum der tragische Absturz der Concorde an jenem Sommertag 2000 in Paris passierte, der letztlich das Kapitel Überschall-Passagierflug beendete.

Meine Intention aber war es, kein Buch für Fachleute, Ingenieure oder Luftfahrthistoriker zu schreiben, sondern eins, das in einer lebendigen Mischung die ganze bunte – und manchmal auch düstere – Vielfalt zeigt, die dieses Jahrhundert der Fliegerei geprägt hat. Und ich wollte all diese Aspekte einem Publikum näherbringen, das sonst nur wenig Berührung mit der Welt der Flieger hat. Ich hatte noch eine andere Absicht: über diese zwölf Geschichten verteilt wichtige technische Zusammenhänge der Luftfahrt mit dem richtigen Maß an Tiefgang erklären. Es war eine echte Herausforderung. Denn will man die Aerodynamik des Überschallflugs so erklären, daß auch ein Wissenschaftler sie ernst nähme – selbst der erfahrenste Pilot würde kein Wort verstehen, so komplex ist diese Materie. Und wenn ich Ihnen im reinen Jargon der Flieger erkläre, wie es die Piloten von United 232 schafften, doch noch den Flughafen von Sioux City zu erreichen, nachdem ihre riesige DC-10 unsteuerbar wurde – die meisten Laien würden buchstäblich nur Bahnhof, pardon Flughafen, verstehen.

Natürlich ist so eine Auswahl an Stories immer subjektiv – ganz egal, welche anderen Abenteuer aus zehn Jahrzehnten Fliegerei ich Ihnen noch erzählen würde. Ich habe nur die Geschichten ausgesucht, die ich selbst für die faszinierendsten und wichtigsten halte, und natürlich mußte ich mich dabei beschränken. So breit und vielfältig wie möglich sollte die Palette werden. Ich will Ihnen von den faszinierenden, mutigen Persönlichkeiten der frühen Pioniere berichten, von technischen Entwicklungen, die unser Leben in den vergangenen Jahrzehnten verändert haben, aber ich möchte ihnen auch Einblick geben in die Welt der Flieger, in den Beruf und die Sprache des Piloten, die technische Komplexität des Fliegens. Und *natürlich* sollten es Geschichten sein, die spannend sind und Sie mitreißen.

Alexis von Croy

1903

In den Dünen von Kitty Hawk lernt die Menschheit fliegen

Der Morgen des 17. Dezember 1903, 10.30 Uhr in Kitty Hawk, North Carolina. Orville (32) und Wilbur Wright (36), stehen mit dem von ihnen erdachten und gebauten Flugapparat in den Sanddünen der Outer Banks. Heute will Orville den Start wagen. Eingehängt in die im Sand verlegte Holzschiene, vibriert das zerbrechlich aussehende Gerät aus stoffbespannten Fichten- und Eschenholzlatten, verspannt mit Stahldraht, im starken aber steten Nordwind. Der Winter ist bereits zu spüren, die Wasserpfützen am Strand sind gefroren. Seit dem Morgengrauen sind sie heute bereits auf den Beinen, warten gespannt auf die Gelegenheit, ihr erstes Motorflugzeug endlich zu testen. Am frühen Morgen sind sie zunächst der Meinung, der Wind, der heute mit über 40 Stundenkilometern bläst, sei zu stark für einen Start. Gegen zehn aber werden sie ungeduldig. Vielleicht ist der Wind sogar von Vorteil? Egal, heute werden sie es wagen. Für die nächsten Tage ist noch schlechteres Wetter vorhergesagt, und sie dürfen keine weitere Zeit mehr verlieren.

Um zehn Uhr haben sie begonnen, die Startschiene, auf der das seltsame Gefährt beschleunigt werden soll, an einer ebenen Stelle in der Nähe des Camps zu verlegen. Ein Fahrwerk hat das erste Flugzeug der Menschen nicht, nur dünne Kufen. Es ist so kalt, daß Wilbur und Orville die schwere Arbeit immer wieder unterbrechen müssen, um sich am improvisierten Ofen in ihrer kargen Hütte in den Kill Devil Hills der Outer Banks, so heißt dieser Strandabschnitt, aufzuwärmen. Nach und nach treffen Bekannte ein, Männer aus den umliegenden Orten. J. T. Daniels, W. S. Dough und

Der erste kontrollierte Motorflug: Am 17. Dezember 1903 startet Orville Wright mit dem Flyer in Kitty Hawk

A. D. Etheridge von der Wasserwachtstation sind anwesend, ein Mister W. C. Brinkley aus dem kleinen Ort Manteo ganz in der Nähe, ein Junge aus Nags Head, Johnny Moore. Der Flyer ist bereit...

Wilbur und Orville Wright sind zwei von sieben Kindern Milton Wrights, einem Priester und späteren Bischof der evangelischen »United Brethren Church«. Zwei Geschwister sterben kurz nach der Geburt. Wilbur wird 1867 auf einer Farm bei Milville, Indiana, geboren, Orville kommt vier Jahre später in Dayton, Ohio, auf die Welt, wo sich die Wrights nach einigen Umzügen quer durch den Mittleren Westen niedergelassen haben. In der Familie herrscht ein innovatives und technikfreundliches Klima. Es ist vor allem die Mutter, Susan Wright, die handwerklich und naturwissenschaftlich begabt ist. Die Tochter eines noch in Deutschland geborenen Wagenbauers war regelmäßig Klassenbeste in Mathematik und hat neben Literatur auch Naturwissenschaften studiert. Als junge Mutter erfindet und baut sie oft die verschiedensten Haushaltsgeräte und begeistert ihre Kinder früh für alles Mechanische. Wann immer die Jungen einen technischen Rat brauchen, kommen sie zu ihr. Der Vater aber ist es, der seine beiden jüngsten Söhne zum ersten Mal auf das Thema Luftfahrt stößt. Von einer Dienstreise bringt er ihnen ein fliegendes Spielzeug mit, das die Kinder sofort fasziniert: einen von einem Gummimotor angetriebenen kleinen Hubschrauber aus Bambus und Federn. In ähnlicher Form ist es bereits seit dem 14. Jahrhundert bekannt. Auch der berühmte englische Flugpionier George Cayley war davon fasziniert und entwickelte es weiter. Wilbur und Orville ahnen nichts von der Bedeutung, die das faszinierende Spielzeug für ihr weiteres Leben haben wird. Aber sie beginnen sofort, den kleinen Hubschrauber nachzubauen – und stoßen nach kurzer Zeit an eine Grenze, die sie als Kinder nicht verstehen können: Warum fliegt der Apparat nicht, wenn man ihn maßstabsgetreu aber viel größer nachbaut? Erst Jahre später, als sie sich ernsthaft mit den physikalischen Grundlagen auseinandersetzen, lernen sie, daß ein nur doppelt so großer fliegender Apparat bereits acht mal so viel Auftrieb wie das Spielzeug benötigt, um die Schwerkraft der Erde zu überwinden. Als Orville eines Tages in der Schule wieder einmal einen der kleinen Drehflügler baut, obwohl er sich eigentlich mit schulischen Aufgaben beschäftigen soll, erklärt er dem erst ungehaltenen, dann erstaunten Lehrer, sein Bruder und er hätten vor, eine Flugmaschine zu bauen, die groß genug sein würde, sie beide zu transportieren. Die möglicherweise wenig schmeichelhafte Antwort seines Lehrers ist nicht überliefert.

Für die darauffolgenden Jahre verzeichnen die Biographen keinerlei aeronautische Aktivitäten, die Brüder wenden sich erst einmal praktischen beruflichen Dingen zu. Wilbur lernt eifrig Griechisch und Trigonometrie und ist auch ein sehr guter Sportler – bis ihm 1885, mit 18 Jahren, eines Tages beim Hockeyspiel mehrere Zähne ausgeschlagen werden. Von einer Infektion, Operationen und Zahnarztbesuchen geschwächt, beginnt er zu kränkeln und verbringt viel Zeit zu Hause. Er liest alles, was ihm in die Finger kommt, und pflegt nebenbei noch seine an Tuberkulose erkrankte Mutter, die 1889 an der Krankheit stirbt.

Bruder Orville beschäftigt sich zu dieser Zeit vor allem mit dem Druckwesen. Als er 17 Jahre alt ist, baut er nacheinander verschiedene Druckerpressen. Wilbur, der vielleicht technisch noch begabtere der beiden, hilft ihm dabei. Zum ersten Mal lösen die Brüder gemeinsam eine diffizile technische Aufgabe, und bis zu Wilburs frühem Tod 1912 (wie seine Mutter stirbt auch er an Tuberkolose) bleiben sie ein hervorragendes kreatives Team, in dem immer wieder der eine den anderen anspornt und inspiriert. Obwohl sie die gleichen, wachen grau-blauen Augen haben, unterscheiden sie sich auch in vielem. Wilbur, das technische Genie und von blitzschneller Auffassungsgabe, hat ein markantes, falkenähnliches Profil, abstehende Ohren und schon früh eine Glatze. Orville hingegen trägt sein volles Haar lang, hat einen stolzen Schnauzer und immer etwas Dandyhaftes an sich. Im Gegensatz zu Wilbur, der in dieser Beziehung eher nachlässig ist, kleidet er sich immer höchst elegant. Orville aber ist der scheuere der Brüder. Innerhalb der Familie taut er auf und ist oft zu Scherzen aufgelegt, in der Öffentlichkeit aber ist Orville fast immer stumm – zeit seines Lebens hält er nie eine Rede. Beide Brüder entwickeln schon früh beachtliche handwerkliche Fähigkeiten, aber meist ist es Wilbur, der die Lösung für ein mechanisches Problem findet.

Nachdem Orvilles Stadtteilzeitung *West Side News* ein Erfolg wird, gibt er ein paar Monate lang sogar eine echte Tageszeitung heraus, den *Evening Item*. Wilbur betätigt sich als Redakteur für das Blatt. Allerdings erweist sich die Konkurrenz zu den etablierten Tageszeitungen Daytons doch als etwas zu ambitioniert, die Wrights stellen die Zeitung nach wenigen Monaten wieder ein.

1892 erwerben die Brüder zwei Exemplare der zu dieser Zeit populär werdenden modernen Fahrräder mit zwei gleich großen Reifen, damals »Sicherheitsfahrräder« genannt, die mehr und mehr die umständlichen Hochräder ablösen. Beide sind schon seit längerem begeisterte Radfahrer, und Orville hat sogar einige Medaillen bei Radrennen gewonnen. Kurz darauf machen sie sich als Fahrradhändler selbständig. Ab 1896 bauen sie eigene Fahrräder, die sie aus Standardkomponenten montieren und in vielen Details verbessern.

In den Dünen von Kitty Hawk

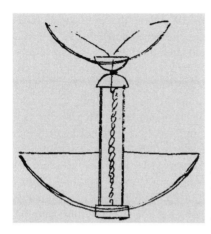

Einen solchen Gummimotor-Hubschrauber bringt Vater Wright seinen Söhnen von einer Dienstreise mit

Ihre Modelle haben Namen wie »Van Cleve« oder »St. Clair«, die Rahmenteile sind in fünf Schichten schwarz oder karminrot emailliert. Ihre Geschäfte laufen gut. So gut, daß Orville nach einiger Zeit auch auf die Annahme von Druckaufträgen verzichtet, die bis dahin ein zweites wirtschaftliches Standbein sind. Ganz zufrieden scheint vor allem der hochbegabte Wilbur mit diesem Leben aber nicht zu sein, denn er schreibt eines Tages: *»Allen Jungs der Wright-Familie fehlen die Ziele und der Antrieb. Keiner von uns hat bis jetzt Gebrauch von seinen Talenten gemacht, um andere zu übertreffen.«*

1894 erscheint im amerikanischen Magazin *McClure's* ein Artikel über den fliegenden Menschen Otto Lilienthal, der Tausende von Kilometern entfernt, in der Nähe von Berlin, aufsehenerregende Versuche mit Gleitern macht und über den alle Welt spricht. Es ist nicht bekannt, ob die Wrights diesen Artikel gelesen haben, aber es spricht einiges dafür. Zwei Jahre später, im August 1896 – in diesem Sommer pflegt Wilbur den tuberkulosekranken Orville – hören sie von Lilienthals Absturz und von seinem Tod. Ab diesem Zeitpunkt beginnen sie sich mehr für die Luftfahrt zu interessieren und lesen alles, was sie an wissenschaftlicher Literatur über das Fliegen, oder vielmehr über den Wunsch zu fliegen, in ihrer Umgebung finden können. Im Mai 1899 gibt es in Dayton für die Wrights keinerlei neue Literatur zu den Themen der Flugmechanik mehr. Deshalb schreibt der inzwischen 32jährige Wilbur an die Smithsonian Institution und bittet um Informationen über weiterführende Literatur. Ein Mitarbeiter der wissenschaftlichen Einrichtung, Richard Rathburn, schickt alsbald vier neuere Artikel sowie eine Liste mit Literatur nach Dayton. Bei der Lektüre von Samuel Langleys »Experiments in Aerodynamics«, Octave Chanutes »Progress in Flying Machines«, Lilienthals »Über Theorie und Praxis des freien Fluges« und den »Aeronautical Annuals« des Bostoner Wissenschaftsredakteurs James Mean wird den staunenden Wrights schlagartig klar, daß keiner der weltberühmten Forscher eine konkrete Idee hat, wie die Steuerung einer Flugmaschine funktionieren könnte: weder der bereits legendäre Deutsche Otto Lilienthal, noch der berühmte amerikanische Flugforscher Octave Chanute oder der vom Kriegsministerium für den Bau eines brauchbaren Flugapparats mit 50 000 Dollar gesponserte Direktor der ehrwürdigen Smithsonian Institution, Samuel Langley, der auch ein berühmter Astronom und in den USA einer der angesehensten Forscher seiner Zeit ist. »*Es gibt keine Flugkunst*«, stellt Wilbur eines Tages lakonisch fest, »*es gibt nur ein Flugproblem*«.

Bereits zuvor, 1898, hat Wilbur einen Bussard im Flug beobachtet und sich damals erste Gedanken über das Probleme einer wirksamen Steuerung gemacht. Vor allem darum bemüht, endlich mit einem Fluggerät, das (im Gegensatz zu den bereits bekannten Heißluftballonen) schwerer als Luft ist, die Erdanziehung zu überwinden, scheinen fast alle Flugforscher eines der wichtigsten Probleme verdrängt zu haben: Was, wenn das Flugzeug abhebt, wie kann es dann gelenkt werden? Vögel, bemerken die Wrights schon früh, drehen sich nach rechts oder links um ihre Längsachse, indem sie die Spitzen ihrer Flügel gegeneinander verdrehen und so eine Differenz im Auftrieb der beiden Flügel herstellen. Folge ist der Kurvenflug. Hat beispielsweise der linke Flügel einen geringeren Auftrieb als der rechte, neigt sich der Vogel nach links und beginnt nach links wegzudrehen. Wie kann man die Flugtechnik des Bussards auf ein Flugzeug übertragen? So sehr waren alle Pioniere bis jetzt damit beschäftigt, ihren Fluggeräten auch nur die kleinsten Hüpfer zu entlocken, daß keiner von ihnen an den Fall gedacht zu haben schien, daß dies auch einmal gelingen könnte!

Alle führenden Kapazitäten der Aeronautik setzen zu dieser Zeit

In den Dünen von Kitty Hawk

in ihren Versuchen auf Konstruktionen, deren Piloten nach einem erfolgreichen Abheben wenig mehr tun können, als hoffen, daß ihr Apparat die gewünschte Flugbahn einschlägt. Langley baut, wie vor ihm schon Maxim oder Pénaud, ganz auf das eigenstabile Flugzeug. Dieser Philosophie stehen vor allem der Engländer Pilcher und Otto Lilienthal gegenüber, deren Gleiter in erster Linie durch die Verlagerung des Körpergewichts gesteuert werden. Was bei einem leichten Gleiter, wie ihn Lilienthal entwickelt hat, mehr schlecht als recht funktioniert – für die Steuerung eines großen oder gar eines motorisierten Flugzeugs ist diese Methode untauglich. Durch einfaches Verschieben des Schwerpunkts allein läßt sich ein Flugzeug nicht präzise steuern. Ein eigenstabil gebautes Flugzeug wiederum fliegt nach dem Start zwar stabil geradeaus, läßt sich aber ohne Steuerung auch durch Gewichtsverlagerung kaum in eine Kurve zwingen. Intuitiv erfassen die Wrights, daß die Erfindung einer wirksamen Steuerung einer der wichtigsten Schlüssel zur Lösung des Menschheitstraumes vom Fliegen sein wird. Und sofort machen sie sich mit der für sie typischen Akribie, Systematik und Ausdauer daran, Lösungen zu entwickeln. Ihre erste Idee ist es, die Flügel (noch haben sie überhaupt kein einziges Fluggerät gebaut!) als Ganzes gegeneinander verdrehbar zu machen, um so die aerodynamische Asymmetrie zu schaffen, die Vögel kurven läßt. Schnell wird ihnen aber klar, daß die dafür benötigte Mechanik zu schwer für einen leichten Gleiter wäre.

Im Juli 1899 steht Wilbur an der Theke des Fahrradladens und unterhält sich mit einem Kunden, dem er soeben einen Fahrradschlauch verkauft hat. Gedankenverloren spielt er mit dem rechteckigen Karton, in dem der Schlauch verpackt war, als es ihn plötzlich durchfährt. Wenn er, wie er es soeben geistesabwesend getan hat, die Enden der Schachtel gegeneinander verdreht... – genauso müßten die Tragflächen funktionieren! Sie müssen sich gar nicht als Ganzes gegeneinander drehen, sie müssen sich in sich selbst verwinden! Noch am selben Abend entwerfen die Brüder ein System aus Seilen und Umlenkrollen. Und wenige Tage später haben sie ihr erstes Fluggerät fertiggestellt. Es ist ein kleiner Drachen mit zwei parallelen Tragflächen von je 1,52 Meter Länge, deren Enden sich vom Boden aus mit Hilfe von Drähten gegeneinander verwinden

Ihre ersten Flugzeuge testen die Wrights wie Drachen an einem Seil

lassen. Dieses erste Flugzeug der Wrights funktioniert bereits beim ersten Steigenlassen so gut, daß die beiden unverzüglich daran gehen, sich über die Konstruktion eines bemannten Gleiters in voller Größe Gedanken zu machen. Bevor sie sich damit wie Lilienthal von einem Hügel stürzen, soll auch der erste große Gleiter zunächst wie ein Drachen an einem Seil befestigt fliegen. Um das mit 5,2 Meter Spannweite, 15 Quadratmeter Flügelfläche und einem vorn angebrachten Höhenruder viel schwerere neue Gerät aber wie einen Drachen steigen lassen zu können – und vielleicht sogar bemannt damit zu fliegen! – benötigen die Wrights ein geeignetes Gelände mit ausreichend starken und konstanten Winden.

Als sich der Bau des Gleiters langsam der Vollendung nähert, beschließen sie, das *U.S. Weather Bureau* anzuschreiben, um mit dessen Hilfe einen geeigneten Startplatz zu finden. Die Antwort der Behörde kommt bald: Der Strand von Kitty Hawk, einem Dorf auf der langgezogenen Halbinsel Outer Banks vor der Küste North Carolinas, würde die besten Windverhältnisse bieten, schreiben die Meteorologen – und darüber hinaus nicht zu weit von Dayton entfernt sein. Vom Leiter der Wetterstation von Kitty Hawk, Joseph J. Dosher, erfahren die Wrights in einem Briefwechsel mehr über die tatsächlichen Verhältnisse am Strand von Kitty Hawk. Dosher beschreibt in einem Brief den weiten Sandstrand mit den vereinzelten, verkrüppelten Bäumen und den hohen Dünen, und er bestätigt die Windverhältnisse. Nur ein Quartier kann er den Wrights nicht anbieten, im bescheidenen Fischerdorf sind zu Beginn des 19. Jahrhunderts keine Häuser zu vermieten.

Wilbur trifft am 12. September 1900 zum ersten Mal in Kitty Hawk ein, wo er zuerst bei William Tate, dem Leiter der örtlichen Post, Quartier findet. Umgehend beginnt er mit dem Zusammenbau des Gleiters. Zwei Wochen später kommt Orville nach. Er bringt ein Zelt und auch weiteren Proviant mit. Anfang Oktober starten sie die ersten Versuche mit dem Gleiter als Drachen. Aber es ist enttäuschend: Der Apparat entwickelt nicht annähernd so viel Auftrieb, wie die Brüder berechnet haben, und am 10. Oktober machen die Wrights zum ersten Mal Bruch. Es soll nicht das letzte Mal sein. Eine starke Windböe erfaßt den am Boden liegenden Gleiter und schleudert ihn sechs Meter weit weg, wobei er stark beschädigt wird. Sofort reparieren sie ihn und machen unbeeindruckt weiter. Sie lassen den Gleiter wieder und wieder steigen, mal leer, mal mit Gewichten von bis zu 22 Kilogramm beschwert. Und am 17. Oktober haben sie sogar ihren ersten Passagier. Tom Tate, der zehn Jahre alte Neffe von Bill Tate läßt sich vom dem gefesselten Gleiter empor tragen. Der nächste Versuch wird der erste echte Flug von Wilbur. Er legt sich in den Gleiter und segelt fast 120 Meter weit von einem Dünenhügel hinab. Trotz dieser kleinen Erfolge sind die Ergebnisse ernüchternd. Dann läßt auch der Wind langsam nach und bald darauf ist er zu schwach für weitere bemannte Flüge. Am 23. Oktober brechen die Wrights ihr Lager deshalb ab und kehren für den Winter nach Dayton zurück. Den Gleiter lassen sie zurück. Bill Tates Frau schneidet später Stücke aus dem Satinstoff der Bespannung und näht daraus Kleider für ihre drei Töchter.

Obwohl die Versuche mit dem Gleiter nicht so erfolgversprechend waren, wie sie es sich erhofft hatten – Wilbur und Orville haben nun richtig Feuer gefangen, was die Fliegerei betrifft. Im Frühjahr 1901 dreht sich ihr Leben nur noch um die Idee, mit einem neuen Flugapparat möglichst schnell nach Kitty Hawk zurückzukehren. Für die Fahrradwerkstatt stellen sie einen Mechaniker namens Charlie Taylor ein, und ihre Schwester Catherine wird mit der Führung des Fahrradgeschäfts beauftragt. Das wirft immerhin genügend Geld für eine Fortsetzung der Flugversuche ab. Als sie im Juli 1901 nach Kitty Hawk zurückkommen, haben sie ein neues Flugzeug mit fast sieben Meter Spannweite im Gepäck. Sieben Kilometer vom Ort entfernt, in der Nähe großer Sanddünen, den Kill Devil Hills, schlagen sie ihr Lager auf. Sie bohren sogar einen Brunnen, der allerdings meist trocken bleibt. Um mehr Auftrieb zu erzeugen, hat der neue Apparat einen wesentlich größeren Flügel von 28 Quadratmetern Fläche inklusive Höhenruder. Es ist der größte bisher gebaute Gleiter überhaupt. Das Profil des Flügels haben die Wrights sorgfältig nach Otto Lilienthals veröffentlichten Berechnungen gebaut. Zwei Flugenthusiasten, Edward Huffaker und George Spratt, gesellen sich zu ihnen. Octave Chanute, die graue Eminenz der amerikanischen Flugforschung und selbst mit Gleitflugversuchen beschäftigt, hat die beiden geschickt in der Annahme, sie könnten von den Wrights lernen. Am Tag ihrer Ankunft wird das Lager von aggressiven Mücken heimgesucht, derer sie erst Herr werden, als Chanute bei einem Besuch ein feinmaschiges Moskitonetz mitbringt.

Doch trotz sorgfältiger Vorbereitungen – auch der neue Gleiter erfüllt die Erwartungen nicht. Im Grunde fliegt er sogar schlechter als das Modell vom Vorjahr. Woran es liegt – sie wissen es nicht, haben lediglich Vermutungen. Hat Otto Lilienthal in seinen aerodynamischen Berechnungen Fehler gemacht? Sind seine Auftriebs- und Widerstandstabellen falsch? Zuerst haben Wilbur und Orville Hemmungen, die Forschungsresultate des legendären Lilienthal in Frage zu stellen. Als sie aber den Flügel ihrer neuen Maschine auf ein flacheres, dem ursprünglichen Gleiter ähnliches Profil umbauen, fliegt er wieder besser. Andere Probleme bleiben ungelöst. Am allerwenigsten verstehen Wilbur und Orville, warum der beim Kurvenflug äußere Flügel mehr Widerstand erzeugt als der innere, wodurch die Nase des Gleiters sich in die der Kurve entgegengesetzte Richtung dreht, also »giert«. Es handelt sich um ein Phänomen, das heute jedem Piloten als »negatives Wendemoment« bekannt ist, sich bei modernen Flugzeugen allerdings durch konstruktive Tricks an den Querrudern der Flügel kaum mehr auswirkt.

In den Dünen von Kitty Hawk

Obwohl sie in diesem Sommer noch einen Gleitflug von 120 Metern Weite schaffen, reisen Wilbur und Orville am 20. August einigermaßen niedergeschlagen nach Dayton zurück, um dort eigene aerodynamische Versuche anzustellen. Im Grunde sind sie noch keinen Schritt weiter als ein Jahr zuvor, und am Ende dieses Sommers des Jahres 1901 sagt der entmutigte Wilbur voraus, daß die Menschen zwar eines Tages fliegen, aber sie das wohl nicht mehr erleben würden. Orville erinnert sich Jahre später, daß Wilbur noch hinzufügt: *»Innerhalb der nächsten tausend Jahre werden die Menschen nicht fliegen!«*.

Zur selben Zeit als die Wrights in Kitty Hawk die Enttäuschungen mit ihrem zweiten Gleiter erleben, melden drei Zeitungen an der Ostküste, daß am 14. August in Bridgeport, Connecticut, ein erfolgreicher Flug stattgefunden hat, bei dem sich eine Flugmaschine aus eigener Kraft vom Erdboden gelöst hat. Der aus Bayern eingewanderte Gustaf Weißkopf, der sich in der Neuen Welt Gustave Whitehead nennt, will in der Nacht zum 14. August mit einem von ihm erdachten und gebauten Flugzeug einen erfolgreichen Flug absolviert haben. In derselben Nacht, behauptet Weißkopf, sei er sogar mehrfach geflogen, zum Beispiel 2,5 Kilometer weit – in sechzig Meter Höhe. Und fünf Monate später will der technisch durchaus geschickte Weißkopf (»mit erschreckend hoher Geschwindigkeit!«) einen elf Kilometer weiten Rundflug über dem Long Island Sound durchgeführt haben. Für diesen gibt es allerdings ebenso wenige Belege wie für einige weitere Flugberichte. Von keinem der Flüge gibt es ein Foto, und auch andere stichhaltige Beweise lassen sich nicht finden. Einige der Zeugen, die Weißkopf benannt hat, sagen später aus, daß ihnen keinerlei Flüge Weißkopfs bekannt seien – und daß sie ihm eine solche Leistung auch nicht zutrauen würden. Selbst einer seiner Sponsoren, Stanley Y. Beach, der von 1901 bis 1910 viel Zeit mit Weißkopf verbringt und einen Artikel für *Scientific American* über dessen Experimente verfaßt, hört niemals – auch nicht von Weißkopf selbst! – irgend etwas von einem erfolgreichen Flug! Dabei hat Beach sogar seine Familie dazu gebracht, fast 10 000 Dollar in Weißkopfs fliegerische Unternehmungen zu investieren. Beach hätte schon allein deshalb großes Interesse an einer Erfolgsmeldung haben müssen, um damit seiner

Familie zu beweisen, daß ihr Geld gut angelegt war. Resultat der Zusammenarbeit Beach/Weißkopf war der Beach-Whitehead-Doppeldecker, der auf der *New York Aeronautic Society Show* im November 1908 im New Yorker Morris Park ausgestellt wurde, aber niemals flog. Auch in Beachs Aussagen zu Weißkopf gibt es bis heute diverse Ungereimtheiten. So führten sie nie dazu, Weißkopfs Berichte glaubwürdiger zu machen.

Im August 1945 meldet sich sogar Orville Wright, der sonst immer einen ausgesprochenen Widerwillen gegen das Verfassen von Artikeln zeigt, zum Thema Weißkopf zu Wort. Er hat in *Reader's Digest* über die angeblichen Flüge gelesen und die Behauptung, daß Weißkopf die Brüder Wright aus dem Rennen um den ersten Motorflug geworfen hat, kann er nicht unbeantwortet lassen. In einem Beitrag im *U.S. Air Services Magazine*, einer Zeitschrift der amerikanischen Luftstreitkräfte, sinniert Orville als Entgegnung auf *Reader's Digest* darüber, warum der *Bridgeport Herald*, dessen Reporter

Geniale Erfinder und Businessmen: Orville (links) und Wilbur Wright

1901 angeblich Zeuge des ersten Flugs wurde, die Sensationsstory damals vier Tage liegen ließ, um sie schließlich in der Sonntagsausgabe zu bringen – illustriert mit vier auf Besenstielen fliegenden Hexen. Allerdings erreicht die Fachzeitschrift nur einen Bruchteil der Leserschaft von *Reader's Digest*, was dazu beigetragen haben könnte, daß sich die offensichtliche Fabel von Weißkopfs Flügen bis heute hält. Auf dem Marktplatz der Gemeinde Leutershausen, dem Geburtsort Weißkopfs in der Nähe von Ansbach, errichteten seine Anhänger ihm ein Denkmal und ein rühriger Verein ist bis heute um die offizielle Anerkennung der mysteriösen Nachtflüge bemüht. Weißkopfs Flugzeug, das auf den überlieferten Fotografien keinerlei Steuerung erkennen läßt und offensichtlich Tragflächen wie ein Lilienthal-Gleiter hatte (Berichte, nach denen der junge Weißkopf Lilienthal einmal besucht haben soll, erscheinen eher unglaubwürdig), wird in der abgebildeten Form von den meisten Experten für nicht flugfähig gehalten. Luftfahrthistoriker sind aus diesen – und einigen weiteren – Gründen heute der Meinung, daß Weißkopfs Konstruktion den Erdboden nie verlassen hat. Dennoch muß Gustaf Weißkopf zu den wirklichen Enthusiasten gezählt werden. In einer Zeit, in der die Luftfahrt noch nicht mehr als ein vages Versprechen war, glaubte er unerschütterlich – und vielleicht manchmal mit etwas zuviel Phantasie – an seine Vision und arbeitete mit viel Engagement an der Lösung der Probleme.

Zurück nach Dayton, 1901: Die Wrights sind nahe daran, die Beschäftigung mit der Fliegerei aufzugeben. Doch ein Zufall bewahrt sie davor, endgültig zu resignieren: Octave Chanute lädt die Brüder Ende August dazu ein, einen Vortrag vor der ehrwürdigen *Western Society of Engineers* zu halten. Obwohl seine Schwester ihn zur Teilnahme überreden muß (und ihm einen von Orvilles eleganten Anzügen für die Reise einpackt), erkennt Wilbur, daß die Beschäftigung mit dem Verfassen des Vortrags ihn dazu zwingt, alles Geschehene noch einmal sorgfältig zu überlegen und systematisch zu rekapitulieren. In seinem Vortrag, den er bescheiden »Some Aeronautical Experiments« nennt, zeigt Wilbur Lichtbilder der Flugversuche und stellt fast waghalsig die These auf, daß Lilienthals Tabellen falsch sein könnten. Mit dieser kühnen Behauptung allerdings geraten die Brüder in Zugzwang – und bleiben der Erforschung des

Menschenflugs erhalten. Wer behauptet, daß Lilienthal Unrecht hat, muß zumindest eine bessere Lösung parat haben!

Mit neu entflammtem Ehrgeiz erfinden die Wrights nie gesehene Apparaturen zur Erforschung von Flügelprofilen. Sie montieren eine Fahrradfelge horizontal und drehbar gelagert auf dem Lenker eines ihrer Räder. Darauf befestigen sie senkrecht in einer geschickten Anordnung jeweils einen ihrer Modellflügel mit einem bestimmten Profil und gegenüber, auf der anderen Seite der Felge, eine plane Metallplatte, die quer zum Fahrtwind steht. Wenn sie jetzt mit dem Fahrrad die Straße hinunterfahren und die Felge auf dem Lenker sich nicht dreht, so bedeutet dies, daß der Luftwiderstand der geraden Platte in diesem Moment den gleichen Wert hat, wie die Auftriebskraft an dem Modellflügel. Da der Luftwiderstand einer geraden Platte sich leicht berechnen läßt, wissen die Wrights jetzt, welchen Auftrieb ihr Profil bei diesem Versuch erzeugt. Wenn der Auftrieb des Modellflügels größer ist als der Widerstand der Metallplatte, dreht die Felge sich in die eine, ist der Auftrieb kleiner, in die andere Richtung.

Nachdem sie mit Hilfe dieser verblüffend einfachen Konstruktion viele Flügelprofile bei verschiedenen Anstellwinkeln (der Winkel, in dem die Luft an das Flügelprofil strömt) getestet haben, sprechen die Daten eine klare Sprache: Irgendetwas an Lilienthals Berechnungen ist falsch. Allerdings ist die Vorrichtung auf dem Fahrrad nicht präzise genug, um damit wirklich exakte Daten zu ermitteln. Deshalb bauen die Brüder aus einer fünfzig Zentimeter langen Holzkiste und einem von einem kleinen, sonst in ihrer Fahrradwerkstatt benötigten Benzinmotor angetriebenen Propeller einen Windkanal. Der Engländer Francis Herbert Wenham hat den Windkanal bereits 30 Jahre vorher erfunden, dennoch ist er nur von wenigen Flugpionieren verwendet worden. Vielleicht auch deshalb, weil nur wenigen Wissenschaftlern die aerodynamischen Zusammenhänge so geläufig sind, daß sie systematisch mit einem solchen Gerät umgehen könnten.

Die Wrights aber sind ein Glücksfall für die Flugforschung. Ihr Durchhaltewillen und ihre Begeisterung sind ebenso stark wie ihre Bereitschaft, sich auch mit der theoretisch-physikalischen Seite der »Luftfahrt« auseinanderzusetzen. Bevor sie sich an den Bau eines

In den Dünen von Kitty Hawk

weiteren Flugzeugs machen, wollen sie noch mehr über die physikalischen Prinzipien lernen. Kurz darauf – Wilbur erwähnt es in einem überlieferten Brief an Chanute – bauen sie sogar einen noch größeren Windkanal von 1,80 Meter Länge, sowie eine selbst erdachte Waage, mit der sie die Kräfte messen wollen, die ihre Flügel im Luftstrom des Windkanals erzeugen: Auftrieb und Widerstand. In einer aerodynamischen Versuchsreihe, wie es sie bis dahin noch nie gegeben hat, untersuchen die Wrights im Herbst 1901 an die 40 verschiedene Flügelprofile mit ihrem neuen Verfahren. Jeden der kleinen Flügel bringen sie in bis zu 45 verschiedene Winkel zur anströmenden Luft.

Mitte Dezember dann das überraschende Resultat ihrer Forschungsarbeit: Nicht Lilienthal war es, der einen Fehler gemacht hat, sondern bereits im 18. Jahrhundert ein englischer Ingenieur namens John Smeaton, der sich unter anderem mit der Konstruktion von Windmühlen beschäftigte. Smeaton hatte dafür einen Faktor für die Luftdichte bestimmt – ein Wert, der für jede Auftriebsgleichung unabdingbar ist. Dieser Wert aber, das haben Wilbur und Orville jetzt schwarz auf weiß, ist falsch. Auch Lilienthal hat, ohne es zu ahnen, mit dem falschen Faktor gerechnet. Und nur aus diesem Grund sind die Resultate in seinen Tabellen falsch. 150 Jahre lang hatte niemand daran gezweifelt, daß Smeaton den Koeffizienten richtig bestimmt hatte.

Mit ihrem einfachen Windkanal ermitteln die Wrights den richtigen Wert und gelangen so zu neuen Auftriebstabellen, die sie zur Konstruktion ihres nächsten Gleiters verwenden. Mit Hilfe des nun exakten Luftdichte-Koeffizienten, der Geschwindigkeit und dem Wert für die Flügelfläche können sie nun präzise Daten für den Auftrieb ermitteln. Sie flachen das von Lilienthal vorgeschlagene Flügelprofil ab und ändern auch das Verhältnis von Flügellänge zu Flügelbreite. Die Flügel sind jetzt drei Meter länger und gestreckter, eine radikale Abkehr von ihren ursprünglichen Fluggeräten. Auch das Höhenruder ist wesentlich weiter vorne angebracht als beim Gleiter des Jahres 1901, durch den verlängerten Hebelarm soll es wirksamer werden. Zu dieser Zeit, gegen Weihnachten 1901, sind die Wrights durch ihre umfassende Grundlagenforschung bereits die weltweit führende Instanz in Sachen Aerodynamik geworden.

Einer der ersten Gleitflüge in den Dünen von Kitty Hawk

Am 27. August 1902 kommen Wilbur und Orville zurück nach Kitty Hawk, wo sie die erste Woche ausschließlich mit Reparaturarbeiten an ihrem Schuppen verbringen und ihr Lager neu einrichten. Anschließend fangen sie an, den neuen Gleiter zu montieren und flugfertig einzustellen. Am 19. September ist es endlich soweit, die Versuche können beginnen. Schon der erste gefesselte Flug als Drachen zeigt die Überlegenheit des neuen Geräts, und so beginnen die Wrights kurz darauf mit Gleitflügen von den Dünen. Bereits nach einigen Wochen gelingen ihnen Flüge von über 150 Meter Weite.

Den größten Teil ihrer Flugsaison 1902 verbringen Wilbur und Orville damit, sich das Fliegen beizubringen, bessere Piloten zu werden. Die beiden trainieren intensiv, bis sie gleich gut sind. Einmal zerstört Orville den Gleiter bei einem Absturz aus geringer Höhe. Später erzählt er, wie er sich »in einem Haufen Flugzeug«, »inmitten eines Haufen Stoffs und geborstener Stäbe« wiederfand. Aber jetzt lassen sich die Wrights nicht mehr aufhalten: Innerhalb kurzer Zeit reparieren sie ihr Flugzeug und fliegen weiter. Nur mit der Steuerung haben sie immer noch ein Problem: Der Gleiter driftet mehr seitwärts durch die Kurven, als daß er sie präzise koordiniert fliegt, im Fliegerjargon »slippt« er. So manches Mal verlieren die Brüder in diesem schiebenden Flugzustand die Kontrolle über das Gerät, worauf es sofort in einen Spiralsturz übergeht und sich mit der Nase voraus in den Sand bohrt. Erstaunlicherweise verletzen sie sich bei keinem dieser Abstürze aus geringer Höhe.

Orville findet schließlich die Ursache heraus: Bei der schiebenden Kurve erzeugen die beiden am Heck angebrachten starren Seitenflossen zusätzlichen Widerstand und bremsen so den in der Kurve ohnehin langsameren Innenflügel weiter ab. Wenn dieser schließlich, weil er sich zu langsam durch die Luft bewegt, keinen Auftrieb mehr erzeugt, kippt der Gleiter ab. Orville will das Problem mit einem drehbar aufgehängten und vom Piloten zu bewegenden Seitenruder lösen. Die beiden konstruieren also ein bewegliches Seitenruder. Auf Wilburs Einwand hin, der Pilot hätte mit der bisherigen Steuerung bereits genug zu tun, koppeln sie das Seitenruder mit dem Verwindungsmechanismus der Tragfläche. Am 6. Oktober bauen sie die neuen Teile in den Gleiter ein. Das neue Ruder macht den Gleiter der Wrights zum ersten Mal um alle drei Achsen steuerbar: Das Höhenruder, per Hebel mit der linken Hand betätigt, hebt die Nase oder senkt sie, die Flügelverwindung steuert die Rollbewegung um die Längsachse, indem sie einen Flügel durch Erhöhung des Auftriebs anhebt und gleichzeitig den gegenüber liegenden durch eine Verringerung des Auftriebs absenkt. Betätigt wird die Verwindung der Tragflächen mit den Hüften. Der Pilot liegt auf der unteren Tragfläche in einer Art Joch, an dem die Drahtseile befestigt sind, die zu den Flügelenden führen. Zusätzlich erlaubt das neue Seitenruder, die Nase des Flugzeugs nach rechts oder links zu drehen. Diese Steuerung ist der wesentliche Fortschritt gegenüber allen anderen Konstruktionen.

Im September kommt Lorin, der ältere Bruder von Orville und Wilbur, zu Besuch. Einige der Fotografien der Wrights am Strand von North Carolina, die heute noch erhalten sind, hat er aufgenommen. Auch Octave Chanute und George Spratt sind im September wieder da. Chanute hat Augustus Herring mitgebracht, der Chanute 1896 beim Bau eines Gleiters geholfen hat. Der etwas zwielichtige Herring – er wird viel später behaupten, Anteil an den Erfindungen der Wrights gehabt zu haben – hat eine neue Version dieses Gleiters in Kitty Hawk dabei, schafft damit allerdings unter den Augen der anderen keinen Gleitflug über 15 Meter. Kurz darauf reist er wieder ab, offenbar neidisch auf die Wrights und ihren neuen Flugapparat. Die anderen Besucher helfen Wilbur und Orville dabei, ihre Versuche durchzuführen. An manchen Tagen machen die Brüder mehr als 100, einmal in zwei Tagen 250 Gleitflüge. Der beste dieser Flüge geht 190 Meter weit, in 26 Sekunden, viele andere dauern nur sieben oder zehn Sekunden. Am 28. Oktober 1902 brechen Wilbur und Orville das Lager ab und reisen zurück nach Dayton. Ihr Ziel für dieses Jahr ist mehr als erreicht: Endlich haben sie eine Maschine, die sich wirklich steuern läßt. Was jetzt noch fehlt, sind Motor und Propeller.

Mit derselben Zähigkeit, die alle ihre Aktivitäten auszeichnet, beginnen die Brüder ab dem Dezember 1902, sich Gedanken über einen Motor für ihr Flugzeug zu machen. Zwei Aufgaben müssen sie lösen: sie müssen nicht nur den richtigen Antrieb finden, sondern auch einen wirkungsvollen Propeller konstruieren. In der Annahme, der Propeller sei die kleinere Herausforderung, wenn erst einmal die richtige Kraftquelle gefunden ist, schreiben sie an zehn Motorenhersteller und bitten diese um Angebote für einen Motor, der nicht mehr als 82 Kilogramm wiegen darf und dabei mindestens acht PS stark sein soll. Fest davon überzeugt, daß sich der nötige Motor einkaufen läßt, beginnen sie mit der Arbeit an den Luftschrauben.

Als Vorbild für den Propeller sollen ihnen Schiffsschrauben dienen, die mittlerweile bereits seit 65 Jahren in Gebrauch sind. 1827 hat sie der britische Ingenieur Robert Wilson als Ersatz für die vor allem bei unruhiger See nachteiligen seitlichen Schaufelräder der ersten Dampfschiffe erfunden. Den Wrights ist klar, daß Propeller und Schiffsschraube auf denselben physikalischen Prinzipien beruhen und daß allein das gegenüber der Luft dichtere Medium Wasser eine andere Form der Schiffsschraube bedingt. Ihre Idee aber, die Daten der Schiffsschrauben-Konstrukteure für die Entwicklung ihres Propellers zu nutzen, scheitert. Niemand, bemerken die Wrights, hat sich je damit aufgehalten, Schiffsschrauben zu berechnen. Ihre Form scheint ausschließlich in praktischen Versuchen

In den Dünen von Kitty Hawk

ermittelt worden zu sein. Wie die Wasserpropeller wirklich funktionieren, ist deshalb 1902 immer noch so gut wie unbekannt. Zu diesem Zeitpunkt bereits geübt in aerodynamischen Berechnungen, gehen die Brüder auch hier den harten, aber erfolgversprechenden Weg. Sie beginnen, die theoretischen Grundlagen für eine Luftschraube selbst zu erforschen. Im Grunde, stellen sie bald fest, ist ein Propeller nichts anderes als eine sich spiralförmig durch die Luft bewegende Tragfläche, die, dreht sie schnell genug, ebenso wie ein Flügel Auftrieb erzeugt – nur daß dieser eben nach vorne wirkt und nicht nach oben.

Da Wilbur und Orville bereits Erfahrung in der Berechnung des Auftriebs von Tragflächen haben, sind sie zuversichtlich, auch für die Propeller die optimale Form finden zu können. Je weiter sie sich aber in die komplexe Materie einarbeiten, um so verwirrender scheint die Aufgabe zu werden. Das Problem: Eine Tragfläche bewegt sich geradlinig durch die Luft, ein Propeller aber rotiert, und zwar nahe der Nabe langsamer als an den Spitzen. Um außen an den sich schnell durch die Luft bewegenden Blattspitzen einen ähnlich großen Schub zu erzeugen wie ganz innen nahe der Nabe, ist eine permanente Änderung von Profil und Anstellwinkel nötig. Daraus resultiert die komplexe, verwundene Form einer wirksamen Luftschraube.

Orville schreibt Jahre später: »Was zunächst ein einfaches Problem zu sein schien, wurde immer komplexer, je länger wir darüber nachdachten. Da die Maschine sich nach vorn bewegt, die Luft nach hinten strömt und der Propeller sich seitwärts dreht und nichts stillsteht, schien es uns unmöglich, einen Ausgangspunkt zu finden, von dem aus wir die verschiedenen Kräfte nachvollziehen konnten. Nach langen Streitereien kam es oft zu der seltsamen Situation, daß wir am Ende einer Diskussion die Standpunkte getauscht hatten – aber uns wieder alles andere als einig waren.«

Dennoch lösen die Wrights auch diese Probleme durch langwierige Versuche und Berechnungen und werden die ersten Flugforscher, die einen wirklich effektiven Propeller entwickeln. Wie gut die Wrights die Materie schließlich verstanden, wurde klar, als Wissenschaftler mit Hilfe der NASA vor einigen Jahren per Laser-Abtastung und mit computergesteuerten Maschinen originalgetreue

Replikate früher Wright-Propeller anfertigten und diese in modernen Forschungswindkanälen testeten. Das Ergebnis erstaunte auch die Profis von heute: Bereits der erste Propeller der Wrights erreichte einen Wirkungsgrad von 66 Prozent, was bedeutet, daß sie zwei Drittel der Motorleistung in Schub umsetzen konnten. Spätere Entwürfe der Wrights, wie ihre Propeller von 1910, erreichten sogar eine Wirkungsgrad von bis zu 82 Prozent – während die besten Holzpropeller für Sportflugzeuge, die heute auf dem Markt sind, auf maximal 85 Prozent kommen.

Ein Vierteljahr lang betreiben die Wrights Anfang 1903 Grundlagenforschung zum Thema Propeller. Wieder füllen sie viele Notizbücher mit Messwerten, Berechnungen und Tabellen. Sie bauen einen weiteren, größeren Windkanal und testen darin kleine Modellpropeller. Schließlich schnitzen sie aus drei Lagen verleimtem Fichtenholz die Luftschrauben für ihr erstes Motorflugzeug, etwas über zweieinhalb Meter im Durchmesser. Da die Wrights vorhaben, das Flugzeug mit zwei Luftschrauben anzutreiben, bauen sie sowohl einen rechts- als auch einen linksdrehenden Propeller, um auf diese Weise ein einseitig wirkendes Drehmoment zu verhindern, denn dieses könnte ihr Flugzeug aus der Bahn bringen. Die beiden Propeller werden über lange Fahrradketten angetrieben, wobei die Kette des linken Propellers über Kreuz läuft, um die Luftschrauben gegeneinander rotieren zu lassen.

In der Zwischenzeit haben sich alle der angeschriebenen Motorenhersteller gemeldet. Keiner von ihnen hat einen Motor im Programm, wie Wilbur und Orville ihn für ihr Flugzeug brauchen, und die Entwicklung eines solchen lehnen sie ebenso einhellig ab, vor allem wegen der zu hohen Kosten. Ein weiteres Mal wird die Eigeninitiative der Wrights auf eine harte Probe gestellt. Sie beschließen, auch den Motor selbst zu konstruieren. Bis dahin haben sie lediglich den kleinen 1-PS-Benzinmotor gebaut, der in ihrer Werkstatt Maschinen und gelegentlich auch ihren Windkanal antreibt. Zusammen mit ihrem Mechaniker Charlie Taylor, der sämtliche Metallteile für den Motor lediglich mit Hilfe der einfachen Maschinen in der Fahrradwerkstatt anfertigt, entwickeln sie innerhalb von nur sechs Wochen einen 3,2 Liter großen Vierzylinder-Benzinmotor nach dem Viertaktprinzip, 1876 vom deutschen Ingenieur Nikolaus August Otto erdacht. Die Wrights skizzieren die Teile des Motors auf Packpapier, und Charlie Taylor fertigt sie an – ohne maßstabsgetreue Pläne. Am 12. Februar 1903 springt der Motor zum ersten Mal an. Kurz nach dem Anlassen liefert er 16 PS, nach einiger Zeit sinkt die Leistung auf 12,5 PS ab. Der Motor wiegt 91 Kilogramm, ist wassergekühlt und läuft nach dem Anlassen sofort mit Vollgas. Regeln läßt sich seine Leistung nicht. Nachdem der Motor beim ersten Test überhitzt und als Folge einen mechanische Schaden erleidet, müssen ihn die Brüder komplett überholen, aber im Mai 1903 läuft das erste Flugzeugtriebwerk der Wrights, Vorfahre von über 200 späteren Wright-Flugmotortypen, zuverlässig und weich.

Während der Entwicklung des Motors haben sie auch das neue Flugzeug fertiggestellt, ihre bis zu diesem Zeitpunkt mächtigste Flugmaschine. Mit 12,3 Meter Spannweite, über sieben Meter Länge und einer Höhe von fast drei Metern ist es viel zu groß, als daß sie es in ihrer Werkstatt zusammenbauen könnten, und so beschließen sie, das Gerät, Orville nennt es »das Mordsding«, in Kisten zu verpacken und direkt nach Kitty Hawk zu transportieren.

Einer der Schlüssel zum Erfolg: der von den Wrights konstruierte Vierzylinder-Motor für den Flyer

In ihrem in einer Fahrradwerkstatt geborenen *Flyer* findet sich folgerichtig Fahrrad-Technologie wieder: Beispielsweise wird der Propeller von Fahrradketten über Fahrrad-Zahnkränze angetrieben, Fahrradketten sind auch in Teilen der Steuerung verbaut. Auf einer Fahrradnabe soll die Maschine auf einer Schiene zum Start anrollen.

Am 25. September treffen Orville und Wilbur wieder an der Atlantikküste ein. Ihr Lager vom Vorjahr finden sie beschädigt vor. Dan Tate, der Bruder des Postbeamten Bill Tate, berichtet, daß die Gegend in den vergangenen Monaten von starken Stürmen heimgesucht wurde. Aber der Gleiter vom Vorjahr ist nahezu intakt, und während sie beginnen, einen zweiten Schuppen als Hangar für das neue Flugzeug und für eine Werkstatt zu errichten, üben sie das Fliegen. So manches Mal sind sie jetzt bei stärkeren Winden fast eine halbe Minute in der Luft. Sie müssen noch auf einige Kisten aus Dayton mit den restlichen Teilen für ihr neues Flugzeug warten und so trainieren sie, so oft sie können. Die restliche Zeit verbringen sie mit ihren neuen Freunden aus Kitty Hawk, schreiben Briefe oder bauen ihr Lager weiter aus. Am Ende der ersten Oktoberwoche trifft das erwartete Material ein und sie beginnen, das neue Flugzeug zu montieren. Einen Tag später zieht ein enormer Sturm über die Küste hinweg. Der Wind erreicht Geschwindigkeiten von bis zu 120 Stundenkilometern und die Brüder haben alle Mühe, ihre Hütte vor dem Einsturz zu sichern. Auch muß das Dach ihres Flugzeugschuppens abgedichtet werden. Die nächsten Tage hält das stürmische kalte Wetter an und allmählich beginnen sie, sich Sorgen zu machen. Samuel Langleys vom Militär gesponserter *Aerodrome* ist mittlerweile mit einem erfolgversprechenden neuen Sternmotor ausgerüstet, den sein Assistent Manly gebaut hat. Er soll demnächst fliegen, heißt es. Bereits im Juli hatte Langley den »unmittelbar bevorstehenden« Erstflug seiner Konstruktion angekündigt. Wie die Wrights auch, hält er die meisten Konstruktionsdaten geheim, und so fällt es den Wrights schwer, seine Erfolgsaussichten realistisch einzuschätzen. Während die Wrights in Kitty Hawk noch an ihrer Maschine bauen, auf besseres Wetter warten und immer dann, wenn das Wetter es zuläßt, weitere Gleitflüge unternehmen, bekommen sie mit fast einer Woche Verspätung die Nachricht, daß ein Startver-

In den Dünen von Kitty Hawk

Dezember 1903: die Wrights vor ihrem Schuppen bei Kitty Hawk

such Langleys auf dem Potomac River nahe Washington am 7. Oktober fehlgeschlagen ist. Die Wrights sind erleichtert, daß sie noch im Rennen sind.

Anfang November sind sie mit dem Zusammenbau der neuen Maschine fertig. Aber als sie am 5. November den Motor endlich testen wollen, erleiden sie einmal mehr einen herben Rückschlag: Der Vierzylinder läuft rauh und vibriert darüber hinaus so stark, daß die Wellen beider Propeller durch Risse beschädigt werden. Sie müssen die Teile ausbauen und zur Reparatur ins entfernte Dayton schicken, wo sich Charlie Taylor ihrer annimmt. Zwei Wochen später kommen die überholten Komponenten zurück. Am 25. November sind die Brüder bereit, einen neuen Versuch zu wagen. Als sie die Maschine aus dem Verschlag ziehen wollen, setzt plötzlich ein eiskalter Regen, dann sogar Schneegestöber ein. Ein eisiger Nordwind von 40 Stundenkilometern weht. Frustriert bleiben sie in ihrer Hütte, wärmen sich am Holzofen und fragen sich, ob ihr Flug wohl noch vor dem Winter gelingen kann. Unter anderem verbringen sie die Zeit damit, ein genaues Meßsystem für die Dokumentation ihre Flüge zu bauen: Eine Stoppuhr soll die Flugzeit messen,

1908: Wilbur im »Cockpit« des weiterentwickelten Flyer

ein kleiner Windmesser die Menge durchflogener Luft und ein kleiner Zähler hält die Anzahl von Propellerumdrehungen fest. Mit Hilfe einer mechanischen Vorrichtung stellen sie sicher, daß Uhr, Windmesser und Zähler, die an einer Strebe des Flugzeugs befestigt sind, gleichzeitig anlaufen. Die Wrights sind sicher, daß ihre Maschine fliegen wird. Die Frage ist nur: Wann?

Am 28. November – es ist wieder etwas wärmer geworden und der Wind hat die richtige Stärke – wollen sie es wieder probieren. Aber nachdem sie noch im Schuppen den Motor kurz angelassen haben, reißt wieder eine der Propellerwellen. Nahe daran, mutlos zu werden, will Orville jetzt auf Nummer Sicher gehen: Er fährt selbst nach Dayton und fertigt aus gehärtetem Federstahl zwei komplett neue Wellen an. Es ist bereits der 11. Dezember als er in die Dünen von North Carolina zurückkehrt, wo Wilbur wie auf Kohlen sitzt. Orville erzählt seinem Bruder, daß er während der Eisenbahnfahrt einen Artikel über das erneute Scheitern Langleys am 8. Dezember gelesen hat. Wieder ist der *Aerodrome*, viel zu schwach motorisiert und ohne jegliche Steuerung, sofort nach dem Katapultstart zerbrochen und in den Potomac-Fluß gestürzt. Ein zweites Mal kann sich Assistent und Pilot Manly aus den Fluten retten. Er soll fluchend nach einer Flasche Whiskey verlangt haben, nachdem man ihn aus dem Wasser gezogen hat. Ein Leitartikel der *New York Times* bestätigt wenig später die Zweifler, die den Flug in einer Maschine schwerer als Luft für eine verrückte Utopie halten: »In ein bis zehn Millionen Jahren«, schreibt der Journalist, »könnte durch die vereinten Anstrengungen von Wissenschaftlern und Technikern vielleicht eine funktionierende Flugmaschine entwickelt werden.«

Die Wrights haben viel Zeit verloren, so daß sie jetzt ihre Pläne ändern. Sie beschließen, die neue Maschine nicht zuerst im Gleitflug zu testen, sondern so bald wie möglich einen ersten Startversuch mit Motorhilfe zu machen. Am Samstag, dem 12. Dezember sind sie zum ersten Mal wirklich startbereit. Jetzt aber spielt das Wetter nicht mehr mit. Nachdem es wochenlang gestürmt und ein kräftiger Wind geblasen hat, ist der Wind an diesem Tag zu schwach für einen erfolgreichen Start. Um in die Luft zu kommen, das wissen die Wrights aus den Daten ihrer Maschine, brauchen sie einen kräftigen Gegenwind, sonst reicht der Auftrieb nicht aus, um sich nach dem kurzen Anlauf auf der Startschiene in die Luft zu erheben. Deshalb belassen sie es an diesem Tag dabei, ihr neues Flugzeug von Hand auf der Schiene hin und her zu schieben. So wollen sie Gefühl für die Starttechnik bekommen. Den Rest des Tages verbringen sie damit, den Rahmen des Seitensteuers zu reparieren, das während der Versuche zu Bruch ging. Der Sonntag, 13. Dezember, bringt endlich das langersehnte, perfekte Flugwetter. Die Maschine steht startklar im Schuppen und auch der Wind ist genau richtig. Orville und Wilbur sitzen am Strand herum, sonnen sich und lesen. Sonntags, das haben sie ihrem Vater versprochen, wird nicht gearbeitet. Wie an jedem anderen Sonntag auch halten sie sich strikt an ihr Versprechen.

Am nächsten Tag, dem 14. Dezember, ist das Wetter gut, nur der Wind ist auch heute wieder etwas zu schwach. Wilbur und Orville entscheiden, den fehlenden Gegenwind durch einen Bergabstart von der Düne zu kompensieren. Sie hissen die Flagge auf ihrer Hütte und signalisieren damit ihren Freunden von der nahegelegenen Wasserwachtstation, daß sie Hilfe benötigen. Bald schieben sie den über 270 Kilogramm schweren Doppeldecker mit Hilfe von fünf Mann auf der 20 Meter langen Startschiene, die sie mehrmals abbauen und wieder vor dem Flugzeug in den Sand legen, fünfzig Meter die Anhöhe hinauf. Nachdem sie durch den Wurf einer Münze ausgelost haben, wer fliegen darf, unternimmt Wilbur den ersten Versuch, den *Flyer* in die Luft zu bringen. Der Start glückt, aber der Flug wird ein Fehlschlag: Kaum, daß die dünne Kufe der Maschine von der Schiene abhebt, zieht Wilbur den fragilen Doppeldecker zu steil in die Höhe. Als der Winkel zwischen anströmender Luft und Tragfläche zu groß wird, reißt die tragende Luftströmung am Flügel ab. Schlagartig bricht der Auftrieb zusammen, und sofort gerät das Flugzeug außer Kontrolle. Es schlägt hart mit dem Flügel am Fuß des Sandhügels auf, nur dreißig Meter vom Startpunkt entfernt. Aber zumindest wird er nicht allzu sehr beschädigt. Die linke Kufe knickt ab, als sie mit voller Wucht in den Sand eintaucht. Ein paar weitere Holzteile der linken unteren Tragfläche und des Höhenruders brechen. Der Grund für den Absturz aus geringer Höhe ist ein klassischer Flugfehler, der erste, vor dem Fluglehrer ihre Schüler noch heute warnen: Nie das Flugzeug in geringer Höhe nach dem Start zu steil anstellen! Wilbur und Orville haben jedes Bauteil ihres Flugzeugs selbst erforscht, berechnet, konstruiert und gebaut – jetzt müssen sie lernen, es zu fliegen!

Orville, der zuerst ein Stück den Hügel mit hinuntergelaufen ist und dabei den Flügel gehalten hat, liest nach dem Crash auf der Stoppuhr am Flugzeug eine Flugzeit von dreieinhalb Sekunden ab. Zu wenig für einen wirklichen Flug. Ein so kurzer Luftsprung ist kein Beweis für die Flugtüchtigkeit der Konstruktion. Kurze Hopser hat es schon früher gegeben. Felix du Temple und Clement Ader in Frankreich haben welche gemacht, Sir Hiram Maxim in England auch. Allerdings waren das keine wirklichen Flüge, nur unkontrollierte Sprünge. Die Wrights spüren, daß sie ganz nah dran sind, aber heute ist das Zeitalter der Luftfahrt noch nicht angebrochen. Trotz des mißglückten Starts sind sie zuversichtlich, denn ihre Maschine hat angedeutet, daß sie in der Lage sein wird,

In den Dünen von Kitty Hawk

1908: Wilbur Wright demonstriert ein Wright Model A in Berlin auf dem Tempelhofer Feld

zu fliegen – wenn auch der Pilot bereit ist. Soviel haben sie in den wenigen Sekunden, die der *Flyer* durch die Luft taumelte, gesehen. Mit derselben Geduld und eisernen Disziplin, mit der sie seit dem Herbst 1900 in Kitty Hawk ihren ersten Gleiter in über tausend Flügen erprobt und immer wieder verbessert, umkonstruiert und verfeinert haben, zerren sie den beschädigten Apparat in den Holzschuppen. Mit klammen Fingern arbeiten die beiden besessenen Tüftler daran, das Flugzeug, wenn es denn wirklich eines ist, noch einmal instand zu setzen. Das schlechter werdende Wetter droht ihr Vorhaben zu verhindern, in diesem Jahr noch zu fliegen. Außerdem stehen sie unter Erfolgsdruck, denn sie wissen, daß sie nicht die einzigen sind, die an einem motorgetriebenen Flugzeug arbeiten.

17. Dezember 1903 ... Um fünf nach halb elf weht der Wind mit einer Stärke von bis zu 12 Meter pro Sekunde, fast 45 Stundenkilometer. Orville legt sich in die Maschine, neben ihm knattert der Motor. Nachdem er diesen ein paar Minuten lang hat warmlaufen lassen, löst er den Draht, der den Doppeldecker auf der Schiene hält.

Sofort beginnt die Maschine sich vorwärts zu bewegen. Wilbur geht neben dem *Flyer* her und hält mit einer Hand den Flügel fest, um zu verhindern, daß das Flugzeug von der Schiene kippt. Da der Wind stark ist, beschleunigt es nur sehr langsam, und Wilbur kann leicht Schritt halten. Nach 12 Meter Startstrecke hebt die Maschine ab. Wilbur bleibt stehen, schaut seinem Bruder fasziniert nach. Als der *Flyer* einen halben Meter Höhe gewonnen hat, drückt Mr. Daniels, so wie ihn die Wrights instruiert haben, den Auslöser der Kamera.

Das Foto wird eines der berühmtesten Bilder der Menschheit und für immer unvergessen bleiben. Nach einer Flugstrecke von 36,6 Metern, setzt der *Flyer* sanft im Sand auf. Der Flug hat nur 12 Sekunden gedauert, und doch ist es das erste Mal, daß sich eine Maschine schwerer als Luft mit einem Menschen an Bord aus eigener Kraft vom Erdboden gelöst hat und nach einem kontrollierten Flug an einer Stelle landet, die auf demselben Niveau wie der Ausgangspunkt liegt. 450 Jahre nachdem Leonardo da Vinci Entwürfe für seinen Ornithopter gezeichnet hat, ist der Menschheit der erste Schritt zur endgültigen Eroberung der Luft gelungen. Voller Euphorie fliegen die Brüder an diesem 17. Dezember noch drei weitere Male mit dem *Flyer*: 53 und 61 Meter und beim letzten Versuch um exakt 12 Uhr schafft Wilbur sogar beeindruckende 260 Meter, fliegt 57 Sekunden lang.

Die Zeit des *Flyer* ist jedoch so schnell vorbei, wie sie an diesem kalten Dezembermorgen angebrochen ist: Während einer Zwangspause, die Männer wollen eine angebrochene Strebe reparieren, wird die im Sande stehende Flugmaschine von einer heftigen Böe erfaßt. Die Männer stürzen sich auf sie, aber es ist zu spät, das Flugzeug wird umgeworfen. Es begräbt sogar den unglücklichen Mr. Daniels unter sich, der sich dabei glücklicherweise nur leicht verletzt. Die Flugsaison 1903 ist beendet, denn die Flügel der Maschine sind gebrochen, der Motor beschädigt, ebenso die Führungen der Antriebsketten für die Propeller. Der *Flyer* wird nie mehr als die 98 Sekunden, die er an diesem Tag in der Luft war, fliegen. In einer Kiste verpackt, werden seine Überreste nach Dayton zurückkehren. Lange Zeit wird er danach in einem Verschlag hinter dem Fahrradgeschäft lagern.

In den Dünen von Kitty Hawk **37**

Das Original: Seit Jahrzehnten ist der Flyer das zentrale Ausstellungsstück im Washingtoner National Air and Space Museum

Wilbur und Orville aber wissen, daß sie ihr Ziel erreicht haben. In einem nicht ganz korrekten Telegramm übermitteln sie den Triumph nach Hause: »*Erfolg. Vier Flüge am Donnerstag Morgen. Alle bei einundzwanzig Meilen Wind. Allein mit Hilfe von Motorkraft aus der Ebene gestartet. Durchschnittsgeschwindigkeit einunddreißig Meilen. Längster Flug 57 Sekunden. Informiert die Presse. Weihnachten zurück. Orville Wright.*«

Orville und Wilbur Wright haben als einzige Mitglieder der Familie Wright beide nie einen High-School-Abschluß gemacht, und weder Wilbur noch Orville studierten je an einer Universität. Sie haben auch nie geheiratet. Manche Historiker schrieben, die beiden hätten sich in so perfekter Weise ergänzt, daß sie sozusagen »miteinander verheiratet« gewesen seien. Mit Wilbur, so berichten Bekannte der Brüder, stirbt 1912 auch ein Teil Orvilles. Nie mehr macht er in späteren Jahren eine bedeutende Erfindung. Aber gemeinsam mit seinem Bruder hat er der Natur endgültig eines ihrer größten Geheimnisse entrissen, eines, das diese den Menschen nur sehr widerwillig preisgab.

1944, vier Jahre vor seinem Tod sitzt Orville Wright zum letzten Mal am Steuer eines Flugzeugs. Im Prototyp einer viermotorigen Lockheed Constellation, der Typ, mit dem die TransWorldAirlines (TWA) später den Linienverkehr zwischen New York und Paris aufnehmen wird, fliegt er, 73jährig, über Dayton Ohio. Die Constellation hat vier 2535 PS starke Wright-Sternmotoren, gebaut von dem Unternehmen, das die Brüder einst ins Leben riefen und später verkauften. Der Rumpf der Constellation ist mit 35 Metern fast ebenso lang wie die erste Flugstrecke des *Flyer* 1903. Und sie verfügt über eine Druckkabine, in der bis zu 81 Passagiere Tausende von Kilometern weit befördert werden können – mit einer Geschwindigkeit von über 600 Kilometer pro Stunde in sieben Kilometer Höhe.

An diesem Tag, an dem Orville eines der zu jener Zeit modernsten Flugzeuge der Welt fliegt, tobt in Europa der Zweite Weltkrieg. Der *Flyer*, das erste echte Flugzeug der Menschheit, befindet sich zerlegt in einer geheimen unterirdischen Lagerstätte in der Nähe des Dorfes Corsham. 160 Kilometer von London entfernt, wo er seit 1928 im *Science Museum* ausgestellt war, hat ihn die englische Regierung zusammen mit Britischen Staatsschätzen vor dem Krieg in Sicherheit gebracht. Erst 1948 kehrt der *Flyer* in einer feierlichen Zeremonie anlässlich des 45. Jubiläums seines ersten Fluges in die USA zurück. Er ist seither das zentrale Ausstellungsstück des *Smithsonian Air and Space Museum* in Washington D.C.

1919

Bezwinger des Nordatlantik: John Alcock und Arthur Whitten-Brown

John Alcock, 27, and Arthur Whitten-Brown, 33, drängen sich durch die begeisterte Menge, die sich am Eingang des Königlichen Aeroclubs versammelt hatte. Alcock trägt eine kleine Tasche, und nachdem er General Holden, den Vizepräsidenten des Clubs begrüßt hat, überreicht er ihm ein Bündel von 197 Briefen, die der Leiter des Postamts von Neufundland, Dr. Robinson, ihnen anvertraut hat. Sofort werden die Briefe zum nächsten Postamt befördert dort frankiert und abgestempelt und auf den Weg zu ihren Empfängern gebracht. Die 197 Briefe sind 1919 die schnellste Post der Welt, sie haben die weite Reise vom Flugplatz Lester's Field bei St. Johns auf Neufundland nach London in Rekordzeit hinter sich gebracht. Allerdings war die Wahrscheinlichkeit relativ niedrig, daß die Post jemals das trockene Ufer der Alten Welt erreicht – jedenfalls wenn man den riskanten Flug der beiden mutigen Briten im Nachhinein betrachtet.

14. Juni 1919, der provisorische Flugplatz Lester's Field auf Neufundland: Der Pilot John Alcock und sein Navigator Arthur Whitten-Brown klettern in ihren fragil wirkenden zweimotorigen Vickers-Vimy-Bomber aus dem Ersten Weltkrieg, um zu beweisen, daß es möglich ist, nonstop aus der Neuen in die Alte Welt zu fliegen. Alcock und Brown wollten eigentlich am Tag zuvor, einem Freitag dem 13., starten. Schließlich wird es aber doch der 14. Nach drei Wochen gründlicher Vorbereitung geht es jetzt endlich los. Eigentlich hätten sie lieber einen besser geeigneten Startplatz als die rumplige kurze Wiese von Lester's Field gefunden, aber schließlich

Aufbruch zum ersten Nonstopflug über den Atlantik. Alcocks und Browns Vickers Vimy startet bei St. Johns, Neufundland

haben sie die Suche aufgegeben. Um vier Uhr morgens bekommen Alcock und Brown die letzten Wettermeldungen: Starke Winde, aber sonst günstige Bedingungen werden prognostiziert. Kurz vor Anbruch der Dämmerung fahren sie aus ihrem Hotel zum Flugplatz. Der Himmel ist bedeckt. Um halb zwei ist die Vimy nach etlichen kleineren Pannen und Zwischenfällen endlich startbereit. Die Sonderpost, etwas Nahrung und Getränke sowie zwei Maskottchen kommen an Bord: Zwei schwarze Stoffkatzen, »Lucky Jim« und »Twinkletoe«. Lucky Jim, Nomen est Omen, reist in Browns Uniform, Twinkletoe wird an einer Tragflächenstrebe angebunden. Kurz vor dem Start sieht Brown eine schwarze Katze, den Schwanz hoch erhoben, um das Flugzeug streichen. Er ist sicher, daß das Glück bedeutet. Sie müssen jetzt los!

Im Laufe der Startvorbereitungen hat der Wind gedreht, und Alcock beschließt, das schwere Flugzeug auf die andere Seite des Flugplatzes schieben zu lassen. Auch wenn die Startbahn dort leicht ansteigend ist, zieht er es vor, gegen den Wind zu starten. Doch nun wird festgestellt, daß eine Benzinleitung gebrochen ist. Es muß beim Schieben über den Flugplatz passiert sein. Die Reparatur dauert eine weitere Stunde. Kurz vor dem Start kommt plötzlich noch ein hupender Wagen auf die Startbahn gefahren. Es ist ein Arzt, der den beiden ein »Stärkungsmittel« mitgeben will: eine Flasche Whiskey. Alcock nimmt einen kräftigen Schluck und läßt dann die beiden 350 PS starken 12-Zylinder Rolls-Royce-Motoren an. Als die beiden gewaltigen Vierblattpropeller genügend Schub erzeugen, beginnt die Vimy in Startposition zu rumpeln. Jetzt gibt Alcock Vollgas. »Deprimierend langsam«, wird Navigator Brown später berichten, setzt sich die Maschine in Bewegung, auf den dunklen Kiefernwald am Ende der nur 500 Meter langen Startbahn zu.

Keiner der beiden Piloten kann sich sicher sein, daß sie es auch nur über den Wald schaffen, geschweige denn über den Nordatlantik. Das Echo der brüllenden Motoren hallt von den Bergen wider, die St. Johns umgeben. Nur unmerklich wird das Flugzeug zu Beginn des langen Startlaufs schneller, aber Alcock bewahrt die Nerven. Er weiß, daß er auf keinen Fall zu früh abheben darf, will er das Hindernis mit einem kleinen Höhenüberschuß überqueren. Dann zieht er sachte am Höhenruder, und schwerfällig löst sich die Vimy vom Boden, überquert ganz knapp eine Steinmauer, sackt noch einmal durch, gewinnt langsam an Höhe. »Wir waren nur wenige Inch über den Spitzen der Bäume«, schreibt Brown in sein Logbuch. Alcock notiert die Startzeit: 13.45 Uhr.

1890 Meilen offenes Meer liegen vor den Fliegern, sechzehn Stunden Flug, mindestens. Es ist nur fünfzehneinhalb Jahre her, daß die Wrights dem Motorflug in die Kinderschuhe geholfen haben, aber in diesen steckt er eben immer noch. Alcock und Brown sind unterwegs zu einem der atemberaubendsten Flüge der Luftfahrtgeschichte. Als sie den Hafen von St. Johns in dreihundert Meter Höhe passieren – acht Jahre später wird Charles Lindbergh die Stadt auf seinem Weg nach Paris ebenfalls überfliegen – ertönen zum Abschied die Sirenen sämtlicher Schiffe. Dann, bereits über dem Meer, dreht Alcock am Steuer und nimmt Kurs auf Irland, fast genau nach Osten. Kurz läßt er die Vimy auf 1300 Fuß, 400 Meter, steigen. Unter ein paar vereinzelten Wolken fliegt die Vimy aufs Meer hinaus, und Brown sendet noch die Nachricht: »Alles in Ordnung.« Kurze Zeit später fliegt der kleine Hilfspropeller, der den

Generator des Funkgeräts antreibt, davon, und nimmt ihnen für den Rest des Fluges jede Kontaktmöglichkeit.

Sie waren nicht alleine in Neufundland. Auch andere Piloten wollen den Preis von 10 000 Pfund, den die Zeitung *Daily Mail* für die erste Atlantiküberquerung ausgesetzt hat. Frederick Raynham und der junge Australier Harry Hawker, beides Freunde von Alcock, sind schon vor ihnen dort angekommen. Hawker und sein Navigator Grieve, der von der Marine kommt und außer einer Einweisung durch Hawker keinerlei Flugerfahrung hat, wollten mit der neuentwickelten *Atlantic* des Herstellers Sopwith ins Rennen gehen, während Freddie Raynham und sein Navigator C. W. Fairfax Morgan für das Unternehmen Martinsyde mit dessen neuester Konstruktion der *Raymor* (für Raynham und Morgan) starten wollte. Und noch ein drittes Team war in Neufundland: Der große Name der britischen Flugzeugindustrie, die Firma Handley-Page, hat Admiral Mark Kerr beauftragt, mit dem viermotorigen V/1500-Bomber den Rekordflug zu wagen – ebenso wie die Vimy für die Bombardierung Berlins im Ersten Weltkrieg entwickelt. Am 18. Mai bereits hat Hawker, Alcock und Brown sind längst nicht mit ihren Vorbereitungen fertig, es als erster versucht. Um 15.40 Uhr ist er bei durchwachsenem Wetter, kurz vor Raynham gestartet. Übermütig läßt er diesem ausrichten, daß er im englischen Brooklands auf ihn warten wird. Er läßt es sich nicht nehmen, über seinem Konkurrenten, der an einem anderen Flugplatz startbereit ist, noch eine Schleife zu drehen. Kurz darauf versucht es auch Raynham, aber an seinem Flugplatz am Quidi-Vidi-See weht der Wind ungünstig von der Seite zur Startrichtung. Obwohl die *Raymor* nach einem dramatischen Startmanöver schließlich doch noch abhebt, sackt sie nach 30 Meter Flug plötzlich durch und schlägt hart auf. Das Fahrwerk bricht und die Nase des großen Doppeldeckers bohrt sich in die Erde. Raynham kann sich selbst aus dem Wrack befreien, Navigator Morgan muß von Helfern verletzt aus dem Flugzeug geholt werden. Später wird Raynham es mit einem anderen Copiloten noch einmal versuchen – und wieder scheitern.

Nachdem Hawker gestartet ist, wissen Alcock und Brown: Wenn die *Atlantic* durchkommt, ist das Rennen um den Preis der *Daily Mail* zu Ende. Hawker hat Treibstoff für 22 Stunden an Bord und

Bezwinger des Nordatlantik

ein Funkgerät, über das er mit Handelsschiffen Kontakt aufnehmen will. Keines der Schiffe aber empfängt irgendeine Nachricht von ihm. In Neufundland halten sich die anderen Piloten die ganze Nacht in der Nähe des Hoteltelefons auf, und schließlich, nachdem keine Nachricht von Hawker kommt, werden sogar die Witze der ansonsten immer zu Späßen und Scherzen aufgelegten Rivalen seltener. Als die 22 Stunden vorbei sind und immer noch niemand von Hawker und Grieve gehört hat, ist es traurige Gewissheit, daß die beiden auf See niedergegangen sein müssen. Was das bedeutet, können sich alle ausmalen. Die darauffolgende Woche ist von bedrückter Stimmung unter den Piloten geprägt. Jeder von ihnen wollte der erste sein, aber niemals zu diesem Preis! In St. Johns werden schon die Fahnen auf Halbmast gesenkt, als am 25. Mai, sieben Tage nach dem Start, die erlösende Meldung kommt: Hawker und Grieve sind von dem dänischen Schiff *Mary* aus dem Atlantik gerettet worden und mittlerweile sicher in Schottland angekommen. Später erfahren Alcock und Brown, was mit der Sopwith passiert ist: Das Funkgerät ist ausgefallen, das Wetter hat sich permanent verschlechtert und schließlich haben die Motoren wegen eines Defekts im Kühlsystem überhitzt. Als die Piloten sicher sind, daß sie es nicht mehr schaffen können, fliegen sie im Zickzack in niedriger Höhe durch den Regen und halten nach einem rettenden Schiff Ausschau. In letzter Sekunde entdecken sie die *Mary* und notwassern neben ihr. Der Seegang ist so hoch, daß es 90 Minuten dauert, bis die Matrosen des Schiffes es schaffen, die beiden Flieger an Bord zu holen. Die *Atlantic* bleibt im Meer zurück, geht aber seltsamerweise nicht unter. Zehn Tage später wird sie von einem anderen Schiff geborgen – und später im Londoner Kaufhaus Selfridge's ausgestellt. Nur Admiral Kerr ist noch nicht gestartet. Ob er mit dem Scheitern von Alcock und Brown rechnet?

Obwohl Alcock und Brown als letzte mit ihren Vorbereitungen fertig waren – jetzt fliegt die Vimy bereits seit vier Stunden ruhig unter einem klaren, offenen Himmel. Der riskante Start, immerhin der 1001. für den Ex-Militärflieger Alcock, ist längst vergessen. Der Flug verläuft anfangs so unspektakulär in ruhigem Wetter, daß Brown bereits nach kurzer Wegstrecke von dem Bankett zu träumen beginnt, das sie in London erwartet: »Gebratene Ente, Erbsen«!

Nur wenige Menschen sind vor dem Abflug in die Pläne von Alcock und Brown eingeweiht gewesen, und auch in den Medien spielt ihr Vorhaben zunächst keine große Rolle. England durchlebt gerade den ersten Friedenssommer nach dem Ersten Weltkrieg, und die Zeitungen sind voll von Berichten über Präsident Wilsons Vierzehn-Punkte-Plan und den Reaktionen darauf in Deutschland. Nur eine Zeitung berichtet in einer fünfzeiligen Meldung über die Vorbereitungen für den Flug der Vimy in Neufundland.

John Alcock, 1892 geboren, interessiert sich seit seinem siebzehnten Lebensjahr für das Fliegen. Während des Ersten Weltkriegs ist er ein erfolgreicher Militärpilot, wird aber bei einem Eisatz über der Türkei abgeschossen und gefangengenommen. Auch sein Navigator ist abgeschossen worden, allerdings hat der sechs Jahre ältere Arthur Whitten-Brown in einem deutschen Gefangenenlager gesessen. Getroffen haben sich die beiden, als der Ingenieur Brown eines Tages bei einem Besuch der Firma Vickers gefragt wird, ob er nicht Interesse habe, Alcocks Navigator zu werden, der als Pilot bereits ausgesucht sei.

Während sie jetzt über dem Atlantik in Richtung Europa unterwegs sind, denken sie auch an die vielen fehlgeschlagenen Versuche anderer Flieger, die endlose Wüste aus Wasser zu überqueren, die die Alte von der Neuen Welt trennt. Fünf Jahre vorher hat ein Britisches Unternehmen sich vorgenommen, ein »Transatlantisches Flugzeug« zu bauen. Wie bei dem glücklosen *Weißen Vogel* der beiden Franzosen Nungesser und Coli, die Jahre später von Paris nach New York fliegen wollen – und für immer spurlos verschwinden – soll das Fahrwerk des Flugzeugs kurz nach dem Start abgeworfen werden, und der Rumpf ist wie der eines Bootes konstruiert. Aber das Unternehmen mißlingt: Kurz vor der Fertigstellung der Maschine kehrt der für den Flug ausgewählte Pilot nicht von einem Routineflug über dem Kanal zurück. Alcock und Brown wissen, daß sie nicht die ersten sein werden, die mit dem Flugzeug den Atlantik überqueren, wenn sie es schaffen sollten. Einen Monat früher, im Mai 1919, sind drei Curtiss-Flugboote der amerikanischen Marine, die NC-1, NC-3 und NC-4 von Neufundland aus über die Azoren nach Portugal geflogen. Es ist die erste Überquerung des Atlantik mit Flugzeugen. Kapitänleutnant Albert C. Read meldet nach elftägiger Reise, die entlang einer Kette von 41 amerikanischen Kriegsschiffen von New York über die Azoren und Portugal nach Plymouth führt: »Auftrag ausgeführt.« 53 Stunden und 58 Minuten war die NC-4 in der Luft, ihre beiden Schwestermaschinen mußten bereits mitten im Ozean aufgeben, die Piloten wurden an Bord von Schiffen genommen.

17.00 Uhr: Ganz plötzlich tauchen dicke Nebelbänke am Horizont auf. Wie eine lückenlose Barriere erstreckt sich das weiße Band von Nord nach Süd. Als der Besatzung der Vimy wenig später klar ist, daß sich nirgendwo eine Lücke im Nebel auftun wird, entscheidet Alcock, was ohnehin klar ist, wenn sie nicht umkehren wollen: »Wir haben keine Wahl, wir müssen da rein!« Solange sie die Oberfläche des Meeres sehen, können sie an Form und Richtung der Wellen noch abschätzen, aus welcher Richtung und mit welcher Intensität der Wind weht. Kurz bevor sie in die »Suppe« eintauchen, wie Flieger seit jeher den Nebel nennen, schätzt Brown,

*John Alcock und
Arthur Whitten-Brown*

daß Windstille herrscht. Wenigstens werden sie auf Kurs bleiben, wenn sie schon »blind« fliegen müssen. Im nächsten Moment wird die Vimy vom Nebel verschluckt. Er ist so dicht, daß die Männer in den offenen Cockpits kaum die Gondeln der Motoren an den Tragflächen erkennen können.

Was dies wirklich bedeutet, ist heute jedem Amateurpiloten klar. Der Laie mag annehmen, daß ein Flugzeug im Nebel genausogut geradeaus fliegt wie in klarer Luft. Und was das Flugzeug betrifft, stimmt dies auch. Piloten aber, die keine Ausbildung im Instrumentenflug haben, verlieren ohne Sicht auf den natürlichen Horizont oder wenn sie nicht zumindest den Boden sehen können, schnell die Kontrolle über ihr Flugzeug. Das liegt an einer Eigenschaft des menschlichen Gleichgewichtsorgans, die Fliegern immer wieder Probleme bereitet. Ohne optische Referenz genügt oft eine minimale Bewegung der winzigen Härchen des Gleichgewichtsorgans im Innenohr, um jegliches Gefühl für seine Lage im Raum zu verlieren. Die sofortige Folge ist, daß der Pilot nach ein paar Sekunden in den Wolken nicht mehr weiß, wo oben und unten ist. Für den Piloten eines im Nebel fliegenden Flugzeugs bedeutet dies, daß er die räumliche Orientierung verliert und – hat er keine Blindfluginstrumente an Bord – zwangsläufig abstürzen wird. Der »Künstliche Horizont«, ein raffiniertes Gerät, dessen Anzeige darauf beruht, daß ein in ihm eingebauter schnell rotierender Kreisel stabil seine Lage im Raum hält, wird erst 1929 von Lawrence Sperry erfunden, also zehn Jahre nach Alcocks und Browns Flug. Mit seiner Hilfe erst wird das sichere Fliegen ohne Außensicht möglich, denn der künstliche Horizont registriert jede Abweichung von der Normalfluglage.

1919 gibt es nur primitive Hilfsmittel zur Ermittlung der Fluglage, wie die Luftblase im Röhrchen des »Slip Indicators«. Dieser sieht wie die verbogene Libelle einer Wasserwaage aus, ist aber in Turbulenzen und bei größeren Querlagen außerstande, den Flugzustand korrekt anzuzeigen. Im Grunde hat Alcock deshalb nur eine Chance, das Flugzeug ohne Außensicht zu steuern: Er muß präzise nach dem Kompaß seinen Kurs fliegen, darf keinen Grad davon abweichen und muß jegliche Tendenz des Flugzeugs, die Richtung zu ändern, sofort erkennen und gegensteuern. Denn solange der Kompaß konstant denselben Kurs anzeigt, das Flugzeug also nicht wegdreht, ist sicher, daß die Maschine ihre Flügel gerade hält. Mit »hängender« Tragfläche würde das Flugzeug sofort unweigerlich eine Kurve fliegen, also eine Kursänderung machen. Wenn der Kompaßkurs konstant bleibt, bedeutet dies im Umkehrschluß, daß die Flügel gerade stehen. Solange das aber der Fall ist, weiß der Pilot, daß er die Kontrolle über seine Maschine nicht verliert. Was leicht klingt, ist mit einem in der unruhigen Luft mitten in einer Wolke wild hin- und herschwankenden Kompaß eine große Herausforderung an die Konzentration. Darüber hinaus ist die Vimy ohnehin schwer zu fliegen. Die Flugzeuge der ersten Generationen sind, selbst verglichen mit einem leichten Sportflugzeug von heute – hochnervöse Apparate ohne jegliche Eigenstabilität, die kaum einen Kilometer geradeaus fliegen, ohne daß der Pilot permanent die schwergängige Steuerung für Kurs- und Fluglagekorrekturen bemühen muß.

Im offenen Cockpit der Vimy ist es zugig und eiskalt, die einzige Wärme kommt von den elektrisch beheizten Spezialanzügen der Flieger. Die Zeit vergeht langsam, während die Vimy im dichten Nebel fliegt. Brown blickt auf seine Armbanduhr, es ist sechs Uhr. »Will denn dieser Nebel niemals enden?«, schreit er zu Alcock hinüber, der hochkonzentriert durch die Wolken steuert und immer abwechselnd auf den Kompaß, die Libelle und den Höhenmesser blickt. Anstatt zu antworten, bringt er die Maschine in den Steigflug. Vielleicht ist in einer größeren Höhe die Sicht besser, vielleicht kann die Vimy den Nebel übersteigen? Wenn sie zumindest noch einmal die Sonne ausmachen könnten, bevor es dunkel wird. Dann wäre Brown in der Lage, mit Hilfe des Sextanten, eine genaue Positionsbestimmung machen. Wenn es erst einmal dunkel ist haben sie dazu keine Möglichkeit mehr. Und es gibt keine Gewißheit, daß in der kommenden Nacht die Sicht gut genug sein wird, um nach den Sternen zu navigieren.

Plötzlich ein lauter Knall, und gleich danach klingt der rechte Motor wie ein Maschinengewehr. Einer der Auspuffkrümmer ist gebrochen, der Motor speit Flammen in die Dunkelheit. Dort, wo die glühenden Auspuffgase auf Metallteile der Maschine treffen, beginnen diese rot zu glühen und wegzuschmelzen. Entsetzt müssen die Piloten beobachten, wie Tropfen geschmolzenen Metalls im

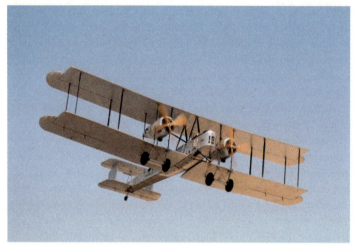

Ein Replikat der Vickers Vimy in den neunziger Jahren

Fahrtwind nach hinten wegfliegen. Kurz darauf der nächste Defekt: Die elektrische Heizung von Browns dicker Fliegerkombi fällt aus, die Batterie ist leer. Das Cockpit ist so eng, daß er sich noch nicht einmal durch etwas Bewegung aufwärmen kann. Aber Brown soll später noch dazu kommen.

Auch der Flug über dem Nebel bringt kein Glück. Als die Vimy die Nebelbank nach oben durchbricht, entdecken Alcock und Brown eine neue Wolkendecke über sich, aber keine Spur von der erhofften Sonnenscheibe ist zu sehen. Und genau auf Kurs liegen noch gewaltigere Kumulus- und sogar Gewitterwolken. Wieder sind sie so nah, daß ein Ausweichen nicht mehr möglich ist. Kurz darauf taucht die Vimy in das Wolkengebirge ein, und wird schon im nächsten Augenblick durch die für mächtige Cumuluswolken typischen Auf- und Abwinde herumgeworfen wie ein welkes Blatt.

Jetzt gerät der Flug zum ersten Mal in eine wirklich kritische Phase. Durch die Turbulenz ist es für John Alcock viel schwerer, den Kompaß abzulesen, außerdem ringt er immer mehr mit den gefährlichen Symptomen des Drehschwindels, in der Flugmedizin »Vertigo« genannt. Sekunden nach dem Einflug in die Wolken

Bezwinger des Nordatlantik **49**

kämpft der Pilot bereits um ihr Überleben. Das Flugzeug wird auf- und abgeschleudert, schlingert und bockt, und immer wieder haben die beiden Insassen das Gefühl, daß die Vimy fast steht, bevor sie plötzlich durchsackt. Noch beunruhigender ist, daß dieses Gefühl vermutlich nicht trügt. Alcock hat die Herrschaft über den großen Doppeldecker bereits verloren, und wahrscheinlich reißt immer wieder kurz der Luftstrom an den Tragflächen ab, bevor die Maschine sich ein paar hundert Fuß tiefer wieder fängt. Durch die abrupten Bewegungen des Flugzeugs heftig in den Sitz gedrückt, liest Alcock in einem Moment vom Höhenmesser 4000 Fuß ab, aber im nächsten Augenblick reißt die Strömung erneut ab und diesmal sackt der schwere Bomber nicht nur durch, sondern gerät ins Trudeln – das passiert dann, wenn die auftrieberzeugende Strömung nicht an beiden Flügeln gleichzeitig abreißt.

Im Trudeln, bei dem eine Tragfläche konstant weiter Auftrieb liefert, während die andere auftriebslos bleibt, dreht sich das Flugzeug schnell um eine gedachte Achse, die irgendwo in der Mitte durch den auftriebslosen Flügel geht und verliert rasant an Höhe, bei manchen Flugzeugen bis zu 300 Meter pro Umdrehung! Beherrscht der Pilot das Verfahren zur Beendigung des Trudelns nicht, besteht keine Chance, aus dem extrem gefährlichen Zustand herauszukommen. Gas ganz raus! In welche Richtung dreht die Maschine? (Manchmal ist die Drehung so schnell, daß der Pilot kaum erfassen kann, in welche Richtung das Flugzeug dreht). Volles Seitenruder gegen die Drehrichtung, dann das Steuer etwas drücken, damit die Strömung wieder richtig anliegt, und das Flugzeug vorsichtig aus dem resultierenden Sturzflug abfangen ohne es zu überlasten!

Wild rotierend, verliert die Vimy rapide an Höhe. Der Höhenmesser zeigt wie eine schnell rückwärtslaufende Uhr im Zeitraffer die Höhe an: 3000 … 2000 … 1000 Fuß. Alcock gelingt es immer noch nicht, die Kontrolle über die Maschine wiederzuerlangen. Noch zwei, drei Umdrehungen, dann werden auch die letzten 300 Höhenmeter aufgebraucht sein. Das Flugzeug wird fast ohne Vorwärtsfahrt nahezu senkrecht auf die Wasseroberfläche klatschen. Ein paar Sekunden später werden sie, sollten sie nicht bereits beim Aufprall ums Leben kommen, in den eisigen Fluten ertrinken.

New York Herald am 16. Juni 1919

30 Meter über den Wellen, kurz zuvor ist die Vimy aus den Wolken gekommen, gelingt es Alcock, das Flugzeug abzufangen. Noch eine Sekunde und sie wären verloren gewesen. Dem Tod so knapp entkommen sind beide Männer nur zu einem Grinsen fähig, während sie beginnen, ihren ursprünglichen Kurs wieder aufzunehmen. Das Wetter ist jetzt besser, die Vimy steigt wieder auf eine sichere Höhe von über 7000 Fuß. Zeit etwas zu essen, meint Alcock, zeigt auf seinen Mund. Brown versteht und holt die Tasche mit den Sandwiches hinter dem Sitz hervor, die Miss Agnes Dooley in St. Johns für sie gemacht hat. Zu den Broten gibt es Whiskey aus der Flasche und ein Bier. Die leere Bierflasche liegt noch heute auf dem Grund des Atlantik, irgendwo zwischen Neufundland und Irland, denn übermütig haben die Flieger sie über Bord geworfen.

Fünf Stunden Flug liegen hinter ihnen. Es ist jetzt wieder etwas ruhiger. Immer wieder checkt Alcock die Triebwerksinstrumente:

die Temperatur des Kühlwassers, den Öldruck. Mit einer Handpumpe füllt Brown die Tanks, aus denen die Motoren versorgt werden, aus den anderen Spritbehältern auf. Er ist dankbar für die Bewegung. Dann sehen sie zum ersten Mal die Sonne wieder. Sie geht genau hinter ihnen im Westen unter, sie sind also kaum vom Kurs abgekommen. Brown überprüft mit dem Sextanten ihre exakte Position: Tatsächlich sind sie nur wenige Meilen abgedriftet. Aber bereits kurz danach sind sie wieder in Wolken. Vom Lärm des auspufflosen rechten Motors fast taub, fliegen sie bis neun Uhr abends, ohne irgendetwas zu sehen, frieren. Langsam werden sie jetzt auch müde. Brown zieht sein Notizbuch heraus, schreibt auf eine Seite: »Kannst Du um 21.30 Uhr über den Wolken sein? Brauchen die Sterne so bald wie möglich.« Dann hält er das Buch hoch und beleuchtet die beschriebene Seite mit seiner Taschenlampe. Alcock nickt nur. Sie sind jetzt wieder in 5400 Fuß, keine Lücke in den Wolken ist zu sehen.

Mitternacht: Es ist jetzt bereits der 15. Juni. Die Vimy fliegt seit Stunden in Wolken. Fünf Minuten nach zwölf verfaßt Brown eine weitere Notiz: »Müssen jetzt die Sterne sehen!«. 6500 Fuß, sie sind immer noch mitten in Wolken, von absoluter Dunkelheit umgeben. Das einzige Licht kommt von ein paar fahlgrün beleuchteten Instrumenten und den Flammen, die aus den Auspuffstutzen des rechten Motors schlagen. Alcock gibt Gas, will endlich über die Wolken steigen, aber diese nehmen kein Ende. Eine Viertelstunde später: Endlich – der Mond hängt über ihnen, und Brown erkennt sofort den Polarstern, die Wega. Mit bereits taubgefrorenen Fingern holt Brown den Sextanten wieder aus seinem Koffer, breitet in dem eisigen Cockpit seine Navigationstabellen und das Logbuch auf seinen Knien aus, hält sie mit den Ellbogen unten, peilt Sterne an, berechnet die Position im Schein seiner Taschenlampe. Um 0.25 Uhr ist die Position der Vimy 50 Grad und sieben Minuten Nord, 31 Grad West. Das bedeutet, daß sie fast den halben Weg geschafft haben, aber etwas zu weit südlich fliegen. 850 Meilen haben sie zurückgelegt, über 1000 liegen noch vor ihnen. Ihre Durchschnittsgeschwindigkeit bis hierher: 106 Knoten, fast 200 Stundenkilometer. Alcock und Brown sind zufrieden.

Gegen halb ein Uhr nachts wird erst einmal wieder etwas ge-

Alcocks und Browns Vimy ist heute im Londoner Science Museum ausgestellt

gessen und getrunken: Ein paar Sandwiches, dazu Kaffee. Brown nimmt seinen Kaffee mit einem Schuß Whiskey. Kurz darauf bemerkt Alcock, daß Brown offenbar singt. Er kann kein Wort verstehen, aber Brown scheint seinen Spaß zu haben.

In den Räumen der Londoner *Daily Mail* gibt es um diese Zeit bereits düstere Spekulationen um das Schicksal der verwegenen Atlantikflieger. Ein Telegramm aus St. Johns hat den Start von Lester's Field gemeldet, aber obwohl Alcock und Brown ein Funkgerät an Bord haben, hat bisher niemand mehr etwas von ihnen gehört. Kein Wunder, denn das anfällige Gerät hat bereits drei Stunden nach dem Start seinen Geist aufgegeben, was allerdings weder Alcock noch Brown bemerkt haben. Wenn der Flug klappen würde, dann müßte die Vimy gegen neun Uhr morgens an der Küste Irlands auftauchen, noch aber gibt es keinerlei Lebenszeichen von den beiden.

Drei Uhr morgens: Die Piloten glauben, die ersten Vorboten der

Morgendämmerung zu sehen. Als es heller wird, bemerken sie auch noch etwas anderes: Erneut liegt ein massives Gebirge aus Wolken genau auf ihrem Kurs, und wieder ist es zu gewaltig und ausgedehnt, um es über- oder umfliegen zu können. Ein weiteres Mal verliert Alcock nach kurzer Zeit in den turbulenten Wolken die Kontrolle über die Maschine, als eine plötzlich Böe das Flugzeug aus der Normallage reißt. Die beiden Insassen werden in die Sitze gepreßt.

Zuerst Regen, dann Hagel schlagen den Piloten ins Gesicht. Und jetzt blockiert auch noch der Geschwindigkeitsmesser, im Grunde Alcocks einzige Referenz, um zu beurteilen, ob die Maschine steigt oder sinkt: Wird sie schneller, sinkt sie, nimmt die Fahrt ab, befinden sie sich im Steigflug. Er kämpft darum, wieder Herr der Lage zu werden und schließlich schafft er es sogar in die relative Sicherheit eines zwar steilen aber geraden Sturzflugs. Alles besser als wieder zu trudeln!

Seine Erfahrung als Bomberpilot und sein beherrschtes Naturell retten ihn wieder, aber erneut hat die Vimy 3000 Fuß Höhe verloren, 1000 Meter Sturzflug. 300 Meter über dem Wasser gelingt es Alcock, die Maschine abzufangen, zumindest glaubt er das im ersten Moment, als er meint, das Wasser zu sehen. Dann aber realisiert er, daß das Meer über ihm, die Vimy im Rückenflug aus den Wolken gekommen ist. Nur Sekundenbruchteile bevor sie auf der aufgewühlten See zerschellen, gelingt es ihm, das schwere Flugzeug umzudrehen. Das tosende Meer schleudert seine Gischt bis hinauf an die Maschine, die nur noch zirka fünf bis sieben Meter über dem Wasser fliegt. Alcock und Brown können das Salzwasser schmecken. Brown denkt immerzu nur an den Wetterberater in Neufundland und dessen offenbar etwas zu optimistische Wetterprognose.

Alcock muß in eine etwas sicherere Höhe steigen, das bedeutet aber, wieder in die Wolken einzufliegen, in denen ein eiskalter Schneesturm tobt. Im Nu beginnen die Tragflächen, die Streben und die Verkleidungen der Motoren zuzufrieren. Sogar die Ruder frieren an. Er kann das Steuer nur noch mit größter Kraftanstrengung bewegen. Die Männer wissen, daß sie jetzt nur mit Hilfe einer drastischen Maßnahme überleben können, sonst werden in den nächsten Momenten die Motoren ausfallen, wenn die Steuerung nicht schon vorher unwirksam wird. Trotz des immer schwereren

Panzers aus Eis hat die Vimy wieder 8500 Fuß erreicht, von Sekunde zu Sekunde kämpft sie sich weiter durch den Sturm. Vor den Cockpitscheiben, hinter denen sich die bibbernden Männer zusammenkauern, um so wenig Fahrtwind wie möglich abzubekommen, haben sich dicke festgefrorene Schneewälle angehäuft. Die Motoren haben die ersten Aussetzer. Was ist los? Brown kniet, um besser sehen zu können, auf seinem Sitz, schiebt die völlig zugefrorene Fliegerbrille vom Gesicht und späht hinüber zu den Triebwerken. Der Grund dafür, daß die Motoren aussetzen, ist der starke Schnee- und Eisansatz an den Luftfiltern. Die Luftansaugstutzen beginnen komplett zu vereisen. Es muß sofort etwas geschehen.

Brown weiß, daß es nur noch eine Möglichkeit gibt zu überleben: Er muß auf die Tragfläche, ein Stunt, der unter diesen Bedingungen unglaublichen Mut erfordert. Ohnehin ist Brown gehandicapt, er hat, Souvenir aus dem Krieg, ein fast vollständig steifes Bein. Wie hatte Alcock gesagt, als sie sich im Hangar von Vickers kennenlernten und er die Behinderung von Brown bemerkte? »Wir wollen ja nicht über den Atlantik gehen!« Von wegen.

Brown schnappt sich sein Messer und wirft ein Bein über die Bordwand, aber als Alcock sieht, was sein Copilot vor hat, richtet er sich ebenfalls aus dem Sitz auf, versucht Brown festzuhalten. Brown aber reißt sich wütend los, klettert hinaus zwischen die beiden Tragflächen. Mit einer Hand hält er sich an den Streben und den Verspannungsseilen fest, in der anderen hält er das Messer, und so hangelt er sich vorwärts in Richtung des Motors. Die riesigen Vierblattpropeller schaufeln die eisige Luft mit einer solchen Wucht zwischen die Tragflächen, daß er seine ganze Kraft braucht, um weiterzukommen. Als er den Motor erreicht, kratzt und hackt er das gesamte Eis von den Ansaugöffnungen und von den Sichtfenstern der Treibstoffanzeigen. Dann schleppt er sich zurück zum Rumpf, überquert diesen und macht sich an der anderen Tragfläche zu schaffen.

Alcock hat währenddessen mehr als genug Arbeit, das Flugzeug überhaupt aufrecht zu halten. Immer wieder ist er nah daran, die Kontrolle über die Maschine zu verlieren. Trotzdem versucht er, die Vimy so ruhig wie möglich zu halten. Eine heftige Bewegung mit dem Steuer und Brown kann abrutschen, aus 8000 Fuß Höhe in

Bezwinger des Nordatlantik

den Atlantik stürzen. Wenn das passiert, das weiß Alcock, dann ist auch sein eigenes Schicksal besiegelt. Fünf weitere Male klettert Brown während des Schneesturms noch hinaus auf die Tragflächen. Am Rande seiner Kräfte entfernt er Eis und Schnee, in jeder Sekunde im wahrsten Sinne des Wortes in absoluter Lebensgefahr schwebend.

6.20 Uhr: Der Tag bricht an. Die Querlagensteuerung des Flugzeugs ist eingefroren, nur Höhen- und Seitenruder funktionieren noch. Alcock steigt bis auf 11 800 Fuß aus den Wolken heraus. Jetzt kann Brown die Sonne wieder sehen, und noch einmal zieht er seine völlig abgestorbenen Hände aus den Handschuhen, um den Sextanten bedienen zu können. Seine Berechnung zeigt, daß sie immer noch auf Kurs sind. Aber es ist klar, daß sie tiefere und damit wärmere Luftschichten aufsuchen müssen, um die eingefrorene Steuerung wieder aufzutauen. Das bedeutet, sie müssen wieder in den Sinkflug, also zurück in die Wolken. Alcock drückt den Knüppel nach vorn, und kurz darauf taucht die Vimy in das Wolkenmeer ein. Null Flugsicht.

Aber Alcock und Brown wissen jetzt bereits, daß sie es schaffen können. In Kürze muß die irische Küste auftauchen – falls sie sie überhaupt sehen! – und wenn jetzt nicht noch das Höhensteuer einfriert, werden sie ihr Ziel erreichen. Immer weiter läßt Alcock die Vimy sinken, und mit jedem Meter, den sie an Höhe verlieren, wird es wärmer. Als sie nur noch 3200 Fuß, 1000 Meter über dem Meer sind, schreit Brown: »Es taut! Das Eis bricht weg!« Auch der Schnee im Cockpit beginnt zu schmelzen. Bald darauf sitzen sie patschnaß wie in Wannen voller Wasser. Als die Vimy nur noch dreihundert Meter über dem Meer fliegt, gibt Alcock wieder Vollgas und stellt mit Zufriedenheit fest, daß beide Rolls-Royce-Zwölfzylinder immer noch weich und ohne Aussetzer laufen.

Zwanzig Minuten später, noch über dem Wasser, sehen sie zum ersten Mal Land. Ihr Triumph ist fast perfekt. Sie waren das Team mit den geringsten finanziellen Mitteln, und jetzt werden sie den Preis der *Daily Mail* gewinnen und in die Geschichte eingehen. Brown holt sofort seine Karte heraus, beginnt die Küstenlinie, die er vor sich sieht, mit der Kontur der Insel auf der Karte zu vergleichen. Es ist nicht die Gegend um Galway, das sie eigentlich anfliegen

Die grüne Oberfläche lädt zum Landen ein – und stellt sich als gefährliches Moor heraus

wollten, so stellt er schnell fest, um Irland handelt es sich aber mit Sicherheit. Als sie näher kommen, gelingt es ihm, einen Ort an der Küste zu identifizieren. Es ist die Stadt Clifden. Schnell kritzelt er seine Beobachtung in das Notizbuch, zeigt es Alcock.

In geringer Höhe kreisen sie dann über der Kleinstadt, Alcock hält Ausschau nach einer passenden Wiese. Hinter dem Sendemasten der örtlichen Radiostation entdeckt er einen scheinbar geeigneten grünen Fleck. Er sieht Menschen winken und aufgeregt gestikulieren, versteht aber nicht, daß sie ihn warnen wollen. Unter der schmeichelnden grünen Oberfläche, die Alcock für eine heimelige Wiese hält, liegt das gefährliches Derrygimlagh Moor. Alcock glaubt, daß die Leute alle vor Freude und Begeisterung winken, als er die Landung einleitet – und setzt mitten im Moor auf. Das Flugzeug versinkt mit den Rädern im Sumpf, zieht eine lange tiefe Furche durch den Schlamm und stellt sich anschließend auf die Nase. Nach 1890 Meilen, die sie in 15 Stunden und 57 Minuten zurückgelegt haben, landen John Alcock und Arthur Whitten-Brown in einem Schlammloch! Sofort rennen Helfer zur Vimy, rufen schon von weitem: »Irgend jemand verletzt?« »Nein«, kommt es zurück. »Wo kommt ihr her?« »Aus Amerika.« Die Leute lachen, die meisten glauben ihnen zuerst nicht. Irgendwann später an diesem Tag sagt Alcock noch: »Gestern waren wir in Amerika, und wir sind die einzigen Menschen in Europa, die das behaupten können.«

Die Meldung von der Landung der Vimy verbreitet sich wie ein Lauffeuer, und für Alcock und Brown folgt eine schier nicht enden wollende Reihe von Empfängen, Einladungen, Reden, Galaveranstaltungen und Banketts. In London angekommen, hält Alcock vom Balkon des *Royal Aeroclubs* seine wohl kürzeste Rede: »Keine Rede heute. Ihr wolltet, daß wir herkommen – hier sind wir!« Das anschließende Abendessen wartet mit bisher unbekannten Spezialitäten auf: »Oeufs Poches Alcock, Suprême de Sole à la Brown, Poulets de Printemps à la Vickers Vimy, Salade Clifden, Surprise Britannia, Gâteau Grand Success«. Nachdem die beiden Helden des Nordatlantik den Scheck über 10 000 Pfund Preisgeld, das Verleger Lord Northcliffe ausgesetzt hatte, von Winston Churchill entgegengenommen haben, bestehen sie darauf, daß die Mechaniker von Vickers und Rolls-Royce ein Fünftel des Betrags erhalten. Einige Tage später werden die Flieger von König George V. empfangen: Den Buckingham Palast verlassen sie als Sir John und Sir Arthur.

Brown heiratet kurz nach dem Rekordflug – er hatte seinen Hochzeitstermin wegen des Flugs verschoben – und reist bald darauf in die USA ab. Alcock hingegen bleibt in England und testet am Flugplatz von Brookland Flugzeuge. An den Wochenenden nimmt er gerne an Wettflügen teil. Am 15. Dezember 1919 ist er zugegen, als die Vimy im *Science Museum* von London zum ersten Mal nachdem sie aus dem irischen Moor geholt worden ist der britischen Öffentlichkeit präsentiert wird.

Drei Tage später soll Alcock eine neue »Vickers Viking« im Auftrag des Herstellers nach Paris ausliefern. Die Maschine soll dort in der ersten Luftfahrtschau nach dem Krieg präsentiert werden. Entgegen dem Ratschlag von Kollegen verläßt Alcock England an einem regnerischen Tag mit niedrigen Wolken und starkem Wind. Alle drängen ihn, den Flug zu verschieben, aber Alcock, der Bezwinger des Nordatlantik, wischt ihre Bedenken beiseite und startet – diesmal ohne Navigator.

Über dem Kanal ist das Wetter schlecht und als die Viking die Küste der Normandie erreicht, fliegt sie bereits im dichten Nebel. Gegen 13 Uhr an diesem Mittag sieht ein französischer Bauer namens Pelletier, der auf einem seiner Felder in der Nähe von Rouen arbeitet, ein großes Flugzeug über sich im Dunst. Plötzlich wird die Maschine langsam, macht eine große Drehung und stürzt zur Erde. Pelletier rennt zu dem Wrack, in dem er Alcock schwer verletzt und bewußtlos findet. Er identifiziert den Mann anhand eines gravierten Rings und einiger Papiere als den mittlerweile berühmten John Alcock.

Der Bauer und ein Arbeiter schleppen Alcock zu einem Bauernhof. Von dort aus holen sie Hilfe aus dem Britischen Hospital in Rouen. Als ein Arzt eintrifft, ist Sir Alcock tot. Brown erfährt die Nachricht vom Tod Alcocks auf seiner Hochzeitsreise in San Francisco.

Arthur Whitten-Brown wird den Zweiten Weltkrieg überleben, er stirbt 1948 – ohne jemals wieder geflogen zu sein.

1927

Solo nach Paris: Charles Lindbergh

Eine Nacht im September 1926: Der 25jährige Postflieger Charles Lindbergh ist in seinem de Havilland-Doppeldecker vom Typ DH-4 unterwegs von St. Louis nach Chicago. Über den Wolken seinem Ziel entgegenfliegend, vertreibt sich der junge Pilot die Zeit damit, von aufregenden Langstreckenflügen zu träumen. Man könnte ja zum Beispiel die Post direkt von St. Louis nach New York bringen, ohne den mühsamen Umweg über Chicago. Wenn er nur die richtige Maschine hätte, dann könnte er den Geschäftsleuten in St. Louis zeigen, wozu Flugzeuge in der Lage sind. Mit den ausgemusterten alten Armeeflugzeugen – die Postflieger nennen sie »DHs« – des *Robertson Air Service*, dessen Chefpilot Lindbergh ist, geht das nicht. Aber wenn er eine dieser neuen Maschinen hätte, eine Laird, oder die moderne Wright-Bellanca, von der er kürzlich gelesen hat. Noch wird zu wenig Post auf dem Luftweg versendet, um den Kauf so teurer Flugzeuge zu rechtfertigen. Auch so schon schrammt das kleine Unternehmen von Major Robertson, das nach dem Gewicht der beförderten Briefe bezahlt wird, oft nur knapp an der Pleite vorbei. Aber die Postflieger sind auch erfolgreich: Mit seinen beiden Kollegen Love und Nelson schafft Lindbergh eine fast unglaubliche Quote von 99 Prozent beendeter Postflüge. Und das, obwohl sie in mittlerweile veralteten offenen Doppeldeckern aus dem Ersten Weltkrieg fliegen. Schlechtes Wetter darf die Piloten nicht kümmern, sie fliegen im Regen und bei Schneefall, unter oder über tiefhängenden Wolken, oft auch mittendurch. Beinahe wöchentlich kommen zu jener Zeit Piloten des US Mail Service in Gewittern oder Schneestürmen ums Leben, verfliegen sich im Nebel bis ihnen der Sprit ausgeht oder müssen in unwegsamem Gelände notlanden, weil einer der noch wenig zuverlässigen Motoren den Dienst quittiert hat. Der *Robertson Mail Service* aber ist dafür bekannt, daß er selbst dann noch fliegt, wenn sogar die Vögel bereits zu Fuß gehen. Wenn andere die Post längst auf den Zug umladen, versuchen Lindbergh und seine Kollegen es noch per Flugzeug. Lindbergh selbst ist sogar dafür bekannt, daß er lieber bei schlechtem Wetter unterwegs ist als bei gutem. Die Herausforderung zu meistern bedeutet ihm mehr als sicher – und langweilig – im Sonnenschein geradeaus zu fliegen.

Charles A. Lindbergh wird 1902 in Detroit als Sohn von Charles Augustus Lindbergh, einem Rechtsanwalt und Kongreßabgeordneten und seiner Frau Evangeline Lodge Land geboren und wächst auf einer Farm bei Little Falls, Minnesota auf. Er ist Nachfahre schwedischer, englischer, schottischer und irischer Ahnen. Bereits als Kind fällt seine Affinität zu technischen Dingen auf. Er lernt mit elf Jahren Auto fahren (und legt mit vierzehn Jahren bereits Tausende von Kilometern mit dem Familienauto zurück), experimentiert begeistert im Detroiter Laboratorium seines Großvaters mütterlicherseits, Charles Henry Land. Land erfindet die Jacketkrone und gilt heute als einer der Väter der modernen Zahnersatz-Technik. An der Universität von Wisconsin studiert Lindbergh Maschinenbau, bricht das Studium aber ab, um Fliegen zu lernen. 1922, er ist zwanzig, bewirbt er sich für das »Aviation Programme« bei der Nebraska Aircraft Corporation und beginnt mit seiner Flugausbildung. Bereits im Sommer darauf zieht er als »Barnstormer« (Scheunenstürmer) umher, wie die verwegenen Flieger heißen, die mit ausgemusterten Armeeflugzeugen durch das Land tingeln und sich ihren Lebensunterhalt mit waghalsigen Flugvorführungen, Fallschirmabsprüngen und Rundflügen verdienen. Zeitweise ist er sogar ein »Wingwalker«, einer jener Akrobaten, die zwischen den Tragflächen eines Doppeldeckers herumwandern, manchmal auch oben auf der Maschine stehen oder sich, wie Trapezkünstler im Zirkus, an die Streben des Fahrwerks hängen. Andere Piloten nennen ihn zu jener Zeit den »Teufelskerl«, denn Lindbergh scheint keine Angst zu kennen. Dabei ist er eigentlich nicht leichtsinnig, sondern eher ein ver-

Solo nach Paris

April 1926: Charles Lindbergh lädt den ersten Postsack für die neu eingerichtete Air Mail-Strecke St. Louis–Chicago in seine de Havilland DH 4

antwortungsbewußter und stiller Typ, dem die wenigsten auf Anhieb so viel Verwegenheit zutrauen, wie er sie in seiner Fliegerei zeigt. Nach drei Jahren ist er schon ein ziemlich erfahrener Pilot und bewirbt sich zur militärischen Flugausbildung bei der Armee. Überrascht, daß er dort Theoriekurse besuchen soll, dauert es eine Weile, bis er einsieht, daß ihm der trockene Stoff auch in der Luft zugute kommen wird. Dann aber packt er die Sache richtig an – und wird schnell zum besessenen Studenten. 1925 besteht er die Abschlußprüfung als bester von 104 Kadetten, von denen zum Schluß der Ausbildung nur 18 übrig sind. Da die Armee nach Ende der Ausbildung die Piloten nicht in ihre Dienste übernimmt, sucht Lindbergh sich einen Job als Postflieger. In St. Louis lernt er die Kriegsveteranen Bob und Frank Robertson kennen, und gemeinsam mit ihnen bewirbt er sich bei einer staatlichen Ausschreibung um die Poststrecke St. Louis – Chicago, die sogenannte »Route No. 2«.

Wenn die Piloten nach anstrengenden Flügen in Chicago ankommen, dann ist es im Spätherbst und im Winter bereits dunkel. In den ungeheizten offenen Cockpits trotz dicker fellgefütterter Jacken restlos durchfroren und hoffnungslos übermüdet, stehen sie dann manchmal noch vor dem Problem, den Flugplatz zu finden. Zwei Zwischenlandungen machen die Robertson-Piloten auf dem Weg nach Chicago, in Springfield, Illinois und in Peoria, etwa 170 Meilen südwestlich von Chicago. Die Landungen an den Zwischenstopps sind manches Mal noch interessanter als in Chicago. Die Flugplätze sind unbefestigte Wiesen außerhalb der Städte und liegen nachts in völliger Dunkelheit. Vor allem bei schlechter Sicht ist es eine Kunst, sie zu finden. Eine Beleuchtung oder irgendwelche anderen Navigationshilfen gibt es nicht. Die Start- und Landebahn von Peoria ist so kurz, daß die Landung schon bei Tageslicht eine Herausforderung ist. Nachts aber verlangt sie den Postfliegern höchste Konzentration ab. Meistens wartet der grüne Lastwagen der Post bereits auf Lindbergh. Mit dem Fahrer ist vereinbart, daß dieser eine Fackel anzündet, wenn der Pilot mit den Navigationslichtern blinkt: Die Sicht ist zu schlecht, bedeutet das Signal. Dann steckt der Postfahrer die lange zylindrische Fackel in den Boden und zündet sie an. Anschließend hat der Pilot zwei Minuten Zeit, in ihrem Schein die Landung zu wagen.

In dieser Nacht im September 1926 hat Lindbergh bis hinauf nach Peoria Rückenwind. Deshalb kann er sich bei der letzten Zwischenlandung zwanzig Minuten sparen. Solange dauert es, das Flugzeug wieder aufzutanken. Selbst mit Hilfe des Postfahrers ist es harte Arbeit, das schwere Faß aus einem Verschlag in der Ecke des Flugplatzes heranzurollen und fast 120 Liter Benzin in den Tank der »DH« zu pumpen. Der Pilot hat Glück, wenn der überhitzte Motor anschließend sofort wieder anspringt. Immer ist das nicht der Fall und manchmal dauert es lange, bis der Motor wieder läuft. Heute Nacht läßt Lindbergh den Motor des Doppeldeckers weiterlaufen, während er die Postsäcke umlädt.

Nur eine Woche vorher hat das Unternehmen eine seiner Maschinen verloren. Der Pilot: Lindbergh. Zwischen der kleinen Stadt Marseilles am Illinois River und Chicago verfliegt er sich in jener Nacht im Nebel. Daraufhin will er eine Fackel abwerfen und in deren Licht auf einem ebenen Feld, möglichst in der Nähe einer Farm, landen. Der Plan geht nicht auf: Der Zünder der Fackel ist defekt. Er beschließt, über die etwa 300 Meter dicke Nebelschicht zu steigen, dann weiter in Richtung Chicago zu fliegen. Vielleicht gibt es ja irgendwo in der Umgebung des Postflugplatzes eine Lücke im Nebel durch die er absteigen kann. Anschließend wird er versuchen, das neu installierte und von der Regierung bezahlte Drehleuchtfeuer von Chicago zu finden, das ihm den Weg zum Flugplatz weisen wird. Aber auch das klappt nicht: Durch die dünne Nebeldecke sieht Lindbergh das Licht der Vororte von Chicago schimmern, in der Gegend des Flugplatzes ist der Nebel allerdings zu dicht. Seine Mechaniker erzählen ihm später, daß sie einen großen Strahler senkrecht nach oben in den Nebel gerichtet und sogar zwei Fässer Benzin angezündet haben, als sie die Maschine kommen hörten, um ihm so den Weg zu weisen. Lindbergh kann nichts davon sehen. Eine halbe Stunde lang kreist er über der Stadt, versucht, ein Loch für den Abstieg zu erspähen. Schließlich, als auch der Reservesprit der »DH« langsam zur Neige geht, beschließt er, Richtung Westen zu fliegen. Er hofft, eines der Leuchtfeuer der transkontinentalen Flugroute zu finden. Aber auch diese liegen im Nebel versteckt, er kann sie nicht ausfindig machen.

Mittlerweile hat er bemerkt, daß an der Fackel nur das Zünderkabel locker war. Sie könnte also noch funktionieren. Er beschließt, ein Stück nach Südwesten zu fliegen, und dort seinen ursprünglichen Plan in die Tat umzusetzen. Aber jetzt beginnt der Motor plötzlich zu stottern – höchste Zeit, abzuspringen! In nur 500 Meter Höhe schaltet er schnell auf den Reservetank um, und kurz darauf läuft der 400-PS-starke Zwölfzylinder wieder rund. Lindbergh weiß, daß es jetzt eng wird: Mit der Reserve für etwa zwanzig Minuten kann er den Rand des ausgedehnten Nebelfeldes nicht erreichen. Eigentlich kann er nur noch versuchen, auf eine sichere Höhe für den Absprung zu kommen. Er steckt die Taschenlampe ein und beginnt zu steigen.

Plötzlich glaubt er, ein Licht am Boden zu sehen. Er bricht den Steigflug ab, sinkt schnell auf 300 Meter herab und wirft die Fackel über die Bordwand. Sie funktioniert einwandfrei, aber in ihrem Schein sieht er nur dichte Nebelschwaden, keine Spur vom Boden. Jetzt muss er schleunigst die Flucht nach oben antreten, bevor der Motor in zu geringer Höhe für einen Absprung aussetzt. Gerade als er 5000 Fuß, 1500 Meter, erreicht, bleibt der Motor stehen. Ohne

Lindbergh neben dem Wrack einer DH 4. Viermal rettete sich der unerschrockene Postflieger mit dem Fallschirm

zu zögern, löst er seinen Gurt und springt über die rechte Bordwand hinaus in die Tiefe. Nach drei Sekunden freiem Fall zieht er die Reißleine, und sofort öffnet sich der Schirm. Er hat gerade die Taschenlampe aus der Jackentasche gefummelt, als er plötzlich in der Ferne das anschwellende Geräusch eines Flugzeugmotors hört. Ein Flugzeug kommt auf ihn zu! Wenige Sekunden später sieht er seine eigene, führerlose »DH«. Sie ist nur 300 Meter entfernt, genau auf seiner Höhe. Mit nach links hängenden Tragflächen dreht sie direkt auf ihn zu. Der Techniker Lindbergh weiß sofort, welchen Fehler er gemacht hat: Er war sich sicher, daß die Tanks leer waren, und hat die Zündung vor Verlassen des Flugzeugs nicht abgestellt. Durch den veränderten Schwerpunkt hat sich die Nase des Flugzeugs nach seinem Absprung gesenkt und der letzte Rest Sprit ist in den Vergaser gelaufen. Da der Propeller sich im Fahrtwind drehte, ist der Motor sofort wieder angesprungen. Schnell steckt er die Taschenlampe ein und greift in die Fallschirmleinen, um im Falle eines Falles, sollte die Maschine wirklich direkt auf ihn zukommen, den Schirm wenigstens ein wenig steuern zu können. Etwa mit derselben Sinkrate umkreist das führerlose Flugzeug nun den hilflos am Schirm hängenden Postflieger. Einmal kommt es in nur etwa einhundert Meter Entfernung vorbei. Immer wieder taucht die »DH« wie ein Geist aus der Dunkelheit auf, fünfmal fliegt sie an ihm vorbei. Auch als Lindbergh schließlich in den Nebel hineinsinkt, kann er noch den Motor hören. Für seine Landung will er jetzt die Taschenlampe aus der Jackentasche holen, aber er hat sie in der Aufregung wohl nicht tief genug hineingesteckt, sie ist weg. Noch einmal hört er die »DH« nah vorbeifliegen, sehen kann er sie nicht mehr. Dann ist plötzlich der Boden da und er landet in einem hohen Maisfeld. Wenig später gabeln Autofahrer, die das Flugzeug abstürzen hörten, den in der Dunkelheit umherirrenden Lindbergh auf. Gemeinsam finden sie das abgestürzte, völlig zerstörte Flugzeug. Die Postsäcke aber sind heil geblieben, Lindbergh bringt sie schleunigst zum nächsten Postamt. Als das Wrack seines Flugzeugs ein paar Tage später inspiziert wird, stellt sich heraus, daß bei einer Reparatur der ursprüngliche Tank gegen einen kleineren ausgetauscht wurde – ohne daß dies jemand dem Piloten mitgeteilt hatte.

Die einmalige Anekdote aus einem typischen Fliegerleben jener Zeit? Mitnichten. Am 3. November 1926, weniger als eineinhalb Monate nach dem waghalsigen Absprung in den Nebel ist es bereits wieder soweit: Aus 13 000 Fuß Höhe, fast vier Kilometer, springt Lindbergh aus einer »DH« ab, nachdem er sich über einer geschlossenen Wolkendecke verirrt hat. Dieses Mal landet er auf einem Stacheldrahtzaun und nur seine dick gepolsterte Fliegerkombi erspart ihm üble Verletzungen. Die Luftpost im Wrack ist ölgetränkt. Wieder bringt er die Säcke zum nächsten Bahnhof. Viermal rettet sich Lindbergh in seiner Zeit als Armee- und Postflieger insgesamt mit dem Fallschirm aus fliegerisch ausweglosen Situationen: zum ersten Mal, als er 1924 während seiner Flugausbildung bei den Streitkräften in Texas während eines Trainingsflugs mit einer anderen Maschine zusammenstößt. Während die ineinander verkeilten Doppeldecker vom Typ SE-5 wie in Zeitlupe vom Himmel fallen, gelingt es beiden Fliegern, sich mit dem Fallschirm in Sicherheit zu bringen.

Auf den letzten Meilen nach Chicago, denkt Lindbergh daran, daß der New Yorker Hotelier Raymond Orteig, als Kind noch Schafhirte in Frankreich und als Zwölfjähriger nach Amerika eingewandert, bereits 1919 einen hohen Geldpreis für die erste Nonstop-Überquerung des Atlantik ausgesetzt hat. 25 000 Dollar, zu dieser Zeit ein Vermögen, soll derjenige bekommen, der von New York nach Paris – oder von Paris nach New York – fliegt. Fast sieben Jahre lang hat kein Pilot die Herausforderung angenommen, was aber vor allem daran liegt, daß zu Beginn der zwanziger Jahre kein Flugzeug existiert, daß eine so weite Strecke fliegen könnte. Keiner der gebräuchlichen Motoren ist zuverlässig genug.

Charles Lindbergh interessiert sich kaum für das Geld. Es soll ihm nur Mittel zum Zweck sein. Ihn lockt das Abenteuer, er will fliegen. Außerdem ist er daran interessiert, die zivile Luftfahrt voranbringen. Er ist überzeugt, daß dem Luftverkehr blühende Zeiten bevorstehen, wenn die Entwicklung nur energisch genug vorangetrieben wird. Ihn fasziniert die Vorstellung, einen so weiten Flug zu planen und alleine zu bewältigen. Mit dem Preisgeld ließe sich das Unternehmen leicht bezahlen. Und das Flugzeug wäre nach der Atlantiküberquerung – wenn es diese schadlos übersteht – ja noch so gut wie neu. So gesehen würde der Atlantikflug überhaupt kein Geld kosten, ja den Investoren vielleicht sogar einen Profit bringen. Es muß weitsichtige Männer geben, die das finanzielle Risiko eingehen. Sie müssen ihm nur abnehmen, daß er es schaffen kann. Das Problem ist, als gänzlich unbekannter kleiner Postflieger Investoren zu finden und sie dazu zu bringen, sich seine Pläne wenigstens anzuhören. Als Lindbergh in Chicago landet, hat er sich entschieden: Er wird alles daran setzen, den Atlantik nonstop zu überfliegen. Jetzt geht es darum, das richtige Flugzeug zu finden – und Geldgeber.

Von Anfang an ist Lindbergh sich der Risiken eines Transatlantikflugs voll bewußt. Seit die ersten Crews sich für den Wettbewerb gemeldet haben, verfolgt er die Vorbereitungen mit dem kritischen Urteil des mittlerweile selbst reichlich erfahrenen Fliegers. Es geht ihm nicht in den Sinn, warum die meisten der Fliegerlegenden, die sich an dem Rennen beteiligen wollen, beabsichtigen, jede Menge unnützen Kram über das Meer zu schleppen und so ihre Maschinen zu schwer und träge machen. Die Sikorsky von Frankreichs Fliegeras René Fonck, (auch er wollte es von West nach Ost, also mit dem Wind, versuchen), die vor einer Woche beim Start nach Paris verunglückt ist, soll schwere Clubsessel aus rotem Leder an Bord

Solo nach Paris

gehabt haben, sogar ein Bett. Ihre Crew bestand aus vier Mann. Mehr Ballast bedeutet mehr Sprit, und je mehr Sprit an Bord ist, umso mehr Leistung ist nötig, um das Gewicht des Treibstoffs zu tragen. 6800 Kilogramm Treibstoff und Öl waren an Bord von Foncks Maschine. Sogar eine Tüte frisch gebackene Hörnchen aus New York nahm Fonck – als Gastgeschenk – mit. Croissants aus Amerika als Geschenk für Franzosen? An der Tüte Hörnchen wird es kaum gelegen haben, aber als die S-35 am 20. September 1926 einen Startversuch unternimmt, ist sie bei einem Startgewicht von 13 Tonnen um 4500 Kilogramm überladen. Die Maschine bricht beim Startlauf aus, verliert ein Rad des Fahrwerks und geht anschließend in einem Graben am Ende der Startbahn in Flammen auf. Charles Clavier und Jakob Islamow, Funker und Mechaniker, sterben eingeklemmt in der Kabine. Copilot Curtin und Fonck entkommen der Katastrophe nur um Haaresbreite. Foncks fatalistischer Kommentar: »Das ist das Risiko der Luftfahrer!«

Der rationale und geradlinige Lindbergh will einen anderen Weg gehen. Wenn er einen Bellanca bekommen kann, wird er sie alleine fliegen. So muß er keine Crew aussuchen und spart obendrein viel an Gewicht, das er lieber in Form von zusätzlichem Treibstoff mitnimmt. Wenn gepolsterte Sitze in der Maschine sind – er wird sie für den Flug herausreißen. Ein wenig konzentrierte Nahrung, etwas Wasser, vielleicht ein kleines Rettungsboot, das reicht. Nur ein kleines, leichtes Flugzeug kann es schaffen, ist er sich sicher.

Auf dem Rückweg nach St. Louis konkretisieren sich seine Pläne: Er wird einigen Geschäftsleuten in St. Louis vorschlagen, sich an der Finanzierung des Fluges zu beteiligen. Zweitausend Dollar hat er selbst, die wird er investieren. Eigentlich sollte das Geld, das seine Mutter für ihn angelegt hat, eiserne Notreserve sein. Aber jetzt, da er ja schon einige Flugerfahrung hat – irgendeinen Pilotenjob kann er immer wieder finden. Allerdings sind 2000 Dollar nur ein Bruchteil der Summe, die man für den Kauf einer Bellanca braucht. Und wie organisiert man so einen Flug? Wie findet man Sponsoren? Wie hat Commander Byrd das Geld für den Nordpolflug in der dreimotorigen Fokker aufgetrieben?

Zurück in St. Louis sucht Lindbergh Earl Thompson auf, einen Versicherungsmakler, dem er auf dessen eigener Maschine gelegentlich etwas Flugunterricht gibt, und diskutiert mit ihm seine Idee, den Transatlantikflug zu wagen. Ob Thompson sich vorstellen könne, sich als Sponsor an dem Flug zu beteiligen? Thompson ist nicht wohl dabei, daß Lindbergh so einen weiten und gefährlichen Flug allein in einer einmotorigen Maschine wagen will. Lindbergh aber weiß, wovon er spricht. Kühl kalkulierend hat er analysiert, daß zwei oder drei Motoren nur eine trügerische Sicherheit bedeuten. Fällt mitten über dem Meer einer der Motoren aus, ist das Flugzeug wahrscheinlich noch zu schwer, um mit Hilfe der übrigen zwei Triebwerke an Land zu kommen. Also, schließt er, führt auch bei einem dreimotorigen Flugzeug ein einzelner Motorausfall zu einer Wasserung im Meer. Darüber hinaus ist bei einem dreimotorigen Flugzeug das Risiko, einen Triebwerksdefekt zu erleben, dreimal so hoch. Lindbergh ist sich deshalb sicher, daß eine einmotorige Maschine am besten für den Ozeanflug geeignet ist. Ganz zu schweigen davon, daß er sich ein großes Flugzeug nie leisten kann. Thompson ist interessiert, bleibt aber vorläufig noch skeptisch.

Bald darauf trifft Lindbergh am Flugplatz einen Vertreter des Flugzeugherstellers Fokker, zu jener Zeit bereits eine wichtige Größe im Luftverkehr. Commander Byrd ist mit einer dreimotorigen Fokker zum Nordpol geflogen und bereits nächstes Jahr will auch er den Nonstopflug nach Europa wagen. Der Verkäufer von Fokker ist in St. Louis, um mit Lindberghs Boss Major Robertson über eine mögliche Niederlassung des Herstellers in St. Louis zu sprechen. Natürlich, meint er, eine für den Flug geeignete Spezialvariante ihres dreimotorigen Typs könnte Fokker bis zum Frühjahr 1927 liefern. Diese würde allerdings 90 000 Dollar kosten, vielleicht 100 000, eventuell noch mehr. Und natürlich würde Fokker sich nur auf die Sache einlassen, provoziert der Flugzeugverkäufer Lindbergh, nachdem das Unternehmen sich von der Kompetenz der für den Flug vorgesehenen Besatzung überzeugt habe. Als Lindbergh nach einer einmotorigen Maschine fragt, reagiert der Mann kühl und abweisend: Nein, ein einmotoriges Flugzeug würde Fokker für so einen Flug nicht bauen, das sei ganz ausgeschlossen.

Trotz einiger Rückschläge gelingt es Lindbergh nach und nach, mehrere Geschäftsleute für sein Vorhaben zu begeistern. Der erste,

Solo nach Paris

der wirklich Geld in das Projekt investiert, ist Major Lambert, nach dem der Flugplatz von Saint Louis benannt ist. Theodore Roosevelt, der erste amerikanische Präsident, der in einem Flugzeug aufgestiegen ist, flog in St. Louis zum ersten Mal. Und Major Lambert war die erste Person in St. Louis, die einen Pilotenschein erwarb. Er ist nicht nur ein Luftfahrtprofi, er hat auch Visionen, und er ist großzügig. Mit ihm, der während des Ersten Weltkriegs hier eine Ballonfahrerschule geleitet, den Flugplatz mit eigenen Mitteln aufgebaut hat, und der mit allen Wassern der Fliegerei gewaschen ist, muß Lindbergh keine Diskussion über die Risiken der Fliegerei oder über die Vor- und Nachteile ein- oder mehrmotoriger Flugzeuge führen: »Wenn Du glaubst, daß Du das hinkriegst, Slim, und wenn Du die richtigen Leute zusammenbringst«, meint der Major, »mit tausend Dollar von mir kannst Du rechnen.« Noch ein wichtiges Gespräch führt Lindbergh: mit seinem Boss. Dieser soll ihm etwas Freiraum von der täglichen Postfliegerei lassen und ihm erlauben, den Firmennamen für die Suche nach weiteren Sponsoren zu benutzen. Robertson, der nicht in der Lage ist, Lindbergh finanziell zu unterstützen, willigt sofort ein, er ist sogar Feuer und Flamme für das Projekt.

Lindbergh beginnt mit der Suche nach dem richtigen Flugzeug. Er reist nach New York, um dort die Firma Wright aufzusuchen, die eine einmotorige Maschine des Konstrukteurs Bellanca mit ihrem modernsten Motor, dem »J-5C Whirlwind« ausgerüstet hat. Der »Whirlwind« ist ein bemerkenswerter Neunzylinder-Sternmotor mit über 200 PS und gehört 1927 zu den zuverlässigsten Flugzeugmotoren der Welt. Bei Wright ist niemand sonderlich begeistert von der Idee, die Wright-Bellanca Lindbergh für den riskanten Flug zu überlassen. Das Unternehmen befürchtet schlechte Publicity, falls der junge Flieger – was nicht ganz unwahrscheinlich ist – auf der weiten Strecke über den Ozean verloren gehen sollte.

Kurz darauf, zurück in St. Louis, gelingt Lindbergh der finanzielle Durchbruch für sein Projekt, als er Harry Knight, den Präsidenten des *St. Louis Flying Club*, aufsucht und dieser den Bankier Harold Bixby kontaktiert. Der joviale Bixby hat sofort Vertrauen in den enthusiastischen jungen Postflieger und beschließt nach einem Tag Bedenkzeit, das Risiko einzugehen. Schafft der Junge den Flug, so bedeutet dies einen riesigen Zuwachs an Popularität für den kleinen Flugplatz von St. Louis. Die Stadt könnte das Drehkreuz des Mittleren Westens werden. Die von Lindbergh veranschlagten zehn- bis fünfzehntausend Dollar wollen die Geschäftsleute vorstrecken.

Jetzt gilt es, schnell das passende Flugzeug zu finden. Lindbergh hat von der Travel Air Company in Wichita, Kansas gehört, und auch von der kleinen Firma Ryan, die in San Diego an der Westküste angeblich ein brauchbares neues Flugzeug für den Mail Service baut. Er schickt ein Telegramm an Ryan:

RYAN AIRLINES INC. 3. FEB 1927
SAN DIEGO CALIFORNIA
KÖNNEN SIE EIN FLUGZEUG MIT WHIRLWIND
MOTOR KONSTRUIEREN, DAS NONSTOP VON
NEW YORK NACH PARIS FLIEGEN KANN? STOP
WENN JA, BITTE UM ANGABE VON PREIS UND
LIEFERZEIT
ROBERTSON AIRCRAFT CORP.

Bereits am nächsten Tag hält er die Antwort in Händen:

SAN DIEGO CALIF.
4. FEB 1927
ROBERTSON AIRCRAFT CORP.
KÖNNEN FLUGZEUG ÄHNLICH M-1 TAUGLICH FÜR
DEN FLUG BAUEN. KOSTEN CIRCA SECHSTAUSEND
OHNE MOTOR UND INSTRUMENTE. LIEFERZEIT
ETWA DREI MONATE.
RYAN AIRLINES

380 Gallonen Sprit wird die Tankkapazität der Maschine betragen, teilt Ryan mit, und sie wird eine Reisegeschwindigkeit von 100 Meilen pro Stunde (160 Stundenkilometer) haben. Auch schon in zwei Monaten könne das Flugzeug fertig sein.

Jetzt meldet sich überraschend Bellanca wieder. In New York, teilt er Lindbergh mit, hat der Geschäftsmann Charles Levine eine neue Firma organisiert, die das Flugzeug von Wright zurückgekauft hat. Levine, der Geschäftsführer des neuen Unternehmens, hat Bellanca und den Piloten Clarence Chamberlin von Wright mitgebracht und will die vielversprechende Maschine in Serie bauen. Natürlich wäre ein geglückter Transatlantikflug die beste Werbung für das Produkt. In einem Telegramm macht Bellanca Lindbergh deshalb Hoffnungen, die Maschine doch noch für den Parisflug zu bekommen. Lindbergh, immer noch überzeugt von den Qualitäten der Wright-Bellanca, eilt sofort wieder nach New York. Im Woolworth Building, 1927 das höchste Gebäude der Welt, trifft er Bellanca und Levine. Bald ist der Deal fast perfekt, außer daß Columbia Aircraft jetzt 15 000 Dollar für die Maschine haben will. Lindbergh will nicht alleine entscheiden und reist noch einmal nach St. Louis zurück, um sich mit Harold Bixby abzustimmen. Er kann nicht glauben, daß dieser ihm einen Blankoscheck über 15 000 Dollar nach New York mitgeben will! Bixby lacht: »Wir haben uns das überlegt. Wenn wir Dir keinen Scheck anvertrauen könnten, wären wir wohl besser gar nicht in das Projekt eingestiegen.« Noch etwas sagt Bixby an jenem Tag: »Wie wäre es, wenn wir die Maschine *Spirit of St. Louis* nennen würden?«

Die nächste Reise nach New York hätte Lindbergh sich sparen können, denn Columbia Aircraft will die Maschine zwar an die Finanziers aus St. Louis verkaufen, besteht aber darauf, den Piloten für den Atlantikflug selbst auszusuchen. Lindbergh reist tief enttäuscht aus New York ab. Zurück in St. Louis ist er an einem Tiefpunkt angelangt. Die dritte Woche im Februar 1927 ist bereits angebrochen und er hat immer noch keine Maschine. Er hat gehört, daß Commander Davis sich von der Armee eine Spezialversion des Pathfinder-Bombers bauen läßt, den er nach den Geldgebern, einer Vereinigung von Kriegsveteranen, *American Legion* tauft. Davis ist ein ernstzunehmender Konkurrent, der sich ausführlich mit Navigation und Aerodynamik befaßt. Auch Nordpol-Bezwinger Byrd hat angekündigt, den Orteig-Preis holen zu wollen. Allerdings sind weder Davis noch Byrd ausgebuffte Piloten vom Schlage Lindberghs. Byrd beispielsweise überläßt das Steuer meist seinem Piloten Floyd Bennet und beschäftigt sich lieber mit Organisationsaufgaben und der Navigation. Es wird sogar gemunkelt, daß Sikorsky für den unglücklichen René Fonck ein neues Flugzeug bauen will. Wer sich darüber hinaus in Europa auf den Flug vorbereitet, weiß

Lindbergh nicht, denn die Franzosen halten ihre Vorbereitungen gerne geheim.

Allein die Pläne von Charles Nungesser, drittbester französischer Jagdflieger des Krieges mit 45 Abschüssen, sind bekannt. Der Exzentriker, dessen Knochen nach siebzehn Kriegsverwundungen an vielen Stellen mit Teilen aus Edelmetall geflickt wurden (seinen Fußknöchel aus Silber gibt er gerne als Grund dafür an, warum er so gut Charleston tanzt) will das Unmögliche versuchen: Mit seinem einmotorigen Doppeldecker *L'Oiseau Blanc* (Weißer Vogel) will der schillernde Abenteurer den Atlantik gegen die Hauptwindrichtung nach Westen überqueren. Es sei lächerlich, meint Nungesser, daß ein Franzose nach Amerika fahren solle, um anschließend nach Paris zu fliegen. Damit sein Flug gelingen kann, darf Nungesser allerdings auf einem Großteil der Strecke keinen Gegenwind haben. Die Idee ist typisch für den tollkühnen Ex-Jagdflieger, der sich im Krieg teilweise, wenn er verletzungsbedingt nicht gehen konnte, zum Flugzeug hat tragen lassen. Lindbergh selbst hält Davis und Nungesser für seine ärgsten Konkurrenten.

Weil er allmählich zweifelt, rechtzeitig startbereit sein zu können, schlägt Lindbergh seinen Geldgebern vor, auf diesen Flug zu verzichten und stattdessen einen Transpazifikflug zu wagen, vielleicht sogar selbst einen Preis ins Leben zu rufen. Davon aber wollen Bixby und Knight nichts wissen. Mehr als Lindbergh selbst glauben sie nun, daß der Orteig-Preis zu holen ist. Sie schicken Lindbergh nach San Diego, um sich die kleine Firma Ryan Airlines anzusehen.

Im Nebenflügel einer heruntergekommenen Fischkonservenfabrik untergebracht, wirkt Ryan Airlines auf den ersten Blick nicht sonderlich vertrauenerweckend. Claude T. Ryan baut hier den kompakten Schulterdecker »M-1«, der erfolgreich auf den Poststrecken der Westküste eingesetzt wird. Kurz vor Lindberghs Besuch hat Ryan wegen interner Probleme seinen Firmenanteil an seinen Partner Frank Mahoney verkauft. Das Telegramm aus St. Louis kommt für Ryan gerade zum rechten Zeitpunkt. Ein erfolgreicher Atlantikflug könnte das Unternehmen wieder voranbringen. Nach einer Besprechung mit Chefingenieur Donald Hall, hatte er Lindbergh telegraphisch die Zusage für den Bau des Flugzeugs gegeben.

Nach einer langen Zugfahrt steht der schlaksige, immer etwas

Solo nach Paris

Die Endmontage der Spirit of St. Louis *bei Ryan in San Diego*

scheu wirkende Lindbergh am 23. Februar plötzlich in Ryans Werkstatt und stellt sich vor. Zwischen Flugzeugkonstrukteur Hall, Firmenchef Mahoney und Lindbergh stimmt die Chemie sofort, und bereits kurz nach Lindberghs Ankunft an der Westküste gehen die Männer an die Arbeit und legen die Dimensionen des Flugzeugs auf dem Reißbrett fest. Lindbergh spürt, daß er hier auf Enthusiasten gestoßen ist. Hall wiederum versteht schnell, worauf es Lindbergh ankommt, und anstatt sich mit ihm in Diskussionen aufzureiben, entwirft er die Maschine genau nach Lindberghs Vorstellungen. Als es darum geht, die Reichweite und damit die Größe der Tanks festzulegen, stellt sich die Frage nach der genauen Entfernung von New York nach Paris. Da keiner die Zahl parat hat, beschließen die Männer, die örtliche Stadtbücherei aufzusuchen. An dem Globus, der dort aufgestellt ist, legen sie eine Schnur an. Das Ergebnis: 3600 Meilen (5800 Kilometer). Als Reichweite für das Flugzeug legen sie deshalb vorsichtshalber 4000 Meilen fest.

Hall ist überrascht, daß Lindbergh alleine fliegen will, sieht aber sofort die positiven Aspekte dieser Entscheidung: Mit nur einem Insassen kann das Flugzeug fast 160 Kilogramm leichter gebaut wer-

*Fünf Tage vor dem Abflug: Lindberghs Sponsoren bei der Besichtigung der
Spirit of St. Louis. Von links: B. F. Mahoney, S. D. Lawrence, Charles Lindbergh*

den als mit zwei Cockpits. Das bedeutet mehr Sprit und damit eine größere Reichweite. Lindbergh hat aber auch eigenwillige Ideen: Er will, daß der große Zusatztank vor dem Cockpit eingebaut wird, damit er im Falle eines Crashs nicht zwischen Motor und Tank eingeklemmt werden kann. Daß die Maschine wegen des monströsen Treibstoffbehälters keine Frontscheibe mehr hat und er ausschließlich zur Seite hinaussehen kann, stört ihn nicht: »Ich erwarte nicht viel Verkehr über dem Atlantik«, meint er gelassen. Als kleine Konzession läßt er ein aus dem Seitenfenster ragendes Periskop einbauen, durch das er wenigstens bei der Landung etwas Vorwärtssicht hat. Die ganze Maschine wird nur für ein Ziel entworfen und gebaut: Paris zu erreichen. Damit auch in den Tragflächen größere Tanks Platz haben und diese genügend Auftrieb für das hohe Startgewicht erzeugen können, wird die Spannweite vergrößert. Schließlich erinnert die *Spirit of St. Louis* nur noch entfernt an Ryans Model »M-2«, auf der sie technisch basiert.

Lindbergh entwickelt sich während des Baus mehr und mehr zum Gewichtsfanatiker. Alles, was nicht unbedingt nötig ist, wird weggelassen: Keines der damals noch schweren, sperrigen (und unzulässigen) Funkgeräte kommt an Bord. Es gibt keine Tankuhren, keine Positionslampen. Nicht einmal einen Fallschirm will er mitnehmen – er weiß, daß ein Fallschirmabsprung über dem Meer, und über diesem wird er auf 90 Prozent der Strecke fliegen, genauso sein Ende bedeuten wie eine Notlandung auf hoher See. Und: Jedes Gramm Gewicht, das er einsparen kann, bedeutet einen Fingerhut mehr Treibstoff. Und davon will er soviel wie möglich an Bord haben. Der zu jener Zeit übliche Pilotensessel aus Leder weicht einem leichten Korbstuhl, und Lindbergh geht sogar soweit, sich spezielle leichtgewichtige Fliegerstiefel anfertigen zu lassen. Das Angebot eines Briefmarkensammlers, ein Pfund Post für 1000 Dollar nach Paris mitzunehmen lehnt er ab – nach reiflicher Überlegung. Und von seinen großen Landkarten schneidet er oben und unten breite Streifen ab: wieder ein paar Gramm gespart. Ein kleines Gummi-Rettungsboot (samt Flickzeug und Luftpumpe) wird an Bord sein, eine Signalrakete, eine Notfallration der Armee, Trinkwasser.

Nicht einmal die Flugeigenschaften der Maschine sind Lindbergh heilig: Als Hall ihn darauf hinweist, daß wegen der vergrößerten Tragflächen auch ein größeres Leitwerk notwendig ist – das allerdings etwas mehr Luftwiderstand erzeugt und damit die Reichweite um ein paar Meilen verkürzt, entscheidet Lindbergh sich gegen stabile Flugeigenschaften. Er beginnt, sich gewissenhaft auf den Flug vorzubereiten und studiert Navigation. Nachdem er sich bei Spezialisten der Marine über die Navigation mit Hilfe von Sternen informiert hat, beschließt er, auch den Sextanten wegzulassen und dafür noch ein paar zusätzliche Liter Sprit an Bord zu nehmen. Er will den Atlantik ausschließlich mit Hilfe der klassischen Flugnavigationsmethode überqueren, mit dem Kompaß und einer Uhr. Windrichtung und -stärke, unabdingbar für präzises Navigieren, wird er meist schätzen müssen, denn das Bestimmen der Winddaten über Wolken und nachts, wenn die Wellen nicht zu sehen sind, ist eine unlösbare Aufgabe. Die Küste von Europa allerdings, erklärt er verblüfften Reportern in San Diego, werde er wohl kaum verfehlen, selbst wenn er einen Fehler in der Kursbestimmung mache – eine Bemerkung, die zu großem Gelächter führt und tags darauf in jeder Zeitung steht.

Am 28. April, nur 60 Tage nach Beginn der Arbeiten, steht die Ryan mit der offiziellen Typenbezeichnung »NYP« (*New York to Paris*) zum Testflug fertig vor Lindbergh. Er ist begeistert von der schlanken silbernen Maschine. Beim ersten Testflug ist er zufrieden mit den Flugeigenschaften, auch wenn er zugeben muß, daß ihre Stabilität, wie erwartet, nicht gerade berauschend ist. Er denkt aber nicht daran, Modifikationen wie den Anbau größerer Leitwerksflächen ausführen zu lassen. (Als ein erfahrener amerikanischer Flugkapitän fast 75 Jahre später eine exakte Kopie der *Spirit of St. Louis* fliegt, stellt er erstaunt fest, daß die kompromißlose Maschine anstrengend zu fliegen ist und in jeder Sekunde des Flugs volle Konzentration erfordert. Von einem durchschnittlichen Piloten wäre die *Spirit* nicht zu bändigen gewesen.) Beim ersten Flug ist er erst kurz in der Luft, als er sich bereits auf einen simulierten Luftkampf mit einem zufällig vorbeifliegenden Marinepiloten einläßt. Bei den nächsten Erprobungsflügen wird nach und nach die Treibstoffmenge erhöht, um die Starteigenschaften zu testen.

Dann, Lindbergh ist bereit, nach New York aufzubrechen – scheint plötzlich alle Mühe umsonst gewesen zu sein. Am 8. Mai kommt die Nachricht, daß Nungesser und Coli in Paris nach New York gestartet sind. Lindbergh denkt wieder daran, statt nach Paris über den Pazifik zu fliegen. Nungesser und Coli werden bereits morgen in New York ankommen, der Parisflug ist dann sinnlos geworden. Als am nächsten Tag klar wird, daß die beiden Franzosen verschollen sind, ist Lindbergh zwar keineswegs froh darüber, macht aber mit seinen Vorbereitungen weiter. Am 10. Mai ist er soweit. Er packt einen kleinen Koffer, verabschiedet sich von allen Arbeitern bei Ryan und läßt er sich zum Flugplatz fahren. Nach einem Mittagessen mit Ingenieur Hall und einigen Offizieren startet er um 15.55 Uhr nach St. Louis. Dort soll die Maschine noch getauft werden. Nach einem Rekordflug von 14 Stunden und 25 Minuten, noch nie ist jemand so schnell von der Westküste nach Missouri gereist, landet er auf Lambert Field, nachdem er mitten in der Nacht durch Vergaservereisung über den Rocky Mountains beinahe zur Notlandung gezwungen worden wäre. Vor dem Atlantikflug muß deshalb in New York noch eine Vergaserheizung einge-

Solo nach Paris

Am 13. Mai 1927 startet Lindbergh von St. Louis aus nach New York

baut werden. In St. Louis bleibt Lindbergh nur solange wie nötig; bereits am Morgen des 12. Mai hebt er nach New York ab.

Als er sieben Stunden und zwanzig Minuten später dort ankommt, bekommt er einen ersten Vorgeschmack darauf, was es bedeutet, im Mittelpunkt des öffentlichen Interesses zu stehen. Während ein paar Tage vorher sein Name in kleinen Zeitungsmeldungen über den Orteig-Preis noch falsch geschrieben wurde, umlagern ihn in New York bereits kurz nach seiner Landung die Reporter. Lindbergh ist ein gefundenes Fressen für die Presse: Blond, groß und gutaussehend ist er der Prototyp des amerikanischen Helden. Er selbst ist eher verwirrt über die Falschmeldungen der Zeitungen. Obwohl er anfangs gutwillig präzise Auskünfte über sein Vorhaben gibt, wird alles, was er Reportern gegenüber äußert, in den Zeitungsartikeln völlig verdreht. Er wird zum »Flying Fool« stilisiert, vor allem deshalb, weil kaum jemand begreifen kann, wieso ein fast völlig unbekannter Postflieger sich Chancen gegen das teilweise weltberühmte fliegerische Establishment ausrechnet. Und dann will dieser Verrückte auch noch mit einem einmotorigen Flugzeug allein und ohne Sextant oder Funkgerät fliegen! Angriffspunkte für dramatische Artikel bietet Lindbergh genügend. Die Journalisten erkennen nicht – oder wollen es nicht wahrhaben – daß er, obwohl besessen von der Idee, Paris zu erreichen, ein kühl berechnender Profi ist, der nichts dem Zufall überläßt. Seine Mentalität ist den meisten Zeitungschreibern unverständlich und er, der vorher so gut wie keine Kontakte zur Presse hatte, kann wiederum überhaupt nicht begreifen, warum ihn die Reporter so viel banales Zeug fragen. »Haben Sie eine Hasenpfote dabei?«, »Welchen Kuchen essen Sie am liebsten?«, »Machen Sie sich etwas aus Mädchen?« Technische Fragen zu Flugzeug oder Navigation werden nur am Rande gestellt. Für den straighten Postflieger aus St. Louis ist die hysterische, sich permanent in Übertreibungen und Spekulationen überschlagende Medienwelt von Big Apple ein Rätsel – und wird es immer bleiben. Und dann die Fotos: Warum fotografieren ihn Dutzende von Reportern ununterbrochen? Wer braucht alle diese Bilder?

Ob Byrd oder Chamberlin, die ebenfalls in New York sind und

Sunnyboy Charles Lindbergh, 1927

Solo nach Paris

wie er auf gutes Wetter für den Abflug warten, ihn als Konkurrenten ernst nehmen? Die Atmosphäre unter den Fliegern jedenfalls ist entspannt. Unter ihnen fühlt sich Lindbergh wohl, während er in New York auf besseres Wetter wartet. Der berühmte Byrd bietet ihm generös die Benutzung »seiner« langen Landebahn auf dem Flugplatz Roosevelt Field an, die für den Start mit einer vollbeladenen Maschine besser geeignet ist als die kurze Piste auf dem Werksflugplatz von Curtiss wo die *Spirit* steht. Obwohl der Commander viel mehr Kapital als Lindbergh in das Unternehmen investiert hat herrscht echter Sportsgeist. Sogar seine Wetterberatung will Byrd mit Lindbergh teilen – natürlich kostenlos. Auch die Sponsoren zeigen sich edelmütig: Die Firma Curtiss, auf deren Flugplatz Lindbergh aus St. Louis kommend gelandet ist, und die – ein Relikt aus den Zeiten als Wilbur und Orville Wright Curtiss beim Rennen um den ersten Motorflug schlugen – ein Konkurrent der Firma Wright ist, dem Lieferanten von Lindberghs Motor, führt kostenlos Reparaturen und Wartungsarbeiten an der *Spirit* durch.

Mitte Mai brodelt die Hysterie in New York fast über. Im Hotel fängt ein Mann Lindbergh ab und will ihn einen Filmvertrag unterschreiben lassen, der ihm »mindestens 250 000 Dollar garantiert«. Ein anderer spricht von 50 000 Dollar für ein paar Auftritte auf Veranstaltungen. Lindbergh wehrt tapfer alles ab, denkt nur daran, wie er seinen Flug erfolgreich durchziehen kann.

Am Abend des 19. Mai, tagelang war das Wetter über dem Atlantik zu schlecht für einen Start, plant Lindbergh gemeinsam mit Bekannten einen Besuch des Broadway-Musicals *Rio Rita*. Auf dem Weg dorthin hält die Gesellschaft noch einmal kurz bei Dr. Kimball, dem Meteorologen. Überraschenderweise teilt dieser mit, daß es morgen gehen könnte: Das Tief über Neufundland beginnt, sich zu verziehen und wird wohl bald von einem kräftigen Hoch verdrängt werden. Lindbergh verschwendet keinen Gedanken mehr an einen Theaterbesuch. Sofort fährt er zurück zum Flugplatz Curtiss Field. Haben die Crews von Byrds *America* und Chamberlins *Columbia* die guten Nachrichten auch schon? Kann die *Spirit of St. Louis* es schaffen, morgen früh als erste in der Luft zu sein?

Nach den wichtigsten Vorbereitungen will Lindbergh in seinem Zimmer im Garden City Hotel wenigstens noch ein paar Stunden schlafen. Kurz vor Mitternacht ist er endlich im Bett, kann aber vor Aufregung nicht einschlafen. Als ein Freund, der eigentlich dafür sorgen soll, daß er ungestört bleibt, ins Zimmer kommt, um ihn etwas zu fragen, ist es endgültig vorbei mit der Nachtruhe. Bis viertel nach zwei geht Lindbergh im Kopf jedes Detail noch einmal durch – und als er schließlich »geweckt« wird, hat er noch kein Auge zugetan. Kurz nach drei ist er auf dem Flugplatz. Es wird beschlossen, die *Spirit* an einen Lastwagen zu hängen und durch den strömenden Regen hinüber nach Roosevelt Field zu ziehen. Ein Reporter fragt ihn, warum er sich mit nur fünf Sandwiches auf den Ozeanflug wagt? Die Antwort ist typisch für den coolen Flieger aus dem Norden: »Wenn ich morgen in Paris bin, brauche ich nicht mehr. Und wenn ich morgen nicht in Paris bin – auch nicht.«

Kurz nach sieben Uhr: Lindbergh sitzt in der mit 1700 Liter Benzin vollgetankten Maschine. 75 Liter Öl, die über ein spezielles System die Schmierung des Motors auf dem langen Flug sicherstellen sollen, sind an Bord. Eigentlich war geplant, nur 1600 Liter Treibstoff einzufüllen, um die Belastung von Struktur und Fahrwerk nicht zu groß werden zu lassen. Aber wie immer in ähnlichen Situationen geht Lindbergh aufs Ganze. Wenn die Maschine mit 425 Gallonen Sprit fliegt, dann fliegt sie auch mit 450. 2,4 Tonnen wiegt die voll beladene *Spirit* jetzt. Der Untergrund ist weich und schlammig, so daß die Räder einsinken, und es regnet immer noch in Strömen. Eine junge Frau unter den begeisterten Zuschauern – viele von ihnen sind mitten in der Nacht von weit her angereist, um den Start mitzuerleben – überreicht Lindbergh ihren kleinen Kosmetikspiegel. Mit dem Kaugummi eines anderen Umstehenden befestigt er diesen am Instrumentenbrett, um so den über seinem Kopf angebrachten Kompaß besser ablesen zu können. Der Wind hat mittlerweile gedreht, kommt, für den Start eher ungünstig, von hinten. Und der Motor will nicht so recht auf Touren kommen, 30 Umdrehungen zu wenig. Ein Mechaniker meint, das feuchte Wetter sei schuld daran, daß der Neunzylinder nicht ganz seine Höchstdrehzahl erreicht.

Rückenwind, weicher Untergrund, ein Motor, der nicht seine volle Leistung abgibt, die Maschine überladen: Lindbergh weiß genau, was er riskiert, als er um 7.52 Uhr nur kurz nickt auf die Frage, ob die Bremsklötze weggezogen werden sollen. »Bis dann«, sagt er knapp und gibt Vollgas.

Beängstigend langsam setzt sich die *Spirit* in Bewegung, Trägheit und Rollwiderstand sind enorm. Einige Männer rennen neben dem Flugzeug her, schieben an den Flügelstreben. Nach hundert Meter Rollstrecke bleibt der letzte von ihnen stehen. Die *Spirit* wird nur allmählich schneller. Hält der Motor diese Tortur durch, oder wird er überhitzen, durch Fehlzündungen an Leistung verlieren? Jetzt beginnen die Ruder im stärker werdenden Luftstrom anzusprechen, ein gutes Zeichen. Aber die Hälfte der Startbahn ist vorbei und immer noch klebt die Maschine förmlich am Boden. Nun kommt es darauf an, mit der richtigen Technik abzuheben. Eine falsche Entscheidung und der Start wird in einem flammenden Inferno enden. Beherzt hält Lindbergh die Maschine am Boden bis sie schnell genug ist, abzuheben. Testweise zieht er leicht am Knüppel und die Maschine verläßt zum ersten Mal kurz den Boden. Noch ein paarmal fällt sie zurück, setzt abwechselnd mit dem linken und dem rechten Rad auf. Wasser und Schlamm spritzen auf, wenn die Spirit in die Pfützen eintaucht, aber Lindbergh, nervenstark wie bei jedem anderen seiner Flüge, wartet noch ab. Er wird spüren, wenn die Maschine bereit ist zu fliegen und das Flugzeug erst in die Luft zwingen, wenn die Flügel wirklich genug Auftrieb liefern. Fast 300 Meter Flugplatz hat er noch vor sich. Dann plötzlich ist die Maschine frei, fliegt. Lindbergh hält ihre Nase noch unten, um so im Horizontalflug etwas mehr Fahrt aufzunehmen, und erst dann beginnt er vorsichtig zu steigen. Die Telefondrähte am Ende der Piste überfliegt er im Abstand von sechs Metern und in einer flachen Kurve weicht er einem Wäldchen aus. 20. Mai 1927, 7.54 Uhr: Charles Lindbergh ist unterwegs nach Paris. Welche Konsequenzen der Start in New York an diesem trüben Morgen für sein Leben haben wird, davon ahnt er noch nicht einmal etwas.

Kurz nach dem Start fliegt die *Spirit* tief über die Wälder und Seen von Long Island. Einige Minuten noch begleiten ihn von der Presse gecharterte Maschinen, dann ist er allein. Über Long Island gerät er kurz in Turbulenzen, die ihn etwas beunruhigen. Die Struktur der Maschine ist gerade fest genug, die unglaubliche Last zu tragen – bereits eine zu heftige Böe kann Holme und Spanten überlasten, zum Bersten bringen. Doch nach kurzer Zeit ist die Luft wieder ruhig. Lindbergh nimmt das Gas raus. Wenn er, so wie im Moment, mit nur 1750 Motorumdrehungen die Höhe halten kann, wird er in Paris reichlich Sprit übrig haben.

Sein größtes Problem ist von Anfang an die Müdigkeit. Wie wird es ihm später, nach einigen Stunden Flug erst gehen? Er überquert Connecticut, etwas später Cape Cod, fliegt hinaus aufs Meer in Richtung Nova Scotia. Das Wetter klart auf, genau wie Dr. Kimball es vorhergesagt hat. Die Ostküste entlang bereitet der Flug keinerlei Probleme. Lediglich die Monotonie, die seine Müdigkeit verstärkt, macht ihm zu schaffen – und die beim Start von den Rädern an die Unterseite der Tragflächen hochgeschleuderten Schlammspritzer, die jetzt dort kleben. Jedes Gramm Gewicht hat er sich genau überlegt, und jetzt transportiert er Erde von Long Island nach Paris! Plötzlich merkt er, daß er dabei war einzuschlafen. Noch hat er nicht einmal das offene Meer erreicht und es fällt ihm bereits schwer, die Augen offen zu halten. Er erschrickt darüber so sehr, daß ihn das Adrenalin für eine Zeit hellwach macht. Seine einzige Beschäftigung besteht darin, die Tanks rechtzeitig umzuschalten und den Kurs zu überwachen. Über Neuengland hat er keinen Gegenwind, fliegt mit 160 Stundenkilometern in 200 Meter Höhe weiter nach Norden.

Langsam frischt der Wind wieder auf: Er kommt von der Seite, aus Nordwest, und bedeutet deshalb keine Hilfe. Vierhundert Meilen hat er seit New York zurückgelegt. Da er hundemüde ist, fliegt er nur drei Meter über dem Wasser. So ist er gezwungen, sich zu konzentrieren. Als der Tiefflug zu anstrengend wird, steigt er wieder etwas höher. Über Neuschottland nimmt der Wind weiter zu. Nur mit einem Vorhaltewinkel von 15 Grad in den Wind bleibt die *Spirit* auf Kurs. Lindbergh passiert Nova Scotia und die dazugehörige Insel Cape Breton Island. In dieser Gegend beträgt die Variation, die Abweichung von geographisch zu magnetisch Nord fast 30 Grad. Für den Piloten bedeutet dies, daß ein aus der Karte gemessener Kurs um diesen Wert zum richtigen Steuerkurs modifiziert werden muß.

Als die *Spirit* nach zwölf Stunden den Hafen von St. Johns an der Nordostspitze Neufundlands überfliegt, ist sie genau 375 Meilen

Solo nach Paris

Die Spirit of St. Louis *im National Air and Space Museum*

nordwestlich der Stelle, an der nur 15 Jahre früher die Titanic gesunken ist. Seit 1912 liegt sie in fast 4000 Meter Tiefe in zwei Teilen auf dem Grund des Meeres. Eine andere Atlantiküberquerung, eine die schief gegangen ist. Jetzt dreht der Wind auf West und nimmt nochmal zu. Da Lindbergh bereits einen östlichen Kurs fliegt, hat er Rückenwind. Es ist sieben Uhr abends und langsam wird es dunkel. Der Tag geht zu Ende während er Amerika hinter sich läßt. Lindbergh ist jetzt so müde, daß er fast nicht mehr weiß, wie er sich wach halten soll. Er fliegt mit offener Seitenscheibe und lenkt mit der Hand kühlen Fahrtwind in sein Gesicht. Über der offenen See bricht jetzt schnell die Dunkelheit herein. Als die Sterne aufgehen, navigiert er für eine Weile nach den Himmelskörpern, mehr um sich zu beschäftigen, dann aber hüllt ihn eine starke Dunstschicht ein, zwingt ihn, weiter zu steigen. Warum stößt er plötzlich mit dem Kopf an die Querverstrebung? Es dauert eine Weile bis er erkennt: Das aufblasbare Kissen, auf dem er sitzt, hat sich mit abnehmendem Luftdruck in der Höhe ausgedehnt. Er läßt etwas Luft aus dem Kissen ab.

20.52 Uhr in New York. Die *Spirit of St. Louis* ist jetzt schon weit draußen auf dem Nordatlantik. Dreizehn Stunden sind vergangen,

Das Cockpit der Spirit: *In einem Korbstuhl fliegt Lindbergh über den Atlantik*

seit Lindbergh gestartet ist, dreizehnhundert Meilen hat er zurückgelegt. Nach Paris sind es noch 2300 Meilen, fast 3700 Kilometer. Plötzlich, eben war die Nacht noch sternenklar, tauchen Wolken auf. Um neun Uhr abends fliegt die *Spirit* in zehntausend Fuß Höhe, aber es zeichnet sich bereits ab, daß die voraus liegenden Gewitterwolken zu hoch sind, um sie zu überfliegen. Lindbergh zieht seine Wollhandschuhe und die gefütterte Fliegerhaube an. »Riesige Klippen türmen sich über mir auf, schirmen mich ab mit eisigen Wänden«, wird er später schreiben, und bereitet sich mental darauf vor, in die gigantischen Gebilde aus Wasserdampf einzufliegen, die Maschine nur noch nach den wenigen Instrumenten zu steuern. Ohne Außensicht ist der Wendezeiger das wichtigste Instrument, um die Maschine gegen die für das Blindfliegen typischen Sinnestäuschungen gerade zu halten. Eine Nadel zeigt an, ob die Maschine sich um die Hochachse (also nach links oder rechts) dreht und damit auch, ob sie die Flügel gerade hält und auf Kurs bleibt. Der »Künstliche Horizont«, der den Blindflug stark vereinfacht, wird erst zwei Jahre später erfunden werden, und an einen Autopiloten ist 1927 noch überhaupt nicht zu denken.

Solo nach Paris

Das kleine Spiegelperiskop in der Mitte des Instrumentenbretts war Lindberghs einzige Möglichkeit in Flugrichtung zu sehen

In den unterkühlten Wolken beginnt die *Spirit* schnell, Eis anzusetzen, und als Lindbergh dies mit Hilfe seiner Taschenlampe bemerkt, beeilt er sich, einen Weg aus den Wolken zu finden. Er kämpft mit Hagel, heftigen Auf- und Abwinden und dem stärker werdenden Eisansatz – typisch für einen Flug durch den »Amboss«, das Haupt massiver Gewitterwolken. Kurzzeitig überlegt er sogar umzukehren. Aber da er bereits die Hälfte der Strecke hinter sich gebracht hat, beschließt er weiterzufliegen. Er will nicht dreißig Stunden fliegen – um dann wieder auf Roosevelt Field zu landen. Er kämpft mit den Elementen, steigt, sinkt, weicht aus. Nach Stunden des Kampfes fliegt er wieder ruhig im Dunst. Bald muß der Morgen kommen. Lindbergh ist jetzt seit 48 Stunden wach und seit 18 Stunden in der Luft. Alleine das Wachbleiben bedeutet mittlerweile eine fast übermenschliche Anstrengung. Mit der ganzen Kraft seines Willens kämpft er sich von einer Minute zur anderen, beginnt schließlich zu halluzinieren. Er sieht geisterhafte Gestalten neben sich in der Maschine, hört wie sie sich über ihn, seinen Flug, aber auch über Navigation unterhalten. Nur durch die Gewißheit, daß ein noch so kurzer Schlaf ihn augenblicklich das Leben kosten wird, schafft er es, in dieser kritischsten Phase seiner Reise wach zu bleiben. Es gibt keine Alternative – nur Versagen und Tod. Zeitweise muß er sich die Augenlider mit den Fingern offen halten, weil er die Kontrolle über ihre Muskeln verloren hat. In größter Not nimmt er sich vor, wenigstens bis zum ersten Tageslicht wach zu bleiben, hofft, daß die Sonnenstrahlen ihm neue Kraft geben können.

Zeitweise fliegt er in nur 15 Meter Höhe über dem aufgewühlten Meer, und als er an den Wellen die Windrichtung ablesen kann, ist er euphorisch: Ein starker Rückenwind, der ihn in Richtung Europa bläst! Dann steigt er wieder, fliegt durch Nebel und über Wolken, später hoch in klarer Luft unter Sternen. Und schließlich passiert doch, was nicht passieren darf: Er schläft mit offenen Augen ein. Sein Körper ist unfähig wach zu bleiben, aber er schafft es, die Augen offen zu halten. Als er realisiert, daß die *Spirit* in einer steilen Spirale auf das Meer hinabsinkt, glaubt er, gerade aufgewacht zu sein. Er fängt das Flugzeug ab, reißt es zu steil in die Höhe, verliert kurzzeitig fast die Kontrolle über die Maschine, als die Strömung abreißt. Der Schreck durchfährt ihn wie ein Blitz, das Adrenalin hilft ihm, eine Weile wach zu bleiben, auch wenn er kaum noch fähig ist, geradeaus zu fliegen. Kurz darauf schläft er erneut ein. Er beginnt, Realität und Traum zu verwechseln, und nur der drohende Tod ermöglicht es ihm, seine letzten Kraftreserven zu mobilisieren bis es nach neunzehn Stunden Flug langsam hell wird. Für eine Weile rettet ihn das Licht, hilft ihm, seine Müdigkeit in Schach zu halten. 23 Stunden sind vorbei, noch sind es 700 Meilen bis nach Irland, vielleicht aber auch nur 600. Er versucht, aus geschätzten Winddaten und seiner Geschwindigkeit zu berechnen, wie lange er noch brauchen wird, aber sein Geist versagt bei den einfachsten Rechenaufgaben. Er versucht es ein paarmal, dann gibt er auf.

27 Stunden sind vorbei: Plötzlich sieht er ein Fischerboot. Dann kann die europäische Küste nicht mehr weit sein! Er sinkt bis knapp über die Wellen hinab, umkreist das Boot, aber kein Mensch kommt an Deck. Er sieht ein Gesicht hinter einer Luke und wartet darauf, daß der Mann hervorkommt. Durch das offene Fenster brüllt er die

Die Spirit of St. Louis *bei einer Ehrenrunde über den Dächern von Paris (Fotomontage von 1927)*

paar Meter hinunter: »In welcher Richtung liegt Irland?«, aber niemand zeigt sich. Dreimal umkreist er das Boot, dann nimmt er seinen ursprünglichen Kurs wieder auf.

16 Stunden nachdem er Neufundland verlassen hat, sieht er zum ersten Mal Land. Es ist Irland. Er identifiziert Valentia Bay und Dingle Bay, und jetzt, als er urplötzlich den Erfolg vor Augen hat, ist er von einer Sekunde auf die andere hellwach. Nach 4800 Kilometern Flug, stellt er kurz darauf fest, ist er nur fünf Kilometer vom Kurs abgekommen. Euphorisch überfliegt er Irland, und wenig später die Südspitze Englands. Noch einmal, als er den Kanal überquert, fliegt er für wenige Minuten über Wasser. Bei Cherbourg erreicht er Frankreich. Und wenig später sieht er, in Europa bricht bereits der Abend des 21. Mai an, am Horizont die Lichter von Paris glitzern. Er erkennt den Eiffelturm, umkreist ihn, um sich zu orientieren, und nimmt Kurs auf Le Bourget am nordöstlichen Stadtrand. Zuerst hat er Schwierigkeiten, den Flugplatz auszumachen, dann aber sieht er die Scheinwerfer unzähliger Autos. Über 100 000 begeisterte Franzosen warten hier auf ihn. Nur vage kann er den Flugplatz sieht, als er zur Landung ansetzt. Zum ersten Mal seit Beginn des Fluges glaubt er, bei der Landung überhaupt kein Gefühl für das Flugzeug zu haben, so taub ist sein Körper. Knapp über dem Boden nimmt er das Gas heraus, weich setzt die *Spirit* auf. Es ist 22.24 Uhr. Während er auf die dunklen Hallen zurollt, bemerkt er, daß Tausende von Menschen auf die Maschine zustürmen, und schnell stellt er den Motor ab, um niemanden mit dem Propeller zu verletzen.

Kaum steht der Propeller, da zerrt ihn bereits die begeisterte Menge aus dem Flugzeug und trägt ihn über den Flugplatz. Souvenirjäger reißen ein Stück Stoff aus der Bespannung der *Spirit*, auch eine Abdeckung am Motor fehlt später. Irgendjemand reißt ihm die Fliegerhaube vom Kopf, und als sie kurz darauf ein amerikanischer Reporter aufsetzt, beginnt die Menge diesen zu jagen: »Da ist Lindbergh!« Lindbergh wird von zwei französischen Piloten aus dem Tumult befreit und in einen nahegelegenen Hangar gebracht, wo er sich aber erst beruhigt, nachdem auch sein Flugzeug in Sicherheit geschoben worden ist. 55 Stunden hat er nicht geschlafen, in 33,5 Stunden, zweieinhalb Stunden schneller als ge-

Solo nach Paris

plant, ist er nonstop von New York nach Paris geflogen. Übrigens: das Päckchen Post für den Briefmarkensammler hätte er beruhigt mitnehmen können: In Paris sind noch 320 Liter Treibstoff in den Tanks der *Spirit*, theoretisch hätte er 1600 Kilometer weiter fliegen können.

Am nächsten Tag erwacht Charles Lindbergh in der Residenz des amerikanischen Botschafters in Paris, Myron T. Herrick, als der berühmteste Mensch des Planeten. Ein amerikanisches Kriegsschiff bringt ihn, nachdem er noch England besucht hat, zurück in die USA. New York empfängt ihn mit der größten Konfettiparade aller Zeiten. Ab diesem Zeitpunkt führt Lindbergh ein aufregendes Leben: Mit der *Spirit* wird er eine weite Tour nach Südamerika und durch die USA machen, später Anne Morrow heiraten, die Tochter des Geschäftsmannes und US-Botschafters in Mexiko, Dwight Morrow.

Am 30. April 1928 überführt Lindbergh sein Flugzeug in einem letzten fünfstündigen Flug von St. Louis in die Hauptstadt Washington. Lindbergh war ihr einziger Pilot, mit ihm war sie laut Logbuch 489 Stunden und 28 Minuten in der Luft. Nur ein einziges Mal hat er einem anderen Piloten erlaubt, sie zu fliegen – für zehn Minuten. Heute gehört die *Spirit of St. Louis* zu den wertvollsten Stücken des *National Air and Space Museums* in Washington. Neben dem *Flyer* der Wrights, Chuck Yeagers *Bell X-1* und dem Apollo-Mutterschiff *Columbia*, mit dem die ersten Menschen zum Mond flogen, hängt sie im unveränderten Originalzustand in der Haupthalle des Museums.

Kurz vor dem Zweiten Weltkrieg macht Lindbergh den Fehler seines Lebens: Fasziniert von den technischen Errungenschaften der Deutschen und ihren Leistungen in der Luftfahrt, läßt er sich von den Nazis nach Deutschland einladen, mit ihnen fotografieren und von ihnen ehren. Dies geschieht zu einer Zeit, in der noch viele Staatsmänner der Welt Hitler geradezu bewundern. Ein Sympathisant der Nazis war Lindbergh nie, schon gar nicht nachdem er später über die wahren Zustände in Deutschland Bescheid wußte. Eher war er zeitweise einfach naiv. Dennoch wird es lange dauern bis er reumütig deutliche Zeichen des Bedauerns für diese Dummheit äußert. Auch daß er sich lange dafür engagiert, die USA vom Eintritt in den Zweiten Weltkrieg abzuhalten, nehmen ihm viele Landsleute übel. Im Krieg selbst fliegt er dann, als ziviler Testpilot, einige Einsätze im Pazifik, schießt ein japanisches Flugzeug ab. Später ist er Berater der amerikanischen Luftfahrtindustrie.

Als alter Mann lebt Lindbergh auf Hawaii. Jahre bevor die ersten ökologischen Bewegungen eine Rolle in der Politik spielen, scheint er sich fast zum Naturphilosophen gewandelt zu haben. Charles Lindbergh stirbt 1974 auf Hawaii, wo er auch begraben ist.

1937

Das Jahrhundert-Mysterium: Amelia Earhart verschwindet im Pazifik

Im Juli 1937 spielt die 15jährige Betty in St. Petersburg, Florida, mit dem Kurzwellenempfänger ihres Vaters. Während sie immer wieder auf der Suche nach den neuesten Schlagern an dem Apparat herumdreht, und nebenbei die Gesichter aktueller Filmstars in ihr Notizbuch malt, kommt plötzlich die aufgeregte Stimme einer Frau aus dem Lautsprecher. Das Mädchen hört eine Weile zu und plötzlich sagt die Frau im Äther: »Hier spricht Amelia Earhart. Hier spricht Amelia Earhart.« Der Zufall will es, daß Betty völlig verrückt nach Flugzeugen ist, und deshalb kennt sie natürlich auch den Namen Amelia Earhart: Es ist die weltberühmte amerikanische Fliegerin, die vor einem Monat zu einem Rekordflug rund um den Globus aufgebrochen ist.

Weil sie aufregend findet, was sie hört, beginnt Betty so gut es geht mitzuschreiben; es sind Hilferufe, Positionsangaben, einzelne Wörter. Einige Zeit später kommt ihr Vater nach Hause, und sie erzählt ihm, was sie aufgeschnappt hat. Auch der Vater hört kurz darauf die Stimme im Radio. Sie scheint verzweifelt zu sein. Am Abend desselben Tages informieren die beiden die örtliche Station der Küstenwache, aber sie werden mit der Mitteilung abgewiesen, die Marine habe Schiffe im Pazifik, und dort sei alles unter Kontrolle. Wenn die Geschichte, die die inzwischen 81 Jahre alte Dame dem Luftfahrt-Archäologen Dr. Thomas F. King erzählt hat, und ihr bis heute erhaltenes Notizbuch keine raffinierten Fälschungen sind, dann wurde Betty damals der vielleicht einzige Zeuge eines Dramas. Mit großer Wahrscheinlichkeit hat sie, so weiß man heute

– über eine Entfernung von vielen tausend Kilometern – das letzte Lebenszeichen einer Frau aufgefangen, die zu ihrer Zeit eine der bekanntesten Persönlichkeiten der Welt war. Auf jeden Fall aber war Amelia Earhart die berühmteste Pilotin.

Amelia Mary Earhart wird am 24. Juli 1897 als Tochter eines bei der Eisenbahn beschäftigten Rechtsanwalts in Atchison, Kansas, geboren und verbringt dort und in den Städten Kansas City und Des Moines, Iowa, ihre Kindheit und Jugend. In den Wintern ist sie oft bei ihren wohlhabenden Großeltern Alfred und Amelia Otis in Atchison, ihre Mutter und ihre jüngere Schwester Muriel kommen oft zu Besuch. Die meisten Sommer verbringt sie mit ihren Eltern in Kansas City. Als sie in der siebten Klasse ist, zieht die Familie nach Des Moines.

Im Alter von zehn Jahren sieht Amelia auf einer Ausstellung das erste Flugzeug, aber es beeindruckt sie nur wenig, wie sie sich viel später noch erinnern kann: »Es war so ein Ding aus rostigen Drähten und Holz und sah nicht besonders interessant aus.« Fast zehn Jahre später, bei einer Kunstflugvorführung, kann sie der Fliegerei dann zum ersten Mal etwas abgewinnen. Ein Pilot sieht Amelia und eine Freundin auf einer Lichtung stehen und versucht, die Mädchen mit einem Sturzflug zu beeindrucken. »Es schien mir, als ob das kleine rote Flugzeug etwas zu mir gesagt hätte.«

Obwohl Amelia auch ruhige und besonnene Seiten hat, zum Beispiel gerne und viel liest, bekommt sie in ihrer Schulzeit immer wieder Probleme durch ihre unabhängige Natur. Sie ist ein echter Wildfang, und bereits in ihrer Kindheit träumt sie davon, als Erwachsene ein aktives Leben voller Abenteuer zu führen. In der Zeit, in der sie aufwächst, wird von jungen Frauen erwartet, daß sie sich auf ein häusliches Leben einstellen, Amelia aber ist nur auf spannende Unternehmungen aus. Schon früh interessiert sie sich für alle mechanischen Dinge – einmal erfindet sie sogar eine Falle für entlaufene Hühner. Als Tochter eines Eisenbahnangestellten reist Amelia oft, frühzeitig entdeckt sie die Faszination neuer Menschen und Orte. Und bald begreift sie auch, daß Jungen weniger Zwängen unterworfen sind als Mädchen – aber sie denkt gar nicht daran, deshalb auf irgendetwas zu verzichten, das ihr Spaß macht. Sie liebt alle Arten von Sport und Spiel, und vor allem reizen sie die Beschäftigungen, die eigentlich Jungen vorbehalten sind.

Das Jahrhundert-Mysterium

Amelia Earhart 1922 mit ihrem ersten Flugzeug, einer Kinner Canary

1915, mit 19 Jahren, besucht Amelia die Ogontz School in der Nähe von Philadelphia. Zwei Jahre darauf verläßt sie die Schule und geht nach Toronto, um sich dort vom Roten Kreuz in einem Militärhospital zur Krankenschwester ausbilden zu lassen und Soldaten zu versorgen, die im Ersten Weltkrieg verwundet wurden. Im darauf folgenden Jahr schreibt Amelia sich an der New Yorker Columbia University ein, wo sie Medizin studieren will. Doch dann ändert sie ihre Pläne wieder und zieht nach Kalifornien, wo ihre Eltern leben.

Einige Monate nach ihrer Ankunft dort geht sie mit ihrem Vater zu einer Luftfahrtausstellung am Flugplatz Daugherty Field in Long Beach bei Los Angeles. Fliegen interessiert sie zu diesem Zeitpunkt bereits sehr. Am nächsten Tag macht sie einen zehnminütigen Rundflug über Los Angeles in einem offenen Doppeldecker, und dieser kurze Flug scheint ein Schlüsselerlebnis in Amelias Leben zu sein. »Kaum, daß wir den Boden verlassen hatten, wußte ich, daß ich selbst fliegen mußte!« Amelia hört von einer Pilotin, die in Kinner Field bei Long Beach Flugunterricht gibt: Anita »Neta« Snook. Amelia und Neta freunden sich schnell an, und Amelia lernt fliegen.

1922 kauft sie mit finanzieller Unterstützung ihrer Schwester Muriel den Prototypen eines kleinen zweisitzigen Flugzeugs der Marke Kinner, das sie *Canary* (Kanarienvogel) tauft. Immer wieder hat Amelia kleinere Unfälle mit ihrer *Canary*, die aber vor allem auf die noch völlig unzuverlässige Flugzeugtechnik jener Jahre zurückzuführen sind. Manches Mal aber macht sie auch Fehler. Eine sonderlich eindrucksvolle Pilotin ist sie noch nicht, und auch Fluglehrerin Neta Snook hält zuerst noch nicht allzuviel von Amelias Flugkünsten. Amelia aber ist extrem ehrgeizig und lernt schnell dazu, und im Oktober 1922 macht sie zum ersten Mal fliegerisch von sich reden, als sie im Rahmen einer Flugveranstaltung einen neuen Höhenweltrekord für Frauen aufstellt: 14 000 Fuß.

Nach der Scheidung ihrer Eltern zieht Amelia mit ihrer Mutter zurück an die Ostküste. Vorher verkauft sie ihr Flugzeug zugunsten eines gelben Sportwagens. In Boston beginnt sie, ausländischen Studenten im Rahmen eines Universitätsprogramms Sprachkurse zu geben, außerdem arbeitet sie ab dem Herbst 1925 auch noch als Sozialarbeiterin. Nebenbei schließt sie sich dem Bostoner Ableger der *National Aeronautical Association* an und investiert ihre mageren Ersparnisse in eine kleine Firma, die einen Flugplatz errichten und Kinner-Flugzeuge an der Ostküste vermarkten will. Amelia versucht, das Fliegen in ihrer neuen Umgebung, vor allem bei Frauen, populärer zu machen. In dieser Rolle fällt sie selbst in der Großstadt Boston schnell auf, und es dauert nicht lange, bis die Zeitungen über sie berichten. Sie hat noch wenig Flugerfahrung und bisher nichts Wichtiges auf dem Gebiet der Luftfahrt geleistet, dennoch bezeichnet der *Boston Globe* sie bereits als »eine der besten Pilotinnen der Vereinigten Staaten«.

Am 27. April 1928 bekommt Amelia einen Telefonanruf, der ihr Leben für immer verändern wird: Captain H. H. Railey fragt im Namen des New Yorker Verlegers George Palmer Putnam an, ob es sie reizen würde, die erste Frau zu sein, die den Atlantik in einem Flugzeug überquert. Der Flug ist die Idee von Amy Guest, einer

Das Jahrhundert-Mysterium

reichen in London lebenden Amerikanerin, die es sich in den Kopf gesetzt hat, ihn selbst durchzuführen. Zu diesem Zweck erwirbt sie von Commander Richard Byrd, dem berühmten Nordpolflieger, eine Fokker F7 Trimotor. Nachdem die für den Flug völlig unqualifizierte Mrs. Guest, die noch nie ein Flugzeug gesteuert hat, von ihrer Familie unter Druck gesetzt wird, verzichtet sie auf das Abenteuer – unter einer Bedingung: »Die *richtige* Frau« muß an ihrer Stelle über den Ozean fliegen. George Palmer Putnam, der Lindberghs Buch *We* über dessen Atlantikflug herausgegeben hat, wird kontaktiert. Er soll im Auftrag von Mrs. Guest eine attraktive Pilotin für den Flug finden. Über Captain Railey kontaktiert Palmer Putnam die auch in Fliegerkreisen noch wenig bekannte Amelia Earhart.

Bereits eine Woche später trifft Amelia Putnam in New York. Und der weiß sofort, daß er die richtige Frau gefunden hat: Amelia sieht mit ihrer jungenhaften, schlanken Figur nicht nur dem in

»Lady Lindy« wurde Earhart in Anspielung auf ihre Ähnlichkeit zu Charles Lindbergh genannt

diesen Tagen weltweit begeistert verehrten Charles Lindbergh erstaunlich ähnlich – sie könnte fast Lindberghs Zwillingsschwester sein –, auch in ihrer zurückhaltenden, natürlichen aber doch selbstbewußten Art gleicht Earhart Lindbergh auf erstaunliche Weise. Der erfahrene Medienmann Putnam hält Amelia deshalb für optimal geeignet, die Hauptrolle in einem weiteren Flieger-Heldenepos zu spielen und erfindet kurz darauf das Label »Lady Lindy« für Amelia. Er ist sicher, daß Amelia ihm Stoff für einen weiteren Bestseller liefern wird.

Da Amelia zu diesem Zeitpunkt weder Erfahrung im Fliegen mehrmotoriger Flugzeuge noch Kenntnisse im Instrumentenflug hat – für eine Atlantiküberquerung unerläßliche Qualifikationen – ist die Angelegenheit im Grunde eine Farce. Sicher bedarf es 1928 großen Mutes, sich selbst im Passagierabteil eines Flugzeugs Piloten für einen Transatlantikflug anzuvertrauen – eine fliegerische Leistung ist es nicht.

Amelia aber spielt mit und überfliegt am 18. Juni 1928 – als »Commander of the Flight« und dennoch als Statistin – gemeinsam mit den Piloten Wilmer Stultz und Louis Gordon in der Fokker Tri-Motor mit dem Namen *Friendship* den Atlantik. Von Halifax auf Neuschottland fliegt die Tri-Motor in 20 Stunden und 40 Minuten nach Burry Port, im Süden von Wales. Obwohl sie anschließend gefeiert wird, als hätte sie den Ozean alleine überflogen, ist sie selbst nicht sonderlich beeindruckt von ihrer Leistung: »Ich war nur Gepäck auf dieser Reise, wie ein Sack Kartoffeln.«

Kartoffelsack hin oder her, nach dem Flug ist Amelia in ganz Amerika bekannt und wird überall gefeiert. Sie selbst findet, daß den Piloten viel zu wenig Ehre zuteil wird, wo diese sie doch über den Atlantik gebracht haben. Sie, »das Mädchen«, wird überall herumgereicht und ist plötzlich fast so etwas wie ein Star, Stultz und Gordon aber geraten schnell fast in Vergessenheit. Sogar Präsident Roosevelt schickt Amelia per Telegramm sein Glückwünsche. Amelia beginnt überall im Land Vorträge über Frauen in der Luftfahrt zu halten, arbeitet als Redakteurin für Luftfahrt bei *Cosmopolitan* und beginnt, mit ihrer neu erstandenen Lockheed Vega an Luftrennen teilzunehmen. Die Vortragsreisen sind eine Tätigkeit, die sie in den nächsten Jahren stets weiter ausbauen wird. Ihr Kalender ist immer voll, und hinter der Bühne zieht PR-Manager George Palmer Putnam die Fäden. Er organisiert die Termine, schließt Verträge für sie ab und bringt sie immer wieder ins Gespräch. Amelia ist im ganzen Land eine gefragte Rednerin und jetzt auch häufiger in den Zeitungen zu sehen, ebenfalls ein Verdienst Putnams.

Im September 1928 unternimmt sie einen Flug quer durch die Vereinigten Staaten. Sie fliegt von der Ost- zur Westküste, um dort an den *National Air Races* teilzunehmen. Als sie zurück in New York ist, hat George Palmer Putnam bereits eine neue Vortragstour organisiert. Im ganzen Land promotet Amelia ihr neues Buch über den Atlantikflug, das den Titel *20 Stunden und 40 Minuten* hat. Diesmal begleitet Putnam sie sogar auf einer der Reisen. Die beiden sind mittlerweile enge Freunde geworden, entdecken immer mehr gemeinsame Interessen. Schnell entstehen Gerüchte über das wirkliche Verhältnis von Earhart und Putnam. Putnam aber ist bereits verheiratet, und Amelia noch nicht bereit für die Ehe.

Sie ist jetzt so aktiv wie nie zuvor in ihrem Leben. Die Fluggesellschaft Transcontinental Air Transport (später »TWA«) gibt ihr einen Job: Sie soll sich um weibliche Passagiere kümmern und mehr Frauen für den Luftverkehr interessieren. 1929 organisiert sie ein Luftrennen für Frauen. »Das Puderdosen-Rennen« nennt der legendäre Humorist Will Rogers (selbst ein begeisterter Flieger, er kommt 1935 in Alaska gemeinsam mit der Pilotenlegende Wiley Post ums Leben) die Veranstaltung. Ebenfalls 1929 gründet Amelia in einem Hotelzimmer die Vereinigung der Pilotinnen, die sie – weil es 99 Gründungsmitglieder gibt – *Ninety-Nines* nennt. Amelia wird die erste Präsidentin der bis heute aktiven *99s*. Als sie aus Cleveland wiederum nach New York zurückkehrt, sind die Gerüchte um sie und George Palmer Putnam bereits so weit verbreitet, daß dessen Frau die Scheidung einreicht. Am 7. Februar 1931, nachdem sie seinen sechsten Antrag angenommen hat, heiratet Amelia Earhart schließlich George Palmer Putnam. Aus Publicitygründen behält sie ihren Mädchennamen zumindest in der Öffentlichkeit bei. Amelia and George sind jetzt ein erfolgreiches Team. George organisiert die Flüge und Amelias öffentliche Auftritte, aber er arrangiert auch die Vermarktung einer Serie von Fluggepäck und Sport-Kleidung unter ihrem Namen. Selbstverständlich erscheint auch ihr neues Buch

Amelia Earhart und ihre Lockheed Vega, mit der sie 1932 als erste Frau den Atlantik überfliegt

The Fun of It in seinem Verlag. 1930 wird sie fliegerisch wieder aktiver und bricht mehrere Geschwindigkeitsrekorde für Frauen.

»Würde es dir etwas ausmachen, wenn ich über den Atlantik fliege?«, fragt Amelia ihren Ehemann an einem Januarmorgen 1932. Sie weiß, daß er nichts dagegen haben wird, Putnam unterstützt die mutigen Pläne seiner Frau. Amelia und George haben schon vorher über eine Soloflug über den Atlantik gesprochen, dieses Mal will sie nicht nur der Passagier sein. Um keinen Zweifel an ihren fliegerischen Fähigkeiten aufkommen zu lassen, will sie alleine fliegen – ein gutes Beispiel dafür, was Frauen zu jener Zeit abverlangt wird, wollen sie denselben Status wie ihre männlichen Kollegen erreichen. Die Leistung eines Mannes schmälert es nicht, wenn er auf einen Langstreckenflug einen Navigator mitnimmt, Amelia aber fürchtet offenbar, daß es wieder heißen könnte, sie sei nur »Dekoration« gewesen.

Zur selben Zeit bereiten sich auch andere Pilotinnen auf einen Atlantikflug vor, und sowohl Amelia als auch ihrem geschäftstüchtigen Ehemann ist klar, daß ihr Ruf als Nummer eins unter den Flie-

Das Jahrhundert-Mysterium

gerinnen nur Bestand haben kann, wenn sie es ist, die als erste den Ozean solo überfliegt. Bis 1932 ist nur ein einziger Mensch alleine in einem Flugzeug über den Atlantik geflogen: Charles Lindbergh. Amelia will Lindberghs Flug nicht kopieren, und plant deshalb eine etwas andere Route: von Neufundland nach England. Flugpionier Bernt Balchen, der mittlerweile zu ihrem Freundeskreis gehört, berät Amelia in technischen Fragen und hilft ihr, sich auf den Flug vorzubereiten. Sie hat mittlerweile über 1000 Flugstunden in ihrem Flugbuch stehen und ist eine gute Instrumentenfliegerin.

Nachdem die Lockheed Vega unter der Aufsicht von Balchen und Amelias Assistenten Eddie Gorski mit einem neuen Motor, besseren Instrumenten und großen Zusatztanks ausgerüstet und ausgiebig getestet worden ist, wird der Start für den 20. Mai 1932 in Harbor Grace, Neufundland, angesetzt. Wie immer ist sie vor dem Abflug beherrscht und konzentriert. Ihr blondes Harr zerzaust, in Reithosen und ihrer geliebten Fliegerlederjacke, klettert sie still lächelnd in die knallrote Maschine, nachdem sie vorher noch ein Presse-Statement abgegeben hat: »An alle meine Freunde, nah und fern. Laßt mich Euch sagen, daß Ihr in weniger als fünfzehn Stunden wieder von mir hören werdet.« Nicht wenigen Reportern fällt auch an diesem Tag die verblüffende Ähnlichkeit zum jungen Lindbergh auf. Wie dieser ist sie konzentriert, zurückhaltend, auf eine lässige Weise elegant und selbstbewußt. Nur gegenüber Balchen gibt sie sich vor dem Start etwas zweifelnd: »Glaubst du, ich kann es schaffen?«, fragt sie ihn. »Todsicher«, grinst dieser. Daraufhin läßt sie den Motor an, checkt noch einmal die Zündung und startet. Es ist auf den Tag genau fünf Jahre her, daß Lindbergh in New York nach Paris abgehoben hat. Durch den Zusatztank hat die Vega, eines der rasantesten Flugzeuge jener Zeit, eine Reichweite von über 5100 Kilometer. Sie hat nur etwas Riechsalz dabei, um wach zu bleiben. Dazu eine Thermoskanne mit Suppe, eine Büchse Tomatensaft.

Wie die meisten Atlantikflieger vor ihr, gerät auch Amelia mitten über dem Ozean in schlechtes Wetter. In einem Gewitter setzt ihre Vega schlagartig viel Eis an und gerät, als Amelia die Mindestgeschwindigkeit einmal kurz unterschreitet, sofort ins Trudeln. Sie verliert fast 1000 Meter an Höhe, schafft es aber gerade noch, die Maschine abzufangen. In den wärmeren tiefen Luftschichten schmilzt das Eis, und sie kann den Flug in geringerer Höhe fortsetzen. Ziemlich weit vom Kurs abgekommen, landet sie nach 15 Stunden und 28 Minuten auf einer Wiese in Nordirland, nicht weit von Londonderry. Der verblüffte Bauer Dan McCallion ist der erste Mensch, den sie dort trifft. »Wo bin ich?«, fragt Amelia den Mann. »Auf Gallaghers Wiese«, antwortet dieser, »– kommen Sie denn von weit her?« »Aus Amerika.« Anschließend trinkt sie im Bauernhof der Gallaghers zwei Tassen Tee und fährt danach per Anhalter nach Londonderry, um ihren Mann anzurufen.

Amelia hat schon vorher einige Rekorde gebrochen, aber dieser ist ihr wichtigster. Ihr Flug hat nur halb so lang gedauert wie Lindberghs unglaubliche 33-Stunden-Tortur von New York nach Paris und sie ist der zweite Mensch, der den Atlantik alleine in einem Flugzeug überquert hat. Wie Lindbergh, den alle für verrückt gehalten haben, hat sie dies in einem einmotorigen Flugzeug getan. Sie wird in England, später in den ganzen USA bejubelt. Von Präsident Hoover wird sie mit der Goldmedaille der *National Geographic Society* ausgezeichnet. Aus allen Teilen der Welt erhält sie Glückwünsche von Staatsoberhäuptern (auch Kronprinz Wilhelm schickt seine Grüße) und bekommt »Goldene Schlüssel« zu viele Städten überreicht.

Sie selbst neigt dazu, ihre Leistung herunterzuspielen: »Es ist natürlich spannend, zu schreiben ich sei mit den letzten Litern Treibstoff gelandet, tatsächlich aber hatte ich noch vierhundert. Und ich habe bei der Landung auch keine Kuh getötet, außer eine ist vor Angst gestorben.« Trotzdem: Durch den Atlantikflug bekommt Amelia auch von den Fachleuten die längst fällige Anerkennung als Pilotin. Glaubten vorher noch einige, sie sei lediglich eine PR-Marionette, die völlig sinnlose Stunts zu Publicityzwecken mache – der gefährliche und fliegerisch extrem anspruchsvolle Flug nach Irland beweist, daß sie eine weit überdurchschnittliche Pilotin ist, auch wenn sie nicht das angeborene Naturtalent Lindberghs besitzt. Das allerdings hat auch kaum einer ihrer männlichen Konkurrenten.

Trotz des ganzen Trubels um ihre Person – sie wird jetzt von der Presse gejagt und manchmal im Hotel von Autogrammjägern belagert – verliert sie nie ihre Bodenhaftung. Eine französische Zeitung

Das Jahrhundert-Mysterium

Amelia Earhart, wahrscheinlich aufgenommen im Mai 1932 in Harbor Grace, Neufundland, vor dem Start zu ihrer ersten Atlantiküberquerung

bringt einen Artikel über sie mit der ironischen Frage: »Aber kann sie auch einen Kuchen backen?« Amelia, die unermüdlich für die Gleichstellung der Frauen in der Gesellschaft kämpft und bis heute von Feministinnen verehrt wird, antwortet bei einer Preisverleihung in ihrer typischen trocken Art: »Ich nehme diese Auszeichnung im Namen aller Kuchenbäckerinnen und aller Frauen, die etwas Wichtiges, oder sogar noch wichtigere Dinge tun, als zu fliegen, entgegen, sowie im Namen aller Frauen, die fliegen.« Auch die ihr verliehene Auszeichnung »Frau des Jahres« will sie nur stellvertretend für alle Frauen entgegennehmen. Später, als sie selbst über ihren Flug schreibt, erklärt sie, was sie Frauen zutraut: »Frauen können die meisten Dinge tun, die Männer machen. Nicht alles vielleicht – aber ganz sicher das, was Intelligenz, Koordination, Geschwindigkeit, Coolness und Willensstärke erfordert.«

Noch im selben Jahr entwirft Amelia Earhart eine ganze Kollektion Fliegerbekleidung für die *Ninety-Nines* sowie Kleider für

Frauen, »die aktiv leben«. Ihre erste Kreation ist ein Fliegeroverall mit vielen Reißverschlüssen und großen Taschen, den sogar die Zeitschrift *Vogue* in einem Artikel vorstellt. Sie selbst ist sich des Bildes, das sie in der Öffentlichkeit hat, bewußt und versucht, sich für jede Gelegenheit passend anzuziehen. Mehrere New Yorker Modehäuser bringen bald exklusive Amelia-Earhart-Labels auf den Markt, die in vielen Großstädten und in großen Kaufhäusern wie Macy's in New York und Marshall Field's in Chicago vermarktet werden.

Im Herbst 1934 kündigt Amelia ihrem Mann an, daß ihre nächste Unternehmung ein transpazifischer Flug von Hawaii nach Kalifornien sein wird. Von dort aus will sie nach Washington D.C. weiterfliegen. Zehn Piloten haben auf der Strecke über die Südsee bereits ihr Leben verloren, für deren Bewältigung ein Verband hawaiischer Geschäftsleute 10 000 Dollar ausgesetzt hat, um der Inselgruppe Aufmerksamkeit in den kontinentalen USA zu verschaffen. Amelia plant die über 3800 Kilometer von Honolulu nach San Francisco alleine zu fliegen, und würde damit einen weiteren Rekord brechen. Bereits 1928 ist Charles Kingford-Smith von Sidney über Hawaii nach Los Angeles geflogen, allerdings hatte er auf der zweiten Etappe einen Navigator dabei. Für diesen Flug bereitet Paul Mantz Amelias Vega vor. Der sechs Jahre jüngere Rekordflieger, Geschäftsmann und Präsident der Gesellschaft der Filmpiloten besitzt selbst sechs Flugzeuge und ist der gefragteste Mann in Hollywood, wenn es um realistische Aufnahmen von Luftkämpfen geht.

Das Flugzeug bekommt wiederum neue Instrumente, darunter einen sogenannten »Turn Coordinator«, ein Außenthermometer um Vereisungsbedingungen rechtzeitig erkennen zu können, und ein modernes Funkgerät. Der starke Pratt & Whitney-Sternmotor, der sie bereits über den Atlantik gebracht hat, wird noch einmal generalüberholt. Daß die robuste Lockheed Vega die richtige Maschine selbst für die waghalsigsten Unternehmungen ist, beweist Wiley Post im selben Jahr. Er fliegt mit seiner Vega namens *Winnie Mae* (der Name seiner Tochter) 40 000 Fuß, über 12 Kilometer, hoch und später sogar 15 Kilometer – eine Höhe, in der selbst heutzutage nur die Concorde oder Militärjets unterwegs sind. Dabei trägt Post – die Vega hat keine Druckkabine – einen modifizierten Anzug für Tiefseetaucher und entdeckt, ganz nebenbei, den »Jet-

Das Jahrhundert-Mysterium **103**

stream«, das schlauchartige Starkwindband, das den Globus wie ein mäandernder Fluß an verschiedenen Breiten der nördlichen und südlichen Hemisphäre in Höhen von ungefähr zehn Kilometern von Ost nach West mit Geschwindigkeiten von bis zu 500 Stundenkilometern umrundet und heute von der zivilen Luftfahrt wenn immer möglich als Rückenwind genutzt wird.

Die Vega und und ihre Pilotin werden samt Ehemann und Freunden per Schiff nach Hawaii gebracht, und nachdem Amelia einige Vorträge auf Hawaii gehalten hat, startet sie am 11. Januar 1935 von Honolulu aus nach Oakland, wo sie 17 Stunden und 7 Minuten später ankommt. Trotz großer Begeisterung gibt es immer noch Skeptiker, die Earharts Leistungen als »riskante und überflüssige Kunststückchen« bezeichnen. Anders Präsident Franklin D. Roosevelt: Er schickt einen langen Brief an Amelia, indem er bemerkt: »Sie haben es wieder geschafft, und wieder haben Sie den Zweiflern bewiesen, daß die Luftfahrt eine Wissenschaft ist, die nicht Männern alleine vorbehalten sein kann.« In dieser Zeit macht Amelia Earhart auch die Bekanntschaft von Eleanor Roosevelt, der Frau des Präsidenten. Mrs. Roosevelt ist so begeistert von Amelia, daß sie sich entschließt, sich von ihr das Fliegen beibringen zu lassen. Obwohl es dazu nicht kommt, bleiben die beiden Frauen in Briefkontakt.

Bereits vor ihrem Flug von Hawaii nach Kalifornien geht das Gerücht um, daß Amelia plant, zu einem Rekordflug um den Globus zu starten. Aber zunächst fliegt sie am 19. und 20. April 1935 in 13 Stunden und 23 Minuten von Los Angeles nach Mexico City, und von dort, in weiteren 14 Stunden und 19 Minuten weiter nach Newark bei New York. Auch dies ein Flug, den noch niemand vor ihr gemacht hat. Ihr Ruhm und ihre fortwährenden Bemühungen, Frauen zum Fliegen zu animieren, zahlen sich jetzt auch beruflich aus. An der Purdue-Universität, die einen Fonds für die aeronautische Forschung einrichtet, wird sie Karriereberaterin für Frauen.

Gegenüber der Presse erwähnt Amelia, daß ihre Lockheed Vega mittlerweile zu alt für weitere Rekordflüge ist. Sie wünsche sich, einen Baum zu finden, auf dem neue Flugzeuge wachsen, sie würde sich ein gutes herunterschütteln. Mit Hilfe der *Purdue Research Foundation* bestellt sie für 80 000 Dollar eine nagelneue zweimotorige Maschine vom Typ Lockheed Electra 10 E. Die zehnsitzige und ganz aus Aluminium gebaute Electra ist erst 1936 auf dem Markt gekommen und repräsentiert gemeinsam mit der Boeing 247 und der Douglas DC-2 den modernsten Flugzeugbau dieser Zeit. Durch ihre Leistungsfähigkeit und ihre Wirtschaftlichkeit bedeutet sie eine Revolution im kommerziellen Flugverkehr. Das Sondermodell 10 E, das im Februar 1936 vorgestellt wird, hat mit seinen beiden 550-PS-starken »Wasp«-Triebwerken von Pratt & Whitney 200 PS mehr als die normale Ausführung und wird in kleiner Stückzahl vor allem für Fluggesellschaften gebaut, die in Gebirgsregionen operieren. Zwei Maschinen des Typs 10E bekommen die Bezeichnung »10E Special«, sie sind speziell für Langstreckenflüge mit großen Zusatztanks in der Passagierkabine ausgerüstet. Eines der Flugzeuge geht an den Zeitungsmagnaten Harold Vanderbilt, der es *Daily Express* tauft. Die *Daily Express* ist das erste Flugzeug, das zu kommerziellen Zwecken den Atlantik überquert. Sie bringt im Mai 1936 eine Filmrolle mit dem Desaster des Luftschiffes Hindenburg nach England – und einen Film von der Krönungszeremonie König Georges VI. zurück in die USA. Die zweite 10E Special mit dem Kennzeichen NR 16020, wird für Amelia Earhart gebaut und an ihrem 39. Geburtstag am 24. Juli 1936 an sie ausgeliefert. Offiziell soll die Electra nach dem Einbau moderner Navigationsgeräte und eines Sperry-Autopiloten der Universität als »Fliegendes Laboratorium« zu Forschungszwecken dienen. Aber dazu kommt es nicht, denn Amelia Earhart hat mit dem brandneuen Flugzeug vor allem eines im Sinn: die Erde zu umrunden und so einen weiteren Langstreckenrekord aufzustellen.

Der erste Versuch, den Globus in der Nähe des Äquators zu umfliegen beginnt im März 1937. Das Unternehmen erfordert einige Logistik und sieht sich vor allem vor eine Schwierigkeit gestellt: Wie soll die Electra, die auch mit Zusatztanks nur maximal 24 Stunden in der Luft bleiben kann, die Überquerung des Pazifik in der Nähe des Äquators schaffen? Amelia und George Putnam nutzen ihre guten Kontakte zu den Roosevelts und zu Offizieren der Marine und bringen diese dazu, das Unternehmen nach Kräften zu unterstützen. Auf der kleinen Insel Howland, so wird beschlossen, wird die Marine eine Landebahn für eine Zwischenlandung der Electra planieren und dort genügend Treibstoff für den Weiterflug

Das Jahrhundert-Mysterium **105**

nach Neuguinea und Australien bereitstellen. Sogar navigatorisch will die Regierung das Unternehmen »World Flight« unterstützen, und in Howland ein Kriegsschiff bereitstellen, das der Electra über Funk navigatorische Unterstützung beim Flug über die Wasserhalbkugel der Erde geben soll.

Amelia hat den Hollywood-Stuntpiloten Paul Mantz als Copiloten gewonnen. Schiffskapitän Harry Manning und der ehemalige Pan American-Navigator Fred Noonan sollen als Navigatoren mitkommen. Zuerst will sie sich allein auf die Fähigkeiten von Manning verlassen, aber ein navigatorischer Praxistest vor dem Abflug weckt Zweifel an dessen Fähigkeiten. Da sie Manning nicht vor den Kopf stoßen will, entwirft sie einen neuen Plan: Mantz soll bis nach Honolulu, Noonan bis nach Howland Island und Manning bis nach Darwin in Australien mitfliegen. Von dort ab will sie den Rekordversuch dann alleine fortsetzen.

Amelia und ihre Lockheed Electra, eines der modernsten Flugzeuge der dreißiger Jahre

Am 17. März startet die Electra in Oakland bei San Francisco, und kommt 15 Stunden und 47 Minuten später in Honolulu an, ein neuer Rekord für diese Strecke. Außer einer festgefrorenen Propellerverstellung und einer durchgebrannten Sicherung im Funkgerät gibt es keinerlei Probleme. Am 20. März sind die kleinen Reparaturen durchgeführt und Earhart will zur nächsten Etappe nach Howland aufbrechen. Auf dem Flugplatz Luke Field bricht die Maschine während des Startlaufs aus. Das Fahrwerk gibt nach und das Flugzeug wird stark beschädigt, schlittert auf dem Bauch bis zum Stillstand. Niemand an Bord ist verletzt, und die etwas blasse Earhart, die sich schon bei früheren Zwischenfällen schwer tat, einen Pilotenfehler zuzugeben, spricht von einem geplatzten Reifen. Andere Zeugen der Szene sind sicher, daß sie mit dem Start der vollbeladenen zweimotorigen Maschine überfordert war und versucht hat,

Luke Field, Hawaii: Amelia Earhart inspiziert ihre beim Startversuch schwer beschädigte Lockheed Electra

Das Jahrhundert-Mysterium

durch ungleichmäßiges Gasgeben auf den beiden Triebwerken die Richtung zu halten – anstatt dies mit Hilfe der Seitenruder zu tun. Das wäre ein typischer Bedienungsfehler bei zweimotorigen Flugzeugen, der oft zu Startunfällen führt, allerdings bleiben die Ursachen für den Unfall Spekulation, keine der Theorien kann jemals belegt werden. Die Maschine ist jedenfalls erst einmal unbrauchbar und muß per Schiff zurück nach Kalifornien transportiert werden, wo sie im Werk von Lockheed repariert wird.

Amelia Earhart aber denkt gar nicht daran, das Unternehmen aufzugeben. Im Gegenteil, sie kann es kaum erwarten, bis die Maschine wieder flugtüchtig ist. Auf dem Flug von Oakland nach Honolulu hat Navigator Noonan offensichtlich so gute Arbeit geleistet, daß Earhart für den zweiten Versuch ausschließlich auf ihn setzen will. Und noch eine Änderung gibt es: Den zweiten Versuch will sie in Richtung Osten unternehmen. Nachdem Earhart und Noonan ein paar Testflüge unternommen haben, starten sie quer über den Golf von Mexiko nach Miami, von wo aus sie am 1. Juni den amerikanischen Kontinent verlassen, um über die Karibik nach Südamerika zu fliegen. Von Brasilien aus überqueren sie anschließend ohne Zwischenfall den Südatlantik, verfehlen ihr Ziel Dakar um etwa 100 Kilometer, so daß sie von Saint-Louis im Senegal zurück nach Dakar fliegen müssen, wo sie sich für die nächsten Etappen vorbereiten. Weiter geht es in eher kleinen Hopsern quer durch Afrika: über Gao, Fort Lamy, El-Fascher, Kartum, Massaua nach Assab am Horn von Afrika. Mitte Juni fliegt die Electra problemlos von Assab entlang der arabischen Küste und über den Persischen Golf ins indische Karatschi.

Während der gesamten Reise schreibt Amelia Berichte für die *New York Herald Tribune* und telegraphiert diese, wann immer möglich, nach New York. Earhart und Noonan überqueren den indischen Subkontinent, weiter geht es nach Südostasien. Von Singapur aus fliegen sie nach Bandung auf Java und schließlich nach Surabaja. Dort hat die Lockheed zum ersten Mal ein Problem mit einem Motor und sie müssen zurück nach Bandung. Nach der erfolgreichen Reparatur verlassen sie Java schließlich am 27. Juni und fliegen am selben Tag noch nach Kupang auf der Australien vorgelagerten Insel Timor. Bereits am nächsten Morgen setzen sie ihren Flug fort und landen am Mittag des 28. Juni in der australischen Stadt Darwin. Ohne eine längere Pause geht es am darauffolgenden Tag weiter. Über die Arafurasee kommen sie schließlich in die kleine Hafenstadt Lae auf Neuguinea.

Während die Flüge von Afrika bis nach Neuguinea ein Spaziergang für die mittlerweile erfahrene Fliegerin waren, kommt jetzt die längste und gefährlichste Teilstrecke der Weltumrundung: 4000 Kilometer nordöstlich von Lae liegt die winzige Koralleninsel Howland mitten im Südwestpazifik. Es ist die einzige anfliegbare Landebahn, der Treibstoff für den Weiterflug nach Hawaii lagert dort. Außerdem ist die Insel extrem flach, die höchste Erhebung beträgt kaum drei Meter, und ist deshalb bei schlechter Sicht nur sehr schwer auszumachen. Die *Itasca*, das Schiff der Küstenwache, hat bereits Position bezogen. Alle bisherigen Langstreckenflüge Earharts über Wasser haben bis zu diesem Zeitpunkt direkt zu einem Kontinent geführt, also einem Ziel, das nicht zu verfehlen ist, oder

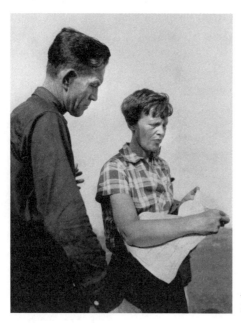

Amelia Earhart und ihr Navigator Fred Noonan

Das Jahrhundert-Mysterium

aber nach Hawaii. Hawaii ist im Gegensatz zu den Atollen der Südsee gebirgig und hat mehrere Sendeanlagen, die angepeilt werden können. Howland Island ist so unscheinbar, daß sie es nur mit perfekter Navigation im ersten Versuch finden werden. Dennoch zeigt Noonan sich vor dem Abflug in Lae optimistisch, das Staubkorn inmitten der Wasserwüste nicht zu verfehlen. Noonan hat Grund zum Optimismus, denn es gibt kaum einen Menschen, der besser qualifizier wäre als er, diese knifflige Navigationsaufgabe zu lösen. Seine Erfahrung als Pan-Am-Navigator wird ihm helfen, da ist sich der drahtige Mann sicher, der vor seiner fliegerischen Tätigkeit viele Jahre zur See fuhr. Noonan hat für die Fluggesellschaft Navigationsverfahren entwickelt, mit deren Hilfe die kommerziellen Flugzeuge bisher nie weit vom Kurs abgekommen sind. Im wesentlichen basiert Noonans Methode auf der Sternennavigation mit Hilfe eines Sextanten.

Und dann ist da auch noch das Schiff mit seiner Sendeanlage. Einmal in Reichweite des Senders am Ziel, können Flugzeug und Schiff sich gegenseitig orten. Der Pilot kann entweder direkt der Peilung zum Sender folgen oder aber ein Funker am Zielort peilt die Maschine an und übermittelt die Richtungsangabe per Sprechfunk. Ab Howland, das ist den beiden Rekordfliegern klar, wird es wieder einfacher. Hawaii ist kaum zu verfehlen, und von dort aus ist die Navigation an die Westküste der USA kein großes Problem, verfehlen kann die Elektra den Kontinent ohnehin nicht. Wenn sie in Oakland landen, wird ihr Triumph perfekt sein.

Um ganz sicher zu gehen, daß der Flug Howland Island erreicht, hat die amerikanische Marine sogar noch ein zweites Schiff im Pazifik stationiert. Auf halber Strecke zwischen Lae und Howland liegt die *USS Ontario*. Auch sie ist mit einer Sendeanlage ausgerüstet, die von der Electra angepeilt werden kann.

2. Juli 1937. Um zehn Uhr startet die bis zum Rand vollgetankte Electra von der eigentlich für das hohe Startgewicht der Maschine zu kurzen Piste in Lae. Nur wenige Meter vor dem Ende der Startbahn hebt die Maschine ab, sackt noch einmal durch und beginnt mühsam, über dem Meer Höhe zu gewinnen. Anwesende Verkehrspiloten, die mit ähnlichen Maschinen von hier aus starten, erkennen die Leistung Earharts bei diesem Start, der nur um Haa-

resbreite gelingt, später als fliegerische Meisterleistung an. 4000 Kilometer weiter, auf der anderen Seite der westlich von Howland verlaufenden Datumsgrenze ist es 12.30 Uhr, der 1. Juli 1937. Kurz nach dem Start empfängt der Funker in Lae noch ein paar Meldungen von der Electra und versucht, ihr die neuesten Wetterinformationen zu schicken. Er bekommt keine Antwort mehr. Die USS Ontario hört überhaupt nichts von Earhart.

Vierzehn Stunden nach dem Start empfängt die *Itasca* die ersten Funksprüche, die alle von ihren Funkern in den Logbüchern notiert werden. Um 2.45 Uhr Ortszeit kommt die Stimme von Earhart zum ersten Mal aus dem Lautsprecher, aber noch ist sie unverständlich, wohl wegen der großen Entfernung. Gegen 3.45 Uhr sendet sie erneut und teilt mit, daß sie zur vollen Stunde auf der Frequenz 3105 Kilohertz empfangsbereit sein wird. Immer wieder versucht das Schiff, mit dem Flugzeug Kontakt aufzunehmen, aber alle Anstrengungen der Schiffsfunker und -navigatoren sind vergeblich.

4.53 Uhr morgens: Wieder ist Earhart kurz zu hören, der diensthabende Matrose auf der *Itasca* versteht nur die Worte »*teilweise bewölkt*«. Dann folgt wieder eine lange Stille. Erst etwa eineinhalb Stunden später, um 6.14 Uhr, kommt das nächste Lebenszeichen. Earhart bittet darum, von dem Schiff auf 3105 Kilohertz angepeilt zu werden, und teilt mit, daß sie zu diesem Zweck in das Mikrofon pfeifen wird. Und: Sie seien noch zirka 200 Meilen entfernt.

Trotz aller Bemühungen der Bordfunker gelingt die Peilung nicht. Das Signal ist zu schwach, zu kurz. Um 6.41 aber meldet Earhart, daß sie jetzt noch etwa 100 Meilen entfernt sind. Sie bittet wieder um eine Peilung und um die Übermittlung des aus der Peilung ermittelten Kurses eine halbe Stunde später. Auch dieses Mal tun die Soldaten auf der *Itasca* alles, um direkten Kontakt zur Electra herzustellen, wieder können sie nicht feststellen aus welcher Himmelsrichtung der Funkspruch kam. Commander Warner K. Thompson, der Kapitän der *Itasca*, wird jetzt langsam nervös.

7.42 Uhr. Weitere dreißig Minuten sind vergangen, als Earhart plötzlich glasklar und mit aufgeregter Stimme zu hören ist: »*KHAQQ* (das Rufzeichen des Flugzeugs) *ruft* Itasca. *Wir müssen in Ihrer Nähe sein, aber wir können Sie nicht sehen, der Treibstoff wird knapp. Konnten Sie nicht über Funk erreichen. Wir fliegen in 1000 Fuß.*« Ein zweiter Funker

Das Jahrhundert-Mysterium

der *Itasca*, der an einem anderen Funkgerät sitzt, notiert noch den Zusatz: »*Sprit reicht nur noch für eine halbe Stunde, können Sie nicht hören!*«

Die Spannung auf dem Schiff steigt weiter, denn wieder meldet sich Earhart ganze 16 Minuten lang nicht. Um 7.58 ist sie wieder auf Sendung: »KHAQQ *ruft Itasca. Wir kreisen, aber wir können Sie nicht hören... Senden Sie weiter auf 7500... jetzt oder planmäßig zur halben Stunde.*«

Der Funker der *Itasca* geht sofort auf der Frequenz 7500 Kilohertz auf Sendung, und dieses Mal scheint er im Flugzeug sogar empfangen zu werden, denn Earhart bestätigt um 8.00 Uhr »KHAQQ *ruft Itasca, wir haben Ihr Signal empfangen aber es ist zu schwach. Bitte peilen Sie uns an und antworten Sie auf 3105 mit Sprechfunk.*« Earharts Funkspruch ist allerdings selbst zu schwach, die Funker können ein weiteres Mal nicht ermitteln, aus welcher Richtung er kommt. Kapitän Thompson befürchtet jetzt das Schlimmste. Aus den Mitteilungen Earharts schließt er, daß die Maschine jeden Moment im Wasser

Die Schlagzeile der Baltimore Evening Sun vom 3. Juli 1937

niedergehen muß. Nachdem fast eine Dreiviertelstunde Stille am Funk herrscht, meldet die Electra sich um 8.43 Uhr: »KHAQQ *an Itasca, wir sind auf der Linie 157-337. Werden diese Meldung auf 6210 Kilohertz wiederholen, warten Sie...«*. Mitten im Satz bricht Earhart ab.

Zwanzig Stunden und dreizehn Minuten nachdem Earhart und Noonan in Lae gestartet sind, ist dies die letzte Meldung aus der Electra. Kurze Zeit später ist klar, daß das Unternehmen »World Flight« in einer Katastrophe geendet haben muß. Wahrscheinlich ist Earhart auf hoher See niedergegangen, vermuten die Offiziere auf der *Itasca*. Obwohl sie nicht wissen können, wo das Flugzeug ist, will Kapitän Thompson wenigstens irgend etwas tun. Gegen 10.40 Uhr befiehlt er, der Kurs ist reine Spekulation, nach Nordwesten auszulaufen. Seine Vermutung ist, daß die Besatzung der Electra das Eiland übersehen hat und darüber hinaus geflogen ist. Die *Itasca* aber findet keine Spur von der Maschine.

Am selben Abend noch beginnen Marineoffiziere in Honolulu eine Suchaktion zu planen. In der Nacht vom 3. auf den 4. Juli sorgen mysteriöse Funksignale für Aufregung, die bei Stationen der *Pan American Airways* auf Oahu, Midway und Wake im Pazifik eingehen. Sie scheinen von der vermissten Maschine zu kommen und enthalten folgende Satzfetzen: »*in der Nähe von Howland... Batterie sehr schwach... können nicht lange durchhalten...Sandbank«*. Die Signale scheinen aus der Gegend der Phoenix-Inseln zu stammen – 550 Kilometer südöstlich von Howland, aber immer noch innerhalb der theoretischen Reichweite der vollgetankten Langstrecken-Electra. Das Schlachtschiff *Colorado* wird beauftragt, die Gegend der Phoenix-Inseln abzusuchen. In den nächsten Tagen dampft das Schlachtschiff zu diesem Zweck über 3000 Kilometer nach Süden. Der Kapitän der *Colorado* weiß, daß die einzigen Sandbänke in dieser Gegend südlich und östlich von Howland liegen. Außerdem hat die Küstenwache Personen ausfindig gemacht, die Fred Noonan kennen und mit seiner Mentalität und den Methoden, die er auf weiten Wasserstrecken in der Regel anwendet, gut vertraut sind. Alle sagen übereinstimmend, daß Noonan ohne Zweifel in Richtung der nächstgelegenen Insel fliegen würde, sollte der Treibstoff zur Neige gehen. Darüber hinaus erklären Techniker, daß die Funkanlage der Maschine nur in Betrieb genommen werden kann, wenn ihr rech-

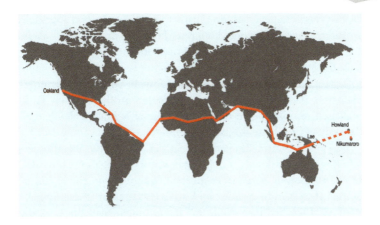

ter Motor, der den Generator antreibt, läuft und Strom erzeugt. Das aber bedeutet, daß die Maschine keineswegs im Meer treiben kann sondern auf festem Untergrund stehen muß. Als die *Colorado* nah genug an der Phoenix-Gruppe ist, schickt sie drei per Katapult gestartete Wasserflugzeuge des Typs Vought O3U-3 zu den Inseln. Die Piloten der Navy können auf keiner der Phoenix-Inseln ein Flugzeugwrack oder gar Menschen entdecken, lediglich auf der Insel Gardner entdecken sie Spuren einer früheren Besiedlung, die sie für die Überreste einer Kokosplantage halten, die bis 1892 dort existierte.

Am 11. Juli übernimmt schließlich ein anderer Marineverband unter der Führung des Flugzeugträgers *Lexington* die Suche. Ab jetzt konzentriert sich die Aktion wieder auf das offene Meer nördlich und westlich von Howland und sogar auf die viel weiter westlich gelegenen Gilbert-Inseln, die Earhart auf dem Weg nach Howland überflogen haben muß. Ob sie vielleicht versucht hat, zurück zu den Gilberts zu kommen, als ihr klar wurde, daß sie Howland nicht erreichen würden? Dagegen spricht, daß die Spritreserve für diese Strecke keinesfalls reichen konnte – was auch den erfahrenen Langstreckenfliegern Earhart und Noonan klar gewesen sein muß. Als die Suche am 18. Juli 1937 offiziell eingestellt wird, hat der Einsatz von acht Schiffen und 60 Flugzeugen über vier Millionen

Dollar verschlungen. 138 000 Quadratmeilen Ozean sind abgesucht worden, aber kein einziger konkreter Hinweis auf die verschollene Maschine wurde zutage gebracht. Frustriert über den Mißerfolg erklärt die Marine, daß die Electra auf offener See untergegangen und sofort auf Grund gesunken sein muß. Obwohl Luftfahrtexperten sicher sind, daß die Lockheed mit den leeren großvolumigen Tanks praktisch unsinkbar sein dürfte, wird dieser Schluß schließlich als das wahrscheinlichste Szenario akzeptiert.

Die ersten Mutmaßungen, daß an der Geschichte um die verschollene Rekordfliegerin mehr dran sein könnte, als die amerikanische Regierung bereit ist zuzugeben, kommen von einem australischen Boulevardblatt. Die *Smith's Weekly* fabuliert in der Ausgabe vom 16. Oktober 1937 völlig ins Blaue hinein, daß die USA die Suchaktion nach Earhart und Noonan als Vorwand benutzt haben, Flugzeuge über die Marshall-Inseln zu schicken, auf denen sie völkerrechtswidrige Militärinstallationen der Japaner vermuteten. Obwohl die Logbücher sämtlicher an der Operation beteiligten Schiffe belegen, daß keines von ihnen auch nur in der Nähe der Marshall-Inseln war, und weitere Nachforschungen beweisen, daß zu diesem Zeitpunkt keinerlei militärische Installationen auf den Inseln existierten – der Grundstein für eine Vielzahl von Verschwörungstheorien zum mysteriösen Verschwinden Earharts ist gelegt.

Im April 1943 läuft in den USA der Kinofilm *Flight for Freedom* an, der den Fall aufgreift und suggeriert, daß nicht nur die Regierung das Verschwinden Earharts ausgenutzt hat – sondern daß die Fliegerin in das Ausspionieren der Japaner im Pazifik sogar eingeweiht war, den Streitkräften dabei helfen sollte. Obwohl der Inhalt des Films reine Fiktion ist und sich bis heute keinerlei Verbindung Earharts mit der Spionageabteilung der amerikanischen Militärs historisch glaubhaft belegen läßt, wird der Streifen ein großer Erfolg. Aber es kommt noch besser: 1949 äußert Amelias Mutter gegenüber der Presse, auch sie glaube, ihre Tochter habe geheime Kontakte zur Regierung gehabt. Diese eher vage Äußerung, der niemals konkrete Belege folgen, reicht aus, um jede Menge Verschwörungstheorien um die verschollene Rekord-Pilotin aufblühen zu lassen. Bis zu Beginn der sechziger Jahre aber wird keiner der abwegigen Theorien von der Öffentlichkeit viel Glauben geschenkt.

Dies ändert sich schlagartig, als zwei ehemalige Offiziere der US-Luftwaffe, die auf Guam stationiert waren – Joseph Gervais und Robert Dinger – eine lange Liste mit den Namen von Zeugen veröffentlichen, die Earhart und Noonan auf der Insel Saipan gesehen haben wollen. Zusätzlich berichtet ein US-Seargeant, der 1945 auf Saipan war, er habe dort das Grab Earharts gesehen. Dann wird auch von einer kalifornischen Frau berichtet, die als Kind auf Saipan lebte und Earhart mit eigenen Augen gesehen haben will. Als ein Rundfunkreporter aus San Francisco, Fred Goerner, von diesem Augenzeugenbericht hört, beschließt er, der Sache selbst auf den Grund zu gehen. Sein 1966 erschienenes Buch *The Search for Amelia Earhart* gehört heute zu den Klassikern im Genre Verschwörungsliteratur. Goerner vermischt allerdings ebenfalls Anekdoten und überlieferte Aussagen längst verstorbener Personen mit Gerüchten und den Produkten seiner Phantasie. Er porträtiert Earhart und Noonan zwar sehr spannend aber wohl ebenso unzutreffend als US-Agenten, deren geheime Mission es ist, japanische Stellungen im Südwestpazifik auszuspionieren. Als die Electra über die Insel Truk in den Karolinen fliegt, so Goerner, kommt sie in schlechtes Wetter, und Earhart ist nicht mehr in der Lage, Howland zu finden. Schließlich, meint der Autor, landet der als Rekordversuch getarnte Spionageflug auf dem Mili-Atoll in den Marshall-Inseln, wo Earhart und Noonan zehn Tage später von japanischen Streitkräften aufgespürt und gefangen genommen werden. Auf Saipan werden sie verhört und gefoltert, bis sie sich, Zitat, »selbst nichts mehr wünschten, als den Tod«. Goerner behauptet, daß die US-Regierung das wahre Schicksal Earharts und alle handfesten Beweise über die wahre Mission der Electra verschleiert hat. Was ihm und seinem Buch nicht ganz ungelegen kommt...

Seit den sechziger Jahren und bis heute haben viele andere Autoren von Verschwörungsbüchern und Journalisten den Fall Amelia Earhart mit mehr oder weniger originellen Thesen »gelöst«. Die populärste ist nach wie vor die, daß Earhart und Noonan nach einer Notlandung im Pazifik japanische Kriegsgefangene wurden und lange Zeit auf den Marshall-Inseln oder auf Saipan in der Philippinischen See festgehalten wurden. Auf Saipan gibt es ein Gebäude, das Touristen bis heute stolz als Earharts Gefängnis präsentiert wird.

Ein anderer Earhart-»Forscher« will sogar eine Augenbinde ausgegraben haben, »die Earhart trug, als sie von Japanern erschossen wurde«.

Eine der bizarrsten Theorien um den Verbleib der Rekordfliegerin ist, daß sie unter falschem Namen in New Jersey gelebt habe. Joe Gervais, der vorher bereits versucht hat zu beweisen, daß Earhart auf Saipan war, behauptet mit großer Ausdauer, Earhart sei von der Regierung heimlich aus dem Pazifik zurückgebracht worden, und von ihm auf einem Luftfahrtkongreß in New York erkannt worden. Auffällig sei, daß die mysteriöse Frau, »die sich Irene Bolam nennt«, Schmuckstücke Earharts trage. Außerdem habe Bolam zugegeben, einst Inhaberin einer Pilotenlizenz gewesen zu sein. Die arme Frau wird von Gervais über Jahre verfolgt und bedrängt zuzugeben, in Wirklichkeit Amelia Earhart zu sein. Bolam aber denkt gar nicht daran, verklagt Gervais sogar, und stirbt schließlich 1982 – als Irene Bolam. Warum jemand, der auf keinen Fall als Earhart identifiziert werden will, Luftfahrtkongresse besucht, dort Auszeichnungen Earharts trägt und Hinweise auf eine vergangene Karriere als Pilotin machen soll, erklärt Gervais nie. Ganz abgesehen von den Fakten ist klar, daß sich die selbstbewußte und berühmte Earhart von keiner Macht in ein solches Versteckspiel hätte drängen lassen.

Mitte der achtziger Jahre schließlich, es war nur eine Frage der Zeit, wird die ultimative und unwiderlegbare Earhart-Theorie populär: Sie und Noonan sind aus dem Pazifik von Aliens in einem UFO entführt worden.

Zu den seriösen Vermutungen über Earharts Verbleib zählt von Beginn an die sogenannte »Crash and Sank«-Theorie, also daß die Maschine nach einer Notlandung auf dem Meer untergegangen ist und bis heute unentdeckt irgendwo in der Nähe von Howland in großer Tiefe auf dem Meeresboden liegt. Der pensionierte Flugkapitän und Rekordflieger Elgen Long (der selbst die Erde in einer zweimotorigen Maschine über Nord- und Südpol umrundet hat) und seine Frau Marie sind sich sicher, daß diese Erklärung die einzige seriöse über das Schicksal Earharts und Noonans ist. Über ihre Forschungen haben sie schließlich ein Buch mit dem etwas voreiligen Titel *Amelia Earhart: The Mystery Solved* herausgebracht.

Der erste, der das Rätsel um Amelia Earhart mit einem wirklich wissenschaftlichen Ansatz lösen wollte, ist Ric Gillespie. Gillespie, ehemaliger Spezialist für Flugunfälle im Auftrag von Versicherungen, gründet 1984 die Organisation TIGHAR – *The International Group for Historic Aircraft Recovery*. Seit vielen Jahren mit historischen Flugzeugen beschäftigt, ein begeisterter Pilot und geschichtlich interessiert, glaubt er, daß die einzige Möglichkeit, das Rätsel um die verschwundene Electra und ihre Besatzung zu klären, eine streng rationale Herangehensweise ist. Eine bloße Aneinanderreihung unbewiesener Anekdoten will Gillespie nicht als Methode gelten lassen, er setzt ganz auf anerkannte akademische Standards. Zu Beginn seiner Untersuchung ist auch Gillespie noch überzeugter Anhänger der Theorie, daß die Electra nach einem Absturz einfach untergegangen ist. Dann aber wird ihm, nachdem er gemeinsam mit erfahrenen Freiwilligen, unter ihnen Navigatoren, Archäologen und Anthropologen alle bis zu diesem Zeitpunkt zugängigen Fakten gesichtet und alte Berichte der Marine ausgewertet hat, nach und nach klar, daß durchaus viel dafür spricht, daß die erfahrene und präzise Pilotin Earhart und der Weltklasse-Navigator Fred Noonan es doch bis zu einer Insel der Phoenix-Gruppe geschafft haben könnten und einige Zeit später dort gestorben sind.

Tom Willi und Tom Gannon sind ehemalige Piloten und Navigatoren, deren Laufbahnen in der Luftfahrt bis in die Zeit zurückreichen, in der jeder Pilot noch in der Sternennavigation mit Hilfe von Sextanten ausgebildet wurde. Willi und Gannon haben den Flug der Electra und das navigatorische Szenario des Unternehmens untersucht. Vor allem der letzte offiziell anerkannte Funkspruch von Earhart ist es, der sie von Beginn an in ihren Bann zieht. Earhart erwähnt in diesem, daß sie sich, auf der Suche nach Howland und der *Itasca*, »auf der Positionslinie 157–337 (Grad, also von Nordwesten nach Südosten) befinden«. Die beiden TIGHAR-Forscher glauben zu wissen, nachdem sie viel Zeit darauf verwendet haben, Karten und die Funksprüche aus der Electra in den Logbüchern der *Itasca* zu sichten, und anschließend alle Alternativen diskutiert haben, was der erfahrene Navigator Noonan tat, als er bemerkte, daß er Howland Island verfehlt hatte.

Für Ric Gillespie und seine »TIGHARs« (Tigers) ist folgendes navigatorisches Szenario wahrscheinlich: Als die Sonne am 2. Juli 1937 im Nordosten über der Südsee aufgeht, ermittelt Noonan mit Hilfe seines Blasen-Oktanten (eine spezielle Version des nautischen Sextanten für den Gebrauch im Flugzeug) den Winkel, in dem das Zentralgestirn über dem Horizont steht. Mit diesem und der genauen Uhrzeit seiner Chronometer kann er unter Einbeziehung der Navigationstabellen präzise den Längengrad ermitteln, auf dem sich die Electra im Moment der Winkelmessung befindet. Damit weiß er auch, wie weit westlich von Howland sie noch sind. Was er nicht weiß, ist, wie weit die Electra durch Windeinfluß während der Nacht nach Norden oder Süden abgetrieben wurde. Die geographische Breite ist wegen des ungünstigen Sonnenstands mit dem Sextanten am frühen Morgen nur schwierig festzustellen – der Mittag ist die beste Tageszeit zur Berechnung der Breite. Theoretisch besteht zwar die Möglichkeit, während der Nacht Sterne anzupeilen und so die geographische Breite – und damit einen eventuelle Abdrift vom Kurs – festzustellen. Dies aber ist durch die kleinen Fenster eines vibrierenden Flugzeugs mühsam, und auch abhängig von Turbulenzen und dem Bedeckungsgrad des Himmels. Und so ist es wahrscheinlich, daß Noonan den Steuerkurs unter Einbeziehung seiner letzten Wettervorhersage berechnet und ihn unterwegs ausschließlich mit Hilfe von Wellenbeobachtungen modifiziert hat.

Earhart, die das Flugzeug nach dem Kompaß steuert, benötigt von Noonan Informationen über den Wind-Vorhaltewinkel, den sie fliegen muß. Nur so kann sie sicherstellen, daß sie auf der aus der Karte gemessenen Kurslinie von 79 Grad zwischen Lae und Howland bleibt. Kommt der Wind von links, muß Earhart etwas weniger als 79 Grad steuern, um nach Howland zu kommen, also etwa 75 Grad. Kommt der Wind von rechts, muß sie in dieser Richtung dagegenhalten, beispielsweise nach ihrem Kompaß 85 Grad steuern. Es ist dasselbe Prinzip wie beim Lenken eines Bootes: Um in eine bestimmte Richtung zu fahren, muß die Nase des Bootes in einer Strömung manchmal in eine ganz andere Richtung zeigen.

Da Windvorhersagen selten genau zutreffen, überprüft Noonan, übliche Methode jener Zeit bei Langstreckenflügen über Wasser, die Prognose mit Hilfe der Wellen. An Richtung und Gestalt der Dünung kann er ablesen, ob der Wind aus der vorhergesagten

Richtung kommt und wie weit er den aus der Karte gemessenen Kurs von 79 Grad modifizieren muß. Noonan, der bei *Pan American* Navigatoren ausgebildet hat und ein Star seiner Zunft war, hat zweifellos keine Probleme, Windrichtung und -stärke von der Oberfläche des Pazifik abzulesen. Und noch eine Information gibt ihm der Wind: Je nachdem, ob die Rücken- oder Gegenwindkomponente stärker ist, dauert der Flug über eine bestimmte Entfernung kürzer oder länger. Um wie viel sich die Flugzeit bei Windstille verlängert oder verkürzt, kann Noonan aus den Winddaten und der ihm bekannten Reisegeschwindigkeit der Lockheed Electra berechnen.

Trotz all dieser Informationen kann Noonan sich in den Weiten des Pazifiks nicht hundertprozentig sicher sein, daß sein berechneter Kurs das Flugzeug nah an die Insel heranführen wird. So nah, daß sie diese bei Tageslicht sehen können. Der Wind könnte zum Beispiel während der Nacht gedreht haben, ohne daß er dies gemerkt hat. Bereits ein kleiner Fehler wirkt sich über eine so weite Strecke, wie sie die Electra zurücklegen muß, in einer großen Abdrift aus. Die Insel rein nach Sicht anzufliegen, ist sicherheitshalber auch gar nicht geplant: Sie müssen nur nah genug an Howland herankommen. Dann sollen sie Kontakt mit der *Itasca* aufnehmen und sich von dieser anpeilen und zur Insel lotsen lassen. Die Funker der *Itasca* können der Electra über Sprechfunk einen direkten Kurs zur Insel übermitteln, wenn der Funkkontakt zwischen den beiden Stationen stabil genug ist, um eine Peilung herzustellen.

Natürlich verläßt ein Profi wie Noonan sich nicht ausschließlich darauf, daß sie zum richtigen Zeitpunkt den lebenswichtigen Funkkontakt zum Schiff haben werden. Und deshalb – Willi und Gannon von TIGHAR sind sich in diesem Punkt sicher – wendet er eine Methode an, die sie auf eine Standlinie führen wird, die exakt durch Howland Island führt. Durch Earharts letzten Funkspruch ist klar, daß Noonan genau das versucht hat. Aus seinen Berechnungen – außer sie wären total falsch gewesen – wußte er, wann die Electra diese »Line of Position (LOP)« mit der Ausrichtung 157–337 Grad erreichen würde. Auf dieser Linie, die fast rechtwinklig zum Kurs liegt und sich aus der Peilung zur aufgehenden Sonne plus 90 Grad ergibt, liegt Howland Island.

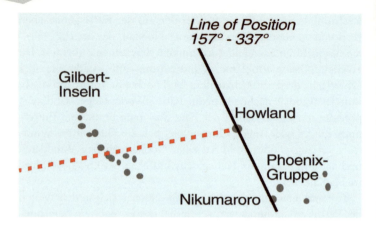

Noonan weiß also, daß er – vorausgesetzt die Electra fliegt auf der »Line of Position 157–337« in die richtige Richtung – irgendwann auf Howland stoßen muß. Und die letzte Meldung der Electra läßt eindeutig den Schluß zu, daß die Electra diese Linie erreicht hat. Jetzt bleibt ihnen nur eins, und genau das haben sie über Funk auch angedeutet: Sie wollen offenbar auf der Linie 157–337 Grad fliegen bis sie die Insel gefunden haben. Aber in welche der beiden möglichen Richtungen fliegt Earhart?

Als sie um 7.42 Uhr meldet, daß der Sprit knapp wird, muß die Electra nach konservativen Berechungen durch Ingenieure der Herstellerfirma Lockheed mindestens noch Treibstoff für zweieinhalb Stunden Flug an Bord haben, vielleicht sogar für vier Stunden. Wohl genug, um die Insel zu finden, aber doch keine beruhigend große Reserve, wenn man die aus einem kleinen Flugzeug unendlich wirkende Ausdehnung des Pazifik bedenkt. Und: Earhart weiß, daß Howland die einzige Insel ist, auf der sie landen kann.

Der Logbucheintrag des zweiten *Itasca*-Funkers »nur noch Sprit für eine halbe Stunde«, muß auf einem Irrtum beruhen. Für Gillespie und die Mitarbeiter von TIGHAR können Earhart und Noonan sich von einer unbekannten Position auf der Linie 157–337 nur für *eine* Richtung entschieden haben: Süden. Der Grund: Wenn sie nördlich von Howland sind, führt der Kurs 337 (Nordwest) hinaus

Das Jahrhundert-Mysterium **121**

auf die offene See. Das nächste Land in dieser Richtung ist Tausende von Kilometern entfernt, unerreichbar für die Electra. Anders wenn sie nach Südosten (Kurs 157) fliegen: Entweder taucht Howland Island bald auf oder aber, weiter südlich, die Phoenix-Inseln. Auch auf den Phoenix-Inseln gibt es keine Landebahn, dafür aber Strände und Korallenriffe. Zumindest eine Notlandung ist dort möglich. Allemal aber ist es besser zu einer bekannten Inselgruppe zu fliegen als auf dem offenen Meer niederzugehen, was den fast sicheren Tod bedeutet. Daß Earhart und Noonan sich entschieden haben, der »LOP« nach Südosten in die Phoenix-Gruppe zu folgen, dafür sprechen viele Fakten. Ric Gillespie und seine vielen freiwilligen Kollegen haben sie in mehreren tausend Stunden detektivischer Kleinarbeit ermittelt oder aber wieder ans Tageslicht gebracht.

Eines der wichtigsten Indizien für die Annahme, daß die Electra nach Südosten geflogen ist, ist der am 3. Juli 1937 aufgefangene Funkspruch, auf Grund dessen die *USS Colorado* in Richtung der Phoenix-Inseln auslief. Nachdem so vieles dafür spricht, daß Earhart auf einer der Inseln der Phoenix-Gruppe notgelandet ist, organisiert Gillespie mehrere Reisen in die Südsee, um die in Frage kommenden Inseln genauer zu untersuchen. Bei mittlerweile vier archäologischen Expeditionen in die entfernte Inselwelt zwischen Neuseeland und Hawaii, die heute zur Inselrepublik Kiribati gehört, nehmen die enthusiastischen Forscher vor allem die Insel Nikumaroro, die zur Zeit Earharts noch »Gardner Island« hieß, unter die Lupe. Dort finden sie einige spektakuläre Hinweise darauf, daß Earhart am 2. Juli 1937 auf dem Atoll, das 1938 von einer Handvoll Siedlern von den Gilbert-Inseln besiedelt war, notgelandet sein könnte. In den armseligen und mittlerweile durch die tropische Vegetation überwucherten Resten des vor Jahrzehnten verlassenen Dorfes, entdecken die Archäologen beispielsweise einige kleine Bruchstücke von Flugzeugteilen. Manche davon stammen eindeutig von Flugzeugen aus dem Zweiten Weltkrieg, andere aber lassen sich nahezu eindeutig einer Lockheed 10E Electra zuordnen.

Ein Stück Plexiglas ist derzeit eines der wichtigsten Indizien. Es wird nach seiner Entdeckung von Spezialisten in den USA untersucht. Das Ergebnis: Das Material ist typisch für Flugzeugscheiben der dreißiger Jahre und, noch wichtiger, es entspricht in der Stärke dem Plexiglas, das für die Kabinenfenster der Electra verwendet wurde. Eine weitergehende Untersuchung erhärtet den Verdacht. Die Scheibe ist in einer prägnanten Weise gekrümmt, und der Radius dieser Krümmung findet sich nur bei den Scheiben eines Flugzeugtyps wieder, der Lockheed 10 Electra. Dazu muß man wissen: Um Plexiglas in eine sphärische Form zu bringen, sind hohe Temperaturen und Druck notwendig – viel höhere Temperaturen als sie selbst in der Natur von Nikumaroro vorkommen können.

Auch ein größeres Stück Aluminiumblech, Teil einer Flugzeug-Außenhaut, taucht auf. Dieses Fundstück ist schon eine härtere Nuß: Das Material stimmt eindeutig mit den zur Zeit der Electra verwendeten Werkstoffen für Flugzeuge überein und ist obendrein nicht mit der für Militärflugzeuge typischen grünen Rostschutzgrundierung versehen. Sogar einige Nieten und eine ganze Reihe Nietlöcher finden sich an dem Blech. Aber solange Ric Gillespie später auch mit dem Blech in der Hand in amerikanischen Flugzeugmuseen und bei Sammlern historischer Flugzeuge unter und in den wenigen verbliebenen Lockheed Electras herumkriecht: Er kann die Stelle am Rumpf nicht finden, an der die Abstände der Nietreihen genau zu dem Blech von Nikumaroro passen. Allerdings: Auch bei keinem anderen Flugzeugtyp, von dem jemals Teile nach Nikumaroro gelangt sein könnten, findet sich eine passende Stelle. Schließlich erinnert Gillespie sich an den Startunfall Earharts beim ersten »World Flight«-Versuch. Berichte und Fotos weisen darauf hin, daß die Unterseite der Electra damals auf Hawaii stark beschädigt wurde, als sie nach dem Bruch des Fahrwerks auf dem Rumpf über die Piste schlitterte. Sollten bei der Reparatur eventuell Reparaturbleche in den Rumpf eingesetzt worden sein, deren Nietabstände sich vom Original unterschieden? Es ist zumindest möglich, und so ist die Wahrscheinlichkeit hoch, daß das Blech von Earharts Maschine stammen könnte.

An einer Stelle der einsamen Insel in der Nähe des Strandes findet TIGHAR sogar die Überreste eines Schuhs, wie sie Earhart auf ihrer Weltumrundung dabei hatte. Winzige Lederreste, eine Metall-Öse für das Schuhband, vor allem einen komplett erhaltenen Gummiabsatz mit der Aufschrift »Cat Paw« (Katzenpfote). Seit vielen Jahren pensionierte Fachleute des ehemaligen Herstellers in den

Das Jahrhundert-Mysterium **123**

USA identifizieren den Absatz als typisches Reparaturteil, das Schuster in den USA Mitte der dreißiger Jahre verwendeten. Sie sind auch sicher, daß es sich bei dem zugehörigen Schuh um ein Damenmodell der Größe 9,5 gehandelt hat – Earharts Größe, wie sich nach einem aufwendigen Vergleich mit Fotografien herausstellt. Auf einem Foto, das Earhart während des »World Flight« Tage vor ihrem Verschwinden zeigt, sind deutlich ihre Schuhe zu sehen – und sogar, daß sie offenbar neue Absätze haben.

Dazu passen Legenden, die sich frühere Bewohner des Atolls erzählen und in denen die Rede davon ist, daß die ersten Siedler auf der Insel am Ende der dreißiger Jahre ein Skelett, eine Cognacflasche mit Trinkwasser und einen amerikanischen Damenschuh gefunden haben. Die Überlieferungen erweisen sich im weiteren Verlauf der Nachforschungen als glaubwürdig, als im Nationalarchiv der Republik Kiribati in Tarawa sechzehn Schriftstücke einer Korrespondenz eines Beamten entdeckt werden, der im Namen des Britischen Königreichs an der Besiedelung von Gardner Island Ende der dreißiger Jahre mitarbeitete und dort starb. In den Briefen Gerald B. Gallaghers ist von Knochen, der Sohle eines Damenschuhs, einer Flasche, den Überresten eines Lagerfeuers und einer Sextantenkiste die Rede. Der Fundort, den Gallagher in seinen Briefen angibt, deckt sich mit dem der Ausgrabungen der Archäologen von TIGHAR. Erstaunlich auch: Gallagher, der für die Verwaltung von Gardner Island zuständig ist, erwähnt in einem Brief, daß es sich bei dem Schiffbrüchigen vielleicht um Amelia Earhart handeln könnte. Anfang 1941 schickt er die 14 Knochen und die hölzerne Sextantenbox in das britische Hauptquartier nach Fidschi, wo sie untersucht werden sollen. Eine Analyse vom April 1941 ordnet die Knochen mit hoher Wahrscheinlichkeit einem muskulösen Mann mittleren Alters zu. Noch im selben Jahr sorgen die ersten kriegerischen Auseinandersetzungen im Südwesten des Pazifik dafür, daß niemanden mehr das Schicksal des offenbar vor langer Zeit gestorbenen Schiffbrüchigen von Gardner Island interessiert. Am 7. Dezember 1941 überfallen die japanischen Truppen Pearl Harbour, es ist der Beginn des Zweiten Weltkriegs im Pazifik. Lange Zeit wird sich niemand mehr um das Schicksal Earharts kümmern.

Erst nach dem Krieg beschäftigt man sich wieder mit dem geheimnisvollen Verschwinden der Electra. Da aber sind die Knochen, die Amelia Earharts Schicksal zweifelsfrei hätten klären können, bereits verschollen. Erhalten geblieben sind die Aufzeichnungen des Arztes, der sie auf Fidschi untersucht hat. Gillespie findet dessen Dokumente in einem Londoner Archiv. Der Bericht, in dem sogar die Maße einiger der gefundenen Gebeine vermerkt sind, wird zwei Experten zu Auswertung übergeben. Mit Hilfe von Computerprogrammen für Anatomie kommen die Experten unabhängig voneinander zu einem gänzlich anderen Schluß als ihr britischer Kollege aus Fidschi 60 Jahre früher: Die Knochen stammen mit großer Wahrscheinlichkeit von einer Frau der Abstammung und Größe Earharts.

Es gibt sogar noch eine lebende Zeugin. Emily Sikuli, die 1940 als Kind zwei Jahre auf Nikumaroro lebte (und den Namen Amelia Earhart noch nie gehört hat), kann sich in einem Interview, das Gillespie 1999 mit ihr führt, eindeutig daran erinnern, zu jener Zeit

Das Aluminiumblech, das TIGHAR auf Nikumaroro entdeckte, könnte von Earharts Electra stammen

Das Jahrhundert-Mysterium

Flugzeugteile und Skelette auf Nikumaroro gesehen zu haben. Emily war damals noch ein Kind, und sie erinnert sich gut, daß ihr die Erwachsenen verboten hatten, an die verwunschene Stelle der Insel zu gehen.

Wenn Amelia Earhart und Fred Noonan tatsächlich auf Nikumaroro notgelandet sind – was ist mit der Lockheed Electra passiert? Höchstwahrscheinlich wurde das Flugzeug bereits nach kurzer Zeit von Wind, Wellen und der Brandung in immer kleinere Teile zerschlagen, und schließlich zum großen Teil über die Kante des Riffs in die Tiefsee gespült. Einem großen Schiff, der *Norwich City*, die acht Jahre früher, 1929, vor Nikumaroro in einem Sturm auf Grund gelaufen ist, ist es nicht anders ergangen. Selbst von dem großen Dampfer sind heute nur noch Fragmente und wenige größere Teile erhalten, die über das Riff verstreut sind.

Für Ric Gillespie sind all das nicht die handfesten und unwiderlegbaren Beweise, die er finden möchte. Und darum spricht er auch nie davon, »Amelia Earhart gefunden zu haben«. Für ihn muß es mindestens das Typenschild der Electra sein, oder zumindest ein kleines Knochenfragment. Mit Hilfe einer DNS-Analyse und heute noch lebender Blutsverwandter Amelias ließe sich der Fall zweifelsfrei klären. Auch nach 18 Jahren Earhart-Forschung hat Gillespie ohne ein solches eindeutiges Resultat nicht vor aufzugeben. Die nächste Reise in die Südsee ist bereits geplant. Und dann will er in der Tiefsee um die Insel auch nach den Überresten des Flugzeugs fahnden lassen. Mit großer Wahrscheinlichkeit hat TIGHAR inzwischen geklärt, weshalb der Funkkontakt zwischen der Electra und der *Itasca* am 2. Juli 1937 von so unerwartet schlechter Qualität gewesen ist. Auf einigen Bildern vom letzen Start der Lockheed in Lae fehlt eine wichtige Funkantenne an der Unterseite des Rumpfes – allerdings nur auf den Bildern vom Start selbst. Auf anderen Fotografien, Minuten vorher aufgenommen, als Earhart und Noonan über den unbefestigten Flugplatz zum Startpunkt rollen, ist die Antenne noch deutlich zu sehen. Gillespie hat die betreffenden Fotos von Fachleuten auf digitalem Weg auswerten lassen, und tatsächlich – die Antenne fehlt. Seine Vermutung: Als Earhart das schwer beladende Flugzeug auf der Stelle wendete und in Startposition brachte, setzte die Antenne auf dem Boden auf und wurde abgerissen.

Sechzig Jahre später, 1997, wiederholt die Texanerin Linda Finch Amelia Earharts »World Flight« in einer Lockheed Electra 10E, die Earharts Flugzeug fast aufs Haar gleicht. Nur im Cockpit geht Finch, die ebenfalls einen Navigator dabei hat, auf Nummer Sicher: Ein Satellitennavigationsgerät hilft ihr auf dem Weg nach Nikumaroro/Gardner Island. Nach ihrer Landung in Oakland, Kalifornien, berichtet Finch später, wie schwer es war, die winzige Insel zu sehen – obwohl sie direkt vor ihr genau auf Kurs lag und nur wenige Meilen entfernt war. Erst aus zehn Kilometer Entfernung konnte sie Howland Island ausmachen.

Amelia Earhart hat von den Stationen ihrer Weltumrundung regelmäßig Briefe an ihren Mann nach Hause geschickt, die posthum in dem unter ihrem Namen erschienenen Buch *The Last Flight* veröffentlicht wurden. In einem schrieb sie: *»Sei gewiß, daß ich mir der Gefahren bewußt bin... Ich mache es, einfach weil ich es machen will. Frauen müssen dieselben Dinge tun, die Männer versucht haben. Wenn sie versagen, muß ihr Versagen anderen eine Herausforderung sein.«*

1938

Aus Versehen über den Ozean: Die Abenteuer von Douglas »Wrong Way« Corrigan

Als der 31jährige Texaner Douglas Groce Corrigan am 17. Juli 1938 auf dem New Yorker Flugplatz Floyd Bennett Field im Stadtteil Brooklyn in seine Curtiss Robin steigt, hat er ein paar Schokoriegel, einen Liter Wasser und eine Karte der USA dabei, in die er fein säuberlich eine Kurslinie quer über die USA bis an die Westküste eingezeichnet hat. Er will heute nonstop von New York nach Los Angeles fliegen.

Drei Jahre lang hat Corrigan an der Planung und den Vorbereitungen für einen Rekordflug von New York nach Dublin, der Heimat seiner Vorfahren, gearbeitet, aber immer wieder ist er bei den amerikanischen Behörden gescheitert. Aus Gründen der Sicherheit, wie die Beamten sagen, wollen sie ihm den Flug nicht genehmigen. Sie halten das Vorhaben Corrigans für reinen Selbstmord, da seine Maschine bereits über neun Jahre alt und nach Meinung der Inspektoren nicht auf dem technischen Stand für den gefährlichen Langstreckenflug über Wasser ist. Dabei hat die Robin einen frisch überholten Motor und ist auch sonst in einem technisch hervorragenden Zustand. Von New York nach Kalifornien, wie Corrigan zermürbt als Alternative vorschlägt, könne er nonstop fliegen, geben die Beamten endlich nach, aber keinesfalls über den Ozean – mit dieser Kiste!

Der 17. Juli 1938 ist ein nebliger Morgen in New York, aber Corrigan, der bereits viel Flugerfahrung hat, startet dennoch. Kurz nach dem Abheben taucht das kleine Flugzeug in den Dunst ein und ist schon bald aus dem Blickfeld der Beobachter am Boden ver-

Douglas Corrigan in seiner Curtiss Robin

schwunden. 28 Stunden später landet Corrigan – in Dublin! Und danach ist er, zumindest für eine Weile, in den USA fast so berühmt wie sein großes Idol Lindbergh. Seinen zweiten Vornamen allerdings büßt er durch das waghalsige Unternehmen ein. Von jetzt an wird er bis zu seinem Tod nur noch Douglas »Wrong Way« Corrigan genannt.

Das allererste Mal fliegt Douglas Corrigan mit achtzehn Jahren von einem Flugplatz in Los Angeles, den B. F. Mahoney und Claude Ryan betreiben. Zehn Minuten dauert der Rundflug in einer Curtiss JN-4D »Jenny«. Die dafür investierten 2,50 Dollar werden Douglas' Leben verändern. Er wird durch seine neue Leidenschaft völlig von seinem bisherigen Lebensplan abgebracht. Eigentlich ist er nach L.A. gekommen, um Architekt zu werden. Jetzt steht ihm ein aufregendes Leben bevor, das ihm zwar auch Enttäuschungen bereithält, ihn aber schließlich zu einem Teil der Luftfahrtgeschichte und zu einem typisch amerikanischen Symbol für unerschütterliche Abenteuerlust macht. Sogar eine Nebenkarriere als Filmschauspieler erwartet Corrigan in seinem späteren Leben.

Bereits eine Woche nach dem ersten Rundflug ist Corrigan wie-

Aus Versehen über den Ozean

der am Flugplatz von Mahoney und Ryan. Dieses Mal aber will er mehr als nur einen Rundflug: Er hat sich vorgenommen, selbst fliegen zu lernen. Jeden Sonntag ist er fortan auf dem Flugplatz zu finden. Wenn er nicht gerade selbst Flugstunden nimmt, hilft er den Mechanikern. Wißbegierig und neugierig saugt er alles auf, was es über Flugzeuge zu lernen gibt. Im März 1926 absolviert er erfolgreich seinen ersten Alleinflug, noch heute die wichtigste Hürde in der praktischen Ausbildung eines Piloten. Später erzählt er oft, daß dieser Sonntag, als er zum ersten Mal alleine in einem Flugzeug unterwegs war, der wichtigste Tag in seinem Leben gewesen ist.

Nicht lange darauf beenden Mahoney und Ryan ihren Flugbetrieb in Los Angeles und ziehen weiter ins etwas südlichere San Diego. Dort eröffnen sie wenig später die Firma Ryan Airlines. Das Unternehmen ist nicht nur Fluglinie, sondern baut auch selbst Flugzeuge. Corrigan bieten sie einen Job in der neuen Firma an. Obwohl Ryans Flugzeuge einen guten Ruf genießen, schlägt sich die Firma mehr schlecht als recht durch. Als Corrigan etwas später in San Diego ankommt, sieht es nicht gut aus für die junge Firma. Ein halbes Dutzend Flugzeuge, deren Bestellungen storniert wurden, steht halbfertig herum.

Anfang 1927 bekommt Ryan Airlines ein Telegramm aus dem Osten, das für den Erfolg des jungen Unternehmens von entscheidender Bedeutung sein wird. Ein junger Postflieger namens Charles Lindbergh fragt an, ob Ryan in der Lage wäre, ihm ein Flugzeug für seinen geplanten Transatlantikflug zu bauen. Ryan und Mahoney beraten sich und sichern Lindbergh schließlich zu, daß sie den Auftrag übernehmen könnten. Kurze Zeit später kommt Lindbergh das erste Mal zu Besuch. Schnell werden die Flugzeugbauer und der unbekannte junge Flieger handelseinig, zehntausend Dollar soll die komplette Maschine kosten.

Im Februar 1927 sieht Corrigan Lindbergh zum ersten Mal in San Diego. Lindbergh soll einen der anderen Typen von Ryan probefliegen und Mechaniker Corrigan wird beauftragt, eine Maschine der Firma startklar zu machen. Als er mitbekommt, daß der schlacksige Besucher aus dem Osten der Kunde ist, der alleine den Atlantik überqueren will, ruft er aus: »Der? Kann der überhaupt fliegen?«. Lindbergh hebt kurz darauf in einer Maschine des Typs M-1 ab und zieht eine beeindruckende Kunstflugshow über dem Werksflugplatz von Ryan ab. Zum Schluß der Vorführung macht er neun Loopings hintereinander und beendet den Flug mit einem »Wingover« genannten Abschwung über die Tragfläche. Jetzt ist jeder überzeugt, daß Lindbergh fliegen kann, auch Douglas Corrigan.

Corrigan ist dabei, als das Flugzeug für Lindbergh gebaut wird. Um die Ryan mit der Typenbezeichnung »NYP« (für *New York to Paris*) rechtzeitig fertigzustellen, müssen alle Beteiligten jeden Tag bis weit nach Mitternacht arbeiten. Corrigan ist für den Zusammenbau der Tragflächen zuständig. Außerdem hilft er, die riesigen Treibstofftanks für die *Spirit* und das Instrumentenbrett anzufertigen. Daß er am Bau des neben dem *Flyer* der Wright-Brüder wohl berühmtesten Flugzeugs der Luftfahrtgeschichte beteiligt ist, kann er zu diesem Zeitpunkt noch nicht einmal ahnen. Mehr als 75 Jahre später wird jedes amerikanische Schulkind die *Spirit of St. Louis* kennen. Zigmillionen Besucher des Washingtoner *Air & Space-Museums*, das durch den Wright-*Flyer*, die *Spirit* und die Kapsel von Apollo 11 zum bestbesuchten Museum der Welt wurde, haben andächtig vor ihr gestanden und in Gedanken die unglaubliche Leistung Lindberghs nachvollzogen.

1927 weiß niemand, welche Ausmaße die Bewunderung für Lindbergh nur ein paar Monate später bereits annehmen würde. Corrigan erinnert sich jedenfalls, daß jeder bei Ryan bemüht war, das Flugzeug für Lindbergh rechtzeitig fertigzustellen, sein Enthusiasmus war ansteckend.

Als Lindbergh am 21. Mai 1927 mit der Ryan NYP in Paris landet und die Nachricht über diesen Triumph schließlich nach San Diego kommt, kennt die Begeisterung auch bei den Angestellten der kleinen Firma keine Grenzen. Die Arbeiter von Ryan veranstalten mit ihren Wagen ein ohrenbetäubendes Hupkonzert auf den Straßen der südkalifornischen Stadt, führen sich auf wie ein Haufen übermütiger Kinder. Douglas Corrigan ist in Ekstase, und das Gelingen von Lindberghs Flug inspiriert ihn dermaßen, daß er sich vornimmt, eines Tages selbst über den Atlantik zu fliegen. Das Geschäft von Ryan boomt von einem Tag auf den anderen. Ryan Aircraft, wie die Firma sich in Zukunft nennen wird, zieht ins entfernte St. Louis, Missouri und baut dort Flugzeuge. Corrigan aber will an der West-

Aus Versehen über den Ozean

küste bleiben, und so nimmt er einen Job als Flugzeugmechaniker bei einer großen Flugschule an. Die *Airtech School*, betrieben vom San Diego *Air Service* hat jeden Tag 50 Flugschüler in der Luft, und dementsprechend viel Arbeit hat Mechaniker Corrigan mit der Wartung der Schulflugzeuge. Er selbst kommt nur noch in der Mittagspause zum Fliegen. Dann aber fliegt er richtig. Jeder Flug von Douglas Corrigan besteht vor allem aus Stunts. Einfach nur geradeaus dahinfliegen und die Landschaft unter sich genießen, das ist nichts für den temperamentvollen Iren. Seine Lieblingsflugfigur ist die »Chandelle«. Die auf deutsch »Kerze« genannte Figur ist eine hochgezogene, steile Umkehrkurve, an deren höchstem Punkt das Flugzeug fast zum Stillstand kommt. Corrigan fliegt das an sich ungefährliche aber spektakuläre Manöver nicht nur in sicherer, großer Höhe. Die erste »Chandelle«, sie wird sein Markenzeichen, macht er meist kurz nach dem Abheben. Manchmal fliegt er die Chandelle bis zu zehnmal hintereinander, gelegentlich unterbrochen durch noch wildere Kunststücke. Im Unternehmen hat er wegen seines draufgängerischen Flugstils schnell den Ruf eines Wahnsinnigen weg, aber das stört Douglas Corrigan wenig, Hauptsache, er hat seinen Spaß. »Ich denke nicht, daß das riskant war«, pflegt er unschuldig zu lächeln, wenn er aus dem Flugzeug steigt. Irgendwann aber wird es seinen Vorgesetzten doch zu bunt und sie verbieten ihm weitere Kunstflugvorführungen in den Schulflugzeugen. Eine Zeit lang hält sich Corrigan daran, aber später kommt die Leidenschaft für den Nervenkitzel wieder hoch, und er fliegt, um seine Flugkünste zu perfektionieren, regelmäßig zu einem kleinen Flugplatz an der mexikanischen Grenze, wo ihn niemand beobachten kann.

1930 reist Corrigan mit einem Freund nach New York, und die beiden tingeln drei Jahre lang als »Barnstormer« (Scheunenstürmer), wie die herumziehenden Stuntpiloten jener Zeit in den USA genannt werden, die sich ihren Lebensunterhalt durch Flugvorführungen und Passagierflüge verdienen. Ihr Revier ist die Ostküste. Das Geschäft geht gut, in mancher Woche nehmen sie bis zu 140 Dollar ein. 1933 aber will Corrigan wieder zurück ins sonnige Kalifornien. Da er selbst kein Transportmittel besitzt, er hat nicht einmal einen Wagen, sieht er sich nach einem gebrauchten Flugzeug um und findet für 325 Dollar eine Curtiss Robin, die »ganz gut aussah und auch ordentlich flog«. Ein paar Tage nach dem Erwerb der Maschine ist er auf dem Weg an die Westküste. Unterwegs landet er immer wieder und gabelt Reisende auf, die er gegen Bezahlung ein Stück Richtung Westen mitnimmt. Einmal, als ihm fast der Sprit ausgeht, versucht er mehrfach, eine gute Landemöglichkeit in der Nähe einer Ortschaft zu finden. Aber keine der Wiesen, die er ansteuert, erweist sich als sicherer Landeort. Schließlich setzt er auf einem Feld voller Gestrüpp auf, wobei er das Fahrwerk des Flugzeugs an einem Baumstumpf beschädigt. Zum Glück ist ganz in der Nähe eine Farm. Mit Hilfe einiger Holzstücke und etwas Draht von einem Weidezaun repariert er die Maschine. Der Farmer überläßt ihm außerdem etwas Benzin aus dem Tank seines Traktors. Bis Mitte der dreißiger Jahre werden, gut für die »Barnstormer«, landwirtschaftliche Maschinen nur mit Benzin- und nicht mit Dieselmotoren betrieben.

Zurück im Westen arbeitet Corrigan einige Zeit in einer Flugzeugfabrik, was ihm aber schnell langweilig wird. Also beschließt er, seine Curtiss zu überholen und seinen Traum vom Atlantikflug endlich wahr zu machen. Da er irischer Abstammung ist, wählt er Dublin als Ziel. Starten will er in New York. Corrigan ist sich der Tatsache bewußt, daß sein Plan brandgefährlich ist, aber, so argumentiert er: »Auf keinen Fall wird es langweilig!« Corrigan weiß schon, was er tut, denn als erstes gönnt er seiner alten Maschine einen neuen Motor. Der Wright J-6-5 mit 165 PS ist bereits zu ausgeleiert und verschlissen, als daß er ihm sein Leben über dem Nordatlantik anzuvertrauen wagte. Auch baut er die für einen Nonstopflug notwendigen großen Zusatztanks ein. Obwohl er das Flugzeug in einen technisch einwandfreien Zustand versetzt, bekommt er kurz nach der Fertigstellung des Umbaus einen Dämpfer. Der Inspekteur der Luftfahrtbehörde weigert sich, die Maschine für einen Transatlantikflug abzunehmen, erteilt Corrigan lediglich die Genehmigung mit der Robin Überlandflüge durchzuführen. Corrigan aber will sich diesem Dekret nicht fügen, das seiner Meinung nach ungerecht ist. Er beginnt, Briefe an die Luftfahrtbehörde zu schreiben und verlangt, mit den Planungen des Fluges weitermachen zu dürfen, doch die Beamten verzögern die Angelegenheit und wollen ihn, ohne nähere Angabe von Gründen, auf das darauffolgende Jahr vertrösten. Und das, obwohl Corrigan bei einem Flug von Kalifornien nach New York – wie Lindbergh 1927 macht er in St. Louis eine Zwischenlandung – bewiesen hat, daß seine Curtiss Robin langstreckentauglich ist. Als er auf einer Lösung des Problems besteht, wird ihm mitgeteilt, daß er für den Flug nach Europa inzwischen ein Funksprechzeugnis benötige, das er nicht vorweisen könne. Corrigans Curtiss aber hat überhaupt kein Funkgerät. Wozu also eine Lizenz zum Funken?

Dennoch legt er kurz darauf die Prüfung zum staatlich anerkannten Funker ab. Er will die Behörden so zum Einlenken zwingen. Und er baut auch noch zwei weitere Tanks in die Robin ein, was die Reichweite erhöht. 1937 stellt er einen neuen Antrag, der wieder abgelehnt wird. Kurz zuvor ist Amelia Earhart im Pazifik verschollen. Kein Offizieller will in dieser Zeit irgendetwas mit waghalsigen Soloflügen über Ozeane zu tun haben, nur um sich später, nach einem eventuellen Desaster, gegenüber der Öffentlichkeit für die Genehmigung solch »überflüssiger Stunts« (die Ansicht mancher Medien) rechtfertigen zu müssen. Und es kommt sogar noch schlimmer: Die Regierung weigert sich, die Betriebserlaubnis für Corrigans Flugzeug zu verlängern, was bedeutet, daß er damit überhaupt nicht mehr fliegen darf. Langsam wird dem Draufgänger klar, daß aus seinem Atlantikflug nichts werden kann. Er muß schon froh sein, wenn er seine Curtiss überhaupt wieder in die Luft bringen darf.

Corrigan aber wäre nicht Corrigan, wenn er nicht augenblicklich versuchen würde, einen Ausweg aus dieser Niederlage zu finden. Was, so kalkuliert er, können die Behörden ihm denn tun, wenn er eine Maschine ohne gültige Lizenz fliegt? Sie werden ihn dafür wohl kaum hängen. Und außerdem, macht er sich Mut: »Columbus hat etwas riskiert, warum also nicht ich?« Zuversichtlich fliegt er nach New York, sein Ziel ist der Flugplatz Floyd Bennett Field, benannt nach dem berühmtesten Piloten der Stadt. Die Ankunftszeit legt er auf den Abend, »wenn die Beamten nach Hause gegangen sind«. Weiterer Plan: In New York will er die Maschine nachts heimlich betanken und dann nach Irland starten. Seine Maschine, die immer »ein Sonnenstrahl« für ihn gewesen ist, hat er vor dem Start *Sunshine* getauft – schließlich haben die Flugzeuge aller großen Pioniere Namen.

Der Flug an die Ostküste verläuft nicht so, wie Corrigan sich das vorgestellt hat. Am ersten Tag muß er bereits in Arizona eine Sicherheitslandung machen, als er in schlechtes Wetter gerät, und immer neue Gewitter zwingen ihn am nächsten Tag wieder auf den Boden, diesmal in New Mexico. So geht es während der ganzen Reise weiter und er benötigt allein zwei volle Tage, um sich durch Texas durchzuschlagen. Er landet immer wieder: auf freiem Feld, in der Nähe von Ortschaften. Nach neun Tagen aber hat er es geschafft und landet in New York. Jetzt ist es bereits Ende Oktober und Corrigan, der zwar mutig und verwegen, aber nicht dumm ist, entscheidet sich wegen der schlechten Wetterprognosen für den Nordatlantik, seine Ozeanüberquerung sausen zu lassen. Corrigan hat keine Scheu, sich mit Beamten anzulegen, aber in den eisigen Fluten des Atlantik zu sterben, danach steht dem lebenslustigen Piloten nicht der Sinn.

Kurz nachdem er in New York gelandet ist (niemand dort interessiert sich für sein Flugzeug oder irgendeine Lizenz), tankt er auf und begibt sich sogleich auf den Weg zurück. Aber wenigstens nach Kalifornien will er jetzt nonstop fliegen! Schon über Missouri kann er froh sein, daß er nicht auf das offene Meer hinaus gestartet ist, denn selbst hier unten im Süden bildet sich Eis am Vergaser, was die Motorleistung verringert. Nur mit viel Geschick gelingt es Corrigan, die Maschine in der Luft zu halten. Starke Gegenwinde tun ein übriges, um den Flug anstrengend und immer länger werden zu lassen. Und schließlich wird klar, daß sein Treibstoff nie bis zurück nach Los Angeles reichen kann. Er schafft es gerade bis an die Westküste, muß aber am Adams Airport im San Fernando-Tal landen. Dort holt ihn kurz nach der Landung das Gesetz ein: Ein Beamter der Luftfahrtbehörde erkennt, daß die Maschine nicht zugelassen ist, und »groundet« Corrigan. Enttäuscht reist er zurück nach L.A. *Sunshine* aber wird die nächsten sechs Monate in einem Hangar am Adams Airport verbringen.

In Südkalifornien hält Corrigan sich währenddessen fit, indem er gelegentlich andere Maschinen fliegt. Aber er will sein eigenes Flugzeug zurückbekommen. Und so überholt er den Motor ein weiteres Mal und läßt die Maschine erneut von einem Gutachter inspizieren. Dieser kommt zu dem Schluß, daß die Maschine luft-

Aus Versehen über den Ozean

tüchtig ist, und stellt die begehrten Papiere aus. Corrigan will sofort wieder nach New York aufbrechen, um »noch einen weiteren Nonstopflug von New York nach Los Angeles« zu versuchen. Und dafür bekommt er auch die Genehmigung.

Für diesen Versuch bereitet er sich gewissenhaft vor. So ermittelt er in einigen Testflügen, daß die ökonomischste Geschwindigkeit 85 Meilen pro Stunde (137 km/h) beträgt. Fliegt er extrem spritsparend, so rechnet er aus, wird er die Strecke diesmal schaffen. Von Long Beach aus startet er am 7. Juli 1938 nach Osten – und gerät sofort in eine starke Turbulenz, als er über die glühend heiße Mojave-Wüste fliegt. In New Mexico kommt er in einen Sandsturm, später kämpft er stundenlang mit mächtigen Gewittern. Einmal pokert er fast zu hoch: Weil er auf jeden Fall Treibstoff sparen will, fliegt er mitten durch ein großes Gewitter, anstatt es respektvoll zu umrunden. Kräftig durchgeschüttelt kommt er mit dem Leben davon, nachdem er eine Stunde lang durch den Sturm geflogen ist. Gegen Ende des Flugs hat dann einer der Tanks ein Leck, und wieder ist Corrigan unsicher, ob er es schaffen kann. Er beschließt, den Defekt zu ignorieren und auf jeden Fall zu fliegen, solange der Propeller sich noch dreht. Allerdings bringen ihn die Dämpfe des aus dem Tank in die Kabine tropfenden Benzins zeitweilig an den Rand einer Ohnmacht, und so muß er seinen Kopf aus dem Kabinenfenster in den eisigen Fahrtwind halten, um das Bewußtsein nicht zu verlieren.

Als die Tanks fast leer sind, ist er bereits in der Nähe von Philadelphia und plötzlich hat er starken Rückenwind. Pünktlich zum Sonnenuntergang landet er in New York, diesmal auf dem Flugplatz Roosevelt Field. In den Tanks schwappen nach der Landung gerade noch 15 Liter Flugbenzin. Corrigan inspiziert das Flugzeug gründlich und stellt fest, daß das Leck in einem der Tanks minimal ist. Es wird die Reichweite der Maschine kaum verringern. Da er weiß, daß ihn Ausbau und Reparatur des Treibstoffbehälters mindestens eine Woche kosten werden, beschließt er, die Reparatur aufzuschieben. Douglas Corrigan ist ungeduldig, und er will sich jetzt endlich seinen Traum erfüllen: Dublin ist das nächste Ziel. Das allerdings weiß nur er.

Am 16. Juli 1938 überführt er das Flugzeug zum nahegelegen Floyd-Bennett-Flugplatz und tankt es bis zum Rand auf. Um vier

Uhr morgens am 17. Juli ist er startbereit. Er läßt den Sternmotor alleine von Hand an, und während die Curtiss ungeduldig in den Bremsklötzen vibriert, checkt er den Motor mit einer Taschenlampe. Alles okay. Corrigan klettert in die *Sunshine* und startet auf der nach Osten führenden Piste. Das Flugzeug ist so schwer beladen, daß es über einen Kilometer Rollstrecke benötigt, bevor es endlich abhebt. Kurz darauf verschwindet die Curtiss Robin im Nebel. Anstatt jetzt eine Kurve zu fliegen, um den Kurs an die Westküste aufzunehmen, fliegt Corrigan nach Nordosten, Richtung Irland.

10 Stunden ist Corrigan in der Luft, mitten über dem Atlantik, als er plötzlich eiskalte Füße bekommt. Das Treibstoffleck ist größer geworden. Das Benzin läuft über seine Schuhe auf den Kabinenboden, seine Socken sind bereits patschnaß. Corrigan aber kann nichts tun als weiterfliegen. Theoretisch wäre jetzt der Weg zurück noch kürzer und damit der sicherere. Aber Corrigan ist eben Ire. Es dauert nicht lange, und der gesamte Kabinenboden ist zwei Zentimeter hoch mit Treibstoff bedeckt. Das Leck, und der damit verbundene Treibstoffverlust, sind schlimm genug. Wenn das Benzin allerdings in die Nähe des glühend heißen Auspuffrohrs kommt – jetzt wird ihm doch etwas mulmig! Was aber kann er tun? Viel Werkzeug hat er nicht dabei, nur einen Schraubenzieher. Mit diesem stößt er schließlich ein Loch in den Kabinenboden. Der Sprit läuft ins Freie ab und wird vom Fahrtwind nach hinten weggerissen, weg vom Auspuff. Das Leck kann er nicht beheben, aber wenigstens ist jetzt unwahrscheinlicher geworden, daß die Robin über dem Atlantik explodiert.

Da er die undichte Stelle nicht orten oder gar abdichten kann, versucht Corrigan, das beste aus der Situation zu machen. Jetzt, anders als bei seinem Flug über den Kontinent, gibt es keine Möglichkeit zur Notlandung. Die zwei Alternativen sind: es bis an Land schaffen – oder sterben. Zuerst ist er geneigt, das Gas etwas herauszunehmen, um so weniger Sprit zu verbrauchen, dann aber wird ihm klar, daß dies genau die falsche Methode ist. Er muß mehr Gas geben, schneller fliegen, und so dem Benzin weniger Zeit geben auszulaufen! Von 1600 erhöht er die Drehzahl auf 1900 Touren und hofft, daß diese Strategie ihn heil nach Irland bringen wird. Nicht sehr viel später sieht er zum ersten Mal ein Fischerboot, und da es sich um ein eher kleines Boot handelt, nimmt er an, daß es nicht mehr allzu weit sein kann bis auf die grüne Insel. Zur Feier genehmigt er sich einen Schokoriegel, und gerade als er einen zweiten zu sich nehmen will, sieht er plötzlich Land, grüne Hügel, genau voraus. Kurze Zeit später landet er auf dem Flughafen von Dublin. Es ist der 18. Juli 1938.

Der erste Mensch, dem er auf dem Flughafen begegnet, ist ein Offizier der Armee. Corrigan weiß, daß er jetzt alles richtig machen muß. Er stellt sich dem Soldaten vor und sagt: »Ich habe gestern morgen New York verlassen, um nach Kalifornien zu fliegen«, und fügt hinzu: »Ich muß mich in den Wolken verflogen haben!« »Das wissen wir bereits«, antwortet der Ire, worüber Corrigan höchst erstaunt ist. »Woher?«, will er wissen. »In der Zeitung war ein kleiner Artikel, der besagte, daß jemand auf dem Weg hierher sein könnte. Dann haben wir einen Anruf aus Belfast bekommen, in dem uns mitgeteilt wurde, daß eine Maschine mit amerikanischem Hoheitsabzeichen in Richtung Küste unterwegs ist.« Ein Zollbeamter kommt hinzu und fragt Corrigan, ob er auf seiner Reise noch irgendwo anders gelandet sei. »Ich bin über eine Stadt gekommen, das muß Belfast gewesen sein. Aber dort habe ich keinen Flugplatz gesehen. Seit New York bin ich nur hier gelandet.« »Das macht die Sache etwas einfacher«, meint der Zöllner.

Corrigan hat nicht nur keine Genehmigung für den Flug, sondern weder einen Paß noch sonstige Einreisepapiere. Damit allerdings haben die Bediensteten des Flughafens auch gerechnet. Der Offizier läßt den amerikanischen Gesandten rufen und bietet Corrigan während der Wartezeit einen Tee an. Als der Amerikaner Cudahy eintrifft, zögert der Zollbeamte, Corrigan mit dem Gesandten weggehen zu lassen. Er habe noch keine Nachricht von seinen Vorgesetzten, was er mit dem illegal Eingereisten tun solle. Schließlich habe man es mit so einem Fall noch nie zu tun gehabt. Dennoch läßt er Corrigan nach einer Weile ziehen.

Der Botschafter möchte allerdings eine Erklärung von Corrigan. Wie es sein könne, daß er ohne Erlaubnis und Papiere einfach so in Irland auftauche? Der verwegene Flieger ahnt, daß er sich jetzt besser nicht verplappert. Lächelnd erklärt Corrigan, daß er in New York an einem schrecklich nebligen Morgen in Richtung Osten gestartet sei. Das Flugzeug sei völlig überladen gewesen und nach dem Start nur ganz langsam gestiegen. Nach dem Abheben habe er zur Sicherheit ein paar Meilen geradeaus hinaus aufs Meer fliegen wollen, um erst nach Erreichen einer sicheren Höhe den Kurs in Richtung Westen zu ändern. Er müsse aber bereits kurz nach dem Start völlig die Orientierung verloren haben. »Ich verstehe«, meint Cudahy nur trocken. Er ist kaum überzeugt, daß jemand 28 Stunden über einem Ozean fliegen kann, ohne dies auch nur ein Mal zu bemerken.

Ob er denn auf der ganzen Strecke nie etwas unter sich gesehen habe, hakt der Botschafter nach. Doch, meint Corrigan, einmal sei er über einer großen Stadt gewesen, aber er habe angenommen, daß es sich um Baltimore handle, was für ihn bedeutet habe, daß er auf dem richtigen Kurs nach Kalifornien war. Daß das Meer in diesem Fall links von ihm hätte sein müssen und nicht rechts, darüber verliert Corrigan kein Wort. Die Stadt, die er auf dem Weg nach Irland überflog: Boston. Später, erklärt er weiter, habe es keine einzige Wolkenlücke mehr gegeben, und er sei sicher gewesen, genau auf Kurs nach Kalifornien zu sein. Als er aber schließlich nach 26 Stun-

Eine Zeitlang war »Wrong Way« Corrigan fast so berühmt wie Lindbergh

den aus den Wolken gekommen sei, habe er nur Wasser gesehen und sich gewundert. »›Sehr seltsam‹, dachte ich«, führt er seinem verblüfften Gesprächspartner aus, »den Pazifik konnte ich doch noch längst nicht erreicht haben«. Und dann, als es langsam heller geworden sei, sei es ihm plötzlich wie Schuppen von den Augen gefallen, daß er seit mehr als einem Tag dem falschen Ende der Kompaßnadel gefolgt war! Da erst habe er begriffen, daß er nicht über dem Pazifik, sondern über dem Atlantischen Ozean war. Jetzt mußte er natürlich weiterfliegen. Endlich, nach langer Zeit des Bangens, ob er es bis an eine Küste schaffen könne, sei eine Stadt unter ihm aufgetaucht, und er habe am Flughafengebäude die Aufschrift »Baldonnel« gesehen. Weil er zwei Jahre vorher sehr intensiv Karten von Irland studiert habe, sei ihm klar gewesen, daß er jetzt in Dublin war.

Cudahy glaubt Corrigan natürlich kein Wort und versucht, ihm die wahren Hintergründe zu entlocken. Aber Douglas bleibt bei seiner phantastischen Geschichte. Der Botschafter versucht es noch ein paarmal, aber Corrigan ist unbeirrbar: »Sie müssen mir glauben, das ist die Wahrheit. Und was meinen Sie, wie ich mich für diese Navigation schäme ...!«

Die Neuigkeit von Corrigans mutigem Flug zieht schnell immer weitere Kreise. Reporter belagern nach kurzer Zeit die amerikanische Vertretung, wo er sich aufhält. Jeder Zeitungsmann will mit ihm sprechen und die unglaubliche Story von ihm selbst hören. Sogar Kamerateams für die Wochenschauen rücken an, dazu kommen jede Menge Glückwunschtelegramme und Anrufe, die meisten von seinen Freunden, aber es sind auch Grüße von Henry Ford und dem legendären Rekordflieger und Milliardär Howard Hughes dabei.

Corrigan wird zu Irlands Premierminister Eamon De Valera eingeladen. Auch diesem erzählt er seine phantastische Geschichte. Als er zu der Stelle mit dem falsch abgelesenen Kompaß kommt, brechen alle Anwesenden in lautes Gelächter aus, und in diesem Moment ist ihm klar, daß er wohl keine größeren Schwierigkeiten wegen seiner illegalen Einreise zu befürchten hat. »Er ist ohne Papiere zu uns eingereist ... dann muß er eben auch ohne Papiere wieder ausreisen«, meint der Staatschef.

Während er noch abwartet, was seine eigenen Landsleute wegen der Mißachtung diverser Gesetze mit ihm vorhaben, besucht Corrigan London, wo er den US-Botschafter (und Vater des späteren US-Präsidenten John F. Kennedy) Joseph Kennedy trifft. Schließlich werden Pilot und Flugzeug auf den Ozeandampfer *Manhattan* verladen und nach Amerika zurückgebracht.

Obwohl ihm humorlose Beamte einigen Ärger hätten bereiten können, sind die Konsequenzen für sein unerlaubtes Abenteuer letztlich eher symbolisch: Seine Pilotenlizenz wird für den Zeitraum bis zum Eintreffen der *Manhattan* in New York am 4. August gesperrt. Weitere Folgen hat sein illegaler Auslandsflug nicht. Nach der Ankunft in Amerika heißt Corrigan nur noch »Wrong Way« Corrigan. Im New Yorker Hafen empfängt ihn ein Komitee des Bürgermeisters, im Hotel McAlpin findet zu seinen Ehren ein Empfang statt. Am nächsten Tag wird er in einer großen Parade und später im ganzen Land als echter Held gefeiert. In Galveston, Texas, wird ein Flugplatz nach ihm benannt und wenig später wird er sogar zum Filmstar: In dem Streifen *The Flying Irishman* von 1939

*Corrigan und sein Flugzeug kehren per Schiff in die USA zurück.
Im New Yorker Hafen wird die Curtiss J-1 Robin an Land gebracht*

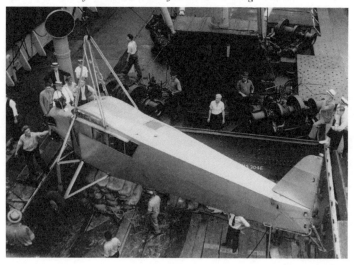

Aus Versehen über den Ozean

spielt er sich selbst. Ein weiterer Höhepunkt ist der Besuch bei Präsident Roosevelt, der ihm versichert, daß er seine Geschichte natürlich für wahr halte.

Nach zwölf Jahren im Rampenlicht, unter anderem arbeitet Corrigan später als Testpilot, zieht er mit seiner Frau und seinen drei Söhnen nach Santa Ana in Kalifornien und kauft sich eine Orangenplantage. Obwohl er überhaupt keine Ahnung vom Zitrusfrüchteanbau hat, lernt er schnell und ist auch in diesem neuen Beruf erfolgreich. Es wird erzählt, daß er am Anfang regelmäßig auf das Dach seiner Scheune klettert, um zu sehen, was sein Nachbar gerade mit den Orangen anstellt – und es dann genauso macht. 1969 verkauft »Wrong Way« seine Plantage und behält lediglich das Farmhaus. In der Garage hinter dem Haus steht all diese Jahre sein geliebtes Flugzeug, und immer wieder kommen Journalisten aus aller Welt, um ihn zu interviewen. Einmal, er ist 81, helfen ihm Flugenthusiasten, seine *Sunshine* auf einer Flugschau auszustellen. Das Flugzeug wird aus dem Schuppen gezogen und zusammengebaut, und sogar der Motor springt kurz an. Als Corrigan eine Anspielung

Konfettiparade für »Wrong Way« Corrigan in New York

auf einen »letzten Flug« macht, organisieren Familienmitglieder auf der Ausstellung vorsorglich eine Wache an der Maschine, damit der alte Herr seine »Drohung« nicht wahr macht.

Im hohen Alter lebt Douglas Corrigan bescheiden und sehr zurückgezogen. Aber bis zu seinem Tod am 9. Dezember 1995, er stirbt mit 88 Jahren, bleibt er in allen wesentlichen Punkten bei seiner Geschichte. Seine Frau Elizabeth hält auch nach seinem Tod felsenfest zu ihm. Selbst ihr hat er all die Jahre immer wieder versichert, daß der Flug nach Irland wirklich keine Absicht gewesen sei. »Er hätte mich nie angelogen«, behauptet seine Witwe. Nur ein einziges Mal soll er eine zweideutige Anspielung gemacht haben: »*They told me to get lost* – Verschwinden Sie! – *and so I did.*«

1944

Die »Lady be Good«:
Der Bomber in der Wüste

Als der Geologe Ronald G. McLean am Nachmittag des 9. November 1958 aus einem Flugzeug über der libyschen Wüste nach Gesteinsformationen Ausschau hält, die fossile Ölvorkommen verraten könnten, bleibt sein Blick plötzlich an einem Objekt hängen, das er in dieser einsamen Gegend, 600 Kilometer südlich der Küstenstadt Tobruk, nicht vermutet hätte: Ein großes viermotoriges Flugzeug, offenbar bruchgelandet, aber nur wenig beschädigt, liegt mitten in diesem gottverlassenen Teil der westlichen Sahara. McLean und sein Kollege S. V. Sykes, die mit ihrem Piloten von einer kleinen Piste am Rand der Kufra-Oasen 200 Kilometer südlich gestartet sind, erkennen an den Abzeichen – das Flugzeug trägt einen weißen Stern auf blauem Grund auf den Tragflächen –, daß es sich um eine amerikanische Maschine aus dem Zweiten Weltkrieg handeln muß. Nur: Wie kommt es hierher? Bis hier in den zu Kriegszeiten noch fast gänzlich unerforschten Süden Libyens flogen die bis 1945 an der Mittelmeerküste stationierten Militärflugzeuge nie. Die beiden Engländer notieren die ungefähre Position des Wracks. Am nächsten Tag, zurück in Tripolis, melden sie die Entdeckung ihrem Arbeitgeber, der D'Arcy Exploration Company, damals eine Abteilung der Anglo Persian Oil Company, die heute ein Teil von BP ist.

Große Aufregung herrscht nicht über den Fund: Jeder, der in den Jahren nach dem Zweiten Weltkrieg mit dem Flugzeug über den küstennahen Gebieten Nordafrikas unterwegs ist, kennt die Relikte des Krieges, die dort verstreut sind: Italienische Savoia-Marchetti-

Bomber liegen hier neben Luftwaffen-Stukas, amerikanischen B-25 Mitchell-Bombern, Warhawks, Blenheims, Messerschmitts und Focke-Wulfs, sowie Tausenden zerschossener Panzer, Autos, Motorrädern und Artilleriegeschützen. Hunderttausende von Verpflegungs- und Munitionskisten finden sich im Sand, Millionen von Patronenhülsen. Und in den libyschen und ägyptischen Häfen rosten Mitte der fünfziger Jahre noch immer die Wracks torpedierter und bombardierter Schiffe vor sich hin. Die – wenn auch weit abseits des damaligen Kampfgeschehens – in der Wüste liegenden Überreste eines amerikanischen Bombers sind deshalb alles andere als eine Sensation. Auf ihren Karten vermerken die Ölsucher das Flugzeug im November 1958 vor allem aus einem Grund: Es ist eine wertvolle, weil markante, Navigationshilfe für weitere Expeditionen.

In den fünfziger Jahren ist Libyen noch ein extrem armes und unterbevölkertes Land mit nur einer einzigen Teerstraße entlang der Mittelmeerküste. Es kann die neuen Einnahmen durch Ölexporte gut gebrauchen – auch wenn der größte Teil der Gewinne nicht der armen Bevölkerung sondern fast ausschließlich dem Königshaus und ausländischen Firmen zugute kommt. Auf drei Prozent der Fläche, dem fruchtbaren Küstenstreifen, leben 90 Prozent der Bevölkerung, der Rest des Landes besteht aus brennend heißen Wüstenregionen, in denen die Temperatur regelmäßig bis auf 55 Grad Celsius, manchmal sogar über 57 Grad ansteigt. In der libyschen Wüste wurde mit 57,3 Grad der höchste jemals auf der Erde festgestellte Wert gemessen. Für die Wissenschaftler der großen westlichen Ölkonzerne ist die Libysche Wüste ein lohnendes Ziel. Sie vermuten unter der einen Kilometer dicken porösen Kalksteinschicht, auf der das Land liegt, große Vorkommen fossilen Öls, entstanden durch die Ablagerung toter Meerestiere auf dem Meeresboden. Seit einiger Zeit sind die Ölsucher dem schwarzen Gold hier bereits auf der Spur, als MacLean und Sykes das amerikanische Flugzeug entdecken.

Ein paar Monate später, im Februar 1959, kommt ein neuer Mitarbeiter von D'Arcy in der Oase El Dschof an, die nur wenige Kilometer südlich der Kufra-Oasen liegt. Gordon Bowerman soll die Bodenschichten auf dem Plateau, das MacLean drei Monate begutachtet hat, vermessen. Er wird von zwei Geologen erwartet, D. J. R.

Der Bomber in der Wüste

Die Lady be Good *so wie Bowermans Expedition sie 1959 in der libyschen Wüste findet*

Sheridan und A. J. Martin. Bereits am nächsten Tag bricht die Expedition mit leichten Jeeps und einem Lastwagen nach Norden auf, 150 Kilometer sind es bis zum Rand des Plateaus.

Nach zwei Wochen beschwerlicher Arbeit in der Steinwüste am Rand des 150 Meter über dem Meeresspiegel liegenden Plateaus dringen die Männer weiter in die immer feindlichere Landschaft vor. Irgendwann liegen die letzten der bis zu 700 Meter hohen Hügel hinter den Jeeps, der Sand- und Kieselboden ist jetzt völlig eben und hart. Selbst im Frühling ist das Klima in diesem Teil der Wüste nahezu unerträglich: Am Tage erreicht das Thermometer 40, oft 50 Grad, nachts fallen die Temperaturen aufgrund des Fehlens von Wärme speichernder Feuchtigkeit bis an den Gefrierpunkt. Tagelang sehen die Männer nicht die kleinste Spur von Vegetation, und der feine Sand dringt in alles ein: in die Nasenlöcher, in das Trinkwasser, in die Verpflegung, in die Kleidung. Mumifizierte kleine Vögel, die sich in diese Ödnis verflogen haben und kurz darauf schon zu schwach waren, wieder wegzufliegen, liegen herum. Die ganze Zeit über halten die Männer Ausschau nach dem Flugzeug, von dem Ronald MacLean berichtet hat. Da sie auf der Ebene nicht weiter als fünf Meilen sehen können, ist die Maschine schwer zu finden, schließlich aber entdeckt Bowermans Expedition das wie geduckt im Sand liegende Flugzeug. Im ersten Moment denken die Männer, daß die Maschine hier notgelandet sein muß, so gering sind die Schäden, obwohl der Rumpf hinter den Tragflächen gebrochen ist und seltsam verdreht hinter dem Hauptwrack liegt. Auch einer der vier großen Sternmotoren ist abgerissen und liegt samt Propeller neben der Maschine. Im großen und ganzen aber ist das mächtige Flugzeug nur wenig beschädigt, wirkt durch das Fehlen jeglicher Korrosion unwirklich neu. Die Ölsucher sind sicher, daß die Besatzung diese Notlandung überlebt haben muß. Aber als sie durch den Riß in das backofenheiße Innere der Maschine vordringen, machen sie eine seltsame Entdeckung: Die Ausrüstung der Crew, Flugaufzeichnungen und Karten liegen herum. Munitionsgurte hängen wie neu in den aus dem Rumpf ragenden Maschinengewehren. Neben dem Sitz des Piloten finden die Ölsucher eine Thermoskanne mit – heißem – Kaffee. Sogar einen Kanister Wasser entdecken die Männer, Verpflegung, die notgelandete Piloten in dieser Gegend dringend gebraucht hätten. Aber alles, was Bowermans Trupp findet, ist seltsam unberührt, unverbraucht, vieles originalverpackt. Es sieht fast aus, als ob die Maschine ohne Besatzung hier gelandet wäre. Einen Hinweis auf ihren Verbleib gibt es nicht. Bowerman beschließt, nichts zu verändern und den Fund der amerikanischen Luftwaffe, die in Tripolis einen Stützpunkt unterhält, zu melden. Bevor sie den unheimlichen Ort wieder verlassen, notieren sie die am Rumpf der Maschine aufgemalten wichtigsten Daten. Es handelt sich um einen viermotorigen Bomber des Typs Consolidated B-24 besser bekannt als »Liberator«, Inventarnummer der Armee 41-24301.

Ende März 1959 nach Tripolis zurückgekehrt, berichtet Bowerman einem Offizier der amerikanischen Stützpunkts Wheelus Air Base von dem Flugzeug in der Wüste. Daraufhin nehmen die US-Offiziere Kontakt mit ihren direkten Vorgesetzten in Frankfurt auf, fragen nach, was unternommen werden soll. Die *Air Force* in Deutschland aber hat wie die Soldaten in Libyen keine Möglichkeit, an Informationen über das Flugzeug zu gelangen. Sie erbitten deshalb per Fernschreiben vom Pentagon in Washington Informationen über die B-24 mit der Nummer 41-24301. Das Verteidigungsministerium in der Hauptstadt braucht einige Tage, bis es in den in St. Louis, Missouri, gelagerten Akten aus dem Zweiten Weltkrieg findet, was es sucht: Die in der Wüste entdeckte B-24D der Ausführung »25-CO«, mit der übermittelten Seriennummer ist samt ihren neun Besatzungsmitgliedern seit dem 4. April 1943 vermißt. Die Maschine ist vor sechzehn Jahren von einem Angriff auf Neapel nicht zurückgekehrt. Wie aber kommt ein von einem Einsatz in Italien nicht zurückgekehrtes Flugzeug 700 Kilometer weit in die Sahara? Und: Wo ist die Crew? Die *US Air Force*, Nachfolger des *Army Air Corps* aus dem Zweiten Weltkrieg, beschließt, der mysteriösen Angelegenheit auf den Grund zu gehen. Es wird Jahre dauern, bis die Wüste alle Geheimnisse um den Bomber preisgibt.

Die unheimliche Geschichte des B-24-Bombers mit der Seriennummer 41-24301 beginnt im Herbst 1942. Anfang des Jahres verläßt das schwere viermotorige Flugzeug, ausgerüstet mit vier je 1200-PS-starken Doppelsternmotoren des Typs Pratt & Whitney R-1830-43 die Werkshallen der Consolidated Aircraft in San Diego, Kalifornien – eine von vier Fabriken, die in jener Zeit große Stückzahlen von B-24 für die verschiedenen Fronten des Zweiten Weltkriegs bauen. Allein das Werk Willow Run bei Detroit fertigt 1942 monatlich 200 Exemplare der B-24. Nummer 41-24301 ist Teil einer Bestellung von 629 Flugzeugen für die britischen und amerikanischen Streitkräfte.

Die »Liberator« steht ein wenig im Schatten der Boeing B-17, der sogenannten »Fliegenden Festung«. Dabei ist die »Liberator« das modernere und leistungsfähigere der beiden Tod und Zerstörung bringenden Bombenflugzeuge – wenn auch sicher nicht das schönere. Die B-24 mit ihrem containerförmigen, eckigen Rumpf kann mehr Bomben über eine größere Entfernung tragen und ist dabei sogar etwas schneller als die schlanke B-17. B-24-Piloten, das weiß jeder Bomberpilot in Europa, dürfen morgens länger schlafen. Denn wenn sie gemeinsam mit B-17-Formationen zu Angriffen auf Ziele der Achsenmächte aufbrechen, können sie den »Fliegenden Festungen« immer einen gewissen Vorsprung lassen und später als diese starten. In einem Punkt aber ist die schlanke B-17 besser als die

Eine der wenigen noch flugfähigen B-24 über der Golden Gate Bridge

»Liberator«: Sie kann voll beladen etwas höher fliegen als die B-24. Bei gemeinsamen Angriffen der beiden Typen kommt es deshalb immer wieder vor, daß B-17-Flugzeuge unbeabsichtigt mit ihren Bomben tiefer fliegende B-24-Maschinen vom Himmel holen. Und auch das deutsche Abwehrfeuer konzentriert sich bei dieser Konstellation immer auf die niedriger fliegenden »Liberator«-Verbände. Der geringe Unterschied in der Flughöhe verbessert die Chance der deutschen Flugabwehr-Kanoniere stark, eine Maschine zu treffen. Haben sie die Wahl, halten sie deshalb lieber auf die tiefer fliegenden »Liberators«. B-17-Piloten fliegen aus diesem Grund gerne gemeinsame Einsätze mit B-24-Formationen.

Manche Piloten des *Army Air Corps*, wie die US-Luftwaffe zu jener Zeit noch heißt, sind der Meinung, daß die »Liberator« nicht ganz so viel Flakfeuer wie die B-17 wegstecken kann. Von der B-17 gibt es unglaubliche Berichte, Fotos und Filme, auf denen zu sehen

Der Bomber in der Wüste

Zeitgenössische technische Illustration der B-24

ist, wie waidwund geschossene Bomber, manche mit abgerissenen Tragflächen, fehlenden Triebwerken und teilweise zerfetzten Leitwerken, rauchend oder sogar brennend zu ihren Basen zurückkehren, oft mit mehreren toten oder schwer verwundeten Besatzungsmitgliedern an Bord. »Liberators« hingegen sind bei Treffern in Tragflächen und Rumpf meist todgeweiht: Der schlanke, aerodynamisch hochwertige Flügel – wesentlicher Grund für die hervorragenden Flugleistungen – scheint bei direkten Treffern eher zu bersten, und auch der Rumpf hat eine Achillesferse: Wird eine »Liberator« in Höhe der Taille, oberhalb der mächtigen Bombentore, die die Struktur des Rumpfes schwächen, von Flakprojektilen getroffen, bricht oft der gesamte hintere Teil des Flugzeugs ab. Kein noch so guter Pilot hat dann eine Chance. Obwohl die B-24 bei den meisten Angriffen in großen Höhen um die siebeneinhalb Kilometer fliegen, schaffen es dann nur selten alle neun Besatzungsmitglieder, aus dem der Erde entgegentrudelnden Wrack mit dem Fallschirm zu entkommen. Zu weit und mühsam ist der Weg aus den Geschützständen im Heck oder aus dem Cockpit zu den Bombentoren – der einzige Fluchtweg für die Besatzung. Ein weiterer Nachteil: Praktisch jede B-24 hat kleine Lecks in den vielen Leitungen und Ventilen des Treibstoffsystems, so daß viele Piloten ihren Besatzungsmitgliedern das Rauchen an Bord ihrer B-24 verbieten. Sie fürchten eine Explosion der fast permanent anwesenden dicken Benzindämpfe.

Trotz dieser Nachteile mögen vor allem die Piloten des *Air Corps* die B-24. Sie ist viel wendiger als die B-17 und läßt sich wesentlich leichter landen, was an ihrem moderneren Bugrad-Fahrwerk liegt. Für die Piloten, meist ganz junge Burschen, die wenn sie an die Front kommen nur wenige hundert Stunden Flugerfahrung haben, und die regelmäßig mit angeschossenen oder defekten Maschinen bei miserablen Wetterbedingungen von ihren Einsätzen zurückkommen, ist das einfachere Handling der »Liberator« beim Aufsetzen ein großer Vorteil. Die B-17 mit ihrem konventionellen Heckradfahrwerk kann bei der Landung ein Biest sein. Nur ein paar Meilen zu schnell angeflogen, neigt sie zum Springen, und wenn der tonnenschwere Bomber nach dem ersten Aufsetzen erst einmal außer Kontrolle geraten ist, schaffen es viele der unerfahrenen und zum Zeitpunkt der Landung total übermüdeten Piloten nicht, ihre »Flying Fortress« wieder einzufangen. Schwere Landeunfälle kommen deshalb regelmäßig vor. Mit der B-24 sind Crashs auf der Landebahn seltener.

Am 5. Februar wird die 41-24301 in San Diego von zwei Überführungspiloten der Streitkräfte in Empfang genommen und nach Fort Worth in Texas gebracht, wo das Unternehmen Consolidated ein Modifikationszentrum unterhält, in dem die eben produzierten Flugzeuge für die ihnen zugeteilten Kriegsschauplätze und Einsatzzwecke ausgestattet werden. Bevor es endgültig losgeht und eine neue Crew mit dem ihr zugeteilten Bomber zu einer der Kriegsfronten fliegt, sind alle Details streng geheim. Wohin die Reise gehen wird, verrät allenfalls die Lackierung der 41-24301: Das helle Rosa ist die typische Tarnfarbe für in Wüstengebieten eingesetzte Flugzeuge. Und »Wüste« bedeutet Anfang 1943 mit großer Wahr-

Der Bomber in der Wüste

scheinlichkeit, daß das Flugzeug von einer der Basen in Nordafrika aus gegen die Deutschen und ihre Verbündeten kämpfen wird. Als die nagelneue und jetzt auch kampfbereite 41-24301 am 17. Februar 1943 auf dem Luftwaffenstützpunkt Topeka in Kansas landet, ist die ihr zugeteilte Crew um den Piloten Samuel Rose glücklich. Die Männer haben soeben ihre Ausbildung beendet und als sie die rosa Lackierung sehen, wissen sie, daß sie – wie von ihnen erhofft – nicht im Südwestpazifik sondern auf dem afrikanisch-europäischen Kriegsschauplatz kämpfen werden. Nach einigen Einweisungsflügen machen sie sich Anfang März gemeinsam mit fünf anderen rosafarbenen B-24 auf den Weg nach Morrison Field in Florida, letzter Stopp auf dem Weg in den Krieg. Von dort starten sie am 10. März schließlich über Trinidad und die Basen Belem und Natal in Brasilien nach Nordafrika. Auf dem Weg von Südamerika nach Afrika fliegt die B-24 die Insel Ascension an, um aufzutanken. Millard B. Kesler, der Navigator, weist seinem Piloten den Weg, indem er zum ersten Mal den sogenannten Radiokompaß der B-24 einsetzt. Das System funktioniert perfekt, die Nadel des Peilgeräts zeigt präzise in Richtung des Senders, und die B-24 landet ohne Probleme. Als der Bomber schließlich am 22. März mitten in einem Sandsturm in Kairo ankommt, erfahren die Soldaten, daß ihr Ziel jetzt doch eine Basis in Libyen ist – unterwegs hatte es zuerst geheißen, die Maschine solle in Indien eingesetzt werden. Bereits am 23. März startet Leutnant Rose, hocherfreut über diesen neuen Marschbefehl, zum Soluch Army Air Field, das nur wenige Kilometer südöstlich der libyschen Hafenstadt Benghazi am Golf von Sirte liegt. Auch die in Soluch stationierte »376th Bomb Group« hat Grund zur Freude: Mit der neuen Maschine hat sie ein Flugzeug mehr als sie für ihre Einsätze benötigt, und so kann die betagteste und am meisten zerschossene B-24 des Verbands endlich stillgelegt und als Ersatzteilträger verwendet werden.

Für die Piloten, die den Krieg bisher lediglich aus den Wochenschauen und aus der Zeitung kennen, wird es jetzt ernst. Am 2. April, so die Planung, soll die *Lady be Good,* auf diesen Namen haben die Männer ihre Maschine in Nordafrika nach einem Gershwin-Musical von 1924 getauft, ihren ersten Einsatz fliegen. Der Hafen von Palermo auf Sizilien soll bombardiert werden, ein

Schritt, um italienische und deutsche Truppen von der Insel zu vertreiben. Die Alliierten hoffen, daß durch die Vertreibung der Achsenmächte von Sizilien das ohnehin kriegsmüde Italien aus der unheilvollen Allianz ausscheren und so Deutschland entscheidend schwächen wird.

Als Roses Crew am 2. April nach der Einsatzbesprechung zu ihrem ersten Feindflug aufbrechen will, erleben die Männer eine böse Überraschung: Die Bodenmannschaft hat die Maschine nicht fertig, die *Lady be Good* ist nicht einsatzbereit. Die Lösung schmeckt keinem der Besatzungsmitglieder – sie sollen in dem gerade noch flugfähigen alten Reserveflugzeug an dem Einsatz teilnehmen, die brandneue *Lady be Good* bleibt am Boden. Viel Glück hat Pilot Rose nicht mit der alten Kiste, denn bereits bevor er das Ziel erreicht verliert die abgetakelte B-24 Leistung auf zwei ihrer Triebwerke, ein drittes setzt sogar ganz aus. Hastig wirft die Crew ihre tödliche Bombenfracht ins Meer ab und schafft es gerade noch, auf Malta notzulanden. Einen Tag lang bleibt sie auf der Insel, bis dort stationierte Mechaniker des *Air Corps* die verschlissenen Triebwerke soweit instand gesetzt haben, daß ein Rückflug zur Basis möglich ist. Als die erschöpften Männer am 4. April nach Soluch zurückkehren, erleben sie die nächste Überraschung: *Ihr* Flugzeug, die *Lady be Good*, ist weg! Eine andere Crew, die Mannschaft um Bill Hatton, ist mit ihr zu einem Einsatz nach Neapel gestartet.

Bill Hatton und seine acht Crewmitglieder sind zu Profis ausgebildet und dennoch sind auch sie blutige Anfänger im Bombergeschäft, als sie nach Nordafrika kommen. Am 27. März trifft Hatton mit seiner B-24D (42-40081) in Soluch ein. Sie sind dem 514. Geschwader der »376th Bomb Group« zugeteilt. Für ihn und seine acht Männer ein trauriger Tag. Da es im 514. Geschwader einige ältere Teams gibt, die kein Flugzeug mehr haben, geht Hattons Bomber an eines von ihnen – Hatton und seine Männer werden zur Reservecrew ohne eigenes Flugzeug.

Ende 1942 hat sich die Mannschaft, nachdem jeder der Männer eine gründliche Ausbildung bekommen hat, in Topeka zum Crewtraining zusammengefunden. Der reine Zufall will es, daß die Männer um den 26jährigen Hatton allesamt leicht über dem typischen Altersdurchschnitt von Anfang zwanzig liegen. Seit 1941 ist das *Air*

Der Bomber in der Wüste

Corps knapp an Besatzungen und so ist das Eintrittsalter für Piloten und Besatzungen bis hinab ins Teenageralter gesenkt worden. Mancher 18jährige meldet sich direkt nach der Highschool zur Pilotenausbildung an und es ist nicht untypisch, daß Freiwillige sich am Samstag bei der Flugschule registrieren lassen und am Montagmorgen zum ersten Mal im Cockpit sitzen. Viele der Jungs haben sich freiwillig gemeldet, weil sie von einer glamourösen Karriere als Jagdflieger träumen. Nur: Ab einem bestimmten Zeitpunkt hat das *Air Corps* einfach zu viele Anwärter, die schnittige, schnelle P-51 Mustang fliegen wollen, und so mancher von ihnen findet sich an einer Bomber-Flugschule wieder.

Bomber zu fliegen aber ist eine ganz andere Sache: Nicht nur, daß das Abladen von Tonnen tödlicher Bomben über Städten keine naiv-romantischen Phantasien vom ritterlichen Kampf Mann gegen Mann zuläßt – der Job des Bomberpiloten ist auch wesentlich gefährlicher. »Sollen doch die heißblütigen Youngster die Jäger vom Typ Warhawk, Mustang oder Lightning fliegen – echte Männer fliegen Bomber!« heißt es deshalb unter den B-17- und B-24-Pilo-

Die Crew der Lady be Good: *Hatton, Toner, Hays, Woravka, Ripslinger, LaMotte, Shelley, Moore, Adams*

ten. Rein fliegerisch steht ein Bomberpilot einem Jagdflieger nicht viel nach, auch wenn es andere Techniken sind, die er lernt: Ein total überladenes viermotoriges Flugzeug bei großer Hitze von einem knapp bemessenen Wüstenflugplatz in die Luft zu bringen, eisern die Formation zu halten, während die Flakgeschosse um einen herum explodieren, und spät nachts mit zerschossenen Flugzeugen sechs oder sieben Stunden, oft über offenes Meer, zur Basis zurückzufliegen, erfordert neben perfekter Flugtechnik ebensoviel Mut und Disziplin wie die waghalsigen Kunstflugmanöver der Jäger, denen es nur um eines geht: hinter die feindliche Maschine zu kommen, um diese abzuschießen. Kein Wunder, daß Bomberbesatzungen nach 30 Einsätzen nach Hause geschickt werden – wenn die Männer 30 Einsätze überleben. Es gibt Einsatzflüge zu strategisch wichtigen Zielen, von denen nur ein Viertel oder noch weniger »Fliegende Festungen« oder »Liberators« zurückkommen.

Nach der Anfangsausbildung in Leichtflugzeugen, die Bill Hatton noch von zivilen Fluglehrern in Florida bekommt, geht es zügig weiter: Die Flugzeuge werden schwerer, die militärische Ausbildung kommt hinzu. In Georgia durchläuft er zum Schluß seiner Ausbildung die Fortgeschrittenenschulung, dann ist er bereit für das Gefechtstraining.

Der 4. April: Während Leutnant Rose noch mit Triebwerkschaden auf Malta festsitzt, wird es für Hattons Crew zum ersten Mal ernst: Das Geschwader braucht für den Angriff auf Neapel Ersatz und Hattons Crew wird ausgewählt. Im Missionsbriefing am Morgen, die Crews sitzen im Sand oder auf Bombenkisten ihrer improvisierten Basis, erläutert Kommandant Keith Compton den Angriffsplan: 25 Maschinen sollen den Hafen der süditalienischen Stadt bombardieren. Die B-24 sollen am hellichten Tag über das Mittelmeer fliegen und genau bei Sonnenuntergang ihre Bomben abwerfen, um dann im Schutz der Dunkelheit sicher heimzukehren. Compton rechnet damit, daß um diese Uhrzeit die deutschen Jäger sämtlich am Boden stehen, ihre Piloten überrascht werden und nicht in die Luft kommen, bevor es finster wird.

Bereits am Nachmittag werden drei B-17-Verbände aus Algerien die Stadt angreifen, die Offiziere hoffen darauf, daß einige der Flugabwehrgeschütze schon von den B-17 ausgeschaltet sind, wenn die »Liberandos«, so der Spitzname von Comptons Gruppe, ankommen. Gefahr kann immer noch von deutschen Nachtjägern drohen. Um diesen die Ortung der Bomber zu erschweren, soll sich die Formation nach dem Bombenabwurf auflösen und absolute Funkstille bewahren. Die Angriffshöhe wird auf 25 000 Fuß festgelegt, Flugformationen und Zeichensignale zwischen den Maschinen werden besprochen.

Währenddessen beschäftigen sich die Navigatoren mit der Wettervorhersage, vor allem mit der Stärke und Richtung des Windes. Die Flugzeit zum Ziel, aber auch zurück zur Basis, hängt entscheidend vom Wind ab. Hat der Navigator keine Kenntnis vom Wind und damit keine Information über die wahre Geschwindigkeit, mit der das Flugzeug eine bestimmte Strecke zurücklegt, kann er nachts über dem Meer kaum noch die Position feststellen. Für die sogenannte Koppelnavigation benötigt ein Navigator außer einem Kompaß eine Uhr, sowie die Geschwindigkeitsdaten des Flugzeugs. Zur Geschwindigkeit des Flugzeugs addiert er die Windgeschwindigkeit, wenn das Flugzeug Rückenwind hat, und subtrahiert sie bei Gegenwind. So berechnet er die Geschwindigkeit und den Vorhaltewinkel, den der Pilot fliegen muß, um auf Kurs zu bleiben. Unter der Voraussetzung, daß Piloten und Navigatoren markante Punkte auf der Strecke und präzise Karten zur Verfügung haben, läßt sich bei Tag und über Land die Stärke des Windes und sogar seine Richtung feststellen: Aus der Zeit zwischen Landmarken und der Stärke der Abdrift von der Kurslinie können die aktuellen Windverhältnisse für die beflogene Höhe ermittelt werden. Nachts über dem Meer gibt es nur zwei Möglichkeiten, Position – und damit die Geschwindigkeit und den Wind – zweifelsfrei festzustellen: den Sextanten oder die Funknavigation. Aus einem fliegenden Flugzeug, eventuell sogar bei Turbulenz, Sterne anzupeilen, erfordert viel Geschick und die Methode ist bei den jungen Navigatoren nicht sehr beliebt. Auch Dp Hays, Hattons Navigator mit dem asiatischen Vornamen, läßt den Sextanten im Zweifelsfall lieber in seinem Koffer. Hat das Flugzeug eine der Anfang der vierziger Jahre hochmodernen Funknavigationsanlagen des Typs »Automatic Direction Finder« an Bord, brauchen er und Funker La Motte den Sextanten ohnehin nicht. Sind von der Anlage empfangbare Sender (auch Radiosender) in Reichweite, so können sie aus dieser Information zumindest eine genaue Funkstandlinie zum Sender bestimmen, eine »Line of Position«, wie Navigatoren diese nennen. Sind zwei Funkfeuer in der Nähe, so läßt sich mit Hilfe des ADF sogar durch Kreuzpeilung eine präzise Positionsbestimmung durchführen. Die *Lady be Good* hat ein ADF vom Typ SCR-269 an Bord, und daß dieses einwandfrei funktioniert, hat der Navigator ihrer ursprünglichen Crew beim Flug über den Atlantik erfahren, als er mit seiner Hilfe die Insel Ascension gefunden hat.

Und noch eine weitere Möglichkeit besteht für eine Bombercrew, die sich verflogen hat: Sie kann die Funkstille durchbrechen und ihre Basis rufen. Verfügt der Stützpunkt über einen Peiler, kann der Mann am Boden präzise die Himmelsrichtung feststellen, aus der ihn das Sprechfunksignal erreicht und diese dem Navigator oder Piloten mitteilen. Nimmt dieser den reziproken Wert der Peilung, hat er den Kurs nach Hause. Einen Nachteil hat die Funkpeilung Anfang der vierziger Jahre: Der Mann am Peiler muß ungefähr wissen, aus welcher Hälfte der Kompaßrose das Signal kommt, da er zwar die Linie ermitteln kann, auf der sich das Signal bewegt, aber keine Möglichkeit hat, festzustellen, ob das Flugzeug auf den Sender zufliegt oder ihn bereits überflogen hat und sich wieder von ihm wegbewegt. Eine »Nord«-Anzeige bedeutet beispielsweise nicht zwangsläufig, daß das Flugzeug auch wirklich nördlich des Peilers ist, sondern nur, daß es sich irgendwo auf der Linie Nord-Süd befindet. Es kann also bereits hinter dem Peiler sein und wieder von diesem wegfliegen. Der richtige Kurs zum Peiler kann als Nord *oder* Süd sein.

Die rosafarbenen B-24 sind bereit. Anders als einige Tage zuvor wird heute auch die *Lady be Good* dabei sein. Sie ist komplett gecheckt, alle kleinen Mängel sind behoben: Das Intercom, die Gegensprechanlage der Besatzung, die zeitweise ausgesetzt hatte, ist repariert, ebenso eine lockere Notausstiegsluke auf der Rumpfoberseite. Hydraulik, Funk, Elektrik, die Navigationsausrüstung und die vier 1200-PS-starken Vierzehnzylinder-Turbomotoren, alles ist topfit für den ersten Feindflug. Kein Wunder, denn am Morgen des 4. April 1943 hat die Maschine laut Logbuch erst 158 Stunden Gesamtflugzeit hinter sich seit sie das Werk in Kalifornien verlassen hat.

Der Bomber in der Wüste

Hattons Männer sind aufgeregt, denn heute werden sie zum ersten Mal aktiv am Krieg teilnehmen. Werden sie ihr Ziel problemlos erreichen, ihren Auftrag ausführen können? Ob sie wohl deutsche Jäger sehen oder gar von ihnen angegriffen werden? Am Morgen haben einige von ihnen der Bodenmannschaft geholfen, das Flugzeug startklar zu machen. Die Planen, die die wertvollen Motoren vor dem fliegenden Sand schützen sollen, werden abgenommen, die Triebwerke noch einmal im Stand überprüft. Die Maschinengewehre der Bordschützen werden gecheckt, die Munitionsgurte eingehängt. Zuletzt laden die Männer noch ihre tödliche Fracht von neun 500-Pfund-Bomben ein. Da gegen elf Uhr ein Sandsturm aufkommt, werden die Triebwerkabdeckungen noch einmal angebracht, während die Besatzung in der Messe zu Mittag ißt. Um zwölf Uhr, eine Stunde vor dem Start, treffen sich alle neun Mann am Flugzeug. Durch die offenen Bombenschächte, einziger Zugang zu einer B-24, klettert einer nach dem anderen in das backofenheiße Innere. Hatton und Toner überprüfen noch einmal den Treibstoffvorrat: Sprit für 12 Stunden Flug ist in den vielen Tanks, an die elf Stunden wird die Mission voraussichtlich dauern. Toner füllt das Flight Log aus, trägt sorgfältig Namen, Rang und Job jedes Besatzungsmitglieds auf dieser Mission ein: Pilot Bill Hatton, Copilot Robert F. Toner, (mit 27 Jahren der älteste Mann an Bord), Navigator Dp Hays, Flugingenieur Harold J. Ripslinger, Bordschützen Vernon L. Moore (mit 21 der jüngste), Samuel E. Adams und Guy E. Shelley, Bordfunker Robert LaMotte. Bombenschütze ist John S. Woravka. Penibel wird jeder Ausrüstungsgegenstand an Bord überprüft: Waffen, Bomben, Flugzeugsysteme, die Notfallausrüstung bestehend aus Schwimmwesten, Fallschirmen, Feuerlöschern, einem aufblasbaren Floß.

Der Wind wird immer stärker als gegen 12.45 Uhr die Ground Crew die Planen wieder von den Motoren entfernt. 25 Bomber lassen ihre donnernden Triebwerke an, die mächtigen Dreiblattpropeller blasen zusätzlichen Sand über den unbefestigten Flugplatz. Als der letzte der 100 Motoren läuft, hat sich die Sichtweite am Boden fast auf null verringert. Die Sektion A, bestehend aus zwölf Maschinen, rollt zum Start, und als die Piloten einer nach dem anderen Vollgas geben, ersticken die Triebwerke der wartenden

13 Flugzeug der B-Sektion fast an dem aufgewirbelten Sand. Die Ölfilter setzen sich zu, und ohne die Kühlung durch den Fahrtwind, beginnen die ersten Motoren bereits am Boden zu überhitzen. Der Sand dringt überall ein, in Treibstoffleitungen, in die Anschlüsse für die Sauerstoffmasken, die die Männer später in großer Höhe benötigen werden, in die Verschlüsse der MGs, in die empfindlichen Instrumente im Cockpit. Wie tausend Nadelstiche prasseln die feinen Sandkörner durch die offenen Fenster und Luken in die Gesichter der Besatzung. Solange sie nicht in der Luft sind, können die Flieger die Luken nicht schließen: Zu hoch würden sonst die Temperaturen in der engen Aluminiumröhre unter der brennenden afrikanischen Sonne.

Um 13.30 Uhr hebt die erste Maschine ab. Im Abstand von einer Minute stellen sich die B-24 eine nach der anderen in Startposition. Nach den ersten Maschinen muß der Abstand leicht vergrößert werden, da zuviel Sand in der Luft ist, der den Piloten auch noch den letzten Rest Sicht nimmt. Trotzdem ist kaum etwas zu sehen, als Hatton als einundzwanzigster startet. Erst nachdem der schwer beladene Bomber aus den über dem Flugplatz hängenden Sandwolken herausgeklettert ist, können Hatton und Toner die Maschine von Leutnant Feely ausmachen, die das zweite halbe Dutzend der B-Sektion anführen soll. An der rechten Seite, leicht zurückhängend, ist die Position der *Lady be Good*. Die Sektion A ist schon ein paar Meilen voraus und einige tausend Fuß höher, als auch die zweite Gruppe komplett in der Luft ist und ebenfalls Kurs Nordwest aufnimmt, genau auf die Spitze des italienischen Stiefels zu. Die Sektion A hat wenig Probleme, nur eine Maschine muß kurz nach dem Start nach Soluch umdrehen. Anders die B-Sektion: Bis fünf Uhr nachmittags müssen bereits drei Maschinen zur Basis zurückkehren, allesamt aufgrund durch den Sand verursachter Triebwerksstörungen. Als die B-Sektion die vorgesehene Höhe von 25 000 Fuß erreicht, gehören ihr noch zehn Maschinen an. Nun erfolgt der geplante Kurswechsel, der das Radar der Deutschen und Italiener verwirren soll. Zum Schein nimmt der Verband Kurs auf Sardinien.

In über siebeneinhalb Kilometer Höhe ist es klirrend kalt in den ungeheizten Bombern. Noch sind die Besatzungen nicht mit den später üblichen beheizten Sauerstoffmasken und Handschuhen, Anzügen und Stiefeln ausgerüstet, und in dieser Höhe hat es auch über dem Mittelmeer selten über null Grad. Die Männer schlagen die Hände aneinander und stampfen mit den Füßen, um nicht gänzlich taube Gliedmaßen zu bekommen. Und jetzt, da sie in feindlichen Luftraum eingedrungen sind, suchen neun Paar Augen den Himmel in alle Richtungen nach Jägern ab. Jeder Bordschütze hat bereits kurz nach dem Start ein paar Salven aus seinem MG abgegeben – nur um sicher zu gehen, daß keine der Waffen durch den Sand eine Ladehemmung hat. Noch eine Stunde zum Ziel.

Zwanzig Minuten vor sechs: Jetzt, am späten Nachmittag und so kurz vor dem Ziel, hat es auch Leutnant Milams Maschine erwischt. Milam betätigt kurz die Querruder, wackelt so mit den Flügeln und dreht ab. Als er in Soluch landet, berichtet er, daß jedes seiner vier Triebwerke angefangen hatte, rauh zu laufen, er kaum noch in der Lage war, die Formation zu halten. Dann versagte auch noch die hydraulische Propellerverstellung von Nummer vier und Milam mußte den Motor stillegen, indem er Zündung und Sprit abschaltete und die Propellerblätter in Segelstellung brachte – also senkrecht zur Flugrichtung. Erst dann hörte die große Dreiblattluftschraube auf, sich im Luftstrom mitzudrehen und dabei das Flugzeug enorm abzubremsen. Fünf Minuten später schert Leutnant Iverson aus: Mit zwei ausgefallenen Motoren kann er sich erst wieder richtig in der Luft halten, nachdem er seine Bomben ins Meer abgeworfen hat. Um sieben Uhr der nächste Ausfall: Der Veteran der Sektion, Captain Walsh verläßt seine Position, fällt zurück: Leistungsabfall auf allen Motoren, keine Chance, die Formation zu halten, lautet später sein Missionsbericht. Walsh allerdings gibt nicht sofort auf. Da die Bomber jetzt bereits tief im Feindgebiet sind, will er auf dem Rückflug das alternative Ziel, die alte Stadt Crotone am Golf von Tarent bombardieren. Crotone aber ist komplett von einer Gewitterfront bedeckt, so daß Walshs Bombenschütze kein Ziel ausmachen kann. Im Hafen der Stadt identifiziert er ein anderes strategisches Ziel – einen Frachter. Er versucht diesen zu bombardieren, verfehlt ihn jedoch, leider, wie der Haudegen später den Spezialisten vom Geheimdienst berichtet, die jedes zurückgekehrte Besatzungsmitglied sofort nach allen Details der Mission befragen.

Aber auch mit Captain Walshs Ausfall ist das Pech der Sektion B nicht vorbei. Nur sieben von ursprünglich 13 Maschinen sind noch übrig. Als nächster, der Verband hat gerade die Vulkaninsel Stromboli im Tyrrhenischen Meer passiert, gibt ein Turbolader von Feelys B-24 den Geist auf. Feely stellt den Motor sofort ab und wirft seine Bomben ins Meer, um zumindest bis ans Ziel die Formation halten zu können. Als aber ein weiterer Motor versagt, muß er schleunigst umkehren, um die Maschine wenigstens nach Hause zu bringen. Die Bomber formieren sich neu und Leutnant McCains Maschine führt den armseligen Rest der Sektion B an, als es den nächsten trifft. Bei Leutnant Lear ist ein Bordschütze durch eine eingefrorene Sauerstoffmaske ohnmächtig geworden. Um den Mann, der zu ersticken droht, zu retten, bringt Lear die B-24 in einem steilen Sinkflug hinunter auf 14 000 Fuß, wo die Luft zum Atmen wieder dicht genug ist. Der Schütze wacht schnell wieder auf, aber Lear kann nicht mehr in die Formation zurückkehren. Auch er entscheidet sich für Crotone als Alternativziel, wird aber auf dem Weg dorthin von schweren Turbulenzen und Flugabwehrgeschützen in Bedrängnis gebracht. Mitten in dem Chaos aus Gewitter, Suchscheinwerfern und Flakwolken fallen alle Blindfluginstrumente aus. Nach den ersten Flaktreffern wirft Lear seine Bomben ziellos ab und sieht zu, daß er wegkommt.

Nur noch fünf Minuten bis nach Neapel, als auch McCains Maschine ausfällt. Bei ihm haben zwei Mann der Besatzung Probleme mit dem Sauerstoff. Die vier verbliebenen Maschinen führt ab jetzt Bill Hatton in der *Lady be Good* an. Die Bomber sind nur 15 Meilen südlich von Neapel, als Bill Hatton offenbar klar wird, daß er seinen Angriff abblasen muß. Sogar in der großen Höhe ist die Sonne nun bereits vor einer Viertelstunde untergegangen, die Landschaft ist in tiefen Schatten verborgen. Die Ziele am Boden sind nicht mehr auszumachen. Mit vier Maschinen eine der zu dieser Zeit am besten verteidigten Bastionen der Achsenmächte angreifen, wenn der Bombenschütze das Ziel nicht einmal mehr durch sein »Norden«-Zielvisier sehen kann? Man kann annehmen, daß Hatton das Unternehmen sinnlos erscheint, offenbar will er seine Bomben auch nicht orientierungslos auf die schutzlose Zivilbevölkerung von Neapel abwerfen. Leutnant Worley, Pilot einer der drei übrigen Maschi-

B-24-Bomber im Formationsflug

nen, wird jedenfalls später berichten, daß Hatton nach Süden abdreht, als es keinen Zweifel daran gibt, daß der zusammengeschrumpfte Verband Neapel erst bei völliger Dunkelheit erreichen wird. Worley, Swarner und Gluck folgen ihm. Bis Kap Licosa bleiben die vier Bomber zusammen, dann nimmt jede der Maschinen einen eigenen Kurs auf.

Swarner und Gluck drehen leicht nach Westen ab und werfen ihre Bomben über einer Nachtjäger- und Transportfliegerbasis bei Catania ab, die nah am über dreitausend Meter hohen Ätna liegt. Ein verräterisches Positionslicht, das eigentlich heimkehrende Nachtjäger vor dem Vulkan schützen soll, weist den zwei B-24-Bombern in dieser Nacht den Weg. Swarner landet um 22.45 Uhr in Soluch. Gluck, der in niedriger Höhe mehr Sprit verbraucht hat, zieht es vor, nichts zu riskieren und in Malta zu landen. Gegen viertel vor elf setzt die Maschine mit einem Minimum an Treibstoff dort auf. Leutnant Worley und Hatton werfen ihre Bomben ins Mittelmeer. Worley steuert Soluch direkt an und um zehn Minuten nach 23 Uhr ist auch er zurück. Von 24 gestarteten Maschinen ist Worleys B-24 die letzte, die landet. Alle Maschinen der A-Sektion sind zurück, viele davon haben schwere Flak-Treffer einstecken müssen. Die Männer sind fertig und verängstigt. Nummer 31, Leutnant Iovines Maschine, wird zuerst vermißt, dann stellt sich aber heraus, daß auch er nach Malta geflogen ist. Von einer Maschine der erfolglosen B-Sektion aber fehlt jede Spur: Nummer 64 – die *Lady be Good* – ist nicht gelandet.

12 Minuten nach Mitternacht: Plötzlich meldet sich Bill Hatton per Funk beim Tower von Benina, dem Flugplatz nebenan. Der Pilot bricht die befohlene Funkstille, um den Mann am Funk um einen Peilung zu bitten. Ganz offensichtlich hat er sich in der mondlosen Nacht über dem Meer verflogen. Der Operator dreht an einer Kurbel bis das Signal in einer bestimmten Antennenstellung die geringste Feldstärke erreicht. Dann liest er von einer Gradskala ab, aus welcher Richtung der Funkspruch kam. Aus der Anzeige interpretiert der Lotse, daß der Bomber immer noch nordwestlich seiner Basis über dem Meer ist, er meldet er sich bei Hatton: »*Hallo sechs vier, hallo sechs vier. Hier spricht der Benina Funkpeiler. Ihre Peilung ist magnetisch drei-drei-null Grad von der Station. Ich wiederhole: Peilung ist drei-drei-null Grad. Over und out.*« Die *Lady be Good* bestätigt den Funkspruch und meldet sich ab. Eine Peilung von 330 Grad bedeutet, daß das Signal aus Nordwesten kommt. Nimmt der Navigator an Bord der *Lady be Good* jetzt den auf der Kompaßrose genau gegenüberliegenden Wert, so führt ihn dieser Kurs – 150 Grad – direkt zum Peiler.

Dp Hays, der Navigator der *Lady be Good*, und Pilot Hatton ziehen aus der übermittelten Peilung 330 offenbar genau denselben Schluß: Noch ein paar Minuten mit Südostkurs, dann muß unter ihnen die Küste auftauchen. Gleich werden sie die Schaumkronen der Brandung aufblitzen sehen und wissen, daß sie Libyen erreicht haben. Die neun Mann an Bord sind zu diesem Zeitpunkt todmüde. Elf Stunden Flug liegen hinter ihnen, die Kälte steckt ihnen in den Knochen. Die Schützen, der Funker, der Bombenschütze liegen benommen in ihren harten Sitzen hinten im Rumpf. Hatton und Toner haben sich auf dem langen Rückweg am Steuer abgewechselt. Jede Sekunde muß jetzt die Küste kommen. In der mondlosen Nacht ist die Oberfläche des Meeres nicht zu erkennen. Wie weit die *Lady be Good* noch über dem Meer ist, wissen weder Pilot noch Navigator. Sie nehmen an, daß es der starke Gegenwind ist, der den Flug länger als geplant werden läßt. Schließlich hatten sie heute Nachmittag, auf dem Weg nach Italien, heftigen Rückenwind.

Und noch etwas hat sie auf dem Heimweg abgebremst: Irgendwo in der absoluten Schwärze über dem Mittelmeer hat ein deutscher Nachtjäger sie geortet und sofort angegriffen. Die Deutschen wissen, daß B-24-Bomber am leichtesten direkt von vorne abgeschossen werden können. Gegen die Flugrichtung längs durch den Rumpf fliegende Projektile haben schon so manches Besatzungsmitglied getötet, manchmal sogar den Heckschützen. Wie der Jäger die *Lady* aufgespürt hat, wissen die Amerikaner nicht, als sie plötzlich die Leuchtspurmunition auf sich zukommen sehen. Er muß knapp unter dem Bomber durchgetaucht sein. Alle seine Kugeln verfehlen die Lady – alle, bis auf eine. Ein 20-Millimeter-Projektil aus einer Bordkanone schlägt in den Vierzehnzylinder-Sternmotor Nummer zwei ein, bleibt, nachdem es irgendwo von härterem Metall abgeprallt ist, in der Blechverkleidung der Ventilsteuerung des ersten Zylinders stecken. Kein gravierender mechanischer Schaden, aber der Motor hat offenbar Aussetzer, und deshalb stellt Hatton ihn ab. Er zieht den Gashebel des beschädigten Motors zurück, schiebt die Propellerverstellung auf »Feather«. Dann dreht er noch die Treibstoffzufuhr zu Triebwerk Nummer zwei ab und schaltet die Zündung aus. Auch mit nur drei Motoren kommt der nun leicht beladene Bomber mit leeren Bombenschächten und fast genauso leeren Tanks problemlos nach Hause. Warum dem unrund laufenden Motor weiteren Streß zumuten? Die Flugzeit wird sich eben etwas verlängern, und bei dem angenommenen starken Gegenwind kann es schon noch eine Weile dauern, bis die Küste endlich auftaucht. Ihren ersten »Mission Whiskey« mit den Kameraden haben sie sich verdient.

Peilung 330 sagte der Radiolotse? Dann sind sie auch kaum vom Kurs abgekommen. Es ist nur eine Frage der Zeit. Aber die Zeit wird immer länger und länger, und immer noch ist unten alles schwarz, keine Küste in Sicht. Ob sie doch etwas zu weit nach Westen abgekommen sind? Wahrscheinlich sind sie immer noch über der Großen Sirte, der großen Bucht westlich von Benghazi und Soluch. Wenn sie bald die Küste sehen, werden sie einfach eine Linkskurve machen und dem Ufer zurück nach Norden folgen bis sie querab der Landebahn sind.

Kaum zu glauben, aber immer noch keine Spur von Land. Kann der Gegenwind so stark gewesen sein? Die Minuten vergehen, und bald ist eine Viertelstunde, bald eine halbe Stunde vorbei. Wo ist die verdammte Küste? Was kann hier los sein? Hat der Lotse nicht eindeutig gesagt »Bearing 330 from Benina RDF Station?« Aber die B-24 hat ja auch ein automatisches Funkpeilgerät. Wenn Hatton,

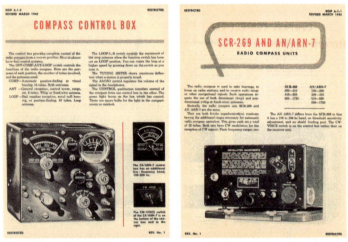

Auszüge aus dem Handbuch für die Bedienung der Funknavigationsanlage der

LaMotte oder Hays die Frequenz des Benina-Funkfeuers einstellen, dann brauchen sie nur noch der Nadel nachfliegen. Warum sind sie nicht gleich darauf gekommen? Das ADF wird sie direkt zum Flugplatz bringen.

Die Anlage scheint einwandfrei zu funktionieren, aber die Nadel bewegt sich nicht. Es ist als ob der Empfänger das Funkfeuer nicht orten könnte. Vielleicht sollten sie doch noch einmal die Funkstille brechen und Benina rufen, sich einen neuen Kurs geben lassen. Aber auch Benina antwortet nicht mehr. Was ist dort los? Ist ein

Der Bomber in der Wüste

Angriff der Deutschen im Gange? Ist der Funkbetrieb eingestellt worden, um den Feindflugzeugen nicht den Weg zu weisen? Auch sie können Peiler an Bord haben!

Eine Stunde ist vergangen, seit Benina ihnen den Kurs übermittelt hat, aber immer noch fliegt die *Lady* über schwarzem Untergrund. Pilot Hatton weiß jetzt, daß es eng wird, gleich bei ihrem ersten Einsatz! Entweder die Küste taucht in den nächsten zwei, drei Minuten auf, oder der Sprit wird ausgehen. Und dann, ganz

B-24 zum Empfang ungerichteter Funkfeuer

plötzlich, ist es soweit: Der erste Motor beginnt zu spucken, verschluckt sich, Zündaussetzer. Springt noch einmal kurz an, als ein Rest Sprit in den Vergaser nachfließt, spuckt wieder, setzt aus. Der Tank, aus dem er betrieben wird, ist fast ganz leer. Nur ein paar Liter Flugbenzin schwappen noch hin und her. Der Motor saugt in immer kürzeren Abständen Luft an. Bevor der Propeller ganz steht, stellt Hatton den Motor ab. Man darf nicht zu lange warten, wenn man die Propeller in die Segelstellung bringen will, also senkrecht zum Fahrtwind, wo sie den geringsten Widerstand bieten. Und um die Küste mit nur zwei Motoren noch zu erreichen, muß Hatton jetzt alles richtig machen. Vielleicht schaffen sie es ja doch! Wo ist die Küste? Als der nächste Motor aussetzt, hat der Kommandant der *Lady* keine Wahl mehr: »Alle Mann raus hier! Jeder schnappt sich eine Schwimmweste!« Die Männer im Cockpit sind sicher, daß die *Lady* nur Minuten von der Basis entfernt sein kann, aber sie wissen auch: Ohne Triebwerke auf dem Wasser zu landen – was mit einer anderen Maschine gelingen kann, mit einer B-24 geht es meistens schlecht aus. Der Rumpf bricht fast immer auf, und dann bleibt bis zum Untergang des Wracks zu wenig Zeit, um rauszukommen. Lieber mit dem Fallschirm und der Schwimmweste raus, das ist halb so riskant. Wenn man im Wasser landet, muß man ganz kurz vor dem Eintauchen ins Wasser die Leinen kappen, und wenn man dann drin ist, sofort in die Richtung tauchen, aus der der Wind kommt, um nicht unter der treibenden Fallschirmkappe jämmerlich zu ersaufen.

Hattons Männer befolgen den Befehl sofort. Einer nach dem anderen stürzt sich von dem schmalen Steg im Bombenschacht, den die Bomberpiloten »catwalk«, Laufsteg, nennen, in die Tiefe. Bevor Hatton und Toner springen, bringen sie die B-24 noch in eine stabile Fluglage. Zumindest bis sie sicher draußen sind, muß die B-24 geradeaus weiterfliegen! Nur der rechte Motor läuft noch, die anderen drei sind stillgelegt. Mit der Trimmung zwingen die Piloten das Flugzeug geradeaus zu fliegen, während sie sich auf den Weg nach draußen machen. Ein paar Stunden im Meer – halb so schlimm. Bereits morgen früh wird man sie aus dem Wasser holen, und das Mittelmeer ist hier im Süden so warm, daß es keine Probleme geben dürfte. Bis drei zählen und dann die Reißleine ziehen. Die Luft ist eisig. Auch am Fallschirm hängend sieht keiner der Männer den rettenden Strand. Kurze Zeit später sind acht der neun Männer wieder zusammen. Allerdings treiben sie nicht, wie angenommen, im Mittelmeer, sie landen in einer Sand- und Geröllwüste. Trotz der totalen Dunkelheit finden sie sich schnell, stehen fassungslos herum, haben immer noch die Schwimmwesten an. Eines steht fest: Das allerletzte was sie jetzt brauchen werden sind Schwimmwesten.

Im Mai 1959 treffen Spezialisten der *US Army* aus Frankfurt in

Der Bomber in der Wüste

Libyen ein. Captain Myron C. Fuller und der Anthropologe Wesely Neep sind beauftragt, eine Suchaktion nach der verschwundenen Bomberbesatzung in der Wüste durchzuführen. Die beiden Männer sind erfahren auf diesem Gebiet – bereits mehrfach haben sie an Kriegsschauplätzen des Zweiten Weltkriegs auf der ganzen Welt vermißtes Personal der Armee gesucht, oft auch gefunden und identifiziert. Major H. E. Hays, der auf der libyschen *US-Air Force*-Basis das 58. Rettungsgeschwader leitet, fliegt die beiden Männer zu einem ersten Erkundungsflug in die Wüste. Kurz darauf brechen die Spezialisten aus Deutschland mit zwei Maschinen zur *Lady be Good* auf. Ein kleines einmotoriges Flugzeug vom Typ L-19 landet zuerst, damit dessen Pilot eine für das zweimotorige C-47-Transportflugzeug geeignete Landestelle suchen kann. Major William F. Rubertus, selbst ein ehemaliger B-24-Pilot, steuert die Maschine, eine militärische Version der legendären DC-3.

Als erstes wird der Bomber gründlich untersucht und die Soldaten machen interessante Entdeckungen: In den Motoren ist noch das gesamte Schmieröl vorhanden, die Sauerstoff-Flaschen der Besatzung sind noch teilweise gefüllt, und sogar der aus dem Rumpfinneren zugängliche Bugradreifen ist nach all den Jahren in der Wüste noch prall mit Luft gefüllt. Hinweise auf den Verbleib der Besatzung aber finden sich nicht. Obwohl das Team die gesamte Umgebung der Maschine absucht, findet sich keinerlei Spur von der Crew.

Im Juli 1959 fliegt Major Rubertus die Experten bereits ein zweites Mal zur *Lady be Good*. Parallel dazu bricht über Land ein Konvoi mit Gelände- und Lastwagen zum Flugzeugwrack auf, den der Wüstenexperte Alexander Karadzic, ein ehemaliger Navigator der jugoslawischen Luftwaffe und der britischen *Royal Air Force* leitet. Nachdem die Expeditionsteilnehmer ein Basislager in der Nähe des abgestürzten Flugzeugs eingerichtet haben, beginnen sie, systematisch nach der Besatzung zu suchen. Als erstes entdecken sie nördlich der Maschine die Spuren eines LKW-Konvois aus der Zeit des Krieges. Karadzic, ein geübter Pfadfinder, stellt an der Art der Reifenspuren fest, daß es sich um einen italienischen Konvoi gehandelt haben muß. Da aber die italienische Armee im Januar 1943 bereits von den Alliierten restlos aus der libyschen Wüste vertrieben worden war, ist klar, daß die Männer der B-24 diese Spuren gesehen haben müssen – wenn sie überhaupt in der Nähe gelandet sind! Zumindest ist das eine erste Fährte, der nachgegangen werden kann. Da es keinen anderen Plan gibt, folgt die Expedition diesen, fortan »italienischer Pfad« genannten Spuren. Und tatsächlich, sechzehn Kilometer nördlich des Flugzeugs finden sie einen ersten Hinweis. Gespenstisch steht ein Paar amerikanischer Fliegerstiefel aus dem Zweiten Weltkrieg am Rand des Weges. Die Stiefel sind in Pfeilform mit den Spitzen zueinander aufgestellt und mit Steinen beschwert worden – und sie sind in sechzehn Jahren nicht umgefallen. Die Botschaft, die zweifelsohne von einem der Insassen des Bombers stammen muß, ist eindeutig, und im Grunde rechnen viele Expeditionsteilnehmer bereits damit, in Kürze die Überreste der Besatzung zu entdecken. Bei bis zu 55 Grad Tagestemperatur können die Männer ohne Wasser und Verpflegung – und es spricht nichts dafür, daß sie Proviant dabeigehabt hätten – niemals weiter als 20 bis 25 Meilen, also maximal 40 Kilometer, gekommen sein, sind die Experten sich einig.

Dennoch dauert es einen ganzen Tag, bis das nächste Zeichen gefunden wird: Eine pfeilförmige Markierung aus Streifen von Fallschirmstoff, am Boden ausgelegt und mit Steinen beschwert, zeigt an, daß die Männer dem »italienischen Pfad« weiter gefolgt sind. Kurz darauf eine weitere Entdeckung: Auf einem Haufen liegen sechs aufblasbare Schwimmwesten, im Pilotenjargon nach dem Sexsymbol der vierziger Jahre »Mae West« genannt. Die Schwimmwesten an sich sind bereits ein bizarrer Fund inmitten einer Gegend, in der es nicht einmal nachts Tau in der Luft gibt und es nur alle paar Jahre einmal regnet. Bei näherer Betrachtung erzählen die Schwimmwesten, von denen zwei mit »Woravka« und »Ripslinger« beschriftet sind und sich so eindeutig der B-24 zuordnen lassen, eine traurige Geschichte: Jede von ihnen ist teilweise aufgeblasen, was zweifelsfrei belegt, daß die Männer in der sicheren Annahme, noch über dem Meer zu fliegen, aus ihrem Flugzeug absprangen.

Kurz nach dieser schaurigen Spur entdeckt die Expedition einen weiteren Fallschirmstoff-Marker. Dieser liegt bereits 32 Kilometer vom Flugzeug weg, aber noch findet sich kein Hinweis auf die Männer selbst.

Dann kommt der Konvoi an eine Kreuzung, und wieder ist es Wüstenfuchs Karadzic, der die Abdrücke im festgebackenen Sand deuten kann. Nach gründlicher Begutachtung aller Spuren ist er sich sicher: Hier sind vor langer Zeit 79 schwere Fahrzeuge durchgekommen, die nach Nord-Nord-Ost unterwegs waren. Und es müssen britische Armeelaster gewesen sein. Vielleicht waren sie auf dem Weg zur Siwa-Oase, die fast 300 Kilometer entfernt in dieser Richtung liegt. An dieser Gabelung muß den zu diesem Zeitpunkt bereits fix und fertigen Männern die Entscheidung schwer gefallen sein. Dem (»italienischen«) Pfad nach Nordwesten weiter folgen? Schließlich kamen sie aus dieser Richtung geflogen, und dort muß auch ihre Basis liegen. Oder aber der regelrechten Autobahn des »British trail« folgen? Zum Meer könnte es Richtung Nord-Nord-Ost näher sein. Zur Notfallausrüstung jedes amerikanischen Fliegers gehört ein kleiner Kompaß. Das Problem, das die Männer gehabt haben können: Wie weit waren sie in die Wüste geflogen? Ob sie sich auf den Weg in Richtung Basis gemacht hätten, wenn ihnen bekannt gewesen wäre, daß sie 700 Kilometer über Soluch hinausgeflogen waren? In diese südliche Gegend reichten auch die kleinen auf Seidenstoff gedruckten Karten Libyens nicht. Die Männer müssen deshalb angenommen haben, daß sie viel weiter im Norden, nicht allzu weit von der rettenden Küste entfernt, abgesprungen waren.

Die Expedition entscheidet sich für den »Italian trail«, und liegt damit richtig, wie ein weiterer Fallschirmmarker kurz darauf beweist. Am selben Tag noch stößt sie auf weitere Marker, der siebte fast 65 Kilometer von der Absturzstelle entfernt. Mit schier übermenschlicher Kraft und Zähigkeit müssen die Männer bis hierher gekommen sein. Für den Arzt der Expedition, Captain Paul, der sich sicher war, daß niemand es bei den Bedingungen in der libyschen Wüste weiter als zwei Tagesmärsche schaffen konnte, sind die Fakten schier unglaublich – vor allem weil die Männer auch hier nicht geborgen werden können. Obwohl alle Teilnehmer der Suche davon ausgehen, jede Minute auf die toten Soldaten zu stoßen – nach dem siebten Fallschirmmarker finden sie nichts mehr. Dennoch suchen sie mehrere Meilen in der Umgebung des letzten Markers gründlich ab. Zwar kann keiner glauben, daß die Crew es weiter geschafft haben könnte, aber der Konvoi folgt dem Pfad weiter nach Nordosten bis an die Stelle, wo dieser in den Dünen des Sandmeers von Kalanscho endet. Durch diese Dünen zu marschieren, in denen man bei jedem Schritt mindestens knietief in den Sand einsinkt – niemand würde sich auf der Suche nach Rettung in diese Gegend wagen. Also richtet die Expedition am Rand des Sandmeers, 70 Kilometer vom Wrack der B-24 entfernt, ein Lager ein. Der Plan: Die Gegend zwischen den beiden Pfaden soll systematisch abgesucht werden. Irgendwo hier müssen die sterblichen Überreste der neun Männer gefunden werden. Aber die Suche bleibt ohne Ergebnis, obwohl mit Hilfe der Lastwagen ein Gebiet von über 1000 Quadratmeilen durchkämmt wird. Nur einen Fund machen die Sucher: Einer weitere Schwimmweste und eine Fliegerhaube westlich des »British Trail«.

Könnte es sein, daß die Männer es wirklich riskiert haben, in die Dünen zu gehen? Gibt es überhaupt eine Chance, sie dort nach so langer Zeit noch zu finden? Müssen sie nicht alle vom tiefen Sand verschluckt sein? Drei Monate dauert die Suche nun bereits, aber das Rätsel ist nicht gelöst. Es gibt keine andere Antwort, stellt der Kommandant der 17. *Air Force*, General H. R. Spicer aus Wheelus fest, der in den letzten Julitagen 1959 selbst in die Wüste gekommen ist, um sich ein Bild zu machen. Die LKW fahren deshalb den »italienischen Pfad« einige Male zwischen den letzten Markierungen auf und ab und wagen sich sogar ein Stück in die Dünen. Als auch das keine neuen Erkenntnisse bringt, beordert General Spicer von der *Air Force*-Basis Evreux in Frankreich eine große C-130 Hercules-Transportmaschine nach Tripolis. Mit ihr läßt er zwei leichte Hubschrauber des Typs H-13 auf das Plateau schaffen, die die Gegend abfliegen sollen. Aber die Hubschrauber finden keine weitere Spur, ebensowenig die zwei RB-66-Jets, die aus Spangdahlem in Deutschland zu einem Aufklärungsflug über die libysche Wüste beordert werden und den gesamten Rand des Plateaus und einen Teil des angrenzenden Sandmeeres von Kalanscho fotografieren. Das Ergebnis: Nichts. Eine interessante Entdeckung machen die Sucher aber doch, allerdings hat sie nichts mit der *Lady be Good* zu tun: Sie finden den vollständig erhaltenen, mumifizierten Körper eines Nomaden und die Überreste seiner fünf Kamele. Anhand der

Der Bomber in der Wüste

Waren, die der Mann bei sich hat, und der Nahrung, die gefunden wird, läßt sich bestimmen, daß er vor mindestens 75 Jahren hier gestorben sein muß.

Captain Fuller und Karadzic beschließen, die Suche nach der Besatzung der *Lady be Good* aufzugeben. Alles ist versucht worden, Fullers Assistent Wesley Neep schreibt, daß 5000 Quadratmeilen der Wüste nach der vermißten Crew abgesucht worden sind. Sogar Gerüchten, nach denen ein Nomade nach dem Krieg zehn Tote in der Wüste aufgefunden hat, wird nachgegangen, aber auch sie stellen sich als falsch heraus. Nur mit Mühe können die Männer der *Air Force* schlucken, daß sie ihre verschollenen Kameraden trotz so vieler Hinweise nicht haben finden können, aber schließlich müssen sie sich damit abfinden, daß die Wüste das Geheimnis der neun Flieger vielleicht für immer behalten wird. Nach drei Monaten wird die Suche offiziell für beendet erklärt.

Im Februar 1960 fliegt der libysche Versorgungspilot Captain Oldrich Dolezal, ein abgebrühter Buschflieger, Wasser und Verpflegung zu einem Expeditionstrupp, der am nördlichen Rand des Plateaus arbeitet. Der Chef der Ölsucher ist ein gewisser James W. Backhaus aus Wyoming, ein echter Abenteurer, für den die Suche nach Öl eine gut bezahlte echte Herausforderung ist. Dolezal, der natürlich wie jeder Pilot in Libyen von der langen Suche nach den Männern der *Lady be Good* weiß, ist wie elektrisiert, als Backhaus ihm nach der Landung erzählt, sie hätten die Körper von fünf Männern in den Dünen gefunden, die offenbar zu dem alten »Geisterbomber« gehörten. Backhaus bittet Dolezal die Information an die Amerikaner in Tripolis zu übermitteln. Sofort nach dem Start zu seinem Rückflug steigt Dolezal hoch genug, um in Funkreichweite zum Flughafen Idris von Tripolis zu kommen, und übermittelt Backhaus' Nachricht: Die Leichen der Männer sind auf folgender Position entdeckt worden: 26 Grad 54 Minuten Nord und 24 Grad 8 Minuten Ost.

Die Offiziere von Wheelus können kaum glauben, was sie hören. Die angegebene Position ist ganz nah der Stelle, an der der »italian trail« in den Sanddünen verschwindet. Unmöglich können sie dort etwas übersehen haben. Es ist ein weiteres Mysterium bei der Suche nach der Crew der *Lady be Good*, aber die Position

In den neunziger Jahren, kurz bevor die libysche Regierung das Wrack bergen und

bestätigt sich als korrekt. Am 12. Februar fliegt Commander Griffith von der Wheelus Air Base mit einer C-47 in die Wüste, Major Rubertus, der kurz zuvor in den USA für einen Dokumentarfilm über die *Lady be Good* vor Fernsehkameras stand, ist sein Co-Pilot.

Es ist ein trauriges kleines Camp, das die Offiziere in den Sanddünen finden: Fünf fast perfekt konservierte Körper, die nahe beieinander liegen. Dazwischen verstreut leere Feldflaschen, Taschenlampen, Fliegerjacken, Schuhe. Eine weitere Schwimmweste liegt herum, ebenso eine Reihe persönlicher Gegenstände wie Pullover und Lederhandschuhe, auch ein personalisiertes Sonnebrillenetui mit der Aufschrift »2nd Lt. Dp Hays«. Captain Fuller kommt am 12. Februar ebenfalls wieder in die Wüste, um die Männer zu identifizieren. Bei einer genauen Suche finden sich noch andere Gegenstände bei den Männern, mit deren Hilfe sich eindeutig klären läßt,

Der Bomber in der Wüste

nach Tripolis bringen läßt, finden Sahara-Reisende die Lady be Good *so vor*

um wen es ich bei den Toten handelt: Laut Erkennungsmarken sind es Hatton, Toner, Hays, LaMotte und Adams.

Bei Copilot Toners Leiche wird ein kleines Tagebuch gefunden, dessen Einträge lange Zeit geheimgehalten, aber schließlich doch veröffentlicht werden:

Sonntag. Neapel. 28 Maschinen. Ein ziemliches Durcheinander. Haben uns auf dem Rückweg verflogen, Sprit aus, abgesprungen, um 2 Uhr morgens in der Wüste gelandet, keiner schwer verletzt, können John nicht finden, alle anderen sind da.

Montag 5. Nach Nordwesten losgegangen, immer noch kein John. Ein paar Rationen, 1/2 Feldflasche Wasser, 1 volle Verschlußkappe pro Tag. Sonne ziemlich heiß, gute Brise aus NW. Nacht sehr kalt, kein Schlaf. Ausgeruht & gegangen.

Mittwoch. Um 1.30 Pause gemacht, Sonne sehr heiß, kein Wind, der Nachmittag war die Hölle, keine Flugzeuge, etc. bis 5.00 nachmittags ausgeruht, die ganze Nacht mit Pausen gegangen, 15 Minuten gehen, 5 Pause.

Donnerstag. Genau dasselbe, jeder wird schwach, kommen nicht sehr weit, beten ständig, wieder ein sehr heißer Nachmittag, Hölle. Können nicht schlafen. Alle wund vom Boden.

Freitag. Sind auf Sanddünen getroffen, fühlen uns erbärmlich, guter Wind aber dauernd fliegender Sand, jeder jetzt sehr schwach, dachten Sam & Moore wären hinüber. LaMottes Augen kaputt, die Augen der anderen auch schlecht. Gehen immer noch nach NW.

Samstag. Shelley, Rip, Moore haben sich von uns getrennt und versuchen Hilfe zu holen, die übrigen alle sehr schwach, Augen schlecht. Kommen nicht weiter, alle wollen sterben, nur noch ganz wenig Wasser. Nächte um 2 Grad (kräftiger N. wind, kein Schutz) 1 Fallschirm übrig.

... und noch einen zweiten Tagebucheintrag macht Toner an jenem 10. April:

Samstag, 10. Apr. 1943. Beten immer noch gemeinsam um Hilfe. Keine Spur von irgendetwas, einige Vögel; kräftiger Wind aus N. Sehr schwach, können nicht mehr gehen, überall Schmerzen, immer noch wollen alle nur sterben. Nächte sehr kalt, kein Schlaf.

Sonntag 11. Warten immer noch auf Hilfe, beten, Augen schlecht, sind total abgemagert. Überall Schmerzen, könnten es schaffen, wenn wir Wasser hätten; nur noch genug übrig, um unsere Zungen anzufeuchten, hoffen, daß bald Hilfe kommt, erholen uns nicht mehr, immer noch am selben Ort.

Montag 12. Immer noch keine Hilfe, sehr (unleserlich) *kalte Nacht.*

An dieser Stelle endet Toners Tagebuch. Sollte er noch einen weiteren Tag überlebt haben, war er zu schwach um zu schreiben. Auszüge aus dem beklemmenden Dokument eines tragischen Schick-

Der Bomber in der Wüste

sals bringt zuerst das Magazin *Life* in seiner Reportage über die *Lady be Good* und ihre Männer in seiner Ausgabe vom 7. März 1960.

Nach dem grausigen Fund in den Sanddünen werden noch einmal eine viermotorige Hercules aus Deutschland und zwei RF-101-Aufklärer aus Laon in Frankreich in die Wüste beordert. Die *Air Force* will nun, egal was es kostet, den Verbleib der anderen Männer ebenfalls klären. Aber auch jetzt haben die Militärs trotz intensivster Suche kein Glück. Umso überraschender ist es, daß es kurz darauf wieder Ölsucher sind, die zwei weitere Besatzungsmitglieder der B-24 finden. 21 Meilen weit in den Dünen liegt Lieutenant Ripslinger im Sand, sechs Meilen weiter, 27 Meilen, 44 Kilometer von dem Platz, an dem seine fünf Kameraden starben, wird Sergeant Shelley gefunden. Seine unglaubliche Energieleistung, die bis zur Entdeckung seiner Leiche kein Wissenschaftler für möglich gehalten hätte, ist ein trauriger Weltrekord: Mit nur ein paar Teelöffeln Wasser ist Shelley in fünf Tagen 145 Kilometer weit marschiert, davon die letzten 45 Kilometer ohne jegliches Wasser durch zum Teil kniehohen Sand. Für diesen unvorstellbaren Durchhaltewillen gibt es im Nachhinein nur die eine Erklärung: Die Männer müssen geglaubt haben, daß sie in erreichbarer Entfernung zur Küste waren. Es ist fraglich, ob einer von ihnen so weit gekommen wäre, hätten sie geahnt, daß sie 700 Kilometer weit vom Meer inmitten eines des lebensfeindlichsten Gebiete der Erde gelandet waren.

Auch bei Sergeant Harold J. Ripslinger, dem Flugingenieur der *Lady be Good*, findet sich ein Tagebuch:

Sonntag, 4. April. Mission nach Neapel, Italien. Start um 15.10 Uhr, Bomben um 22.00 Uhr abgeworfen. Beim Heimflug verflogen. Um 2.10 Uhr in die Wüste abgesprungen (sic).

Montag, 5. April. Alle außer Woravka trafen sich am Morgen. Haben eine Weile gewartet und sind dann losgegangen. Hatte in den vergangenen 36 Stunden ½ Sandwich (sic) & ein Stück Schokolade & Verschlußkappe Wasser.

Dienstag, 6. April. Früh los. Gehen & rasten. Nach Sonnenuntergang, gehen immer noch. Heute ein Teelöffel Wasser. Den anderen Jungs geht es gut.

Mittwoch, 7. April. Früh am Morgen losgegangen und gegangen bis wir fast völlig fertig waren. Schrecklich heißer Nachmittag. Um sechs Uhr abends wieder losgegangen und die ganze Nacht marschiert. Nur ein Löffel Wasser.

Donnerstag, 8. April. Durch und durch müde. Können kaum noch gehen. Der vierte Tag hier draußen. Jeder ein paar Tropfen Wasser. Können ohne Hilfe nicht mehr viel länger durchhalten. Gebete.

Freitag, 9. April. Der 5. Tag & wir sind absolut fertig. Alle wollen sterben, mittags war es so heiß. Morgen & Nacht okay.

Samstag, 10. April. Den ganzen Tag und die ganze Nacht gegangen. Habe vorgeschlagen, daß Guy, Moore und ich alleine losgehen. Brennende Sonne. Versuchen immer noch, aus den Dünen rauszukommen und Wasser zu finden.

Mit Hilfe der Funde und der beiden Tagebücher läßt sich das Schicksal der *Lady be Good* nun rekonstruieren. Zwei Mann aber, John S. Woravka und Vernon L. Moore bleiben verschollen. Leutnant Woravka, der bereits nach dem Absprung vermißte Bombenschütze der *Lady*, wird am 11. August 1960 nur zwölf Meilen vom Wrack entfernt von Arbeitern der *British Petroleum* gefunden. Colonel Lambeth und Major Rubertus, die sofort wieder in die Wüste fliegen, werden von den BP-Leuten an die Stelle gebracht. Nur zwei Meilen außerhalb des Gebietes, das die Armee zuerst abgesucht hatte, liegt die mumifizierte Leiche von Woravka, vollständig bekleidet mit Fliegerkombi, Schwimmweste und den Gurten des neben ihm liegenden Fallschirms. Offenbar hat sich sein Fallschirm beim Absprung nur unvollständig geöffnet, er muß beim Aufprall sofort tot gewesen sein. Über ein Jahr lang waren Untersuchungsteams praktisch in Sichtweite zu seiner Leiche herumgelaufen und hatten ihn doch nicht gefunden. Aber auch das ist nicht der letzte Fund: Rubertus und Lambeth untersuchen nach der Entdeckung von Woravkas Leiche noch einmal das gesamte Gebiet um den Fundort und finden nur 1,5 Kilometer südlich die Stelle, an der sich die anderen acht Männer am Morgen des 5. April 1943 trafen: Abgelegte Fallschirmgurte und ausgebrannte Fackeln sprechen eine eindeutige Sprache. Hätten sie Woravka gefunden, hätten sie bei seiner Leiche einen Schatz entdeckt: Der Leutnant hatte eine dreiviertel volle Feldflasche mit Wasser bei sich. Nach siebzehneinhalb Jahren wird das Wasser aus Woravkas Feldflasche ein paar Tage später auf der Wheelus Airbase untersucht, es ist praktisch keimfrei. Bordschütze Seargeant Veron L. Moore ist bis heute nicht gefunden worden. Aus Ripslingers Tagebuch läßt sich lediglich schließen, daß er mit ihm und Shelley auf eigene Faust aufgebrochen ist. Mit großer Wahrscheinlichkeit liegt sein Körper bis heute vom Wüstensand bedeckt in einer der Dünen des Sandmeers.

Hätte es eine Rettung für die Männer der *Lady be Good* geben können? Zumindest ist es unwahrscheinlich. Die einzige kleine Chance, die sich aus den gefundenen Fakten konstruieren läßt, wäre ihr nur zwölf Meilen vom Absprungort gelandeter Bomber gewesen. Nur: Es gab für die Männer keine Chance, das Flugzeug zu finden, da es außerhalb ihrer Sichtweite lag und die Besatzung nicht wissen konnte, wie weit das Flugzeug nach ihrem Absprung noch geflogen war. Im günstigsten Fall hätten die acht bereits in der Nacht den toten Woravka – und sein Wasser – gefunden, und anschließend das Flugzeug mit etwas mehr Wasser, Kleidung und noch ein wenig Notproviant. Da das Funkgerät der B-24 nach dem Absturz noch intakt war, und wahrscheinlich auch eine der Batterien, hätte die Crew noch eine begrenzte Zeit um Hilfe funken können. Allerdings ist selbst in der brettebenen Wüste die Reichweite des Funkgeräts begrenzt. Nur ein in der Nähe vorbeikommendes Flugzeug hätte einen Notruf der *Lady be Good* vom Boden aus auffangen können. In den Tagebüchern von Toner und Ripslinger aber findet sich kein Hinweis auf ein Flugzeug, das diese, die so verzweifelt nach Hilfe suchten, mit größter Wahrscheinlichkeit erwähnt hätten. Ein paar Tage länger hätten die Männer beim Flugzeugwrack überleben können, eine mögliche Rettung bleibt pure Spekulation.

Die Beobachtung eines einzigen Mannes in der Nacht vom 4. auf den 5. April 1943 hätte vielleicht das Leben der neun Männer der *Lady be Good* retten können. Ralph Grace, Copilot von Leutnant Rose und damit Teil der ursprünglichen Besatzung der *Lady be Good*, hörte vor Mitternacht, aber nachdem alle übrigen Maschinen bereits zurückgekehrt waren, eine B-24 – und wie eine solche klingt wußte Grace genau – in großer Höhe über die Basis hinwegfliegen. Grace war erstaunt und meldete seine Beobachtung sogar. Aber niemand konnte sich vorstellen, daß Hatton die Basis überqueren und in die Wüste fliegen würde. Rekonstruiert man die Ereignisse jener Nacht allerdings minutiös, scheint es sehr wahrscheinlich, daß es sich bei der Maschine, die Grace hörte, um die *Lady be Good* handelte. Erst einige Zeit nach Mitternacht hatte Hatton um eine Funkpeilung gebeten. Er muß, sonst hätte er kaum die Funkstille gebrochen, Zweifel an seiner Position gehabt haben und bereits über der Wüste gewesen sein. Daß die Maschine sich, als sie um eine Peilung bat, zwar noch auf derselben Linie, aber bereits hinter dem Peiler befand, konnte der Lotse in Benina nicht ahnen, und auch Hatton muß sich zu jenem Zeitpunkt noch ganz sicher gewesen sein, über dem Mittelmeer zu fliegen.

Was keiner der Männer in der *Lady be Good* unter den Umständen jener Nacht im April 1944 ahnen konnte: Der Wind hatte während der dunklen Nacht gedreht, und das Flugzeug brauchte durch den starken Rückenwind selbst mit nur drei laufenden Motoren viel weniger Zeit für den Rückflug.

1947

Mister Supersonic: Chuck Yeager

Ich wußte nie, wann mein letzter Flug anbrechen würde. Es gab so viele Möglichkeiten, sich beim Fliegen von Forschungsflugzeugen den Hals zu brechen, daß mir immer bewußt war, daß kein Testflug Routine war. Dennoch fühlte ich mich am Morgen des 27. Oktober 1947 zuversichtlich, als ich im Cockpit des raketengetriebenen Forschungsflugzeugs X-1 saß. Beim vorausgegangenen Flug hatte mich die gewehrkugelförmige X-1 in die Geschichtsbücher katapultiert, als sie die Schallmauer durchbrochen hatte. Dieser erste Flug mit Mach 1 hatte die Ära des Überschallflugs eingeleitet. Ich hatte immer Schmetterlinge im Bauch, bevor ich vom B-29-Mutterschiff abgeworfen wurde, aber an diesem Tag war meine Anspannung nur gering im Vergleich zur Schallmauer-Mission, als ich Angst hatte. Ich wußte, daß meine Kollegen befürchteten, ich wäre verdammt dazu, durch die unsichtbare Mauer im Himmel in Stücke gerissen zu werden. Die X-1 zeigte ihnen allen, daß sie nicht recht hatten, und ich atmete etwas leichter vor meinem zweiten Versuch, schneller als der Schall zu fliegen.

»Bist du fertig, Chuck?«, fragen sie mich aus dem Mutterschiff. »Alles klar«, antworte ich. Der Auslöserdraht poppt und wir stürzen aus dem Schatten des Mutterschiffs, ein Gewicht von dreizehntausend Pfund, das schnell fällt. Ich greife nach dem Schalter, der mein Triebwerk zündet. Er klickt. Nichts passiert. Ich versuche es mit dem anderen Triebwerkschalter. Nichts passiert. »Hey, ich habe einen Elektrikfehler«, melde ich. Aber meine Worte verlassen die Kabine nicht. Auch mein Funkgerät hat keinen Strom mehr.

Das Schiff ist tot und ich falle wie eine Bombe, beladen mit 2300 Kilogramm hochexplosivem Treibstoff, bin mir sicher, daß ich einen Krater in den

Zeitgenössische Illustration: Yeagers Bell X-1 und das Begleitflugzeug im Landeanflug

Wüstenboden sechstausend Meter unter mir reißen werde. Ohne Strom kann ich weder meine Triebwerke zünden noch das Ventil zum Ablassen des Sprits betätigen. Die X-1 kann nicht mit Treibstoff an Bord landen; ihr Fahrwerk würde unter dem Gewicht nachgeben, wir würden einen Graben in den ausgetrockneten See pflügen und dann explodieren.

Meine Gedanken rasen. Ich habe nur noch ein paar Sekunden, um einen Weg zu finden, mein Flugzeug zu retten oder einen gefährlichen Fallschirmabsprung zu riskieren. Ein Notventil oben hinter meinem Sitz fällt mir ein, mit dem manuell der Treibstoff abgelassen werden kann. Ich habe keine Ahnung, wie lange das dauern wird und die Schwerkraft ist unbarmherzig. Ich bin runter auf 5000 Fuß und drehe auf den ausgetrockneten See zu. Ein Begleitflugzeug ist neben mir, aber ohne Funkkontakt kann ich nicht feststellen, ob der Pilot den ausströmenden Treibstoffdampf sehen kann, das Zeichen, daß das Notventil funktioniert.

Der Trockensee wird in der Windschutzscheibe immer größer und ich greife nach dem Fahrwerkshebel, aber ohne Strom bleibt mir nur die Möglichkeit, das Fahrwerk durch sein Eigengewicht herausfallen zu lassen. Ich kann die Maschine nur etwas schütteln und beten. Meine einzige Chance ist, schnell und hoch über dem ausgetrockneten See hereinzukommen, die Nase oben zu halten und die Räder weg vom Boden – bis zum letzten Moment. Ich brauche Zeit, jede wertvolle Sekunde, die ich herauspressen kann, um die Landung zu verzögern und diesen Sprit abzulassen. Das Flugzeug fühlt sich jede Sekunde leichter an, nur daß meine Sekunden fast verbraucht sind. Der Boden rauscht vorbei während wir zum Touchdown gleiten. Ich habe die Augen auf dem Bug der Maschine. Gleich wird die Strömung abreißen, ich kann es fühlen.

Zentimeter über dem Trockensee spüre ich, daß die X-1 erzittert. Wir haben jetzt bis zum Strömungsabriß verlangsamt, die Nase der Maschine senkt sich. Instinktiv bücke ich mich, schütze mich mit den Armen vor dem Aufschlag. Wenn jetzt noch Sprit in den Tanks ist, dann war's das. Die Räder schlagen hart auf . . . (aus: Yeager, An Autobiography, 1985)

Charles E. Yeager, genannt Chuck, wird am 13. Februar 1923 in ärmlichen Verhältnissen in Myra, West Virginia geboren. Sein Vater Hal Yeager stammt von deutsch-holländischen Einwanderern namens Jäger ab und bringt die Familie mit vielen Jobs, etwa bei der Eisenbahn durch. Mit fünfzehn sieht Chuck zum ersten Mal ein Flugzeug aus der Nähe, als ein Pilot in der Nähe der kleinen Farm der Yeagers notlandet.

Kurz nach Chucks 18. Geburtstag kommt ein »Recruiter« der Army nach Hamlin, wo die Yeagers mittlerweile leben. Kurz entschlossen verpflichtet er sich für zwei Jahre Militärdienst. Bevor er sein Zuhause verläßt, gibt sein Vater ihm zwei Ratschläge mit auf den Weg: »Kauf nie einen Pick-up-Truck, der nicht von General Motors gebaut wurde, und halte Dich fern vom Glücksspiel.« Bei der Armee wird Yeager zunächst Flugzeugmechaniker. Kurz darauf nimmt ein Offizier ihn mit auf seinen ersten Flug, und Yeager kotzt sich die Seele aus dem Leib. Um nichts in der Welt will er jemals wieder in ein Flugzeug einsteigen. Als er aber eines Tages ein Plakat sieht, auf dem für das *Flying Sergeant Programm*, eine Flugausbildung für Angehörige der Streitkräfte geworben wird, hat er seine Übelkeit längst wieder vergessen und bewirbt sich. Zuerst hat er noch

Bedenken, ob er mit den älteren und teilweise gebildeteren anderen Jungs mithalten kann. Sein harter West Virginia-Hinterwäldlerakzent macht ihm zu schaffen, er wird deshalb oft verspottet. Beim Fliegen allerdings macht ihm keiner etwas vor: Seine ausgezeichnete Auge-Hand-Koordination – er war schon als Junge ein hervorragender Schütze – führt dazu, daß er schnell der beste Pilot seines Lehrgangs wird. Als er lediglich fünfzehn Flugstunden aufzuweisen hat, ist er mit einem neuen Fluglehrer unterwegs. Dieser glaubt, Yeager sei ein erfahrener Zivilpilot, der sich lediglich zum Militärpiloten umschulen läßt, und ist höchst erstaunt, als dieser ihm erklärt, daß er ebenso wie die anderen noch ein Anfänger ist.

Den Tag, an dem er als Flugschüler – vorher war er nur langsame Schulflugzeuge geflogen – von einem Fluglehrer zum ersten Mal in die Bell P 39 Airacobra, einen Hochleistungsjäger eingewiesen wird, beschreibt Yeager in seinem Buch so: »*Der Fluglehrer stand auf der Tragfläche, ich saß im Cockpit und er erklärte mir die vielen Schalter. ›Ok Yeager‹, sagte er, ›beim Start nehmen Sie bei sechzig Meilen die Nase hoch, bei neunzig oder hundert hebt sie ab. Dann fahren Sie das Fahrwerk ein und geben dem Hundesohn voll Stoff, bis Sie hoch genug sind. Dann*

Yeager als Flugschüler

nehmen Sie das Gas zurück. Das Landen geht umgekehrt. Zum Teufel, das ist doch ganz einfach.‹ Dann knallte er die Cockpittür zu und gab mir das Signal zum Anlassen. Einweisung beendet.« Hinter der Anekdote steckt eine knallharte Ausbildung zum Militärpiloten, die viele der Jungs nicht überleben. In sechs Monaten sterben einmal 13 Pilotenanwärter.

Nach Ende der Ausbildung in Nevada wird Yeager zum ersten Mal als Testpilot eingesetzt. In Ohio soll er einen neuen Propeller für die P-39 testen. Ausgewählt wird er wegen seines technischen Hintergrunds, aber auch, weil er der beste Pilot ist. Als der Job erledigt ist, wird er nach Oroville, Kalifornien versetzt. Am ersten Tag lernt er dort seine spätere Frau Glennis kennen. Wenige Wochen später, Anfang 1944 wird seine Einheit nach England verlegt, und er überquert den Atlantik von New York aus in der für den Krieg zum Truppentransporter umgerüsteten *Queen Elizabeth*. Er schreibt Glennis, daß er sein Jagdflugzeug vom Typ P-51 Mustang nach ihr *Glamorous Glen* getauft hat.

Yeagers erster Kampfeinsatz kommt am 11. Februar 1944. In einer North American P-51 Mustang fliegt er einen Einsatz ohne Feindberührung an der französischen Küste. Stationiert ist er in Südengland. Bereits bei seiner achten Mission – sechzehn Mustangs fliegen Begleitschutz für B-24-Bomber, die einen deutschen Militärflugplatz angreifen – wird er fünfzig Meilen östlich von Bordeaux abgeschossen. Aus 5000 Meter springt er mit dem Fallschirm aus seiner brennenden Mustang ab, nachdem eine deutsche Focke-Wulf 190 ihn erwischt hat. Die MG-Geschosse zertrümmern die Cockpithaube und der Motor der P-51 brennt. Yeager schafft es gerade noch, seinen Gurt zu lösen, bevor er aus dem wild dem Erdboden entgegentrudelnden Wrack geschleudert wird.

Es ist ein paar Minuten nach Mittag am 5. März 1944, als Yeager verletzt mit dem Fallschirm in einem dichten Kiefernwald landet. Kurz darauf hört er die Stimmen deutscher Soldaten, die ihn suchen. Der Naturbursche Yeager hat kein Problem damit, sich in Wäldern durchzuschlagen und zu verstecken. Am meisten beunruhigt ihn, daß der Krieg für ihn jetzt wohl vorüber ist: Der französische Widerstand kümmert sich regelmäßig um abgeschossene alliierte Piloten. Sollte aber ein Pilot, der bereits einmal Kontakte zur

Resistance hatte, ein weiteres Mal abgeschossen werden, könnte er der Gestapo unter Folter Details über die Netzwerke des Widerstands verraten und davor müssen sich die Mitglieder der Resistance schützen.

Yeager trifft auf einen Waldarbeiter und aus Furcht, von diesem an die Deutschen verraten zu werden, überwältigt er den Mann, der kein Englisch spricht, und nimmt ihm seine Axt ab. Später bringt der Franzose Yeager zu einem kleinen Bauernhof, wo er sich im Heu vor den Deutschen versteckt, die ihn noch lange Zeit suchen.

Yeager schließt sich einer Gruppe von Resistance-Kämpfern, den »Maquis«, an, mit denen er in der darauffolgenden Zeit in den Wäldern lebt. Die Männer haben ihm versprochen, ihm über die Pyrenäen nach Spanien zu helfen, sobald der Schnee im Hochgebirge geschmolzen ist, aber noch ist es nicht soweit. Yeager bleibt fast drei Wochen bei den Kämpfern, hilft ihnen beim Bau von Bomben. Dann, eines Nachts, bringen sie ihn gemeinsam mit einigen anderen Ausländern an den Fuß der Pyrenäen in der Nähe von Lourdes. In vier oder fünf Tagen, sagen ihnen die Männer von der Resistance, können sie es über die Berge nach Spanien schaffen. Und: Sie sollen nur nachts gehen, um deutschen Patrouillen zu entgehen. Yeager bricht gemeinsam mit einem anderen Amerikaner auf: Pat Patterson, Navigator eines B-24-Bombers, der ebenfalls über Frankreich abgeschossen wurde. Nach vier Tagen harten Marsches durch kniehohen nassen Schnee und über steile Berghänge sind die beiden total erschöpft. Sie sind nicht einmal sicher, ob sie sich nicht verlaufen haben. Als sie eine verlassene Hütte entdecken, beschließen sie, ein paar Stunden zu schlafen. Pat zieht seine Wollsocken aus und hängt sie zum Trocknen an einen Busch. Die beiden schlafen fest auf dem Boden der Hütte, als ein Trupp Deutscher die Stelle passiert und die Socken bemerkt. Ohne Vorwarnung eröffnen die Wehrmachtssoldaten durch die geschlossene Hüttentür das Feuer. Yeager packt Patterson und stürzt sich mit ihm durch das geschlossene Fenster einen steilen schneebedeckten Abhang hinab. Sie landen in einem eisigen Gebirgsbach. Yeager ist unverletzt aber Patterson wurde von einem großkalibrigen Geschoß ins Knie getroffen. Yeager stellt fest, daß Pattersons Unterschenkel nur noch an ein paar Sehnen hängt, amputiert das Bein mit seinem Taschenmesser vollends und bindet den Stumpf mit einem Hemd aus seinem Rucksack ab. Anschließend trägt er den jetzt bereits ohnmächtigen 80-Kilo-Mann die ganze Nacht über steile schneebedeckte Hänge nach Spanien hinein. Erst hinter der Grenze läßt er Patterson an einer Straße zurück, wo dieser kurz darauf von der Guardia Civil gefunden wird. Yeager selbst schleppt sich noch zwanzig Meilen weiter in das nächste Dorf, in dem er von Polizisten gefaßt und in eine Gefängniszelle gesteckt wird. Nach kurzer Zeit bricht er aus – um im Gasthaus gegenüber etwas zu essen. Anschließend schläft er zwei Tage.

Aus Spanien zu seiner Basis in England zurückgekehrt, ist Yeager nicht gewillt, nach Hause zu fahren und überzeugt General Eisenhower persönlich davon, daß er weiterfliegen muß. Er darf bleiben und schießt bis zum Ende des Krieges in Europa dreizehn deutsche Maschinen ab, darunter einmal fünf Messerschmitt 109 an einem einzigen Tag. Sogar eine Me 262, der erste Düsenjäger der Luft-

Im Zweiten Weltkrieg schießt Yeager dreizehn deutsche Flugzeuge ab. Er beendet den Krieg als Hauptmann

fahrtgeschichte, eigentlich unerreichbar für eine kolbenmotorgetriebene Mustang, fällt Yeager zum Opfer: Im Tiefflug und unter starkem Beschuß durch die deutsche Flugabwehr schießt er den Jet ab, als dieser sich schutzlos im Landeanflug befindet.

Nach Kriegsende kehrt Yeager nach Kalifornien zurück und heiratet Glennis. Im Juli 1945, kurz bevor auch der Krieg im Pazifik durch den Abwurf der Atombomben auf Hiroshima und Nagasaki zu Ende geht, meldet er sich in Wright Field, Ohio zum Dienst. Der Job als Wartungsoffizier ist wie geschaffen für Yeager. Mit mittlerweile über 1100 Flugstunden, seiner Kampferfahrung und seinem technischen Background in der Flugzeugwartung ist er prädestiniert für die Erprobung der Militärflugzeuge, nachdem sie aus der Wartung kommen und bevor sie von den Testpiloten, den Stars von Wright Field, weiter geprüft werden.

»Die Hangars in Wright waren voller Flugzeuge«, erinnert er sich, »die förmlich darum baten, geflogen zu werden.« Yeager beginnt den neuen Job in einer der interessantesten Phasen der Luftfahrtgeschichte. Jets sind dabei, die Kolbenmotor-Flugzeuge des *Air Corps* abzulösen. Da die neue Technologie noch wenig ausgereift ist, riskieren die Testpiloten bei vielen Flügen ihr Leben, immer wieder kommen Piloten um. Yeager wird der Abteilung zugeteilt, die neue Jagdflugzeuge erprobt. Noch gibt es keine Computer oder ausgefeilte Windkanalanlagen zum Test neuer Konzepte, nach dem »Trial-and-Error«-Prinzip wird ausprobiert, welche technischen Lösungen funktionieren und welche nicht.

Bereits zwei Wochen nach Dienstbeginn fliegt Yeager den ersten einsatzbereiten amerikanischen Düsenjäger, die P-59. Er ist kein Testpilot, aber er darf fliegen, soviel er will – und ist zufrieden damit. In den elitären Kreis der Testpiloten aufgenommen zu werden, davon träumt er zu dieser Zeit noch nicht einmal: Testpiloten haben einen Collegeabschluß, viele sogar ein Diplom als Ingenieur, und Yeager akzeptiert, daß er nicht die Voraussetzungen hat, um einer von ihnen zu werden. Was ihm an Zeugnissen fehlt, kompensiert er in der Luft mit Leichtigkeit. Immer wieder macht er sich einen Spaß daraus, ahnungslosen Testpiloten in 3000 Meter Höhe über dem Flugplatz in einer Mustang aufzulauern und ihnen in »Dogfights«, simulierten Luftkämpfen, zu zeigen, worin sich ein Flieger-

As mit dreizehn Abschüssen von einem fliegenden Akademiker unterscheidet. Keiner der 25 Testpiloten in Wright hat im Flugzeug auch nur den Hauch einer Chance gegen Yeager, und viele von ihnen sind nicht sonderlich amüsiert über die Demütigung durch einen »Assistant Maintenance Officer«, so Yeagers offizieller Rang.

Sechs bis acht Stunden täglich fliegt er zu jener Zeit, und selbst dann hat er meist noch nicht genug. Oft klettert er aus einer Maschine direkt in die nächste. In Wright Field werden nicht nur amerikanische Maschinen getestet, in den Hallen stehen auch jede Menge erbeuteter deutscher und japanischer Kriegsflugzeuge. Das einzige deutsche Flugzeug, das der Mustang, die er in Europa geflogen ist, gleichkommt, ist seiner Meinung nach die Focke-Wulf 190.

Den hochnäsigen Testpiloten ist der forsche Yeager mit seiner ungeschliffenen direkten Art suspekt, aber einer in Wright entdeckt schnell Yeagers Fähigkeiten. Colonel Albert G. Boyd, der strenge Chef der Testflugabteilung – selbst ein waghalsiger Rekordflieger – erkennt Yeagers einzigartiges fliegerisches Talent und beginnt ihn zu fördern. Daß Yeager keinen Collegeabschluß hat, interessiert Boyd wenig. Zu Erprobung des ersten wirklich einsatzbereiten amerikanischen Düsenjägers, des P-80 Shooting Star, nimmt Boyd Yeager mit ins kalifornische Muroc. Hier in der Gluthitze der Mojave-Wüste testen sechs Piloten einige Prototypen des neuen Jägers. Colonel Boyd beobachtet erstaunt, mit welcher Präzision Wartungsmann Yeager fliegt, der wegen der vielen Defekte an den Jets öfter in der Luft ist als die Testpiloten. Darüber hinaus ist Boyd beeindruckt von Yeagers fundierten technischen Kenntnissen. Als die Tests zu Ende gehen und einer der Prototypen nach Wright Field ins ferne Ohio überführt werden soll, bestimmt Boyd Yeager zum Piloten – gegen den Protest der »echten« Testpiloten.

Wenig später gibt Boyd ihm und einem anderen Piloten namens Hoover die Chance, sich zu Testpiloten ausbilden zu lassen. Yeager selbst ist zunächst skeptisch, ob er den intellektuellen Anforderungen der Ausbildung gewachsen ist, aber Boyd überzeugt ihn. Während der Ausbildung machen Hoover und Yeager die Bekanntschaft von Jack Ridley, einem Absolventen der Eliteuniversität Caltech. Ridley, später leitender Ingenieur des X-1-Programms, gibt Yeager die notwendige Nachhilfe in Mathematik und Physik. Obwohl

Yeager sich in der Theorie schwer tut, zieht er die Sache durch und wird der jüngste Testpilot auf Wright Airfield.

Einmal hat Yeager während eines Schulfluges mit einem Lehrer der Testpilotenschule einen Motorausfall. Bei der Landung auf freiem Feld verschätzt er sich und donnert mitten in eine Farm. Nachdem der schwere T-6-Trainer durch den Hühnerstall gepflügt ist, schlägt er mit einem Flügel noch an der Veranda des Wohnhauses an. Der Torso des Flugzeugs mit den beiden Piloten bleibt in einer Wolke aus Staub und Federn genau vor dem Küchenfenster liegen. Die Bäuerin blickt entgeistert aus der Küche auf die beiden Männer. Yeager öffnet die Haube, versucht ein zaghaftes Lächeln und fragt: »Guten Morgen Ma'm, darf ich mal Ihr Telefon benutzen?«

Yeagers einmaliges Gespür für die physikalischen Grenzen und sein Überlebensinstinkt machen ihn zuerst in Wright Field und dann in Muroc (später »Edwards Air Force Base«) zum Star unter den Testpiloten. Nur ein schlacksiger anderer Mann kann es mit dem jungen Yeager aufnehmen: der ebenfalls von Boyd protegierte Bob Hoover. Yeager und »Hoove« lernen sich kennen, als Hoover Yeager über Wright Field zu einem spontanen »Luftkampf« provoziert. Hoover erinnert sich: »Obwohl ich einen P-38-Propellerjäger flog, stach ich direkt auf den P-59-Jet zu, der über Wright Field kreiste. Der Pilot des Jets muß sich gewundert haben, daß ich ihn herausforderte – aber er gab nicht nach! Keiner von uns konnte einen Vorteil herausfliegen.« Einmal verfehlen sie sich nur um knapp drei Meter, woraufhin sie sich über Funk verständigen, die Sache abzublasen. Der Naturbursche Yeager und der charmante Südstaaten-Gentleman Hoover werden schnell Freunde – zeitweilig aber auch Konkurrenten.

Um Robert Anderson »Bob« Hoover ranken sich die unglaublichsten Fliegerlegenden, und selbst der sonst nicht mit Komplimenten um sich werfende Yeager bezeichnet »Hoove« bis heute als den »besten Piloten, den ich kenne«.

Hoover, der im Krieg südlich von Nizza über dem Mittelmeer abgeschossen wird und stundenlang im Meer treibt bevor ihn ein – leider deutsches – Kriegsschiff an Bord nimmt, flieht aus der Gefangenschaft und stiehlt anschließend mit vorgehaltener Waffe auf einem

Luftwaffen-Flugplatz einen Focke-Wulf 190-Jäger. Mit diesem rettet er sich im Tiefflug nach Frankreich – und wird beinahe noch von Amerikanern abgeschossen, die ihn natürlich für einen Deutschen halten. Die FW 190 landet er auf dem Bauch in einem Feld, weil er die deutsche Beschriftung für die Betätigung des Fahrwerks nicht lesen kann. Als Testpilot hat Hoover später in Wright Field einmal einen Triebwerksausfall. Er versucht, im Gleitflug die rettende Piste zu erreichen. Als er realisiert, daß er »zu kurz« kommt, nutzt er einen am Flughafen vorbeifahrenden Lastwagen als Sprungbrett, setzt kurz auf dem Aufbau des Trucks auf und katapultiert sich so über den Flughafenzaun zur Landebahn.

Ein anderes Mal, Jahre später, kämpft Hoover eine halbe Stunde lang mit einem völlig außer Kontrolle geratenen Düsenjäger über Los Angeles, dessen neuartige Steuerung immer wieder versagt. Sogar der internationale Flughafen von L.A. muß seinetwegen für eine Weile gesperrt werden. Hoover aber denkt nicht daran auszusteigen, sondern will den wertvollen Prototypen um jeden Preis zurück auf den Boden bringen, was ihm schließlich gelingt, nachdem er Sekunden vorher einen Flugzeughangar nur um wenige Meter verfehlt hat. Während seiner langen Karriere, Hoover fliegt noch Ende der neunziger Jahre, mit 78, sein berühmtes Kunstflugprogramm auf großen Airshows in Amerika, steigt er fast zwanzigmal mit Schleudersitz oder Fallschirm aus angeschossenen oder defekten Flugzeugen aus. Als sein Schleudersitz einmal versagt, wird Hoover, nachdem er in seinem brennenden und senkrecht auf die Erde zustürzenden F-84 Thunderjet die Kabinenhaube abgeworfen und die Gurte gelöst hat, durch den enormen Sog aus dem Flugzeug gerissen und knallt mit so großer Wucht an das Leitwerk des abstürzenden Kampfflugzeugs, daß er sich beide Beine an den Knien bricht. Anschließend wird er, vor Schmerzen halb ohnmächtig, von seinem eigenen Fallschirm über den Wüstenboden geschleift bis ihn ein Cowboy rettet. Später im Krankenhaus leert er mit Yeager eine Flasche Whiskey.

Einige Monate nachdem Yeager die Testpilotenausbildung erfolgreich abgeschlossen hat, wird er in Colonel Boyds Büro gerufen. Im ersten Moment ist er sicher, daß es sich nur um die Kieselsteine handeln kann, die er seinem Vorgesetzten einige Tage zuvor in die

Radkappen seines Wagens gelegt hat. Die Piloten haben aus sicherer Entfernung beobachtet, wie ihr strenger Chef alle paar Meter anhielt und aus dem Wagen stieg, um den seltsamen Geräuschen des Wagens auf den Grund zu gehen, und sich vor Lachen gebogen. Boyd aber will nur wissen, ob Yeager es ernst gemeint hat, als er bei einer vorangegangenen Versammlung der Testpiloten auf die Frage, wer sich freiwillig für das X-1-Programm melden wolle, die Hand hob. Er macht Yeager klar, daß dem Piloten, der mit der Bell X-1 die Schallmauer durchbricht, ein Platz in den Geschichtsbüchern sicher sei. Yeager geht wie betäubt aus der Besprechung. Als einer der jüngsten und unerfahrensten hatte er sich null Chancen auf das heißeste Cockpit des *Air Corps* ausgerechnet.

Das X-1-Programm, initiiert vom *National Aeronautics Committee* (*NACA*, Vorläufer der *NASA*) und der amerikanischen Luftwaffe, ist zu jener Zeit gerade in einer schwierigen Phase. Mit der X-1, X steht für Forschung, will das *US Army Air Corps* (das ab Juli 1947 *US Air Force* heißen wird), endlich schaffen, was Anfang 1947 in England in einer Tragödie geendet hat. Der britische Testpilot Geoffrey de Havilland, Sohn des Firmengründers, stirbt, als sein Flugzeug vom Typ DH-108 Swallow bei Mach 0,875 ins Taumeln gerät und durch die extreme aerodynamische Belastung bei der Annäherung an die Schallmauer zerbricht. Danach geben die Briten ihre Versuche auf.

Der Pilot der X-1, Chalmer »Slick« Goodlin, hat einen festen Vertrag mit der Herstellerfirma *Bell* und bereits die erste Phase des Programms abgeschlossen. Wie vereinbart hat er mit der X-1 acht Zehntel der Schallgeschwindigkeit erreicht – nach dem österreichischen Physiker Ernst Mach mit Mach 0,8 bezeichnet. Für ein Honorar von 150 000 Dollar (niemand verlangt von Armeepiloten, daß sie für ihre magere Bezahlung riskante Testflüge unternehmen) soll der Zivilist Goodlin nun mit der X-1 schneller als der Schall fliegen. Noch ist niemandem im Team wirklich klar, ob es so etwas wie eine »Schallmauer« wirklich gibt, aber bei den vorbereitenden Flügen wird Goodlin die Sache zu heiß und er versucht, einen noch besseren Vertrag auszuhandeln. An diesem Punkt verliert die Luftwaffe die Geduld und beschließt, in ihren Reihen nach einem Freiwilligen für das Unternehmen zu suchen. Boyd wählt Yeager, Hoover und Ridley für das Programm aus, behält sich aber vorläufig die Entscheidung vor, wer die X-1 wirklich fliegen wird. Als erstes werden die drei nach Buffalo im Staat New York geschickt, um sich die X-1 anzusehen. Larry Bell, bedeutender Luftfahrt-Entrepreneur, führt die Piloten durch sein Unternehmen und erklärt ihnen die X-1, die er in höchsten Tönen lobt – obwohl noch niemand weiß, ob sie ihre Mission bestehen kann. »Ohne Sprit«, meint Bell, während sie noch um das leuchtend orange, einer Gewehrkugel nachempfundene Raketenflugzeug herumstehen, »fliegt sie sich wunderbar, wie ein Vogel« (er will damit auf die unproblematischen Gleitflugeigenschaften nach dem Abstellen der Rakete hinweisen). Darauf Hoover: »Wie ein lebendiger oder wie ein toter Vogel«?

Kurz nach der Rückkehr seiner Männer aus Buffalo legt Colonel Boyd sich fest: Yeager wird die Maschine fliegen. In seiner Autobiographie *Forever Flying* erzählt Bob Hoover, wie er den Platz in der X-1 verspielt hat, und nennt dies eine der größten Enttäuschungen in seinem Fliegerleben: Ein anderer Pilot, der noch keine Jets fliegen darf, bittet ihn eines Tages, die Stadt Springfield, Ohio, für

Das XLR-11-Raketentriebwerk der X-1

Die X-1 vor dem B-29-Trägerflugzeug

ihn im Tiefflug mit einer P-80 Shooting Star zu überfliegen. Er will seine Familie und Freunde beeindrucken. Hoover tut ihm den Gefallen gerne und rast mit großer Begeisterung zweimal in ein paar Meter Höhe über die Kleinstadt. Zu jener Zeit an sich kein Problem – wenn Hoover sich nicht auch noch für einen riskanten Rückenflug entschieden hätte. Natürlich ist sofort klar, wer für die verrückte private Airshow verantwortlich ist. Wenn Zivilisten durch leichtsinnige Aktionen ihrer Piloten gefährdet werden, verstehen die Kommandierenden der Luftwaffe keinen Spaß. Hoover wird von Boyd zum Reservepiloten der X-1 bestimmt.

Yeager aber kann sein Glück kaum fassen, als Boyd tatsächlich ihn auswählt. Fliegerisch hat er es jetzt geschafft, er wird das heißeste Flugzeug Amerikas steuern, vielleicht sogar durch die gefürchtete Schallmauer, von der immer noch keiner weiß, ob sie überhaupt existiert.

Bell hat sich zum Zeitpunkt, als Yeager in das Projekt einsteigt, mit der X-1 und Slick Goodlin bereits nahe an Mach 1 herangetastet. Anders als die Briten wollen die Amerikaner ihre Hochgeschwindigkeitsflüge in großer Höhe machen, wo das Flugzeug durch die viel dünnere Luft weniger belastet wird. Die gewehrkugelförmige Form der X-1 ist kein Zufall. Zwei der leitenden Ingenieure des X-1-Teams bei *Bell* fragen sich, warum die Kaliber-50-Hochgeschwindigkeitsprojektile, wie sie in Maschinengewehren verwendet werden – und von denen man weiß, daß sie mit über zweifacher Schallgeschwindigkeit fliegen – ihre typische Form haben. Als sie auf der Suche nach einer Antwort ein ballistisches Labor der Armee besuchen, erklären ihnen die Kollegen, daß diese Form das Resultat von Versuchen sei. Die spezielle Form habe die geringste Streuung ergeben, was auf eine konstant gleichmäßige und stabile Flugbahn hinweise. Kurzerhand übernimmt Bell die Form der Kaliber-50-Projektile für die X-1.

Jetzt muß Yeager sich gründlich vorbereiten und einige weitere Versuchsflüge machen. Er und Hoover werden von Ärzten in Zentrifugen gequält und einer Menge anderen Belastungstests ausgesetzt, wie sie sehr viel später für Astronauten üblich sein werden. Dann fliegen sie gemeinsam mit einem zweimotorigen B-25-Bomber nach Worcester, um dort bei einer Spezialfirma die neuentwickelten Druckanzüge für die Höhenflüge anzuprobieren. Die Firma David Clark, eigentlich spezialisiert auf Damenunterwäsche, hat einen Vertrag mit der Regierung zur Lieferung der Spezialbekleidung abgeschlossen. Die beiden schlecht bezahlten Armeepiloten bekommen einen ganzen Karton Höschen und Büstenhalter für ihre Frauen als Geschenk. Auf dem Rückweg geraten sie in einen Sturm, der so heftig ist, daß ein Blitz die Plexiglasnase des Bombers zertrümmert. Nur um Haaresbreite schaffen sie es, lebend aus dem tobenden Gewitter zu kommen. Später amüsiert Hoover sich köstlich bei dem Gedanken, was die Armee wohl zu einem abgestürzten Bomber mit zwei Testpiloten an Bord gesagt hätte, in dessen Wrack jede Menge Slips und BHs herumliegen.

Der erste Flug Yeagers in der X-1 findet Mitte August 1947 statt. Die Versuche sollen zunächst ohne Antrieb stattfinden, damit sich der neue Pilot an die Flugeigenschaften gewöhnen kann. Wie üblich wird die X-1 dazu unten an den Bauch eines viermotorigen B-29-Bombers gehängt. Wenn dieser 25 000 Fuß erreicht, wird Yeager über eine schmale Leiter in den Bombenschacht der B-29 und von dort in das in dieser Höhe eisig kalte Cockpit der X-1 klettern. Einen Fallschirm hat er dabei, sollte etwas schiefgehen. In der X-1 ist dieser allerdings nur von symbolischem Wert: Die einzige Tür ist an der Seite und die kurzen Stummelflügel rasiermesserscharf. Niemand glaubt, daß man aus der X-1 aussteigen kann, ohne sofort von der Tragfläche halbiert zu werden. Neben seiner Fliegerlederjacke trägt Yeager einen Hartschalenhelm, den er sich selbst gebastelt hat – aus der Kopfbedeckung eines Panzerfahrers aus dem Zweiten Weltkrieg. Als er beim ersten Flug in großer Höhe in die X-1 klettert, schlägt sein Herz bis zum Hals. Vollgepumpt mit Adrenalin wartet er auf das Signal zum Ausklinken. »Alles klar?«, fragt Jack Ridley aus der B-29. Yeager bestätigt, und das schwere Mutterschiff geht in einen flachen Sinkflug. Neun, acht... Ridley beginnt den Countdown. Yeager spreizt sich im Cockpit ein, hält den Knüppel fest. Zwei... eins. Die X-1 wird ausgeklinkt, fällt vom Bomber weg. Ohne viel nachzudenken, fliegt Yeager erst einmal ein kleines Kunstflugmanöver, zwei gesteuerte Rollen. Er ist begeistert von der sensiblen X-1, die auf kleinste Steuereingaben reagiert. In totaler Stille, er hört nur sein Atmen in der Sauerstoffmaske, segelt er mit hoher Geschwindigkeit auf den ausgetrockneten Rogers Dry Lake,

Wie seine Mustang im Krieg benannte Yeager auch die X-1 nach seiner Frau

den ausgetrockneten See mitten in der Mojave-Wüste, hinab. Begleitpilot Bob Hoover bleibt immer an seiner Seite. Nach drei Minuten ist er auf 5000 Fuß herunter, jetzt dreht er auf die Landebahn in der Wüste ein, fährt bei 400 Stundenkilometer das Fahrwerk aus. Mit immer noch 300 Sachen setzt Yeager die X-1 butterweich auf die sandige, aber harte Oberfläche. Der erste Flug war kein Problem für Yeager, der schon kurz darauf aus der Maschine klettert und verkündet, die X-1 sei das beste Flugzeug, das er jemals geflogen sei. Am liebsten, so Yeager, würde er sie jetzt sofort volltanken und die Schallmauer knacken.

Nach drei antriebslosen Flügen (bereits beim dritten liefert er sich – mit dem sechs Millionen Dollar teuren Forschungsflugzeug! – einen Luftkampf mit Hoover) ist es soweit: Am 29. August werden zum ersten Mal 2300 Liter flüssiger Sauerstoff, sowie eine Mischung aus Alkohol und Wasser an Bord der X-1 gepumpt, Yeagers erster Flug mit Antrieb steht bevor. Das Raketentriebwerk der X-1 besteht aus vier separaten Brennkammern, die individuell in Betrieb gezündet werden und einzeln einen Schub von 1500 Kilogramm, gemeinsam von 6000 Kilogramm ergeben. Nach dem Start der B-29 wird die X-1 auf die richtige Höhe zum Ausklinken gebracht. Als Yeager kurz nach dem Ausklinken die erste Stufe seines Raketenmotors zündet, wird die X-1 innerhalb von Sekunden auf sieben Zehntel der Schallgeschwindigkeit katapultiert. Yeager hat strikte Anweisung, die vier Brennkammern des XLR-11-Raketenmotors bei diesem Flug nur einzeln in Betrieb zu nehmen, der Zweck des Fluges ist ein Test der Komponenten des Raketenmotors. Nachdem er, wie vereinbart, alle vier Kammern geprüft hat, stellt er das Triebwerk ab. Er findet er sich in einer Höhe von 45 000 Fuß wieder, der Himmel über ihm nachtschwarz. Eigentlich, so lautet der Auftrag, soll er jetzt den restlichen Sprit ablassen und die Maschine im Gleitflug sicher nach Hause bringen. Yeager aber ist so euphorisch über die Leistungen der X-1, daß wieder einmal die Gäule mit ihm durchgehen: Nach dem Abstellen der Rakete macht er erst einmal eine Rolle – und erfährt später, daß die X-1 bei diesem Manöver mit abgestelltem Triebwerk und Sprit an Bord hätte explodieren können. Außerdem denkt er nicht daran, den Sprit abzulassen. Als er bis auf 5000 Fuß herabgesunken ist, fliegt er die Basis an

und gleitet, als ob er landen wollte, in einhundert Meter Höhe am Kontrollturm vorbei. Dann legt er den Hauptschalter für das Triebwerk um, zündet so alle vier Kammern des Triebwerks gleichzeitig. Der darauf folgende »Flug« geht raketengleich nahezu senkrecht in die Höhe, ein echter Höllenritt. Yeager umschreibt ihn mit den Worten: »Ich hielt mich nur noch am Schwanz des Tigers fest.« Nach einer Minute hat die X-1 fast elf Kilometer Höhe und Mach 0,85 erreicht – erlaubt war ihm für diesen Flug nur ein vorsichtiger Vorstoß bis Mach 0,82. Dann sind die Tanks leer und die vor einer Sekunde noch brüllende Rakete verstummt. Yeagers Vorgesetzte sind über das eigenmächtige Handeln nicht sonderlich erfreut, und für einige Mitglieder des Teams ist Yeager fortan »der wilde Kerl«. Colonel Boyd nimmt sich das Rauhbein zur Brust und diszipliniert ihn: »Wollen Sie das erste Forschungsprojekt der *Air Force* durch Ihren Übermut in den Sand setzen?«

Achtmal fliegt Yeager die X-1 mit Antrieb, und stufenweise wird

Einen Tag nach dem Rekordflug auf Präsident Trumans Tisch: Das Foto des ersten Überschallflugs am 14. 10. 1947 machte Begleitpilot Bob Hoover

die Geschwindigkeit langsam erhöht. Am 5. Oktober, während des sechsten Flugs, bei dem er Mach 0,86 erreicht, spürt er zum ersten Mal die berüchtigten Schockwellen, die bei Annäherung an die Schallgeschwindigkeit im sogenannten transsonischen Bereich entstehen. Das Phänomen ist bekannt, seit Jagdflieger im Zweiten Weltkrieg von im Sturzflug plötzlich wie festgefrorenen Steuerrudern und heftigen Vibrationen berichteten. Falls sie noch davon berichten konnten: In vielen Fällen rissen die heftigen Turbulenzen das Leitwerk des Flugzeugs ab.

In dem zu jener Zeit noch wenig untersuchten Bereich zwischen Mach 0,8 und Mach 1 sind manche Teile des Flugzeugs wie Tragflächen und gewölbte Strukturen wie die Kabinenhaube, an denen die vorbeiströmende Luft beschleunigt wird, bereits im Überschallbereich. Am Rest des Flugzeugs hingegen fließt die Strömung noch langsamer als der Schall. Ein und dasselbe Flugzeug fliegt dann teilweise mit Mach 0,7 und mit Mach 1. In dieser Grauzone zwischen Unter- und Überschall bilden sich heftige Verdichtungswellen. Die resultierenden Turbulenzen fließen stromabwärts über das Flugzeug, treffen anschließend das Leitwerk und können die Maschine außer Kontrolle geraten lassen oder sie – so fürchten die Aerodynamiker – sogar zerstören.

Während das Flugzeug sich schließlich Mach 1 nähert, wird die Luft vor ihm so stark komprimiert, daß das Flugzeug förmlich gegen eine Wand aus Luft fliegt. Die Frage, die sich jeder im X-1-Team nun stellt ist: Kann die Maschine den Stoß aushalten, den die Forscher für den Moment voraussagen, in dem das Flugzeug den Wall aus verdichteter Luft durchbricht? Yeager selbst ist sich jedenfalls sicher. Seine von ihm selbst in seiner Autobiographie überlieferte Reaktion auf die Einwände von Skeptikern, die einen Flug jenseits von Mach 1 für unmöglich halten: »*Stick it where the sun don't shine.*«

14. Oktober 1947: Heute soll der neunte angetriebene Flug stattfinden. Ziel ist Mach 0,97.

Yeager ist an diesem Morgen nicht sonderlich ambitioniert, ist im Grunde froh, wenn er den Tag ohne Probleme hinter sich bringen kann. Zwei Tage vorher hatte er einen Reitunfall. Mit seiner Frau lieferte er sich ein Rennen durch die Wüste und übersah dabei ein geschlossenes Gatter. In hohem Bogen flog er aus dem Sattel, brach sich beim Aufprall zwei Rippen an und prellte sich die Schulter. Am nächsten Morgen kann er sich kaum bewegen und auch am übernächsten ist es kaum besser. Das Programm wegen eines Reitunfalls lahm legen? Colonel Boyd hätte dafür kaum Verständnis, ahnt Yeager, und so beschließt er, seinen Job durchzuziehen. Um das Cockpit verriegeln zu können, sägt er mit Ridleys Unterstützung einen Besenstiel ab, mit dessen Hilfe er den Verriegelungshebel bedienen kann, ohne den schmerzenden Arm weit heben zu müssen. Jetzt muß er es nur noch schaffen, die Leiter aus der B-29 in die X-1 hinunterzuklettern.

Gegen acht Uhr ist Yeager im Mutterschiff, es geht los. Als die B-29 bald darauf die richtige Höhe erreicht, quält er sich in die X-1. Der Trick mit dem Besenstiel funktioniert perfekt. Er ist gerade seine Checkliste durchgegangen, da meldet sich auch schon B-29-Pilot Cardenas bei Yeager: »Bist du fertig?« »Zur Hölle, ja«, schnapft Yeager zurück, »laß uns die Sache durchziehen.« In 20 000 Fuß wird die X-1 ausgeklinkt, und Yeager braucht über 150 Meter freien Fall bis er Kontrolle über die Maschine hat: Die Geschwindigkeit beim Ausklinken war zu niedrig! Als die Steuerung anspricht, zündet er gleichzeitig alle vier Kammern der Rakete. Sofort beschleunigt die X-1 auf Mach 0,88, steigt steil in den wolkenlos blauen Himmel über der Wüste. Bei 36 000 Fuß stellt Yeager zwei Stufen des Triebwerks ab. Bei 40 000 Fuß – er steigt immer noch – liegen Mach 0,92 an. Als er bei 42 000 Fuß in den Horizontalflug übergeht, hat er noch eine Treibstoffreserve von 30 Prozent. Jetzt betätigt er den Schalter für die dritte Brennkammer wieder und sofort erreicht die X-1 Mach 0,96. Yeager bemerkt, daß der Flug jetzt ruhiger wird, und als die Nadel des Geschwindigkeitsmessers 0,965 passiert, beginnt sie plötzlich zu zittern und schießt plötzlich über das Ende der Skala bei Mach 1,0 hinaus. Überschall! – Yeager glaubt seinen Augen nicht zu trauen, als er die Anzeige sieht. Der Flug ist jetzt vollkommen ruhig, und Yeager behält die Geschwindigkeit für zwanzig Sekunden bei, dann hebt er die Nase der Maschine an, um sie abzubremsen. Yeager ruft die B-29 über Funk: »Hey Ridley,

X-1-Team

diese Mach-Anzeige spielt verrückt. Die Nadel ist gerade über die Skala hinausgeschossen.« »Hinausgeschossen?«, fragt Ridely ungläubig. Yeager: »Ja, bei Null Komma Neun Sechs Fünf.« Ridley: »Junge, du bildest dir was ein.« Yeager: »Muß wohl so sein. Meine Ohren sind noch dran, und sonst ist auch nichts abgefallen.«

Unten in der Wüste hören die Männer, die in einem Lieferwagen voller Meßgeräte den Flug verfolgen, ein donnerartiges Grollen. Es ist der erste von einem Flugzeug erzeugte Überschallknall. In dem Moment, in dem die spitze Nase der X-1 die extrem verdichtete Luftmasse vor sich durchstoßen hat, entlädt diese sich in einem Knall hinter dem Flugzeug. Begleitpilot Hoover, an dessen Jet die X-1 vorbeidonnert, macht das historische Bild, auf dem deutlich die diamantförmigen Schockwellen im Abgasstrahl der X-1 zu sehen sind. Am nächsten Tag liegt das Foto auf Präsident Trumans Schreibtisch.

Als die Meßwerte ausgewertet sind, wird es Gewißheit: Bei seinem insgesamt nur 14 Minuten dauernden Flug hat Yeager die Schallmauer durchbrochen und Mach 1,07, 1120 Stundenkilometer erreicht. Yeager ist fast enttäuscht, daß alles so glatt gegangen ist: »Ein verdammtes Meßgerät ist nötig, um mir zu sagen, daß ich es geschafft habe?« Eine undurchdringbare Wand? Keine Spur davon! Das große Unbekannte hat sich als eine Wand von Marmelade erwiesen. Viel später wird ihm klar, daß die wirkliche Mauer das begrenzte Wissen um die tatsächlichen Effekte des Überschallflugs war.

Sofort verhängt das Oberkommando eine absolute Nachrichtensperre. Erst im Dezember des Jahres wird die Öffentlichkeit über den ersten Überschallflug informiert werden. Wegen der Geheimhaltung wird es auch nichts mit der großen Party auf der Basis. Die Crew einigt sich darauf, in Yeagers Haus zu feiern. Als die geheime Party später im Haus von Ingenieur Dick Frost weitergehen soll, beschließt der mittlerweile reichlich angetrunkene Yeager, mit seinem alten Motorrad ohne Licht zu Frosts Haus zu fahren. Es ist eine stockdunkle Nacht in der Wüste, und die Männer, die Yeager im Wagen folgen wollen, können nicht glauben, daß dieser – ohne Licht – bereits nach kurzer Zeit außer Sicht ist. Plötzlich sehen Hoover und Frost eine große Staubwolke auf einer Kreuzung, erkennen im fahlen Licht der Scheinwerfer, daß Yeager auf der Straße liegt. Sie sind sicher, daß Yeager tot ist – und dementsprechend entsetzt: Man wird sie verantwortlich machen für den Tod des seit einigen Stunden berühmtesten Testpiloten der Welt! Die Männer stürzen aus dem Wagen zur Unfallstelle – wo Yeager lauthals lachend unter dem Motorrad liegt. Aber auch jetzt will er noch nicht in den Wagen einsteigen. Als Frost und Hoover ankommen, steht Yeager bereits in der Küche und mixt die nächsten Drinks.

Yeager wird die X-1 insgesamt 33-mal fliegen und später auch die X-1A. Sie wird das einzige Flugzeug, das den eisenharten Testpiloten mental in die Knie zwingt: Am 12. Dezember 1953, sechs Jahre nach dem inzwischen fast routinemäßigen Durchbrechen der Schallmauer, startet Yeager in der für Mach 2 konstruierten Maschine und stellt sofort einen neuen Geschwindigkeits-Weltrekord auf. Dann aber passiert es: Bei Mach 2,44 beginnt die Nase der pfeilförmigen X-1A nach links auszuwandern. Yeager versucht noch, das Flugzeug wieder zu stabilisieren, aber es ist zu spät: Der kurvenäußere Flügel hebt sich und innerhalb von wenigen Sekunden verliert Yeager in 18 Kilometer Höhe vollständig die Kontrolle über das Raketenflug-

In einem Jet des Typs F-15 durchbricht Yeager im Frühjahr 2003 die Schallmauer zum letzten Mal

zeug: »Es war, als ob ich gleichzeitig in vier verschiedene Richtungen fliegen würde – die Hölle«, erinnert er sich viele Jahre später. »Im ersten Moment dachte ich, daß ich das Leitwerk verloren hätte.« In Wirklichkeit aber wird Yeager bei diesem Flug das Opfer eines bis dahin unbekannten Effekts, den Wissenschaftler heute »inertial coupling« nennen – eine teuflische Mischung aus aerodynamischen und Trägheits-Effekten.

Nach einem unkontrollierten Fall von über zehn Kilometern, gelingt es Yeager nur durch seinen Instinkt, die Maschine in ein »normales« Trudeln zu zwingen, und er schafft es schließlich ganz knapp, auch diesen Flug lebend zu beenden. Die Auswertung der Daten ergibt, daß die X-1A in 51 Sekunden über 40 000 Fuß, 12 Kilometer, an Höhe verloren hat. Kein Wunder, daß selbst Yeager zugibt, beim anschließenden Landeanflug geheult zu haben.

Von 1947 bis 1954 ist Yeager der Testpilot Nummer eins auf der Edwards Air Force Base. Einmal fliegt er in einem Monat 27 verschiedene Flugzeuge. Zwei Jahre lang leitet er ein Geschwader in Deutschland, ab 1962 ist er Kommandant der Testpilotenschule in Edwards, fliegt später in Düsenjägern 127 Einsätze in Vietnam. 1968 wird Yeager, der, wie er heute offen erzählt, zu Beginn seiner Zeit als X-1-Pilot auf Anregung von Colonel Boyd noch Englischunterricht von Ingenieur Ridley bekommen hat, zum Brigadegeneral befördert – immer noch ohne Collegeabschluß. 1975, nach über 10 000 Flugstunden in mehr als 330 Flugzeugtypen, wird Yeager pensioniert. So richtig in den Ruhestand geht er allerdings nie, bis heute fliegt er regelmäßig Jets in Edwards.

Am 14. Oktober 2002, fünfundfünfzig Jahre nach seinem historischen Flug in der X-1, steigt Chuck Yeager auf der Edwards Air Force Base in einen über Mach 2 schnellen Düsenjäger vom Typ F-15. Kurz darauf ein Donner über der Mojave-Wüste: Chuck Yeager – 79 Jahre alt – hat die Schallmauer durchbrochen.

1967

North American X-15: Mit dem Flugzeug an den Rand des Weltraums

Anfang der fünfziger Jahre ist der bemannte Flug in den Weltraum noch Fiktion. Raketen allerdings gibt es schon. Im Zweiten Weltkrieg haben die Deutschen ab 1944 die Rakete A-4 – von der Propaganda in *V-2* für *Vergeltungswaffe zwei* umbenannt – gegen London eingesetzt. 2500 Bewohner Londons kommen durch sie ums Leben. Die *V-2* ist die erste Waffe ihrer Art, und die deutschen Wissenschaftler, die sie entwickelt haben, sind weltweit die führenden Spezialisten auf dem Gebiet der Raketentechnik. Die *V-2*, von der während des Krieges über 6500 Stück gebaut werden, und die am 3. Oktober 1942 zum ersten Mal erfolgreich gestartet wurde, erreicht eine Geschwindigkeit von 3500 Stundenkilometern, also mehr als die dreifache Schallgeschwindigkeit. Mit einer maximalen Flughöhe von 90 Kilometer verläßt dieser direkte Vorläufer der Mondrakete bereits die Lufthülle der Erde. Der Vater der *V-2*, Wernher von Braun, der dank seines enormen Wissens über Raketen später trotz seiner zweifelhaften Rolle im Dritten Reich nicht vor ein Kriegsverbrechergericht gestellt wird, bekommt in den USA Gelegenheit, seine Forschungen für die Amerikaner weiter zu betreiben. Von Braun, viele seiner Mitarbeiter und Einzelteile für mindestens 100 *V-2*-Raketen kommen nach Kriegsende in die USA, und noch im Jahr 1945 wird in den Weiten des amerikanischen Westens der technologische Grundstein für das Weltraumprogramm gelegt, als die erste der erbeuteten Raketen in White Sands, New Mexico getestet wird.

Am 24. Februar 1949 fliegt eine zweistufige, auf der deutschen *V-2* basierende Rakete des Typs WAC Corporal 392 Kilometer hoch.

Beim Wiedereintritt in die Atmosphäre erreicht die Rakete mit einer Geschwindigkeit von fast 8300 Stundenkilometern als erstes Objekt den Hyperschallbereich. Zwanzig Jahre später, 1969, wird die Entwicklung der amerikanischen Raketentechnik und Raumfahrt mit der Landung von Apollo 11 auf dem Mond ihren Höhepunkt erreichen. Zu Beginn der fünfziger Jahre aber ist selbst ein bemannter Raumflug in einer Umlaufbahn um die Erde noch schwer vorstellbar.

Ab 1953 werden in Cape Canaveral, Florida, die ersten amerikanischen Trägerraketen vom Typ »Redstone« getestet. Parallel zur Entwicklung dieser ersten Weltraumraketen arbeiten aber sowohl die amerikanische Luftwaffe, wie auch die Marine und verschiedene Flugzeughersteller an immer schnelleren, immer größere Höhen erreichenden Experimentalflugzeugen. Die Grenzen zwischen traditionellem Fliegen und der Raumfahrt beginnen unscharf zu werden. Was ist noch Flugzeug, was schon Rakete? Wird der erste Mensch im All ein Flugzeug steuern oder mehr oder weniger passiv in einer Kapsel an der Spitze einer Rakete dorthin gelangen? Noch ist das Rennen um die beste Technologie für die bemannte Raumfahrt offen.

1954 ist es erst sieben Jahre her, daß Testpilot Chuck Yeager über der kalifornischen Mojave-Wüste mit der Bell X-1 die mysteriöse Schallmauer durchbrochen hat. Bereits während der Entwicklung dieses ersten Forschungsflugzeugs der »X-Reihe« existieren sowohl bei der US-Luftwaffe, wie auch bei der Marine und der NACA (*National Advisory Committee for Aeronautics*, 1958 umbenannt in *NASA*) Entwürfe für immer extremere neue Forschungsflugzeuge, deren Piloten sich in bisher unbekannte Höhen und Geschwindigkeitsbereiche vorwagen sollen. Im Grunde ist es ein eigenes Forschungsgebiet, das anfangs wenig mit der Raumfahrt zu tun hat. Mit fortschreitender Dauer des Programms wird klar, daß die Flugzeuge der »X-Reihe« nicht nur einen Beitrag zur Entwicklung von Weltraumraketen und deren Systemen leisten werden, sondern sogar noch vor den Raketen die Schwelle zum Weltraum überschreiten könnten. Jedes der weiteren »X-Planes« bricht Rekorde, oft mit dem berühmten Chuck Yeager als Piloten. Ihre Geschichte ist eine Chronologie des »Immer-höher« und »Immer-schneller«. Aber immer

Start einer Douglas Skyrocket vom B-29 Trägerflugzeug

wieder ist es auch eine tragische Geschichte, denn mehrere Testpiloten kommen bei der Erprobung der handgefertigten Prototypen ums Leben.

Die Techniker des Flugzeugherstellers Douglas und die Wissenschaftler des NACA haben Zugang zu Dokumenten deutscher Aerodynamiker, die gegen Ende des Zweiten Weltkriegs von den Alliierten erbeutet worden sind. In den Unterlagen werden für Hochgeschwindigkeitsflugzeuge nach hinten gestreckte (»gepfeilte«) Tragflächen vorgeschlagen. Heute Standard bei schnellen Flugzeugen, sind sie in den Vierzigern eine Revolution. Windkanalversuche bestätigen eindeutig die revolutionären Erkenntnisse der Deutschen: Gepfeilte Tragflächen haben im Hochgeschwindigkeitsbereich einen wesentlich geringeren Widerstand als die bis zu diesem Zeitpunkt üblichen geraden Flügel. Die D-558-2 »Skyrocket« ist das erste Flugzeug, bei dem die neue Konfiguration erprobt wird. Am

20. November 1953 fliegt sie in einer Höhe von fast 19 Kilometern etwas schneller als Mach 2, die zweifache Schallgeschwindigkeit. Kurz darauf, am 21. August, wird die »Skyrocket« auch noch einen inoffiziellen Höhenrekord aufstellen: 25 395 Meter. Obwohl dieses gemeinsame Programm von NACA und Navy voll im Schatten des noch andauernden Ruhmes von Yeagers epochalem Flug in der X-1 steht und von der Presse weitgehend ignoriert wird, ist es technologisch extrem fortschrittlich.

Das nächste Experimentalflugzeug zur Erforschung supersonischer Geschwindigkeiten heißt X-2 und wird, wie Yeagers X-1 von 1947, wieder von der Firma Bell gebaut. Mit der X-2 wollen sich die Wissenschaftler vorsichtig an Mach 3 herantasten. Die dreifache Schallgeschwindigkeit ist eine Dimension, an die nur wenige Jahre vorher niemand zu denken gewagt hätte – zumindest im Zusammenhang mit Flugzeugen. Die Forscher wissen, daß sie in diesem Geschwindigkeitsbereich auf eine neue Barriere stoßen werden, die sogenannte »Hitzemauer«. Aus theoretischen Betrachtungen ist lange vor dem ersten Flug der X-2 klar: Wenn sich ein Körper mit so hoher Geschwindigkeit durch die Luft bewegt, heizt er durch Reibung die Moleküle der umgebenden Luft auf und wird so wiederum selbst erhitzt. Die Temperaturen, so die Berechnungen, werden an manchen Stellen des Flugzeugs Werte erreichen, bei denen das im Flugzeugbau bevorzugt eingesetzte Aluminium schmelzen würde. Die X-2 wird deshalb aus einer neuen hitzebeständigen Legierung von Edelstahl und Aluminium gefertigt. Angetrieben wird sie von einem »XLR-25«-Raketenmotor, der 15 000 Pfund Schub liefert. Die projektierten Flugleistungen der X-2 sehen vor, zum ersten Mal einen Menschen über die Grenze der meßbaren Atmosphäre hinaus bis in die unteren Bereiche des Weltraums zu bringen. Damit treten die Flugversuche der NACA bereits in dieser Phase in Konkurrenz mit dem offiziellen Weltraumprogramm.

Wie schon bei der X-1 ist für die X-2 der Start von einem hoch fliegenden Bomber aus vorgesehen. Gleich zu Beginn des Testprogramms kommt die Katastrophe: Die erste von zwei gebauten Maschinen explodiert bevor sie sich vom Trägerflugzeug löst und reißt den Testpiloten, der sich zum Zeitpunkt der Explosion noch im Rumpf des Mutterschiffs befindet, in den Tod. Die zweite X-2 wird mehrere Geschwindigkeits-Weltrekorde aufstellen. Testpilot Frank K. »Pete« Everest, stürmt mit ihr im Juli 1956 bis auf Mach 2,87, mehr als 3000 Stundenkilometer. Allerdings berichtet Everest nach dem Flug, daß die Steuerung nahe der Höchstgeschwindigkeit so gut wie unwirksam war.

20 Tage nachdem Testpilot Iven C. Kincheloe mit der X-2 126 000 Fuß, also über 38 Kilometer erreicht hat, wird sein Kollege Milburn Apt zu seinem ersten Flug mit der X-2 auf Starthöhe gebracht. Apt hat gemeinsam mit Kincheloe den Auftrag, die weitere Erprobung der X-2 durchzuführen. Es soll sein erster Flug in einem Raketenflugzeug werden, aber er ist, vor allem durch die Erfahrungen von Everest, vorgewarnt: Auf keinen Fall, so trichtern ihm die Ingenieure vor dem Start zu dem Höllenritt ein, soll er bei Geschwindigkeiten über Mach 2,7 abrupte Steuerausschläge machen. Apt lenkt die spitze weiße X-2 im ersten Teil des Flugs äußerst

Bruchlandung der zweiten X-2

präzise und überschreitet nicht nur die dreifache Schallgeschwindigkeit, sondern erreicht kurzzeitig sogar Mach 3,2, fast 3400 Stundenkilometer. Der Flug scheint ein voller Erfolg zu werden. Dann aber leitet der junge Testpilot in 65 000 Fuß, fast 20 Kilometer Höhe, und immer noch mit über dreifacher Schallgeschwindigkeit unterwegs, aus nicht nachvollziehbaren Motiven eine Kurve ein. Vielleicht unterliegt er einer optischen Illusion oder glaubt, sich zu weit von seinem Landeplatz auf dem Trockensee entfernt zu haben. Auf jeden Fall ist das unüberlegte und zu hektische Manöver ein tödlicher Fehler. Die X-2 gerät in der Kurve sofort außer Kontrolle und stürzt ab, Testpilot Apt stirbt. Obwohl bei den Flügen der X-2 wertvolle Daten für die Erforschung des Hochgeschwindigkeitsflugs in großen Höhen gesammelt werden – mit dem tragischen Unglück ist das Programm schon deshalb beendet, weil keine X-2 mehr zur Verfügung steht.

Erst drei Jahre später geht die Erforschung des mehrfach überschallschnellen Fluges weiter, und dann werden die Flugleistungen der »X-Planes« Dimensionen erreichen, die in direkter Konkurrenz zu den ersten Weltraumraketen stehen. Nachdem die X-2 bereits Mach 3 überschritten hat, haben NASA und die Militärs als nächstes den Bereich »Hyperschall« im Visier, Geschwindigkeiten jenseits von Mach 5, die bisher nur von unbemannten Raketen erreicht wurden.

Der erste Anstoß für das Projekt »X-15« kommt bereits im Oktober 1951, also noch Jahre vor dem letzten Flug der X-2, von Robert J. Woods, einem Angestellten der Firma Bell, der seine Idee dem angesehenen NACA-Komitee für Aerodynamik vorstellt. Nachdem das Projekt grundsätzliche Zustimmung gefunden hat, wird beschlossen, es über Mach 4 hinaus bis auf Mach 10 auszudehnen. Verschiedenste Konzepte für das Superflugzeug werden in der darauffolgenden Zeit angedacht, darunter so exotische wie das eines Überschall-Gleiters, der in einer erdnahen Umlaufbahn gestartet werden soll. Für realistisch halten die Verantwortlichen schließlich ein zweistufiges Konzept: Auch die nächste Forschungsmaschine soll mit Hilfe eines Trägerflugzeugs auf seine Starthöhe gebracht und dann für einen quasi fliegenden Start ausgeklinkt werden.

Im Oktober 1953 empfiehlt ein Gremium der Luftwaffe ein etwas abgespecktes Konzept für den Geschwindigkeitsbereich von Mach 5 bis Mach 7, und Ende 1954 einigen sich *NACA*, *Air Force* und *Navy* auf ein konkretes Forschungsprogramm, das sich mit den technischen Problemen des Hyperschallflugs auseinandersetzt. Kurze Zeit später wird das noch zu entwickelnde Flugzeug »X-15« getauft und die *NACA* zur federführenden Institution bei der Entwicklung bestimmt. Anfang 1955 wird ein Wettbewerb ins Leben gerufen, an dem sich führende Luftfahrtunternehmen der USA beteiligen: Douglas, Bell, Republic und North American machen Vorschläge, wie die X-15 aussehen könnte. Am 30. September 1955 fällt die Entscheidung für den Entwurf von *North American*. Das renommierte Unternehmen aus Los Angeles, das zu jener Zeit einen Großteil der Düsenjäger für die *Air Force* baut, erhält den Zuschlag für den Bau von drei Exemplaren der X-15.

September 1961: Tiefer Überflug des Trägerflugzeugs, während die Ground Crew sich um die soeben gelandete X-15 kümmert

Der Entwurf von *North American* ist beeindruckend: Ein langgestreckter, pfeilförmiger Rumpf mit kurzen Stummelflügeln, ein kreuzförmiges Leitwerk wie bei einem Wurfpfeil. Die X-15 hat neben der konventionellen Flugsteuerung durch Ruder kleine Raketentriebwerke, die der Steuerung im luftleeren Raum dienen. Gelenkt werden soll die X-15 mit Hilfe eines konventionellen Steuerknüppels sowie einem »Side Controller«, einem Joystick-ähnlichen kurzen Steuerknüppel, wie er heute in vielen Überschall-Militärflugzeugen aber auch in modernen Privatflugzeugen allmählich zum Standard wird. In den beiden ersten Maschinen sind die Bedienelemente für die konventionelle Flugzeugsteuerung und die Schubdüsen zur Lageänderung im luftleeren Raum noch getrennt, bei der dritten X-15 werden alle Funktionen der Steuerung in dem seitlichen Steuerknüppel vereint sein, zu Beginn der sechziger Jahre eine technische Meisterleistung.

Cockpit der X-15

Mit dem Flugzeug an den Rand des Weltraums

Da die X-15, so die Berechnungen, bei Hyperschall Temperaturen von bis zu 670 Grad Celsius widerstehen muß, wird sie aus einer speziellen Stahl-Nickel-Aluminium-Legierung namens »Inconel-X« gebaut. Für diesen zähen neuen Werkstoff müssen allerdings auch entsprechende Verarbeitungsmethoden entwickelt werden. Die messerscharfen kurzen Tragflächen haben eine Struktur aus Titanträgern, die mit Blechen aus Inconel-X beplankt wird. Mit Hilfe der für die X-15 entwickelten Technologien werden später die ersten Hitzeschilde für die bemannte Raumfahrt entstehen. »Inconel-X« ist seiner Zeit so weit voraus, daß es noch zwanzig Jahre später beim Bau des Space Shuttle das Material der Wahl für thermisch besonders hoch belastete Bauteile sein wird. Sogar spezielle hitzebeständige Schmierstoffe und Dichtungen müssen für die X-15 entwickelt werden.

Der Pilot wird einen Druckanzug tragen, der mit seinen Vorrich-

Später der erste Mann auf dem Mond: Neil Armstrong als X-15-Pilot im neu entwickelten Druckanzug

tungen zum Messen und Übertragen der Körperfunktionen des Piloten bereits ein früher Astronautenanzug ist. Zusätzlich wird das gesamte Cockpit mit Stickstoff unter Druck gesetzt. Sauerstoff nimmt man nicht, weil der kleinste elektrische Funken diesen entzünden würde. Jahre später werden drei Apollo-Astronauten in ihrer mit Sauerstoff unter Druck gesetzten Kapsel bei einem Starttest auf grausame Art ums Leben kommen, als sich genau dieses Szenario abspielt und die Bodenmannschaft die Luke nicht schnell genug öffnen kann. In der X-15 sorgt die Druckkabine für eine Atmosphäre, die der Luftdichte in 35 000 Fuß entspricht. Größere Flughöhen gleicht der Anzug des Piloten aus, der außerdem mit flüssigem Stickstoff gekühlt wird. Stickstoff dient überall in der X-15 zum Ableiten von Reibungswärme: In gasförmigem Zustand kühlt er Instrumente, Flugelektronik und Teile des Antriebs. Trotz der positiven Eigenschaften ist der Stickstoff in der Kabine nicht ungefährlich: Konzentrierter Stickstoff ist zwar ungiftig, löst beim Einatmen aber sofortige Bewußtlosigkeit aus, die wenig später zum Tod durch Ersticken führt. Der Pilot darf also nie sein Helmvisier öffnen, was in einer Sauerstoffatmosphäre problemlos möglich wäre.

Fast so etwas wie ein Flugzeug im Flugzeug ist der Schleudersitz, mit dem sich ein X-15-Pilot im Falle des Falles in Sicherheit bringen soll. Nachdem man sich entschieden hat, die X-15 nicht mit einer absprengbaren Kapsel sondern mit einem Schleudersitz auszurüsten, wird ein wahres Wunderwerk entwickelt, das den Piloten selbst im Hyperschallbereich noch aus einer abstürzenden X-15 retten soll. Testpilot Crossfield arbeitet an der Entwicklung des Sitzes mit, der zwei ausklappbare kleine Flügel hat. Außerdem fahren aus dem Sitz zwei Teleskoparme aus. Sie sollen die Flugbahn bei mehrfacher Schallgeschwindigkeit stabilisieren. Das Helmvisier des Piloten wird sofort nach dem Ausstieg durch eine elektrische Heizung automatisch enteist. Erst in fünf Kilometer Höhe wird der Pilot durch ein automatisches System vom Sitz getrennt, er soll anschließend an seinem Fallschirm landen. Trotz aller technischer Feinheiten wird nie bewiesen, ob ein X-15-Pilot die extreme physische Belastung bei einem Mach-4-Ausstieg (nach Ansicht der Techniker das absolute Limit) hätte überleben können, denn keiner der X-15-Piloten wird den Sitz jemals verwenden.

Mit dem Flugzeug an den Rand des Weltraums

Von einer B-52 wird die X-15 zu ihrem Start in 15 Kilometer Höhe gebracht

Mit einer Spannweite von nur 6,80 Meter bei einer Länge von 15,5 Meter erinnert die tiefschwarze X-15 tatsächlich mehr an einen Wurfpfeil als an ein Flugzeug. Für den Vortrieb soll ein Raketentriebwerk sorgen, das das erste seiner Art ist: Das »XLR-99«, entwickelt von der Firma Reaction Motors Inc., verbrennt Ammoniak und flüssigen Sauerstoff und liefert mit 57 000 Pfund gewaltigen Schub. Die Leistung des Triebwerks kann stufenlos geregelt werden, während die Antriebe früherer »X«-Flugzeuge wie die Treibsätze von Feuerwerksraketen nur zwei Betriebszustände kennen: an, also volle Leistung – oder aus. Außerdem kann das XLR-99 während des Fluges nicht nur abgestellt, sondern auch wieder angelassen werden. Allerdings gibt es bei der Entwicklung und beim Bau des revolutionären Raketenmotors Verzögerungen und so werden für die ersten Flüge ab 1959 vorübergehend noch zwei leichtere XLR-11-Motoren eingebaut.

Die X-15 soll, so die technischen Vorgaben, das erste Flugzeug für den Einsatz außerhalb der Atmosphäre und für Geschwindigkeiten über Mach 5 werden. Bei ihrer geplanten Höchstgeschwindigkeit von Mach 6 wird sie zweimal so schnell fliegen wie die Kugel eines Jagdgewehrs. Bevor man ein Flugzeug bauen kann, das zu solchen Leistungen fähig ist, müssen Hunderte von Tests und Untersuchungen durchgeführt werden, damit man überhaupt die Grundlagen für die Konstruktion festlegen kann. Da die X-15 die Atmosphäre verlassen soll, reicht es nicht aus, sie alleine mit aerodynamischen Rudern auszustatten, die im luftleeren Raum außerhalb der Lufthülle der Erde absolut wirkungslos bleiben würden. Die Lösung ist eine Steuerung, die sowohl Elemente beinhaltet, wie sie an Flugzeugen zu finden sind, sich aber auch bei der Raketentechnik bedient: Solange die X-15 durch Luft fliegt, soll sie durch konventionelle Ruder gesteuert werden, im luftleeren Raum werden kleine Raketenmotoren für die Richtungsänderung sorgen. Bei den ersten beiden X-15-Modellen werden die Steuerflächen für den Flug in der Atmosphäre und die Steuertriebwerke für die Kontrolle über das Flugzeug im Weltraum noch getrennt bedient – bei der dritten Maschine werden später alle Funktionen in einem einzigen Steuerknüppel integriert sein.

Bevor das X-15-Programm so weit ist, daß die Flüge beginnen – das erste Flugzeug verläßt im Oktober 1958 die Montagehalle von North American – machen die Russen den nächsten Schritt in der Weltraumforschung und bringen einen künstlichen Satelliten in eine Umlaufbahn. »Sputnik« schockt 1957 die westliche Welt, und die Amerikaner können es nicht fassen, daß die technologisch scheinbar so rückständigen Sowjets diese Leistung vollbracht haben. US-Präsident Dwight D. Eisenhower antwortet 1957 auf diese Schmach mit einer gründlichen Neuordnung der amerikanischen Forschungsbemühungen. Ein wichtiger Schritt auf dem Weg ins All ist 1958 die Gründung der NASA (*National Aeronautics and Space Administration*). Sie soll die zivile Erforschung des Weltraums vorantreiben. Zumindest der erste bemannte Flug, so heißt die Devise jetzt, soll den Amerikanern gelingen. Und anstatt auf das X-15-Programm zu setzen, setzen die Amerikaner für das Motto »Erster Mensch im Weltraum« (»MISS – Man in Space Soonest«) voll auf die

Raketentechnik. Beim Projekt »Mercury« geht es nur um eines: Einen Mann in eine hitzebeständige Kapsel packen und auf einer suborbitalen Bahn – ein höherer Flug ist mit der verfügbaren »Redstone«-Rakete nicht möglich – für ein paar Minuten ins Weltall zu schleudern, bevor den Russen auch noch dieser Meilenstein zufällt. Kein Wunder, daß einige der Testpiloten in Edwards die ersten Raumfahrer später spöttisch mit den zuvor ins All geschossenen Schimpansen vergleichen. Die Amerikaner werden aber auch das Rennen um den ersten Mann im All verlieren. Am 12. April 1961 fliegt der Russe Juri Gagarin als erster Mensch ins Weltall, und der Flug seines Raumschiffs »Wostok 1« wird vollkommen automatisch ablaufen. Gagarin wird sogar per Verriegelung daran gehindert, in die Steuerung einzugreifen. Nur im Notfall ist es ihm erlaubt, die Steuerung per Zahlencode zu aktivieren. Am 5. Mai ist der erste Amerikaner, Alan B. Shepard, kurz im All. Seine Kapsel »Freedom 7« erreicht kurzzeitig 187 Kilometer Höhe bevor sie zur Erde zurückfällt. Nur drei Wochen nach Gagarin, aber dennoch nur als zweiter.

Für die meisten Testpiloten ist der rein ballistische Flug in einer Raumkapsel keine attraktive Vorstellung. Erst als in den achtziger Jahren der Raumgleiter Space Shuttle seinen Dienst aufnimmt, dürfen die Astronauten der *NASA* wieder richtig *fliegen*: Der Wiedereintritt in die Erdatmosphäre und die Landeanflüge des Space Shuttle sind nah mit den Flügen der X-15 verwandt, die mehr als zwanzig Jahre vorher begannen.Die Landegeschwindigkeit der X-15 und der viel größeren Raumfähre (die in Edwards erprobt wurde) ist mit zirka 450 Stundenkilometern fast identisch. Die Ambitionen des X-15-Teams, mit einem Flugzeug als erste den Weltraum zu erreichen oder sogar den ersten Menschen ins All zu bringen, sind mit dem Erfolg von Juri Gagarin jedenfalls obsolet.

Die erste der drei bestellten X-15 kommt Mitte Oktober 1958 per Sattelschlepper aus Los Angeles auf die nahegelegene Edwards Air Force Base, und im April des darauffolgenden Jahres wird auch das zweite Flugzeug fertiggestellt. Bevor das Forschungsprogramm beginnen kann, geht es darum, die generelle Lufttüchtigkeit der X-15 zu testen. Der zivile Testpilot Scott Crossfield von North American soll für die Firma den Nachweis erbringen, daß die Maschine flugfähig ist, bevor sie endgültig an die NASA übergeben wird. Am 10. März 1959 geht die X-15 unter der Tragfläche des B-52-Trägerflugzeugs zum ersten Mal in die Luft, drei Monate später wird sie erstmals ausgeklinkt und kehrt im Gleitflug zur Basis zurück. Als Segelflugzeug ohne Antrieb erreicht die X-15 bereits acht Zehntel der Schallgeschwindigkeit, 840 Stundenkilometer. Technische Modifikationen – Crossfield hatte beim ersten Segelflug Probleme mit der Steuerung – dauern noch bis September 1959, aber dann ist es soweit: Nach dem Ausklinken in fast 14 Kilometer Höhe wird das Triebwerk gezündet. Und bereits bei diesem ersten Test des Antriebs erreicht Crossfield mehr als zweifache Schallgeschwindigkeit. Schon zu Beginn wird das Programm durch einige dramatische Zwischenfälle und Unfälle verzögert: Einmal explodiert das Raketentriebwerk beim Testlauf auf dem Bodenprüfstand, und im November des Jahres zwingt ein brennendes Triebwerk Crossfield zur Notlandung auf dem Rosamond-Trockensee. Da die Maschine zu diesem Zeitpunkt noch schwer mit unverbrauchtem Treibstoff beladen ist, bricht beim Aufsetzen mit über 450 Stundenkilometern der Rumpf in der Mitte. Seltsam deformiert bleibt die X-15 in der Wüste stehen, Crossfield kommt mit dem Schrecken davon.

Zu Beginn der Testreihe fliegt die X-15, was kein Nachteil ist, da noch lange keine Höchstgeschwindigkeitsflüge anstehen, mit einem schwächeren Antrieb aus zwei kleineren Triebwerken. Erst die zweite X-15 wird mit dem XLR-99 ausgeliefert, das die Maschine wie geplant auf über sechsfache Schallgeschwindigkeit beschleunigen soll. Am 7. März 1961 beginnt mit ihr das offizielle Forschungsprogramm. Der Luftwaffenmajor und Testpilot Bob White erreicht an diesem Tag als erster Mensch die vierfache Schallgeschwindigkeit. Als er in 23 Kilometer Höhe in den Horizontalflug übergeht, ist die X-15 fast 4700 Stundenkilometer schnell. Was wirklich in ihr steckt, deutet die X-15 bereits an diesem Tag an, denn sie benötigt für den Rekordflug nur etwa 50 Prozent der gewaltigen Triebwerksleistung. Wie wird es sich anfühlen, wenn man diesem Biest zum ersten Mal freien Lauf läßt? Drei Monate später, am 23. Juni, erreicht White, wieder mit gedrosseltem Schub, Mach 5,27 – 5800 Stundenkilometer!

Dann, am 9. November des Jahres 1961, soll die X-15 zeigen, was sie wirklich kann. Der erste Flug mit voller Triebwerksleistung steht an. Während White nach dem Ausklinken von der B-52 und der Zündung des Raketenmotors extremen Beschleunigungskräften ausgesetzt ist, steigt die Maschine auf 30 Kilometer Höhe, wo sie anschließend im Horizontalflug beschleunigt. Nur 86 Sekunden nach der Zündung des Triebwerks erreicht die X-15 an diesem Tag schon etwas mehr als die sechsfache Schallgeschwindigkeit, 6550 Stundenkilometer. Neun Jahre hat es gedauert, bis nach Yeagers Flug in der X-1 Mach 3 erreicht werden konnte, in nur acht Monaten hat Testpilot White diese Geschwindigkeit verdoppelt. Dennoch sind Whites Flüge nur ein kleiner Teil des gesamten X-15-Programms, das in den nächsten Jahren noch jede Menge Rekorde aufstellen wird.

Jeder der X-15-Flüge, die in bisher völlig unbekannte Dimensionen vorstoßen, ist ein unglaubliches Abenteuer für den Piloten. Und obwohl viele der Flüge problemlos verlaufen kommt es immer wieder auch zu dramatischen Zwischenfällen. Panzerglas-Cockpitscheiben bekommen durch die thermische Belastung Sprünge, bei einigen Flügen versagen Komponenten der Steuerung oder die Klappen des Fahrwerks öffnen sich plötzlich bei vierfacher Schallgeschwindigkeit. Die meisten der Piloten haben Glück, sie bleiben bei den anschließenden Notlandungen auf einem der ausgetrockneten Seen der Mojave-Wüste unverletzt. Ein paarmal aber wird es eng für die X-15-Piloten. Beim 31. Flug der zweiten X-15 (interne Bezeichnung »X-15A-2«), dem insgesamt 74. Flug des Programms, heißt der Pilot Jack McKay. Nachdem die X-15 in 15 Kilometer Höhe von der B-52 ausgeklinkt wird und McKay das Triebwerk gezündet hat, teilt ihm Kollege Pete Knight aus dem Kontrollzentrum mit, daß das Triebwerk wegen eines technischen Defekts nur 30 Prozent Schub abgibt. Sofort leitet der Pilot das Verfahren für eine Notlandung auf einem etwas abseits gelegenen Trockensee, dem Mud Lake, ein. Er stellt den defekten Raketenmotor ab und beginnt mit den festgelegten Vorbereitungen für die Notlandung. McKay läßt das Ammoniak und den flüssigen Sauerstoff aus den Tanks ab, denn voll beladen kann die X-15 – wie übrigens viele andere Flugzeuge auch – nicht landen. Trotzdem versagt beim Aufsetzen die linke Kufe des Hauptfahrwerks, woraufhin sich das Flugzeug bei über 400 Stundenkilometer querstellt, überschlägt und auf dem Kopf liegend durch die Wüste pflügt. McKay ist kopfüber in seinem Sitz gefangen, die Haube hat er während des Überschlags noch abgesprengt. Bevor die Männer der Rettungsmannschaft sich daran machen können, ihn aus seiner mißlichen Lage zu befreien, muß ein Hubschrauber über dem Wrack zuerst die giftigen Ammoniakdämpfe wegblasen. Unter McKays Kopf wird ein tiefes Loch in den Wüstenboden gegraben, durch das er schließlich herausgezogen werden kann. Er wird die X-15 noch weitere Male fliegen, allerdings ist er nach der Bruchlandung wegen eines gebrochenen Wirbels fast zweieinhalb Zentimeter kleiner.

Sechs Monate nach McKays Unfall wird die Herstellerfirma beauftragt, die schwer beschädigte X-15A-2 zu reparieren und sie bei dieser Gelegenheit zu einer fortschrittlicheren Variante umzu-

Jack McKays Bruchlandung

bauen. Im Februar 1964 kommt die nunmehr modernste der drei Maschinen zurück nach Edwards und fliegt ein paar Monate später zum ersten Mal. Die wichtigste Modifikation ist das Hinzufügen zweier externer Treibstofftanks, die abgeworfen werden können. Durch den zusätzlichen Treibstoff soll es möglich sein, die X-15 sogar bis auf Mach 8 zu beschleunigen. Außerdem will die NASA mit der umgebauten X-15 ein sogenanntes »Ramjet-Triebwerk« testen, das zu jener Zeit gerade in der Entwicklung ist. Um einen zusätzlichen Tank für den Wasserstoff des Versuchstriebwerks unterzubringen, muß der Rumpf der Maschine um 74 Zentimeter verlängert werden. Die zweite X-15 erhält nun eine hitzebeständige weiße Beschichtung, um sie bei den erwarteten höheren Geschwindigkeiten noch besser vor Reibungswärme zu schützen.

X-15 Pilot Milton O. Thompson berichtet in seinem spannenden Buch *At the Edge of Space: The X-15 Flight Program* über seinen ersten Flug in der X-15: *»Die Erde leuchtete unter mir. Ich konnte die Krümmung der Erde in alle Richtungen sehen und die Atmosphäre schien ein Band blauen Dunstes unter mir zu sein, knapp über dem Horizont. Der Himmel über mir und an den Seiten war vollkommen schwarz. Aber irgendwas schien seltsam: Vor mir war die Erde dunkler, von blaugrauer Farbe. Plötzlich wurde mir klar, daß ich auf den Pazifischen Ozean hinabblickte. Die Küstenlinie von Kalifornien war in einem Winkel von 45 Grad unter mir. Ich würde über dem Ozean in die Atmosphäre zurückkommen!*

Ich konnte es nicht fassen. Irgend jemand hatte eine schrecklichen Fehler gemacht. Entweder hatte man mich viel zu weit draußen abgeworfen, oder ich war höher und weiter draußen als mir meine Instrumente oder das Radar am Boden anzeigten. Ich würde im Pazifik enden, und ich hatte kein Rettungsfloß in meiner Notfallausrüstung. Noch nicht einmal eine Schwimmweste. Ich steckte tief im Schlamassel. Es gab keine Möglichkeit, die Maschine zurück in die Atmosphäre zu bringen und gleichzeitig in Richtung Küste umzudrehen. Während ich völlig verblüfft dasaß, quatschte NASA-1 am Funk immer noch davon, wie schön mein Flugprofil aussähe. Die hatten offenbar keine Ahnung, was passierte, und ich hatte ein echtes Problem. Ich war drauf und dran denen zu sagen, daß sie nicht wußten, wovon sie redeten. Ich saß einfach da, steuerte intuitiv die Maschine und dachte darüber nach, wie sich die X-15 wohl bei der Wasserung verhalten würde. Dann wurde der blaue Streifen der Atmosphäre immer dicker und plötzlich hüllte

er mich ganz ein. Die Beschleunigungskräfte stiegen an und der Ozean verschwand langsam aus meinem Blickfeld. Langsam sah ich die Wüste und die Berge wieder aus einer gewohnteren Perspektive. Vor mir war jetzt wieder Land, kein Wasser. Der gute alte Rogers-Trockensee bei Edwards tauchte auf. Er war immer noch unter der Nase des Flugzeugs aber jetzt war ich wieder überzeugt, daß ich die Maschine zur Landung dort hinunter bringen konnte. Irgendwie hatte es doch geklappt. Ich war immer noch aufgeregt und den Kerl, der diesen Flug ausgearbeitet hatte, wollte ich mir schnappen. Er hatte mich wirklich zu Tode erschreckt, und nur durch meine Fähigkeiten hatte ich überleben können. Dem Typen würde ich wirklich in den Hintern treten! Er hätte mich wenigstens warnen können.

Später erfuhr ich, daß jeder der anderen Piloten bei seinem ersten Flug auf maximaler Höhe ebenso erschrocken war wie ich. Die Geometrie der Flüge war äußerst ungewöhnlich. In der größten Höhe war die X-15 nur 160 Kilometer von Edwards weg, aber in bis zu 90 Kilometern Höhe! Die Erfahrungen mit anderen Flugzeugen sagten einem zweifelsfrei, daß man nie schnell genug sinken konnte, um überhaupt noch über Land zu sein, bis man wieder unten war. Aber die X-15 war eben kein normales Flugzeug, sie war das Superflugzeug. Eine Mischung aus Raumschiff und Flugzeug. Eine ganz andere Dimension.«

Das Wissenschaftsunternehmen X-15 hat mehrere herausragende Forschungsziele: Die von den Forschern vorhergesagten Flugeigenschaften im Hyperschallbereich sollen bestätigt, ebenso die thermische Belastung des Fluggeräts getestet werden. Da es keine Windkanäle gibt, die dermaßen hohe Geschwindigkeiten, wie sie für die X-15 geplant sind, simulieren können, ist nicht bekannt, ob sich das Flugzeug durch die Reibung mit Luft wie berechnet erwärmen wird. Darüber hinaus soll herausgefunden werden, wie die Struktur des Flugzeugs bei starker Erwärmung und hoher aerodynamischer Belastung reagiert, aber auch, wie sich die Steuerung beim Austritt aus der Atmosphäre und beim anschließenden Wiedereintritt in die Lufthülle der Erde verhält. Ein weiterer wichtiger Aspekt: Wie geht es den Piloten unter der hohen physischen Belastung? Wo liegen die Grenzen, was Physis und Arbeitsbelastung betrifft? Zwei

Rakete oder Flugzeug? Die X-15 ist beides

verschiedene Flugprofile sind von der *NASA* für die X-15 entwickelt worden. Eines für maximale Geschwindigkeit, das andere für größtmögliche Flughöhe. Hochgeschwindigkeitsflüge finden in 30 Kilometer Höhe und unter Verwendung der konventionellen aerodynamischen Flugsteuerung statt. Wenn es aber um die maximale Höhe geht, beginnt der Flug nahezu senkrecht mit voller Leistung, so daß die X-15 für kurze Zeit aus der Atmosphäre austritt. Die kinetische Energie des bemannten Geschosses ist so groß, daß die X-15 nach dem Abstellen des Triebwerks noch bis zu zwei Minuten lang fast senkrecht weitersteigt, bis sie schließlich die Spitze der Parabel erreicht und, nachdem sie für kurze Zeit der Schwerelosigkeit ausgesetzt ist, in die Atmosphäre zurückzufallen beginnt. Im luftleeren Raum kann die X-15 nur über die kleinen Steuertriebwerke gelenkt werden, ihre Ruder sind im Vakuum wirkungslos. Ein typischer Flug in der X-15 – der nach Ansicht eines ihrer Piloten so anstrengend ist wie zwölf Stunden Arbeit mit der Schaufel – dauert nur etwa zehn, maximal zwölf Minuten. In dieser Zeit legt sie allerdings über sechshundert Kilometer zurück. Nach dem Start in Kalifornien führen die meisten Flugprofile bis hinein nach Nevada und zurück zur Edwards Air Force Base.

Bis Ende 1961 bekommen die Wissenschaftler in zahlreichen Flügen mit der X-15 Antworten auf viele wichtige Fragen. So wird festgestellt, daß die Herzfrequenz der X-15-Piloten zwischen 145 und 180 Schlägen pro Minute variiert. Weitere Untersuchungen erbringen, daß es vor allem der psychische Streß vor dem Start ist, der das Herzrasen verursacht, und nicht der Start oder Flug selbst. Für die Entwicklung der bemannten Raumfahrt sind diese Erkenntnisse von hohem Wert. Und auch die Aerodynamiker sind zufrieden: Ihre Vorhersagen bestätigen sich weitgehend, was die Flugeigenschaften betrifft. Bei Mach 6, so finden die *NASA*-Experten ebenfalls bis 1961 heraus, ist die thermische Belastung des Flugzeugs bereits acht mal so groß wie bei dreifacher Schallgeschwindigkeit. Die heißesten Teile des Flugkörpers sind unter diesen Extrembedingungen Spitze und Unterseite.

1961 erreicht die X-15 ihre angestrebte Höchstgeschwindigkeit von Mach 6 und eine Flughöhe von über 200 000 Fuß, 60 Kilometer. Im Jahr darauf gehen die meisten der Flüge bereits in über

Neil Armstrong in der X-15

90 Kilometer Höhe. Innerhalb nur eines Jahres hat die X-15 die Höchstgeschwindigkeit für Flugzeuge von Mach 3,2 auf Mach 6,04 heraufgesetzt. Bob White erzielt diesen ersten fabelhaften Rekord am 9. November 1961.

Zwölf Männer fliegen die X-15 insgesamt, darunter Joe Engle, der später als Kommandant des Space Shuttle noch einmal eine längere Zeit im Weltraum sein wird. Der berühmteste unter der Bezwingern des schwarzen Monsters aber ist Neil Armstrong, der Jahre später, am 20. Juli 1969 als erster Mensch die Oberfläche des Mondes betritt. Armstrong wird die X-15 siebenmal fliegen. Einer seiner sieben Ausritte mit der X-15 geht beinahe schief, aber auch bei diesem Job beweist der Mann, der für seine Kaltblütigkeit beim Anflug auf den Mond (in der Mondfähre fällt kurz vor dem Aufsetzen ein Computer aus) berühmt wird, seine Nerven aus Stahl. Unterwegs zum Abwurfpunkt wird die B-52 schon von extremen Turbulenzen durchgeschüttelt. Nach dem Start des Triebwerks zieht Armstrong die X-15 in einen steilen 32-Grad-Steigflug. In seinem, dem 51. X-15-Flug, soll die neue automatische Steuerung, die sämtliche Funktionen von Rudern und Steuertriebwerken in

X-15-Piloten Joe Engle, Bob Rushworth, Jack McKay, Pete Knight, Milt Thompson und Bill Dana...

einem Steuerknüppel vereint, getestet werden. Dazu soll Armstrong auf der Spitze der Hyperbel, in 62 Kilometer Höhe die Nase für den Wiedereintritt herunterdrücken und anschließend noch einige Tests mit der neuen Steuerung durchführen. Beim Fliegen der X-15 ist Präzision alles: Eine Abweichung von nur einem Grad beim Steigwinkel oder die geringste Verzögerung beim Abschalten des Triebwerks kann die geplante Flugbahn um viele Meilen verändern. Armstrong erreicht die geplante Höhe ziemlich genau und führt seine Tests mit den Raketentriebwerken durch. In 60 Kilometer Höhe beträgt der Luftdruck nur noch etwa ein Zehntausendstel des Wertes auf Meereshöhe, und so ist die Erprobung der Steuerung für das All in dieser Höhe durchaus repräsentativ. Beim nachfolgenden Wiedereintritt in die Atmosphäre hat Armstrong keine Probleme, außer daß etwas Rauch der durch die große Hitze abbrennenden Lackierung in das Cockpit eindringt. Dann aber stellt sich heraus, daß die X-15 etwas zu flach in die Atmosphäre eingetaucht ist. Durch den falschen Winkel beim Widereintritt prallt die X-15 kurz darauf wie ein flacher Stein von einer Wasseroberfläche von der Atmosphäre ab und wird zurück ins All ge-

Mit dem Flugzeug an den Rand des Weltraums

... einsatzbereit?

schleudert. Die Flugkontrolle der *NASA* weist Armstrong über Funk an, sofort eine steile Linkskurve zu fliegen. Er ist jetzt viel zu hoch. Den Männern am Boden ist klar, daß die X-15 durch diesen Fehler im Begriff ist, sich zu weit von der Landebahn auf dem Trockensee zu entfernen.

Obwohl Armstrong sofort in eine 60 Grad steile Kurve geht, ist der Radius des Wendemanövers riesig. X-15-Anflüge auf den Rogers Dry Lake werden normalerweise vom Norden her in einer Vollkreisspirale geflogen, in der die Piloten auf die Endanflughöhe von etwa 10 Kilometer sinken. Armstrong aber ist immer noch viel zu schnell, um in die Spirale einzuschwenken und treibt trotz der enormen Schräglage weiter ab. Er ist jetzt weit südlich der Edwards Air Force Base, überquert bereits die beiden Städte Palmdale und Lancaster am Rand der Wüste. Schließlich befindet er sich 70 Kilometer südlich von Edwards über den San-Gabriel-Bergen, wenige Meilen nördlich von Downtown Los Angeles. Wenn er nur noch ein wenig weiter nach Süden abgedriftet wäre, hätte er sich auch gleich eine Landefreigabe für den Internationalen Flughafen von Los Angeles geben lassen können, wird später gewitzelt.

Armstrong bleibt in der engen Kurve, dreht ein auf einen Kurs zurück in die Wüste. Aber die Sinkrate der X-15 ist im Gleitflug extrem hoch: Auf vier Kilometer Flugstrecke verliert sie einen Kilometer an Höhe. Die vorgesehene Piste auf dem Rogers Dry Lake verwirft Armstrong bereits, aber ebensowenig will er auf den Alternativpisten von Palmdale oder auf dem Rosamond-See landen. Armstrong, der auch als Pilot der Mondfähre Augenmaß beweisen wird, schätzt, daß er noch näher zur Basis zurückkommen kann, und wählt ein südlich von Edwards gelegenes Seebett für die Landung. Dort landet die X-15 schließlich sicher – nachdem sie die Bäume am Rand der Wüste mit knapp 30 Meter Höhenreserve überflogen hat, wie einer der Piloten eines Begleitflugzeugs später berichtet.

Am Morgen des 3. Oktober 1967 sitzt Testpilot Pete Knight bereits über eine Stunde mit Checklisten im engen Cockpit der X-15, als endlich die acht Triebwerke des B-52-Trägerflugzeugs angelassen werden. Nach dem Start von der Sandpiste des Trockensees dauert es 50 Minuten bis die B-52 den geplanten Auslösepunkt querab des Mud Lake, 300 Kilometer nördlich von Edwards erreicht. Jetzt beginnt Knight mit der Auslöseprozedur, aber der Start funktioniert nicht wie geplant. Erst beim zweiten Versuch fällt die X-15 von der B-52 ab. Knight zündet das Triebwerk und wird während des darauf folgenden Steigflugs mit dem zweifachen seines Gewichts in den Sitz gedrückt. Nach 60 Sekunden Brenndauer ist er bereits über Mach 2 schnell und in 21 Kilometer Höhe. Der Inhalt der externen Tanks ist jetzt verbraucht und Knight betätigt den Abwurfmechanismus für die beiden leeren Behälter. Im flachen Sinkflug beschleunigt die X-15 bei voller Triebwerksleistung mit unglaublicher Gewalt weiter. Nachdem Knight den Raketenmotor schließlich abgestellt hat, glüht die X-15 förmlich. Er beginnt seinen Gleitflug zurück zur Basis. Da er im Anflug zu hoch ist, muß er die Luftbremsen ausfahren, Metallplatten, die sich in den Luftstrom stellen, um noch schneller an Höhe zu verlieren und möglichst den Anfang der Landebahn zu erwischen. Die Schlüsselposition für den Anflug ist in über zehn Kilometer Höhe. Da die Sicht aus dem engen Cockpit mit den schmalen Scheiben, die eher Sehschlitzen gleichen, schlecht ist, muß Knight die X-15 in eine steile 60-Grad-

Mit dem Flugzeug an den Rand des Weltraums **227**

Kurve zwingen, um seine Landestelle überhaupt zu sehen und in die richtige Position für den Endanflug zu kommen. Erst 30 Meter über dem Boden fährt er die beiden Landekufen und das Bugrad aus, dann setzt die X-15 hinten auf. Kurz darauf, als die Maschine langsamer wird und die Nase sich senkt, schlägt das Bugrad mit achtfacher Erdbeschleunigung auf dem harten Wüstenboden auf. Ab jetzt ist X-15-Pilot Knight nur noch Passagier, über drei Kilometer rutscht die Maschine bis sie zum Stillstand kommt. Es ist eine ganz normale X-15-Landung.

Die Männer der Bodenmannschaft kommen nicht, wie nach anderen Flügen üblich, zum Cockpit, um als erstes dem Piloten herauszuhelfen, sondern stürzen zum Heck des Flugzeugs. Nachdem Knight endlich auf dem Wüstenboden steht, ist ihm klar, was seine Ground Crew so aufregt: Die Temperaturen waren derart hoch, daß ein Teil der unteren Seitenflosse und mit ihm größere Teile des zu erprobenden Versuchstriebwerks weggeschmolzen sind. Wohlgemerkt nicht durch die Temperatur des Abgasstrahls, sondern allein durch die Reibung der Atmosphäre!

Nach der Auswertung der Daten steht fest: Knights Flug mit der Nummer 188 war der schnellste aller bisherigen X-15-Flüge: Mach 6,72, fast 7300 Stundenkilometer hat er erreicht. Damit ist Pete Knight doppelt so schnell wie eine Gewehrkugel geflogen. Was an jenem Tag noch niemand weiß ist, daß die X-15A-2 damit einen Weltrekord aufgestellt hat, der auch zum 100jährigen Jubiläum des Motorflugs 2003 nicht gebrochen sein wird. Die X-15 ist und bleibt auf unabsehbare Zeit das schnellste Flugzeug der Welt. Und nicht nur das: Bereits am 22. August 1963 hat Joe Walker mit 354 200 Fuß (108 Kilometer) einen absoluten Höhenweltrekord für Flugzeuge aufgestellt.

Nach vielen aufregenden und erfolgreichen Flügen über mehrere Jahre läutet ein tragisches Unglück den Anfang vom Ende des X-15-Programms ein. Am 15. November 1967 um 10.30 Uhr löst sich die X-15A-3 (die dritte und modernste X-15) nahe des Delamar Dry Lake in 45 000 Fuß von ihrem B-52-Mutterschiff. Am Steuer sitzt der erfahrene *Air Force*-Testpilot Michael J. Adams. Nachdem Adams das Triebwerk gezündet hat, steigt er nahezu senkrecht auf 85 000 Fuß. Kurz darauf wird die Steuerung durch einen kleinen elektrischen Fehler gestört, aber da die X-15 über redundante Systeme verfügt, setzt Adams den Flug fort. Im Kontrollraum beobachtet X-15-Pilot Pete Knight gemeinsam mit einem Team von Ingenieuren den Flug, als klar wird, daß irgend etwas nicht in Ordnung ist: Bei einem Manöver, bei dem Adams die Maschine auf ihrem steilen Steigflug nach links und rechts rollt, damit die eingebaute Filmkamera den Horizont aufnehmen kann, beginnt die Maschine, sich in ungewohnter Form aufzuschaukeln. Dabei wird sie schließlich auch langsamer und fängt an, vom Kurs abzudriften. 40 Sekunden nach Beginn der ungewöhnlichen Rollbewegungen, um 10.33 Uhr, erreicht die X-15 ihre größte Höhe bei diesem Flug, 266 000 Fuß, fast 81 Kilometer. Jetzt ist sie bereits 15 Grad vom geplanten Kurs abgewichen. Als die Maschine am obersten Punkt ihres Fluges angekommen ist, hört die Abdrift für einen kurzen Moment auf, setzt dann aber wieder ein, und schließlich sinkt die X-15 im rechten Winkel zum vorgesehenen Flugweg. In 230 000 Fuß, 70 Kilometer Höhe gerät Adams bei Mach 5 ins Trudeln. Im Kontrollraum am Boden kann diese Erscheinung nicht beobachtet werden, da die Ingenieure keine Anzeigen über den Kurs der Maschine haben und deshalb die Drehbewegung der Maschine nicht erkennen. Als Adams 15 Sekunden später am Funk aufgeregt berichtet, daß er trudelt, nehmen die Beobachter das nicht richtig ernst, meinen Adams sei nur »ein wenig hoch«, sonst aber sei alles völlig normal. Sie ahnen nicht, daß die Maschine sich inzwischen bereits rasend schnell um eine Tragfläche dreht während sie abstürzt. Um 10.34 Uhr meldet der aufgeregte Adams erneut: »Ich bin im Trudeln, Pete!« Und jetzt deuten auch die Anzeigen darauf hin, daß Adams tatsächlich die Kontrolle über das Flugzeug verloren hat. Einer der Männer am Boden bemerkt leise: »Der Junge ist in Schwierigkeiten.« Trotzdem glauben immer noch alle, daß Adams übertreibt. Die X-15 bei mehrfacher Schallgeschwindigkeit im Trudeln? Allein die Vorstellung ist furchterregend. Auf ihren Monitoren können die Ingenieure nur die Nick- und Rollbewegungen der X-15 erkennen, die rasante Drehung um die Hochachse können sie nicht ablesen. Wer noch Zweifel hat, wird einige Sekunden später durch einen weiteren Funkspruch aus der X-15 überzeugt. Wieder meldet Adams das Trudeln seiner Maschine.

Mit dem Flugzeug an den Rand des Weltraums

Sekunden nach dem Start, das Triebwerk hat gezündet

Noch nie ist einer der Piloten mit der X-15 getrudelt. Und deshalb weiß auch keiner der Beobachter, was der Pilot tun könnte, um den gefürchteten Autorotationszustand zu beenden. Im Gegensatz zu einer steilen Spirale, aus der man jederzeit durch Gegenlenken mit Seiten- und Querruder herauskommen kann, liegt beim Trudeln die Luftströmung nur noch auf der äußeren Tragfläche an, während der Auftrieb am inneren Flügel vollkommen zusammengebrochen ist. Bei den meisten Flugzeugen wird das Trudeln beendet, indem der Pilot mit den Füßen das Seitenruder entgegen der Drehrichtung betätigt und dann den Steuerknüppel nach vorn drückt, um den Winkel, in dem die Luft auf die Vorderkante der Tragflächen trifft, zu verringern und so den »überzogenen« Flugzustand aufzuheben. Strömt die Luft anschließend wieder in einem günstigeren Winkel um die Tragfläche, erzeugt diese wieder Auftrieb. Nun muß der Pilot das Flugzeug noch gefühlvoll aus dem resultierenden Sturzflug abfangen, um es auf keinen Fall zu überlasten. Immer wieder geschieht es unerfahrenen Piloten, daß sie in dieser letzten Phase zu hastig am Knüppel ziehen – sei es, weil der Boden schnell näher kommt oder die Geschwindigkeit rasant ansteigt – und so das Flugzeug überlasten bis es zerbricht. Testpilot Adams kennt natürlich alle gängigen Verfahren für das »Ausleiten« aus dem Trudeln, aber bei der X-15 hat niemand jemals an diesen Flugzustand gedacht, und die Ingenieure wissen deshalb nichts über das Verhalten des Raketenflugzeugs in einer solchen Situation bei mehrfacher Schallgeschwindigkeit.

Adams versucht alles. Er schlägt den Knüppel gegen die Drehung und benutzt dadurch nicht nur die Ruder sondern auch die kleinen Triebwerke in der Rumpfspitze, um die Drehung zu beenden. Und tatsächlich, nach einigen weiteren Umdrehungen hört die Rotation auf und die X-15 beginnt, sich wieder zu stabilisieren. Allerdings ist sie jetzt, in 35 Kilometer Höhe, mit 4,7-facher Schallgeschwindigkeit im 45-Grad-Rückensturzflug. Dennoch hat Adams noch eine Chance. Er ist hoch genug, um vorsichtig aus dem Sturzflug herauszukommen und eine Notlandung zu versuchen. Aber ein weiteres technisches Problem mit der Steuerung verhindert schließlich, daß er es schafft. Mit einer Sinkrate von 50 Kilometern pro Minute stürzt die X-15 auf die Wüste zu, als die defekte Steuerung bei fast vierfacher Schallgeschwindigkeit abrupte Fluglageänderungen verursacht. Adams kann nichts mehr tun: In 20 Kilometer Höhe über dem kalifornischen Searles-Tal wird die X-15 durch ihre heftigen Bewegungen so extremen Beschleunigungen und aerodynamischen Kräften ausgesetzt, daß sie – ganz ähnlich dem Space Shuttle Columbia 36 Jahre später und drei Staaten weiter östlich über Texas – mit einem lauten Knall in viele Teile zerbricht. Und wie bei der Columbia ahnt die Kontrollmannschaft am Boden, daß ein Unglück passiert sein muß, als der Datenfluß über die Telemetrieanlage plötzlich abreißt.

In der Nähe von Johannesburg, Kalifornien, etwa fünfzig Kilometer nördlich von Edwards, sehen zwei Jäger den Rumpf der zerbrochenen X-15 herabstürzen und auf einem Hügel aufschlagen. Kurze Zeit später sichtet auch der Pilot eines der Begleitflugzeuge das Hauptwrack in der Wüste. Mike Adams ist tot.

Die Ursache des Unfalls, so stellen Experten der NASA später fest, nachdem sie auch die Kassette mit dem Film der Cockpitkamera aus der Wüste geborgen haben, ist eine verheerende Mischung aus Pilotenfehlern und technischem Versagen. Adams hat das bemannte Geschoß wahrscheinlich durch eine Kombination von Unaufmerksamkeit, Orientierungsverlust und der Fehlinterpretation der Fluglageinstrumente aus der optimalen Flugbahn gebracht. Als Konsequenz aus dem Unglück ordnet die Untersuchungskommission an, daß bei zukünftigen X-15-Flügen mehr Parameter per Funk aus dem Flugzeug zum Boden übertragen werden sollen. Außerdem sollen X-15-Piloten gründlicher auf eine mögliche Anfälligkeit für räumliche Desorientierung hin untersucht werden. Bis in die neunziger Jahre finden Souvenirsammler in der kalifornischen Wüste Splitter, aber immer wieder auch größere Teile der X-15A-3. Sie werden bis heute, teilweise über das Internet als makabre Andenken gehandelt. Obwohl Adams der einzige Pilot ist, der einen Start in der X-15 mit dem Leben bezahlen mußte, war jeder Flug extrem gefährlich und einige der Flieger hatten großes Glück, das Abenteuer X-15 lebend hinter sich zu bringen. Wie gefährlich die X-15 wirklich war, zeigt ein Zitat, das Bob Rushworth – mit 34 Flügen erfahrenster X-15-Pilot – zugeschrieben wird. Als er beschließt, das X-15-Programm zu verlassen, bemerkt er ironisch, »er wolle jetzt eine Zeitlang etwas tun, was weniger gefährlich ist – zum Beispiel in Vietnam Einsätze als Kampfpilot fliegen«.

Im Jahr 1968 geht die erste X-15 noch achtmal in die Luft, zuletzt am 24. Oktober. Es ist der 199. Flug des Programms. Es werden noch mehrere Versuche unternommen, den 200. Flug durchzuführen, aber es soll nicht mehr dazu kommen. Am 20. Dezember 1968 sitzt Pete Knight bereits startklar im Cockpit und das Trägerflugzeug ist abflugbereit. Plötzlich fegt ein Schneesturm über die Wüste. Der Flug wird abgesagt – und das ist das unspektakuläre Ende des praktischen Teils des X-15-Programms. An den Schreibtischen, den Laboratorien und in der wissenschaftlichen Literatur wirkt die X-15 noch lange nach. Die Flüge der X-15 sind mit einem Ausstoß von 750 Berichten eines der ergiebigsten Forschungsunternehmen aller Zeiten. Viele der mit ihrer Hilfe gewonnenen Erkenntnisse werden in der Raum- aber auch in der Luftfahrt späterer

Jahre umgesetzt. Die Entwicklung des Space Shuttle stützt sich in vielen Punkten auf Erfahrungen, die aus den Forschungsergebnissen der X-15 resultieren.

Knapp 300 Millionen Dollar kosteten die 199 Flüge des X-15-Programms. Viel Geld, aber im Vergleich zu den 1,5 Milliarden Dollar für nur sechs Flüge des ersten bemannten Raumfahrtprogramms der USA – »Mercury« – ein Sonderangebot. Und das Geld ist gut angelegt: Die X-15 versorgte die amerikanische Luft- und Raumfahrtentwicklung mit einem enormen Reichtum an Daten zur Hyperschall-Aerodynamik und zur aerodynamischen Erwärmung, half bei der Entwicklung von Steuertriebwerken für Raumschiffe und erbrachte wertvolle Erkenntnisse in Bezug auf Flugtechniken für den Wiedereintritt in die Erdatmosphäre.

Der Unterschied zwischen der X-15 und einem Raumschiff liegt vor allem darin, daß das Flugzeug trotz seiner hohen Leistung nie schnell genug war, die Anziehungskraft der Erde dauerhaft zu überwinden. Um in einen stabilen Orbit zu gelangen, wäre eine Geschwindigkeit von 29 000 Stundenkilometern nötig gewesen. Dennoch erreichten acht X-15-Piloten auf ihren Parabelflügen den Weltraum und wurden später auch offiziell zu den ersten Astronauten Amerikas gerechnet.

1989

Notlandung in Sioux City

19. Juli 1989, nachmittags: Flug 232, eine McDonnell Douglas DC-10 der *United Airlines*, auf dem Weg von Denver nach Chicago. In elfeinhalb Kilometer Höhe zieht der Airliner über dem flachen Farmland des Mittleren Westens der USA ruhig seine Bahn. Die Maschine ist vor einer Stunde in Denver gestartet und hat soeben den Missouri River überflogen, der den Staat Iowa im Westen von Nebraska trennt. Ein paar Meilen nördlich liegt die Provinzstadt Sioux City.

Am frühen Nachmittag dieses leicht dunstigen Sommertags ist es fast 30 Grad warm in Sioux City, eine leichte Brise aus Nord sorgt für etwas Abkühlung. Eine durchbrochene Wolkendecke liegt über der ebenen Landschaft. Wie um diese Jahreszeit üblich, beginnen sich die ersten Gewitterwolken aufzutürmen, Vorboten der typischen Sommergewitter des Mittleren Westens. Alle Linienpiloten, die den Kontinent regelmäßig überqueren, auch der Kapitän von UA 232, Al Haynes und seine Crew, kennen die Fronten, die sich oft im Juli und August quer über die Mitte des Kontinents spannen. Heute aber wird das Stadium, in dem sich die Gewitterwolken entladen, erst am Abend erreicht sein. Nur einmal mußte die Besatzung in der vergangenen Stunde einem der massiven schieferfarbenen Wolkentürme ausweichen, die manchmal fast bis an den Rand der Stratosphäre reichen. Selbst Piloten massiver Airliner meiden Gewitterwolken. Sie gehören zu den wenigen Wettererscheinungen, die sogar einem großen Verkehrsflugzeug etwas anhaben können. Wenn die Unwetter heute abend in dieser Gegend toben, wird UA 232 bereits auf dem Weg zur Ostküste sein, denn nach einem kurzen Stopp in Chicago wird die DC-10 nach Philadelphia weiterfliegen. Andere Piloten, die später am Tag hier durchkommen, werden von den Cumulonimbus-Wolken mit ihren enormen Auf- und Abwinden, Hagel und elektrischen Entladungen respektvoll Abstand halten.

296 Menschen sind an Bord von UA 232: 285 Passagiere, acht Flugbegleiterinnen, drei Mann vorn im Cockpit. Der Erste Offizier, Bill Records, steuert die Maschine auf dieser Teilstrecke. Eigentlich trifft das nicht ganz zu, denn Records ist zwar von Captain Haynes für diesen Flug zum »Pilot Flying« bestimmt worden, aber im Reiseflug werden Airliner meist vom Autopiloten gesteuert. Erst später, im Anflug auf Chicago O'Hare wird der Copilot den Autopiloten deaktivieren und anschließend von Hand landen. Wie bei allen Fluggesellschaften üblich, wechseln sich die beiden Piloten ab. Schließlich soll jeder von ihnen in Übung bleiben und Gelegenheit haben, ausreichend Flugstunden zu sammeln. Auch das ist Standard. Es ist der dritte von vier Tagen, an denen die United-Crew mit dem riesigen achtzehn Jahre alten Dreistrahler, Kennzeichen N1819U, unterwegs sein soll. Copilot Records, Captain Al Haynes und Flugingenieur Dudley Dvorak kennen sich gut, sie haben in den vergangenen drei Monaten sechsmal zusammen als Cockpitcrew eine DC-10 geflogen. Die Besatzungsmitglieder von UA 232 sind alten Hasen: Allein Captain Haynes ist in den 35 Jahren seiner Pilotenkarriere fast 30 000 Stunden in der Luft gewesen. Zuerst als Marineflieger und -fluglehrer, seit 1956 ist er Verkehrspilot bei United. 7000 Stunden Flugerfahrung hat er allein auf der DC-10, fast sechs Millionen Kilometer, nur auf diesem einen Flugzeugtyp.

Viel hat Pilot Records über dem Mittleren Westen nicht zu tun: gelegentlich die komplexen Systeme des Großraumjets überwachen und auf die in dieser einsamen Gegend eher seltenen Anweisungen der Flugsicherung achten. Noch etwa fünfundvierzig Minuten, dann wird er sich für den Anflug auf Chicago vorbereiten, die letzten Wettermeldungen abhören und nachdem klar ist, welche Landebahn sie anfliegen werden, gemeinsam mit dem Captain das Anflug-Briefing durchführen. Schlagartig wird es vorbei sein mit der Stille in der Kanzel. In einer während der Ausbildung immer wieder gedrillten und über die Jahre bis zur Perfektion geübten Prozedur wer-

Notlandung in Sioux City

den die Piloten dann den Ablauf des Anflugs gemeinsam durchgehen. Der »Pilot Flying«, heute also Copilot Records, wird die wichtigsten Daten für den Anflug auswendig herunterbeten, nachdem er sie vorher noch einmal in den entsprechenden Karten studiert hat.

Auf welchem Kurs wird Approach Control die Maschine an die Landebahn heranführen? Ein Anflug auf Chicago O'Hare wird nie völlig zur Routine. Wie jede Begegnung mit dem Mega-Airport der Sieben-Millionen-Metropole am Michigansee mit den sieben sich kreuzenden Pisten und den komplexen An- und Abflugwegen wird auch dieser Anflug von der Crew höchste Konzentration fordern. An diesem größten Drehkreuz der Weltluftfahrt sind wegen des immensen Verkehrs immer mehrere Landebahnen gleichzeitig in Betrieb. Vollbesetzte startende und landende Maschinen, manche fast 400 Tonnen schwer, rasen an den Kreuzungen der Pisten oft nur im Sekundenabstand mit über 200 Sachen wenige Meter aneinander vorbei. Kein Spielraum für Fehler. Über der Metropole des Mittleren Westens ist der Himmel zu jeder Tages- und Nachtzeit stark eisenhaltig, hier ist immer die Hölle los. Die Fluglotsen am Funk reden schnell, und sie erwarten die schnelle und präzise Bestätigung ihrer Anweisungen durch die Piloten. Die schnoddrigen Antworten der Controller, wenn ein Pilot es wagen sollte, am Funk etwas in Frage zu stellen, sind legendär. »Sind das wirklich (die vorgeschriebenen) drei Meilen Abstand«, fragt eines Nachts besorgt ein Flugkapitän im Anflug auf O'Hare, als ihm die Lichter der vor ihm landenden Maschine verdächtig hell erscheinen. »Richtig«, schnauzt der Mann am Radarschirm zurück. »Sie sind eineinhalb hinter ihm, und er ist eineinhalb vor Ihnen, macht drei Meilen. Und wenn Ihnen das zu nah ist, dann fahren Sie Ihren Sitz ein Stück zurück.«

Noch bleibt der Besatzung von UA 232 etwas Zeit. Aber für den Anflug, der den Piloten in weniger als einer Stunde tatsächlich bevorsteht, gibt es keine Checkliste, keine Regeln, kein Briefing. Bald wird nichts mehr so ablaufen, wie sie es einmal gelernt haben.

UA 232 ist über Iowa unter der Kontrolle von Minneapolis Center, der Flugsicherungsstelle, die für diesen Streckenabschnitt verantwortlich ist. Der Autopilot, der die Maschine in ihrer Reiseflughöhe von 37 000 Fuß, elfeinhalb Kilometer hält, sorgt zusammen

Die Unglücksmaschine: Die DC-10 mit dem Kennzeichen N1819U wurde am 12. April 1974 an United Airlines ausgeliefert

mit dem »Autothrottle-System«, der elektronischen Schubregelung, für eine gleichbleibende Geschwindigkeit von Mach 0,83, etwas weniger als 900 Stundenkilometer.

Sechzehn Minuten nach drei. Die Reisenden werden durch einen Knall, der das ganze Flugzeug erzittern läßt, aus ihrem Dösen gerissen. Die meisten Passagiere beruhigen sich nach einigen bangen Sekunden schnell. Es ist wieder ganz still in der Kabine, und die Flugbegleiterinnen machen mit der eben begonnenen Essensausgabe weiter. In der Kanzel aber beginnt in diesen Sekunden ein dramatischer Kampf der Piloten mit dem Tod. 44 Minuten später wird er etwas besser als unentschieden ausgehen.

Auch die Piloten im Cockpit haben den Knall gehört und spüren, wie die Maschine vibriert. Copilot Records wirft einen Blick auf seine Instrumente, und sofort ist ihm klar, daß Triebwerk Nummer 2, fünfzig Meter vom Cockpit im Seitenleitwerk des Flugzeugs montiert, ausgefallen ist.

Der Ausfall eines Triebwerks bei einem drei- oder vierstrahligen Jet bringt einen geübten Piloten kaum aus der Ruhe, sogar bei einem vollbesetzten, zweistrahligen Passagierflugzeug ist der Leistungsüberschuß so groß, daß die Piloten meist keine Mühe haben, mit nur einem laufenden Triebwerk bis zum nächsten Airport weiterzufliegen. Die mächtige DC-10 wird sogar von drei General Electric CF6-6D-Mantelstromtriebwerken angetrieben, von denen jedes über achtzehn Tonnen Schub liefert. Die Erkenntnis »Triebwerksausfall, Nummer zwei« ist für First Officer Records deshalb noch kein Grund zur Panik. Die Flugzeit wird sich etwas verlängern, da die Maschine mit zwei Dritteln des Antriebs nicht mehr ihre hohe Reisegeschwindigkeit halten kann, und die Piloten haben etwas mehr Arbeit, sie müssen noch konzentrierter bei der Sache sein. Aber die Passagiere werden den Ausfall eines von drei Triebwerken kaum bemerken.

Im selben Moment, in dem Records den Triebwerksausfall durch den Knall und mehrere aufleuchtende Warnanzeigen auf seinem Teil des Instrumentenbretts bemerkt, reagiert auch sein Boss: Captain Haynes fordert sofort die »Engine Shutdown Checklist« von seinem Copiloten an, die gedruckten Anweisungen für einen Triebwerksausfall. In diesem Handbuch ist genau festgelegt, nach welchem Prozedere Piloten ein krankes Triebwerk abstellen müssen, um dem Flug jedes Risiko zu ersparen und die Maschine sicher zum Zielort zu bringen. Es gibt Checklisten für Brände an Bord, für das Versagen von Instrumenten, Navigationsanlagen und Hydrauliksystemen. Was ist zu tun, wenn das Fahrwerk sich nicht ausfahren läßt? Wie geht man bei Rauch im Cockpit vor? Was wird getan, wenn die Klimaanlage, der Strom, die Bordküchen oder die Toiletten ausfallen? Was, wenn der Autopilot einmal versagt oder wegen eines Elektronikfehlers keine Kommunikation mit der Flugsicherung am Boden mehr möglich ist? Für nahezu jeden denkbaren Störungs- oder Notfall gibt es eine konkrete Instruktion des Flugzeugherstellers, für manche Probleme zusätzliche Anweisungen der Fluggesellschaft, die ihren Piloten für bestimmte Notfälle festgelegte Verfahren vorschreibt. Airlinepiloten wie Haynes und Records sind darauf gedrillt, Notfälle cool wie Krisenmanager abzuarbeiten und auch in akuter Lebensgefahr schnell, diszipliniert und hoch konzentriert ihre Checklisten abzuarbeiten. Nicht für das »Geradeausfliegen« mit Hilfe des Autopiloten bekommen Flugkapitäne hohe Gehälter, sondern dafür, daß sie in einer Krisensituation die Nerven behalten und keine Fehler machen. Nichts wird dem Zufall überlassen, und sogar die Kommunikation und die Arbeitsteilung zwischen den Piloten wird auf der Verkehrsfliegerschule geübt. Was sind die psychologischen Fallen, welche Mißverständnisse müssen auf jeden Fall vermieden werden, damit aus einem Notfall keine Katastrophe werden kann? Wann darf ein Copilot die Autorität seines Captains anzweifeln, in welchen Fällen aber muß er sich den Anordnungen seines Chefs sogar verweigern? Wer drei oder gar vier Streifen am Ärmel tragen will, der muß die Funktion und Arbeitsweise aller Komponenten eines aus Millionen Teilen zusammengesetzten Airliners verstehen. Ein einfacher Triebwerksausfall bei einem modernen Verkehrsflugzeug gehört nicht zu den Notfall-Szenarien, die einen Airlineprofi schrecken können. Er wird in den Simulatoren der großen Fluggesellschaften immer wieder geübt, die Piloten wissen, daß sie so eine Situation im Griff haben. Und mancher Airlinepilot geht nach drei Jahrzehnten Dienst auf Boeing, Lockheed, Airbus oder McDonnell Douglas in Pension und hat nie erlebt, daß sich einer der Düsenmotoren auch nur verschluckt hätte. Die Motoren eines Airliners sind von einer nahezu unglaublichen Robustheit. Auf 150 000 Stunden Flugbetrieb, sagt eine Statistik, kommt durchschnittlich ein Triebwerksausfall. Manchmal werden die viele Millionen Dollar teuren und bis zu fünf Tonnen schweren Turbinen vorsichtshalber vorausschauend abgestellt. Beispielsweise wenn sie zu heiß werden oder nicht alle Anzeigen im grünen Bereich sind. Echte Ausfälle aber, bedingt durch mechanische Zerstörung, sind sehr selten.

Die wichtigste Regel im Notfall gilt für alle Piloten, egal ob in ihrer kleinen Cessna die Tür unversehens aufspringt, ein Vogel die Scheibe durchschlägt oder beim Flug über den Atlantik mit 500 Menschen im Jumbo ein Triebwerk explodiert: »Fly the Airplane!« Das geflügelte Wort, jedem bekannt, der einen Pilotenschein hat, ist der beste Schlüssel zum Überleben – und wird zumindest von Amateuren immer wieder mißachtet. Legion sind die Abstürze, bei denen an sich noch einwandfrei flugfähige Maschinen nur abstürzten, weil sich die Piloten irritieren ließen.

First Officer Records macht, als um 15.16 Uhr hoch über Iowa Triebwerk Nummer zwei ausfällt, alles richtig. Augenblicklich beginnt er mit Haynes die Checkliste für den Triebwerksausfall durchzugehen. Die beiden Profis arbeiten hochkonzentriert und schnell. Records hat nach dem Alarm sofort den Autopiloten deaktiviert und will die Maschine von Hand fliegen – er glaubt in diesen ersten Momenten noch, daß ihm dies gelingt. Nie soll im Notfall ein Automat das Flugzeug steuern, in Krisen sind immer Menschen die besten Piloten. Wird der Autopilot zu spät deaktiviert, können die Piloten die Kontrolle über das Flugzeug verlieren, einfach weil die Automatik das Flugzeug bereits so »vertrimmt« hat, daß es manuell nicht mehr zu steuern ist. Bill Records, mit 26 Jahren Airline-Erfahrung ist auch er ein Routinier, macht keine Anfängerfehler: Nach dem Triebwerksausfall drückt er sofort zwei Mal die Taste am Steuerhorn, die dem Autopiloten das Kommando wieder abnimmt.

Sekunden nachdem »George«, so nennen Piloten scherzhaft den Autopiloten, entmachtet ist, wird Copilot Records klar, daß UA 232 ein viel größeres Problem hat, als einen leicht zu beherrschenden, hundertmal trainierten Triebwerksausfall: Obwohl er das Steuer voll nach links ausschlägt und an sich heranzieht – eigentlich das Kommando für eine Steigflugkurve nach links, taucht die Maschine langsam nach rechts unten weg. Auch Captain Haynes merkt sofort, daß etwas Unheimliches vor sich geht. Als er zu Records hinüberblickt, traut er seinen Augen nicht: In dieser Höhe, bei dieser Geschwindigkeit, bewegt der Copilot das Steuer so abrupt? Würde die Maschine normal reagieren, dann müßte sie durch so brutale Bedienung augenblicklich außer Kontrolle geraten und Sekunden später durch Überlastung bersten und in Splittern auf die Maisfelder von Iowa herabregnen. So steuern Stuntpiloten einen Doppeldecker bei einer verwegenen Kunstflugfigur, mit einer kirchturmlangen DC-10 kann man das nicht machen. Es ist etwa so, als würde man auf der Autobahn bei zweihundertfünfzig Sachen das Lenkrad ruckartig bis zum Anschlag nach links drehen. Verkehrsflugzeuge vertragen so etwas nicht.

Dreimann-Cockpit der DC-10: zwei Piloten und ein Flugingenieur

Aber die große DC-10 reagiert überhaupt nicht auf das brutale Herumreißen des Steuers, das Records rein intuitiv macht, weil er merkt, daß seine Versuche, den Airliner zu steuern, wirkungslos bleiben. Er versucht nur, das Flugzeug aus dem beginnenden Sturzflug nach rechts abzufangen. Captain Haynes will jetzt das Steuer übernehmen und ruft »I have control!« Er greift sein Steuerhorn und versucht selbst, den Jet wieder aufzurichten. Aber auch er muß sofort erkennen, daß das Flugzeug unsteuerbar geworden ist. Von wegen »I have control!«: Niemand an Bord hat mehr Kontrolle über UA 232, auch nicht der Kapitän. Sein Drehen am Steuer bewirkt gar nichts, die Verbindung zu den Rudern ist offenbar unterbrochen. Der wunde Düsenriese neigt sich immer weiter nach rechts. 38 Grad Schräglage zeichnet der Flugdatenrecorder für den Moment auf, in dem der Captain in größter Not, den sicheren Tod bereits vor Augen, reflexhaft den linken Schubhebel zurückreißt, um die Rollbewegung des Flugzeugs aufzuhalten. Er reduziert die Leistung des linken der beiden noch verbliebenen Triebwerke fast auf Leerlauf. Durch den asymmetrischen Schub beginnt die DC-10 sich quälend langsam wieder aufzurichten. Ein paar Sekunden später nur, wenn die Maschine sich bereits in der Vertikalen befunden hätte, wäre dieses Manöver zu spät gekommen, nichts hätte Flugzeug und Insassen noch retten können. Jetzt haben die Männer wenigstens etwas Zeit gewonnen, um schnell die Anzeigen der wichtigsten Systeme zu checken. Fassungslos realisieren die Piloten und der hinter ihnen an seinem Kontrollpult sitzende Flugingenieur, daß alle drei Hydrauliksysteme des Airliners ausgefallen sind. Der Druck in allen Leitungen ist auf null gefallen. Ohne Druck in den Hydraulikleitungen ist die Verbindung zwischen den Steuerorganen im Cockpit und den Rudern des Flugzeugs unterbrochen. Der Fall, für den Konstrukteure bei *McDonnell Douglas* eine Wahrscheinlichkeit von eins zu einer Milliarde berechnet haben, und der damit als so gut wie unmöglich gilt, ist eingetreten. Keiner der Piloten versteht, wie es zu dem kompletten Hydraulikausfall kommen konnte, aber allen im Cockpit ist klar, was dies bedeutet: UA 232 ist verloren.

In Triebwerk Nummer zwei, wie die beiden Motoren unter den Tragflächen ein gewaltiges CF6-6D von *General Electric*, ist eines der gewaltigen Schaufelräder kurz hinter dem Lufteinlaß, der sogenannte »Fan«, gebrochen. Dieses gewaltige Teil des Triebwerks ist innerhalb des Bruchteils einer Sekunde auseinandergeflogen. Bei der hohen Drehzahl der Turbine im Reiseflug sind die Bruchstücke wie Geschosse durch die Ummantelung des Triebwerks teilweise ins Freie hinausgeflogen. Viele kleine Fragmente haben den Rumpf und die am Heck befestigten Flossen des Höhenleitwerks durchschlagen, die zwei größten Segmente landen elf Kilometer tiefer in Maisfeldern. Die wie Granatsplitter davonfliegenden Teile des großen Schaufelrads haben nicht nur Löcher in die Ruder der Höhenflosse gerissen, sondern auch die durch das Heck verlaufenden Rohre der Hydraulik gekappt. An einer bestimmten Stelle im Heck laufen die Leitungen aller drei eigentlich unabhängigen Systeme nicht weit voneinander entfernt durch die Höhenflosse. Nicht eine oder zwei der Leitungen werden durchtrennt, sondern alle drei. Innerhalb weniger Sekunden laufen viele Liter Spezialöl, die gesamte Hydraulikflüssigkeit, aus. Als der Druck komplett weg ist, versagt die Steuerung der DC-10 von einem Moment zum anderen.

Die nächsten Minuten kämpfen die beiden Piloten mit Hilfe ihres Flugingenieurs in jeder Sekunde um ihr Leben und um das der Passagiere. Ohne sich darüber im klaren zu sein, wie es dazu kommen konnte, daß sogar beide Reservesysteme ausgefallen sind, geht es ihnen jetzt nur darum, die Maschine einigermaßen zu stabilisieren. Mit Hilfe der beiden intakten Triebwerke unter den Flügeln steuert der Kapitän die Maschine so gut es ihm gelingt. Mehr Schub auf dem linken Triebwerk bedeutet, daß die Maschine nach rechts dreht, mehr Leistung auf dem rechten Motor, und der Jet neigt sich nach links. Wenn der Kapitän die Leistung beider Triebwerke erhöht, richtet sich das Flugzeug etwas auf und beginnt zu steigen, wenn er beide Schubhebel leicht zurückzieht, geht die DC-10 in den Sinkflug. Das Problem: Die Maschine läßt sich insgesamt nicht wirklich stabilisieren und macht ständig wellenförmige Bewegungen, an deren maximalen Ausschlägen sie wegzukippen droht. Haynes hat noch nicht einmal Zeit, Kontakt mit der Flugsicherung aufzunehmen.

Vier Minuten nach der Explosion, es ist jetzt zwanzig nach drei. Die Piloten haben die Maschine einigermaßen unter Kontrolle und rufen die Flugsicherung, erklären einen Notfall und bitten um einen direkten Kurs zum nächsten Flughafen. Der Lotse, der UA 232 auf seinem Bildschirm hat, schlägt zuerst den Flughafen von Des Moines vor, erkennt aber kurze Zeit später, daß die Maschine auf seinem Schirm sich jetzt Sioux City nähert. Ob sie den Flughafen von Sioux City anfliegen wollten, fragt der Mann am Radarschirm. »Einverstanden«, antwortet einer der Piloten knapp.

Über einen speziellen Funkkanal nimmt Flugingenieur Dvorak Kontakt mit der Wartungsabteilung von United Airlines auf, erklärt den Spezialisten am Boden, daß die gesamte Hydraulik ausgefallen ist. Es dauert Minuten bis er den Technikern klar gemacht hat, daß keines der drei Systeme noch unter Druck steht. »Hydraulik Nummer zwei ist ausgefallen?« – »Nein, alle drei!« – »Also Nummer drei?« – »Nein, wir haben überhaupt keine Hydraulik mehr«. Als die Experten endlich realisieren, wie gravierend das Problem von

UA 232 ist, können sie Captain Haynes nicht helfen. Ohnmächtig und hilflos sitzen sie vor ihren Computerterminals, mit deren Hilfe sie Zugang zu allen Wartungsunterlagen und technischen Aufzeichnungen der DC-10 haben – aber für diesen Fall gibt es kein Handbuch; keine technische Instruktion befaßt sich mit dem für unmöglich gehaltenen Ausfall aller drei Systeme.

Neun Minuten nach der Explosion im Heck des Airliners, fünf Minuten vor halb drei, nimmt die Crew Kontakt mit dem nahegelegenen Flughafen von Sioux City auf:

Sioux City: »Radarkontakt.«

UA 232: »Wissen Sie, wir haben so gut wie keine Steuerung mehr. Ganz wenig Höhenruder, fast keine Querruder, wir steuern unsere Kurven mit den Triebwerken. Ich glaube nicht, daß wir Rechtskurven schaffen, ich denke es geht nur nach links... nein, wir können nur nach rechts drehen, nicht nach links.«

Sioux City: »United 232, das habe ich verstanden Sir, Sie können nur Rechtskurven fliegen.«

UA 232: »Das ist richtig.«

Kurz nach dieser Mitteilung an die Anflugkontrolle des Gateway Airport von Sioux City übermittelt eine der Flugbegleiterinnen an Bord Captain Haynes eine Nachricht aus der Kabine, die sich als Glücksfall für UA 232 erweist. Captain Denny Fitch, ein hochqualifizierter Trainingskapitän, seit April des Jahres im United-Schulungszentrum in Denver zuständig für die Ausbildung von DC-10-Piloten, sitzt in der Ersten Klasse. Dem erfahrenen Fluglehrer und früheren Militärpiloten, er ist außer Dienst auf einer privaten Reise, fallen die seltsamen Manöver des Flugzeugs auf, er ist sicher, daß die Piloten ein größeres Problem haben. Über die Stewardeß bietet er Captain Haynes seine Hilfe an. Haynes bittet ihn ins Cockpit und erklärt dem erstaunten Fitch die Lage: »Wir haben keine Steuerung!« Um festzustellen, was los ist, schickt er Fitch nach hinten in die Kabine. Durch die Fenster im Passagierraum soll er sich die Stellung der Ruder und Klappen in den Tragflächen ansehen. Kurz darauf ist er zurück: Er berichtet dem Captain, daß die Querruder, zuständig für das Einleiten von Kurven, in einer seltsamen, wie festgefrorenen Stellung stehen und sich nicht rühren. Fitch fragt Haynes, wie er helfen kann und dieser bittet ihn, die Bedienung der

Schubhebel, die in der Mitte zwischen den beiden Pilotensitzen angeordnet sind, zu übernehmen.

Denny Fitch kniet jetzt zwischen den beiden Piloten hinter der Konsole auf der die drei Schubhebel für die Triebwerke angebracht sind. Der mittlere Hebel des defekten Triebwerks Nummer zwei ist vollständig blockiert. Vornübergebeugt hält er mit jeder Hand einen der beiden verbliebenen Schubhebel fest. Da die Maschine ständig die Fluglage ändert, muß er auf Anweisung von Captain Haynes, der immer noch versucht, die Maschine zusätzlich mit der Steuerung zu beeinflussen, die Leistungseinstellung der Triebwerke ändern, damit der gewaltige Airliner nicht nach einer Seite kippt. Die scherzhafte Pilotenweisheit, daß das Fliegen ganz einfach sei, wenn der Pilot »die schmutzige Seite des Flugzeugs unten und die Spitze nach vorne halte«, ist jetzt in jeder Sekunde das einzige, was zählt. Zusätzlich zu der Tendenz des Flugzeugs, nach rechts zu drehen, haben die Piloten ein weiteres Problem: Die Maschine senkt in bestimmten Abständen die Nase und beschleunigt, um sich kurz darauf, wenn sich der Auftrieb an den Tragflächen durch die zunehmende Geschwindigkeit allmählich erhöht hat, wieder aufzurichten. Der Effekt ist Resultat des defekten Höhensteuers und macht es dem knienden Piloten Fitch nicht einfacher. Neben der Aufgabe, durch asymmetrisches »Gasgeben« den Kurs des Flugzeugs zu beeinflussen, muß er durch Erhöhen und Verringern der Leistung auf beiden Triebwerken auch noch diese extremen Amplituden in den Griff kriegen.

15.32 Uhr: Die Lage spitzt sich zu. Captain Haynes spürt, daß die Besatzung jeden Moment die Herrschaft über das Flugzeug verlieren kann. In flachen Kurven sinkt die DC-10 der Landschaft entgegen, ist aber nie wirklich unter Kontrolle der Piloten. Haynes hat starke Zweifel, ob sie eine Chance haben, sie in die Nähe des noch über 35 Meilen entfernten Flughafens zu bringen. Und selbst wenn sie nach Sioux City kämen – wie das Flugzeug auf einen stabilisierten geraden Anflugkurs bringen? Es könnte sein, teilt Haynes dem Mann im Tower von Sioux City mit, daß sie eine Notlandung außerhalb des Flughafens versuchen müßten, mit einem so großen Flugzeug ein Unternehmen mit wenig Aussicht auf Erfolg.

UA 232: »Wir haben keine Hydraulikflüssigkeit, das bedeutet wir haben keine Kontrolle über die Höhenruder, jedenfalls fast keine, und wir haben nur noch ganz wenig Querruder. Ich habe wirklich ernsthafte Zweifel, daß wir es bis zum Flughafen schaffen. Haben Sie vielleicht eine Stelle hier in der Nähe, wo wir runterkommen könnten? Wenn wir keine Kontrolle über dieses Flugzeug bekommen, müssen wir irgendwo runter...«

Sioux City: »United 232, Roger, einen Moment...«

Auch Fitch, der abgebrühte ehemalige Düsenjägerpilot der *National Guard*, der seine ganze Konzentration und seine gesamte fliegerische Erfahrung einsetzt, um das Flugzeug stabil zu halten, stimmt zu. Er fällt Haynes, während dieser mit dem Tower spricht, ins Wort: »Bringen Sie dieses Ding auf den Boden, wir stecken in echten Schwierigkeiten.«

Die Passagiere spüren jetzt, daß etwas nicht in Ordnung ist und werden zunehmend nervöser. Der Kapitän hat zuerst in einer Durchsage mitgeteilt, daß ein Triebwerk ausgefallen ist und UA 232 mit etwas Verspätung in Chicago eintreffen wird. Jetzt teilt Captain Haynes den Passagieren mit, daß er vorhat, in Sioux City zu landen. Er spricht von einer bevorstehenden harten Landung, kündigt die Evakuierung des Flugzeugs nach dem Stillstand an. Den meisten Passagieren fällt auf, daß die Maschine in Kreisen fliegt, und am Druck in ihren Ohren erkennen sie, daß sie auch sinkt. In Reihe 28 sitzt Adrienne Badis mit seinem kleinen Sohn Eric, getrennt von Frau und Tochter, die für den umgebuchten Flug von Denver nach Chicago einen Platz in einem anderen Teil der Maschine bekommen haben. Neben Badis sitzt eine Frau, die sich als »Kathy« vorstellt. Sie bittet Badis, ihre Hand zu halten, und er spricht beruhigend auf sie ein: Sicher fliegt die Maschine nur deshalb Kreise, damit die Piloten einer nebenherfliegenden anderen Maschine sich den Schaden von außen ansehen können.

15.35 Uhr: Captain Haynes ordnet seinem Flugingenieur Dvorak einen »Fuel Dump« an: Er soll soviel Sprit ablassen wie möglich. Haynes weiß: Wenn die DC-10 überhaupt jemals in einem Stück bis an die rettende Landebahn kommt, die anschließende Landung wird extrem hart. Je weniger Sprit dann an Bord ist, umso besser. Am liebsten würde Haynes fast den gesamten Treibstoff von Bord schaffen, das aber ist bei der DC-10 nicht möglich: Eine eiserne

Reserve von 33 500 Pfund läßt sich nicht beseitigen. Haynes weiß, wie groß das Risiko einer gewaltigen Bruchlandung ist, selbst wenn sie den Flughafen erreichen sollten: Weder die Landeklappen, die nötig sind, damit der Düsenriese seine Geschwindigkeit verringern kann, noch die bremsenden »Spoiler«, Klappen wie ebene Bretter, die sich aus der Tragfläche senkrecht nach oben aufrichten, sind funktionsfähig. Nicht einmal die Vorflügel, schmale Klappen, die aus den Vorderkanten der Tragflächen ausfahren, lassen sich bewegen. Der Kapitän läßt sich von Records aus dem Handbuch die Daten für einen Anflug ohne Landeklappen und Vorflügel geben: 200 Knoten, fast 400 Stundenkilometer wird die Geschwindigkeit kurz vor dem Aufsetzen betragen, nur so kann sich die DC-10 ohne die zusätzlichen Auftriebshilfen in der Luft halten. Schafft es UA 232 zum Flughafen, wo sich bereits die Fahrzeuge aller umliegenden Feuerwehren und Rettungsdienste auf der stillgelegten Landebahn 22 aufgestellt haben?

15.40 Uhr: Der Tower ruft. Er will die Maschine per Radar auf einen Kurs bringen, der sie zur längsten Landebahn des Flughafens führt, die von Südosten nach Nordwesten verläuft.

Sioux City: »United 232, können Sie einen Kurs von 240 Grad halten?«

UA 232: »Wir drehen gerade auf diesen Kurs.«

Sioux City: »Wenn Sie auf Kurs 240 drehen, Sir, dann ist der Flughafen genau vor Ihnen, 38 Meilen.«

UA 232: »Okay, wir versuchen, mit den Triebwerken zu steuern, wir haben überhaupt keine Hydraulik mehr, Sir. Wir tun unser Bestes.«

Dann informiert der Lotse die Besatzung noch darüber, daß Hilfskräfte und Rettungsmannschaften auf dem Flughafen bereitstehen, aber auch in der Gegend, in der die Maschine sich momentan befindet, alarmiert sind. Noch weiß niemand, wo UA 232 zur Erde zurückkommen wird.

In seinen ersten Funksprüchen an Kevin Bachman, den diensthabenden Fluglotsen in Sioux City, erweckt Captain Haynes den Eindruck, als habe die Besatzung noch ein wenig Einfluß auf die Steuerung des Flugzeugs. Bei der späteren Untersuchung des Unglücks und der Auswertung des Flugdatenschreibers wird sich herausstellen, daß die DC-10 zu diesem Zeitpunkt bereits ohne jedwede Steuerung durch Klappen oder Ruder fliegt und von den Piloten bereits ausschließlich durch die permanente Veränderung des Triebwerkschubs in der Luft gehalten wird. Seit der Explosion von Triebwerk Nummer zwei sind jetzt mehr als 25 Minuten vergangen. Ein wirkliches Konzept, wo und vor allem wie sie den Giganten auf den Boden bringen könnten, haben die Männer im Cockpit nicht. In großen Kreisen nach rechts sinkt die DC-10 östlich von Sioux City aus ihrer Reiseflughöhe hinab.

15.42 Uhr: Eine Stewardeß berichtet der Besatzung, daß »eine Tragfläche beschädigt ist«. Flugingenieur Dvorak verläßt darauf mit Erlaubnis des Kapitäns seinen Sitz und geht nach hinten. Bei seiner Rückkehr ins Cockpit berichtet er, daß beide Höhenflossen Schäden aufweisen.

15.46 Uhr: Die DC-10 sinkt weiter in einer Rechtskurve, während die Piloten immer knapp davor sind, die Kontrolle über das Flugzeug zu verlieren. Lotse Bachman informiert die Crew darüber, daß ein kleiner Flugplatz genau sieben Meilen voraus liegt. Die Landebahn ist nur wenig länger als 1000 Meter, viel zu kurz für einen so großen Jet, der schon normalerweise mindestens zwei Kilometer Auslauf braucht, um zum Stehen zu kommen. Die Piloten gehen nicht auf die Idee ein, es ist noch nicht einmal Zeit für eine Antwort. Wenn es eine Chance gibt, dann ist es die Landebahn 31 des Gateway Airport. Mit fast drei Kilometer Länge und gegen den momentan herrschenden Wind ausgerichtet ist sie am besten geeignet für eine Notlandung. Als UA 232 sich wieder meldet, erklärt der Kapitän dem Mann im Tower, daß ihm durch den totalen Hydraulikausfall nach der Landung auch keine Bremsen zur Verfügung stehen werden. Haynes schlägt deshalb vor, die Hilfskräfte und die Feuerwehr am entfernten Ende der Landebahn aufzustellen. Wenn die DC-10 nach der Landung einigermaßen heil zum Stehen kommt, dann wird es auf jeden Fall am Ende der Piste sein.

15.47 Uhr: Der Crew gelingt eine Linkskurve in Richtung auf den Flughafen. Controller Bachman, der auf eigenen Wunsch an den Flughafen von Sioux City versetzt wurde, weil »es dort ein wenig ruhiger ist«, sieht, wie die Maschine auf seinem Radarschirm nach links dreht, und bietet sofort wieder seine Unterstüt-

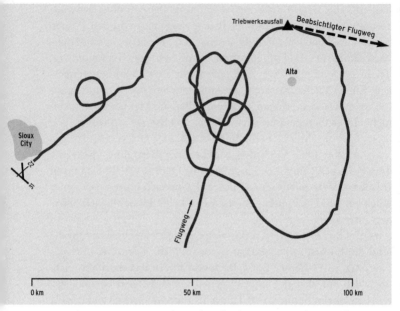

Der Flugweg von UA 232 in der Radaraufzeichnung: Erst nach vier Vollkreisen schafften es die Piloten, den Jet auf Kurs in Richtung Sioux City zu bringen

zung an. Zum ersten Mal dreht UA 232 jetzt auf den rettenden Flughafen zu.

Sioux City: »Wenn Sie in dieser Linkskurve bleiben könnten, etwa auf Kurs 220, so kommen Sie direkt zum Flughafen.«

Vier Minuten später, 15.51 Uhr.

Sioux City: »United 232, Sie müssen in einer weiten Linkskurve bleiben, um in den Endanflug zu kommen, und so bleiben Sie auch von der Stadt weg.«

UA 232: »Was immer Sie auch tun, halten Sie uns fern von der Stadt.«

Bachman schlägt der Crew vor, auf Südkurs zu gehen. Nur so kann der Jet in die richtige Position für den Anflug auf die Landebahn 31 kommen. Copilot Records ist skeptisch, ob das klappen kann und schlägt vor, den Flughafen direkt anzufliegen, es auf einer

Notlandung in Sioux City

der anderen Landebahnen, die auf direkterem Kurs liegen, zu versuchen. Die DC-10 ist noch knapp 9000 Fuß, drei Kilometer hoch und sinkt weiter. Fitch kniet nach wie vor zwischen den beiden Piloten, manipuliert mit höchster Konzentration die Schubhebel der Triebwerke 1 und 3. Der Hebel von Nummer 2 ist seit der Explosion wie festgefroren, die Seilzüge müssen sich verklemmt haben. UA 232 ist weniger als zwanzig Meilen vom Gateway Airport entfernt, als die Besatzung sich entschließt, es mit einem Direktanflug zu versuchen.

Wieder meldet sich Controller Bachman, er will den Piloten helfen, den Flughafen zu finden:

Sioux City: »UA 232, da ist eine vierspurige Autobahn unter Ihnen, wenn Sie sich an die halten...«

UA 232: »Wir sehen, was wir tun können, wir haben jetzt das Fahrwerk draußen und wir müssen auf einem festen Untergrund runter, wenn wir das schaffen...«

Noch etwa vier Minuten bis zum Flughafen. Über das Kabinenlautsprechersystem teilt Copilot Records den Passagieren mit, daß die Maschine jetzt im Anflug auf Sioux City ist. Die Flugbegleiterinnen bereiten die Passagiere auf eine harte Landung vor, schärfen ihnen ein, auf ein Zeichen hin die Schutzhaltung einzunehmen.

Sioux City: »UA 232, Sie sind noch dreizehn Meilen entfernt. Sie haben die Landefreigabe für jede der Landebahnen.«

UA 232 befindet sich jetzt praktisch im Endanflug. Dennoch dürfen die Piloten den Schub auf der beiden verbliebenen Triebwerken nur wenig verringern, damit die Maschine einigermaßen stabil bleibt. Mit hoher Geschwindigkeit und enormer Sinkrate nähert sich der Airliner dem Flughafen. Obwohl die DC-10 nach dem Ablassen des Sprits viel leichter ist, hat sie immer noch eine gewaltige Masse. Wenn sie mit dieser Sinkrate auf dem Boden aufschlägt, wird die Maschine in tausend Stücke bersten. Die Männer im Cockpit versuchen verzweifelt, den Airliner auf die Mitte einer vor ihnen liegenden Landebahn auszurichten und den Höhenverlust zu verringern. Noch zwei Minuten Flugzeit. Es ist nicht sicher, ob UA 232 den Flughafen erreichen wird. Und noch einmal hat Controller Bachman einen Tip für die Piloten:

Sioux City: »United 232, der Flughafen ist jetzt in Ihrer Ein-Uhr-

Sekunden vor der Bruchlandung: UA 232 im Anflug auf den Flughafen von Sioux City. Die Pfeile zeigen die Beschädigungen am Höhenleitwerk der DC-10

Position, Entfernung zehn Meilen. Wenn Sie es nicht bis zum Flughafen schaffen, Sir, da ist ein vierspuriger Interstate-Highway, der von Norden nach Süden zur Ostseite des Flughafens verläuft.«

UA 232: »Den überfliegen wir gerade. Wir versuchen, den Flughafen zu erreichen.«

Sioux City: »Verstanden 232, melden Sie sich, wenn Sie den Flughafen in Sicht haben!«

UA 232: »Wir haben die Landebahn in Sicht, wir werden gleich bei Ihnen sein. Vielen Dank für Ihre Hilfe.«

Sioux City: »United 232, der Wind kommt im Moment aus Nord mit elf Knoten. Sie haben die Freigabe für jede Landebahn.«

Haynes antwortet auf die Freigabe mit Galgenhumor:

UA 232: »Sie wollen sich nicht auf eine bestimmte Piste festlegen, was?«

Eine Minute vor der Landung: Controller Bachman realisiert, daß UA 232 tatsächlich auf der gesperrten Bahn 22 runterkommen wird. In Windeseile läßt er die Rettungsmannschaften von der Runway schaffen, sich neu positionieren. Captain Haynes sieht das

graue Trapez der Piste jetzt deutlich vor sich. Erst jetzt wird ihm klar, daß diese vielleicht zu kurz für den waidwunden schnell anfliegenden Jet sein könnte. Noch einmal ruft er den Flughafen:
UA 232: »Wie lang ist diese Landebahn?«
Sioux City: »6600 Fuß (etwa 2200 Meter), am Ende ist ein freies Feld, die Länge ist also kein Problem.«
Der Kapitän antwortet nur noch mit einem knappen »Okay« – sein letzter Kontakt mit Bachman – und gibt den Passagieren und der Kabinenbesatzung über Lautsprecher das Zeichen, jetzt in die Schutzstellung (»Brace!«) zu gehen.

Die drei Piloten schaffen es, die DC-10 in einem fast optimalen Winkel bis an den Beginn der Landebahn zu bringen. Allerdings sind sie viel zu schnell. Auch die Sinkrate ist extrem hoch, über 1600 Fuß, fünfhundert Meter pro Minute, beträgt sie in den letzten Sekunden des Flugs. Haynes weiß, daß die Geschwindigkeit viel zu hoch ist für eine sichere Landung, daß weder Fahrwerk noch Struktur der DC-10 einen so harten Schlag aushalten können. Er weist Fitch an, die Schubhebel zurückzuziehen, um wenigstens ein wenig langsamer zu werden. Dieser aber spürt, daß die Maschine dann augenblicklich außer Kontrolle geraten und wegkippen wird. »Nein«, ruft er, »ich kann sie nicht rausziehen, sonst verlieren wir sie...« Fitch spürt, daß der Gigant sich sofort nach rechts drehen wird, wenn er jetzt den Schub rausnimmt.

Normalerweise wird eine DC-10 mit einer Geschwindigkeit von etwa 250 Stundenkilometern angeflogen, UA 232 aber donnert mit fast 400 km/h über die Umzäunung des Flughafens, und in den letzten Sekunden des Fluges wird sie sogar noch schneller. Hundert Meter hoch, kurz vor der Schwelle der Landebahn, senkt der große Jet zum letzten Mal die Nase. So niedrig über dem Boden haben die Piloten kein Chance mehr, die Maschine ein weiteres Mal abzufangen, die DC-10 aber stürzt jetzt regelrecht auf die Landebahn zu. Denny Fitch erhöht noch einmal den Schub, um die Flugbahn abzuflachen. Unglücklicherweise läuft das linke Triebwerk bei dieser letzten Aktion schneller hoch als das rechte. Innerhalb von vier Sekunden erhöht sich die Schräglage auf zwanzig Grad nach rechts. Jetzt ist die DC-10 endgültig außer Kontrolle und kippt nach rechts weg.

Der brennende Rumpf in einem Maisfeld

Vier Sekunden später, jeder Ton im Cockpit wird von den Mikrofonen des Cockpit Voice Recorders aufgezeichnet, ist noch einmal Copilot Records zu hören: »Nach links Al! Den linken Schubhebel!, links, links, links, links« In diesem Moment ertönt die Sirene des automatischen Bodenannäherungs-Warnsystems, der Radarhöhenmesser warnt die Piloten vor der schnellen Bodenannäherung: »Pull up! Pull up« – »hochziehen!« – kommt die synthetische Stimme aus dem Lautsprecher. Die Crew aber kann nichts mehr tun. Das letzte, was Captain Haynes hört, ist das »Pull up!« des Computers.

Mit der rechten Tragflächenspitze, dem rechten Triebwerk und dem rechten Fahrwerk schlägt UA 232 mit großer Wucht nahe dem linken Rand der Landebahn auf. Der Aufschlag ist so gewaltig, daß das schwere Triebwerk den dreißig Zentimeter starken Beton der Landebahn durchschlägt. Fünfundvierzig Zentimeter tief ist der Krater. Daraufhin bricht die rechte Tragfläche komplett ab. Tausende von Litern Kerosin aus den Tragflächentanks gelangen ins Freie, werden sofort von den heißen Triebwerken und Funken in Brand gesetzt. Auf dem Stumpf der rechten Tragfläche und auf dem

Vier Tonnen schwer: eines des Triebwerke

linken Fahrwerk rutscht die DC-10, in einen gewaltigen Feuerball gehüllt, über sechshundert Meter weit die Landebahn hinunter. Dann bekommt der linke Flügel aufgrund der immer noch immensen Geschwindigkeit des Wracks noch einmal Auftrieb und steigt hoch. Der Rumpf der DC-10 beginnt jetzt, sich kopfüber zu überschlagen. Mindestens drei Mal knallt der Bug dabei senkrecht auf den Beton. Der gesamte vordere Teil des Rumpfs mit dem Cockpit bricht ab und bleibt mit den drei Piloten und dem Flugingenieur auf der Hauptspur, die das Wrack über die Piste zieht, liegen. Auch das Heck ist bereits beim ersten Aufschlag abgebrochen, hinter dem Hauptwrack schlittert es die Landebahn hinunter. Der Rumpf zerbricht in fünf Teile während er sich weiter überschlägt. Vor allem die Passagiere weit vorne in der Ersten Klasse und diejenigen, die weit hinten im Flugzeug sitzen, haben keine Chance. Von den 111 Passagieren und einer Flugbegleiterin, die insgesamt ums Leben kommen, sterben 24 an Rauchvergiftung, viele andere durch massive Gewalteinwirkung. Glück haben diejenigen, die im mittleren Teil des Rumpfes sitzen, denn der bleibt als Ganzes in seiner Struktur erhalten. Fast alle Überlebenden befinden sich in diesem Be-

Wie durch ein Wunder überleben 184 Menschen

reich des Flugzeugs. Kopfüber hängen die Passagiere in ihren Sitzen nachdem das Wrack zum Stillstand gekommen ist. Dreizehn Insassen, drei davon Flugbegleiterinnen überstehen die Katastrophe unverletzt, 47 Passagiere mit schweren Verletzungen. Insgesamt sind es 184 Passagiere von UA 232, die die fast aussichtslose Notlandung von Sioux City überleben.

Eine Minute nachdem die brennenden Reste von UA 232 fast über den ganzen mittleren Bereich des Flughafens verteilt, zum Stehen gekommen sind, erreichen die ersten Rettungskräfte das Flugzeug. Ihnen taumeln Schwerverletzte aber auch völlig unverletzte Menschen entgegen, die sich aus eigener Hilfe aus dem Wrack befreien konnten und jetzt schwer unter Schock stehen. Jerry Schemel, ein junger Sportkommissar aus der amerikanischen Basketballliga, ist einer der Passagiere, die der Flammenhölle gerade noch entkommen sind. Er hört, bereits in Sicherheit, ein Baby schreien und kehrt in das brennende, rauchgefüllte Rumpfmittelteil zurück. Er findet ein elf Monate altes Mädchen in einem der Gepäckfächer über den Sitzen und rettet es. Ein anderes Kleinkind stirbt an einer Rauchvergiftung, zwei weitere Säuglinge überleben. Einige Passa-

Aus diesem Haufen Schrott, der einmal das Cockpit war, wird die vierköpfige Crew gerettet

giere irren völlig verwirrt und desorientiert in einem angrenzenden hohen Maisfeld umher und werden von Feuerwehrleuten in Sicherheit und anschließend sofort in die nahe liegenden Krankenhäuser gebracht. Charles Martz, 68 – und selbst begeisterter Pilot – hat nur eine kleine Brandwunde am Arm. Er geht über das Flughafengelände in ein Büro und ruft seine Familie an. Adrienne Badis und sein Sohn Eric retten sich in letzter Sekunde aus dem Inferno. Der Vater ist sicher, Ehefrau und Tochter, die weiter hinten saßen, verloren zu haben. Später im Krankenhaus findet sich die Familie wieder, alle haben leicht verletzt überlebt.

Von den Piloten der DC-10 fehlt über eine halbe Stunde lang jede Spur. Haynes, Records, Fitch und Flugingenieur Dvorak liegen mitten in einem eher unscheinbaren Klumpen Aluminiumblech, der einmal das Cockpit gewesen ist. Die Rettungskräfte ahnen nicht, daß in dem undefinierbaren Haufen Metall vier Männer auf ihre Rettung warten. Der Kapitän hat viele tiefe Schnittwunden, schwere Prellungen und sein linkes Ohr ist halb abgerissen. Schlimmer hat es Copilot Records erwischt: acht gebrochene Rippen und innere Verletzungen, Hüfte und Becken sind gebrochen. Captain

Rumpfheck und Triebwerksverkleidung

Fitch, der bis zur letzten Sekunde die Hände an den Schubhebeln hatte, hat eine ausgerenkte Schulter, diverse Knochenbrüche und schwere innere Verletzungen. Flugingenieur Dvorak hat einen zerschmetterten Knöchel und erleidet als einziger im Cockpit eine Brandwunde. Captain Haynes berichtet später, daß er keinerlei Erinnerung an die Sekunden nach der ersten Bodenberührung hat. Minuten nach der Bruchlandung kommt er zu sich, fragt sich irritiert, wo er überhaupt ist. Während er mit seinen Kollegen spricht, wird er immer wieder ohnmächtig. Copilot Records bleibt nach dem Crash bei Bewußtsein, spürt, wie der riesige, brennende Haufen Metallschrott, noch vor Minuten ein eindrucksvoller Großraumjet mit einem Wert von über 20 Millionen Dollar, die Landebahn hinunterschießt. Dann eine Wolke dichten Staubs, Erde fliegt durch die Öffnungen der geborstenen Cockpitscheiben ins Innere, anschließend ist auch er kurz ohnmächtig.

Als die Retter schließlich auf die Schreie der Männer aus den Überresten des Cockpits aufmerksam werden, sind bereits 35 Minuten vergangen. Mit Blechscheren und schwerem Werkzeug werden sie befreit.

Notlandung in Sioux City

*Flugzeugteile, verstreut über den gesamten Flughafen von Sioux City.
Im Vordergrund auf einem Rollweg das Heck der DC-10*

Der Flug von UA 232 endete tragisch, aber betrachtet man im Nachhinein die Schwere des technischen Defekts ist es fast ein Wunder, daß 184 Insassen mit dem Leben davonkamen. Wie gut die Arbeit der vier Männer im Cockpit von UA 232 wirklich war, stellt sich erst heraus, als die den Unfall untersuchenden Beamten die Katastrophe mit verschiedenen DC-10-Besatzungen im Simulator nachspielen. Keine der Crews schafft es, eine DC-10 allein mit Hilfe der Triebwerke an den Boden zu bringen. Bis heute gilt die fliegerische Leistung von Haynes, Records und Fitch als unerreicht, ein Grund, weshalb die Crew von UA 232 sogar im Weißen Haus empfangen wurde.

Drei Monate nach dem Unfall findet ein Farmer in der Nähe der Ortschaft Alta zwei Bruchstücke des großen Schaufelrads aus dem vorderen Teil des Triebwerks Nummer zwei. Eine metallurgische Untersuchung ergibt, daß Materialermüdung in einem kleinen Bereich des siebzehn Jahre alten Fans zu dessen Bruch geführt hat. Das kritische Bauteil hatte vorher über die Jahre mindestens sechs Prüfungen überstanden, bei denen es sogar mit fluoreszierender Spezialfarbe behandelt und anschließend unter UV-Licht auf Defekte untersucht wurde. Keinem der Prüfer war die kleine Unregelmäßigkeit auf der Außenseite aufgefallen.

McDonnell Douglas hat nach dem Unfall von Sioux City Modifikationen an der DC-10 eingeführt. Ein zusätzliches Sicherheitsventil in den drei Hydraulikkreisen soll verhindern, daß durch eine mechanische Beschädigung der Leitungen die gesamte Hydraulikflüssigkeit auslaufen kann.

Captain Haynes fliegt bereits drei Monate später wieder im Cockpit einer United-Maschine.

Sabrina Michaelson, das Baby, das Jerry Schemel aus einem Gepäckfach rettete, ist heute 14 Jahre alt. Obwohl sie sich nicht an die Katastrophe erinnern kann, hält sie bis heute Kontakt zu ihrem Retter.

1991 wird die Geschichte von UA 232 für das Fernsehen verfilmt. Der gelungene Film wird für drei Emmys nominiert.

1992

Patty Wagstaff wird Miss Aerobatic

Senkrecht stürzt unser Flugzeug vom Typ Extra 300 vom blauen Himmel Floridas. Kurz vor dem Anfang der Landebahn 31 des Provinzflughafens von St. Augustine, Florida, fängt Patty Wagstaff die schnelle Kunstflugmaschine ab und dreht sie anschließend mit einer halben Rolle seitwärts auf den Rücken, so schnell, daß ich es kaum mitbekomme. Ich fühle mich wie mitten im Schleudergang einer Waschmaschine. Jetzt hänge ich mit dem Kopf nach unten, im immer noch fast senkrechten Rückensturzflug fällt die graue Landebahn mit ihren weißen Markierungen und daneben das gelbgrüne Marschland auf mich zu. Instinktiv ducke ich mich in der Kabine und versuche, meine schwere Kamera einigermaßen zu stabilisieren. Ich bin eigens hierhergekommen, um einmal mit einer der weltbesten Pilotinnen zu fliegen und sie dabei zu fotografieren. Jetzt muß ich da durch...

Mit fast 300 Stundenkilometern donnern wir dann im Rückenflug in weniger als zehn Meter Höhe über den Beton der Runway. Im Kopfhörer Pattys Stimme, ganz cool: »Are you okay?« Na ja, es geht so. Was würde es schon nutzen, jetzt Bedenken zu äußern? Dann plötzlich wird die sowieso schon schwere Kamera noch schwerer, meine Arme dehnen sich. Sir Isaac Newton, Entdecker der Schwerkraft, scheint mich persönlich aus dem Sitz herausreißen zu wollen, so stark zerrt plötzlich die Fliehkraft an mir. Gut, daß ich mit breiten Sechspunktgurten bombenfest im Flugzeug verankert bin. Ein grauer Schleier vor den Augen nimmt mir die Sicht, mein Gesichtsfeld verengt sich, als würde ich durch einen langen Tunnel

Mit 300 Stundenkilometern im Rückenflug über die Landebahn

blicken, und alles erscheint mir merkwürdig verzerrt, auch der Ablauf der Zeit. Patty ist nach dem Überfliegen der Landebahn aus dem Rückenflug heraus einen halben »Außenlooping« geflogen, darauf war ich nicht gefaßt. Wieder am Boden, entschuldigt sich Patty fast: »Ich dachte, die Landebahn würde einen guten Hintergrund für ein Foto abgeben!« Noch Stunden später bin ich ganz wackelig auf den Beinen. Obwohl ich selbst eine Kunstfluglizenz habe – mit den eher gemächlichen Rollen und Loopings, die ich manchmal zum Spaß in meiner Freizeit mache, hatte das hier nichts zu tun...

Vor 19 Jahren konnte sich auch Patty Wagstaff noch nicht vorstellen, daß ihr solche verwegenen Flugmanöver eines Tages Spaß machen würden. Damals lebte sie in Alaska, und nur durch die Bekanntschaft mit Bob Wagstaff, ihrem späteren Ehemann, kam sie zur Fliegerei. Pattys Vater hat früher Jumbo-Jets für *Japan Airlines* von Kontinent zu Kontinent geflogen, und ihre jüngere Schwester Toni ist Boeing-Pilotin, stationiert auf Guam. Das Luftfahrt-Gen scheint irgendwie in der Familie zu liegen, aber ausgerechnet bei Patty deutete viele Jahre lang nichts darauf hin, daß sie Luftfahrtgeschichte schreiben würde.

Patty wächst in Südkalifornien und in Japan auf, wohin ihr Vater versetzt wird. Später verbringt sie einige Zeit in Europa, besucht ein Schweizer Internat. Nach der Schule lebt sie dann in San Francisco. Sie ist ein richtiger Hippie, bereist das Land und schlägt sich mit den verschiedensten Jobs mehr schlecht als recht durch. Keiner davon füllt sie aus, aber sie weiß auch nicht so recht, was sie will. Schließlich heiratet sie einen australischen Abenteurer, mit dem sie zuerst vor der kalifornischen und dann sogar vor den Küsten Australiens nach versunkenen Schiffen und deren Schätzen taucht. Als dieser Teil ihres Lebens vorüber ist, die beiden sich wieder getrennt haben, zieht sie nach Alaska und arbeitet dort für einen Hilfsfonds, den die Regierung für die Ureinwohner des Landes, die Inuit, eingerichtet hat. Sie lebt in einer primitiven Holzhütte ohne fließendes Wasser, mitten in der Wildnis.

In Alaska, sie ist jetzt 28, lernt Patty eines Tages Bob Wagstaff kennen. Bob ist aus Anchorage, Rechtsanwalt und ein begeisterter Pilot. Patty hat bis auf ein paar kurze Flüge als Passagier in einmotorigen Flugzeugen noch keinerlei Flugerfahrung. Bob beginnt, Patty sein Flugzeug, eine einmotorige Cessna mit den in Alaska üblichen Schwimmern für Wasserlandungen, zu erklären und ihr – er ist auch Fluglehrer – an den Wochenenden das Fliegen beizubringen. 1980 hat Patty ihre Privatpilotenlizenz in der Tasche. Sie hat Feuer gefangen und macht eine Zusatzqualifikation nach der anderen. Sie lernt, Flugzeuge nach Instrumenten zu steuern und größere zweimotorige Maschinen zu fliegen. Sie erwirbt sogar die Fluglehrerlizenz und den Berufspilotenschein. Trotzdem ist die Fliegerei immer noch reines Hobby.

1982 beschließt sie, auch ein wenig Kunstflug zu lernen. Bei der Kunstfluglehrerin Darlene Dubay in Anchorage nimmt sie bald darauf die ersten Stunden. Langsam beginnt sich abzuzeichnen, wohin ihre fliegerische Reise gehen soll, denn was als gemeinsame Freizeitbeschäftigung mit ihrem neuen Lebensgefährten begonnen hat, wird mit jedem weiteren Tag, an dem sie Kunstflug trainiert, zum Trip ihres Lebens. Kaum hat sie beim Training die ersten Rollen und Loopings hinter sich, spürt sie, daß sie etwas gefunden hat, für das sie ein natürliches Talent hat. Sie lernt schnell dazu, aber sie trainiert auch hart, und 1984 ermutigt Bob sie, mit einer eigenen leichten Kunstflugmaschine bei kleinen Flugshows in der Provinz Alaskas aufzutreten. Bob unterstützt sie auch beim Kauf des ersten eigenen Flugzeugs, einer zweisitzigen Bellanca Decathlon. Dreihundert Dollar bekommt sie als Gage für ihre erste Kunstflugvorführung im Mai 1984. Für das Geld kauft sie sich ein neues Fahrrad. Nur acht Jahre später ist sie die berühmteste Pilotin der USA, noch aber ahnt sie nichts von den Wendungen, die ihr Leben nehmen wird.

Im Jahr ihres ersten öffentlichen Auftritts stellt sie die Fliegerei auf eine neue, professionelle Stufe und gründet gemeinsam mit Bob Wagstaff ihr eigenes Airshow-Unternehmen. Kurz darauf fliegt sie in ihrer kleinen Decathlon von Alaska quer über den nordamerikanischen Kontinent bis ins weit entfernte Wisconsin, wo sie in Fond du Lac an der amerikanischen Kunstflugmeisterschaft in der Einsteigerklasse teilnehmen will. Während des Trainings vor dem ersten Wettbewerb hängt ihr Leben für ein paar Sekunden an einem seidenen Faden: Der Schlüsselbund, den ein Freund Tage vorher bei einer kleinen Kunstflugvorführung unbemerkt in ihrer Maschine verloren hat, rutscht in den hinteren Teil des Rumpfes und verklemmt sich so unglücklich in den Steuerseilen, daß die Höhenruder der Maschine im Rückenflug plötzlich blockieren. Sie hat unglaubliches Glück, daß die anderen Komponenten der Steuerung funktionstüchtig bleiben, und mit großem fliegerischen Können gelingt ihr eine Notlandung, bei der sie und das Flugzeug unbeschadet bleiben.

Viele ihrer Freunde haben weniger Glück: Auch wenn der Kunstflug im Grunde nur wenige unkalkulierbare Risiken birgt, die Spitzenpiloten fliegen so extrem und sind so häufig in der Luft, daß immer wieder tragische Unfälle passieren. Während reiner Amateurkunstflug mit gutmütigen Flugzeugen in großer Höhe ausgeübt wird und die Piloten sich mit einfacheren Figuren wie dem Looping und der Rolle zufriedengeben, geht es bei Wettbewerbspiloten oder gar Showfliegern brutal zur Sache. Sie fliegen tief und rasant, und ihre Maschinen sind hochgezüchtete Sportgeräte mit wenig Eigenstabilität, die in jeder Sekunde aktiv geflogen werden wollen. In geringer Höhe aber gibt es nur wenig Spielraum für Fehler. Piloten, die in der »Unlimited«-Klasse, der Topliga des Kunstflugs, mitfliegen wollen, wissen, worauf sie sich einlassen. Tödliche Unfälle sind aber bei den Spitzenpiloten dennoch selten. Anders bei den reinen Showfliegern: Um dem Publikum einen richtigen Nervenkitzel bieten zu können, fliegen sie noch tiefer und sind immer auf der Suche nach noch spektakuläreren Manövern. Nur wer auch wirklich etwas riskiert, kann sein Publikum begeistern, und die Konkurrenz der Showpiloten ist groß. Jedes Jahr gibt es einen Neuen, der sich etwas noch Verrückteres ausgedacht hat, aber jedes Jahr sterben auch Showflieger. Im Rückenflug in fünf Meter Höhe ein Stoffband zu durchtrennen – ein Präzisionsmanöver, das perfekte Koordination und Mut erfordert – reißt heute auf großen Flugtagen in den USA kaum noch jemanden vom Hocker. Und so gibt es jedes Jahr neue Stunts, die noch aufregender und sensationeller sind als die des Vorjahres. Der »Flying Farmer« zum Beispiel ist ein älterer Herr, der jahrelang auf Flugtagen für viele Quadratmeter Gänsehaut sorgte: Scheinbar betrunken schwankt ein bäuerlich gekleideter Mann auf eine am Rande des Flugtages abgestellte Maschine zu, klettert hinein und »entführt«, offenbar des Fliegens überhaupt nicht kundig, die Maschine in die Luft. Das Publikum erstarrt regelmäßig vor Schreck. Das Flugzeug torkelt wie völlig außer Kontrolle in niedrigster Höhe über den Flugplatz, verfehlt nur knapp Hindernisse. Es dauert eine gewisse Zeit, bis die Zuschauer merken, daß hier eine perfekt getimte Show mit höchstem fliegerischen Können abgezogen wird und das Flugzeug alles andere als außer Kontrolle ist! Oder Sean Tucker: Selbst erfahrene Kunstflieger schütteln den Kopf, wenn sie sehen, wie der meist verschmitzt lächelnde Kalifornier seinen kleinen schwarzen, aber 300-PS-starken Pitts-Doppeldecker herumwirbelt. Bei einigen seiner Manöver scheinen die physikalischen Gesetze keinerlei Geltung mehr zu haben, und wenn eine Saison vorbei ist, hat er sein Flugzeug so beansprucht, daß es über den Winter komplett zerlegt und geröntgt werden muß. Damit das Risiko kalkulierbar bleibt, werden jedes Jahr alle wichtigen

Teile erneuert. Tucker begann einst mit dem Kunstflug, um sich auf diese Weise von seiner Flugangst zu befreien. Heute sorgen sich jedes Wochenende andere um ihn. Die Therapie hat jedenfalls angeschlagen, offensichtlich kennt Tucker so etwas Profanes wie Angst überhaupt nicht mehr.

Kurz nach der Teilnahme an ihrer ersten Meisterschaft, in Fond du Lac ist sie dreiundzwanzigste geworden, steigt Patty auf ein leistungsfähigeres, rasanteres und wendigeres neues Kunstflugzeug um, eine Pitts. Um Kosten zu sparen, teilt sie es sich mit einem anderen Piloten, und sie beginnt bei Kunstfluggrößen wie Clint McHenry, Gene Beggs und der legendären Betty Stewart Unterricht zu nehmen. Das harte Training macht sich schnell bezahlt, bei den Kanadischen Kunstflugmeisterschaften 1985 wird sie bereits bester ausländischer Teilnehmer. Dann geht es Schlag auf Schlag: Nur vier Jahre nachdem sie in Alaska ihre ersten Kunstflugstunden bekommen hat wird Patty, inzwischen Inhaberin mehrerer Titel, endgültig in den Olymp des Kunstflugs aufgenommen. Bei der Weltmeisterschaft 1986, ausgetragen in South Cerney, England, ist sie zum ersten Mal Mitglied der US-amerikanischen Mannschaft – und wird auf der Pitts S-1T auf Anhieb siebte. Schon ein Jahr später steigt sie auf einen ganz neuen Flugzeugtyp um. Es ist die Maschine, die sie später berühmt machen wird, eine Extra 260 des deutschen Herstellers *Extra Flugzeugbau* aus der Nähe von Dinslaken. 1991 will Patty es wissen: Sie will die amerikanische Kunstflugmeisterschaft gewinnen, obwohl das noch nie eine Frau geschafft hat. Seit Beginn des Jahres konzentriert sie sich nur auf dieses Ziel. Wie ein Leichtathlet bereitet sie sich sowohl körperlich als auch mental vor und trainiert, sooft sie kann.

Mit dem Kunstflug im »Unlimited«-Level, wie die Königsklasse dieser Disziplin heißt, hat Patty sich eine der herausforderndsten Sportarten ausgesucht, die es gibt. Kunstflug vereint mehr Variablen als nahezu jede andere Sportart. Eiskunstlauf ist komplex, schwierig und körperlich extrem intensiv. Autorennen sind teuer, erfordern eine perfekte Hand-Auge-Koordination und viel Mut. Für Fußball

oder Basketball benötigt man Durchsetzungsvermögen, Kraft und Ausdauer. Kunstflug auf Wettbewerbsniveau ist all das und noch viel mehr: Man braucht ein extrem teures Wettbewerbsgerät, das perfekt gewartet sein muß und viel härter, nämlich um alle Achsen, belastet wird als ein Rennwagen. Außerdem ist Kunstflug ein physisch extremer Sport. Bei keiner anderen Betätigung muß der Sportler trainieren, um hohe Beschleunigungen ertragen zu lernen. Bei manchen Manövern wirken bis zu zehn positive »g« auf den Piloten ein, was bedeutet, daß er mit dem Zehnfachen seines Körpergewichts in den Sitz gedrückt wird. Bei acht negativen »g«, wie sie bei anderen Figuren auf der Weltklasseebene des Kunstflugs durchaus vorkommen, zerrt das achtfache Körpergewicht den Piloten gegen die Gurte, das Blut schießt aus dem Körper in den Kopf. Kunstflieger hätten keine Chance, bei diesen Torturen nicht das Bewußtsein zu verlieren, würden sie während der Saison nicht täglich hart trainieren, um ihre »g-Toleranz« zu erhöhen. Patty fährt viel Fahrrad, betreibt spezielles Muskeltraining und Gewichtheben und ernährt sich gesund. Sie weiß: Je stärker vor allem ihr Oberkörper ist, desto besser kann sie durch gezieltes Anspannen von Muskelpartien allzu brutale Auswirkungen der Fliehkräfte auf ihren Körper vermeiden. Und natürlich fliegt sie jeden Tag. Um bei den *Nationals* unter den ersten zu sein, darf in den Monaten vor dem Wettbewerb kein Tag ohne Kunstflugtraining vergehen. Der Preis für die Torturen sind tagelang geschwollene und gerötete Augen, Innenohr-Irritationen und Ohrenschmerzen, schmerzende Hüften, Rücken-, Sehnen- und Muskelprobleme. Wenn sie nicht fliegt, läßt sie sich massieren oder legt sich Eisbeutel auf die geschwollenen Gelenke.

Die Manöver, die Kunstflugchampions der Neuzeit fliegen, haben kaum mehr etwas mit dem tänzerischen balletthaften Kunstflug der frühen Jahre zu tun. Das Standard-Kunstflugprogramm aus einfachen Figuren wie Looping, Rolle und Turn werden jedes Jahr durch immer extremere Manöver ergänzt, die früher schon aus technischen Gründen unmöglich gewesen wären – die Flugzeuge wären dabei zerbrochen. Die gerissene Rolle in der Vertikalen – eine Figur, bei der sich die Maschine um zwei Achsen überschlägt während sie senkrecht in den Himmel steigt, – oder Figuren, bei denen das Flugzeug auf einer vertikalen Linie rückwärts rutscht und sich anschließend wieder vorwärts überschlägt, zerren so heftig an Motorträgern, Rudern und Holmen, daß die Maschinen der Spitzenpiloten einmal pro Jahr vollständig auseinandergenommen werden müssen. Alle Verschleißteile werden ausgewechselt, der Motor komplett überholt. Bei manchen der Kunstflugfiguren in der »Unlimited«-Klasse scheinen die Flugzeuge alle Gesetze der Physik auf den Kopf zu stellen, und bei einigen Figuren dauert es Jahre, bis man sie einigermaßen sicher beherrscht.

Um so fliegen zu können, muß das Gerät vom Feinsten sein und gleichzeitig so stabil, daß selbst die gewaltigsten Kräfte keinen lebenswichtigen Holm oder Motorträger zum Bersten bringen können. Zwar fliegen auch die Spitzenpiloten mit Fallschirm, aber jeder in der Szene weiß, daß es, sollte wirklich einmal eine Tragfläche durch Überlastung brechen, aus dem engen Cockpit bei der geringen Flughöhe kein Entrinnen gibt. Darum ist haltbares Material lebenswichtig. Eine Extra, wie Patty sie fliegt, ist für Belastungen von minus bis plus 20-facher Erdbeschleunigung (»20g«) konstruiert. Das ist weit mehr als der fitteste Pilot aushalten kann. Unfälle durch Versagen des Materials sind deshalb heute kein Thema mehr. War früher das Material die Grenze, so ist es heute längst der Mensch.

Patty trainiert während des ganzen Jahres 1991 verbissen, denn sie ist sich sicher, die fliegerischen Fähigkeiten zu haben, bei den *Nationals* ganz vorne mit dabei zu sein. Nachdem sie sich auch Ratschläge von früheren Champions wie Clint McHenry geholt hat, reist sie an den Grayson County Airport in Texas, wo die Meisterschaften stattfinden. In diesem Jahr gibt es insgesamt über einhundert Teilnehmer in der verschiedenen Klassen, und da 1991 auch das Team für die kommende Kunstflug-Weltmeisterschaft zusammengestellt wird, ist die Konkurrenz besonders hart: Jeder der »Unlimited«-Piloten will sich für die Nationalmannschaft qualifizieren. Der Wettbewerb beginnt optimal für Patty: Sie gewinnt das Pflichtprogramm, normalerweise ihre schwächste Disziplin. Am nächsten Tag, kurz nachdem sie ihre freie Kür, »Freestyle« genannt, begonnen hat, bricht im Flugzeug eine Bodenplatte aus Kunststoff, und sie muß den Flug abbrechen. Nachdem die Jury den Schaden an ihrer Maschine analysiert hat, wird beschlossen, ihren Flug nicht zu werten, da das aufgetretene technische Problem außerhalb ihres

Einflußbereichs lag. Sie darf das Freestyle-Programm als letzte in der Reihe noch einmal wiederholen. Jetzt wird sie fast das Opfer ihrer Nerven. Obwohl sie monatelang versucht hat, sich mental zu stärken, Psychologiebücher gelesen und autogenes Training betrieben hat, ist sie während der Wartezeit extrem nervös. Um den Druck von sich zu nehmen, sagt sie sich laut vor: »Flieg wie im Training! Entspann dich! Es geht nur darum, die Sache durchzuziehen.« Es wirkt: Bei den nächsten Flügen schlägt sie jeden ihrer Konkurrenten haushoch und gewinnt schließlich nach mehreren nervenaufreibenden Durchgängen des komplizierten Wertungssystems jede Disziplin. Sie wird als erste Frau in der Geschichte der Luftfahrt amerikanischer Kunstflugmeister, und das gegen eine Elite mit allen Wassern gewaschener männlicher Kunstflugprofis, die teilweise viel länger fliegen als sie und größere finanzielle Mittel für eine intensivere Vorbereitung haben.

Nachdem sie ihren Erfolg ausgiebig gefeiert hat, spürt Patty bald, daß sie noch nicht genug hat. Wie viele Menschen, die etwas Außergewöhnliches erreicht haben, sieht sie den Triumph bereits nach kurzer Zeit als einen Erfolg, der ein Meilenstein auf dem Weg zu noch größerer Leistung ist. Sie weiß, daß sie ein hohes Ziel erreicht hat, spürt aber ebenso, daß mehr in ihr steckt. Sie glaubt, noch besser fliegen zu können, als sie das bei den Meisterschaften gezeigt hat. Es dauert nicht lange, bis sie sich ein neues Ziel setzt: Sie will die *Nationals* im nächsten Jahr noch einmal gewinnen! Natürlich ist ihr klar, daß es hart sein wird, mit derselben unerbittlichen Disziplin gegen sich selbst weitere zwölf Monate extremen Trainings durchzuhalten. Als sie bei einer Airshow ihren Kollegen Sean Tucker trifft, den vielleicht wagemutigsten Show-Kunstflieger der neunziger Jahre, spricht dieser sie ganz direkt an: »Du willst dieses Jahr wieder gewinnen, oder?« Und als Patty ihn fragend und ohne zu antworten ansieht, ergänzt er: »Ich hoffe nämlich, daß Du es schaffst. Sonst werden alle sagen, daß es einfach nur Glück war.«

Tatsächlich hat ihr überraschender Sieg bei den *Nationals* auch jede Menge Neid und Mißgunst erzeugt. Macho-Piloten aus der

Pattys deutsche Extra 300 ist eines der besten Kunstflugzeuge auf dem Markt

Militärfliegerszene, die kaum ertragen können, daß eine Frau diesen fliegerischen Olymp erreicht hat, gönnen ihr den Sieg nicht, reden hinter ihrem Rücken davon, daß sie »eben Glück hatte«, oder behaupten, daß sie sich ohne die finanzielle Hilfe ihres Mannes das Training und die Teilnahme am Wettbewerb gar nicht leisten könnte. Viele glaubten eben, so Tucker, daß eine Frau es vielleicht ein Mal schaffen könne, aber nicht, daß sie dieses Niveau auch zu halten in der Lage sei. Pattys Entschluß, es allen noch ein zweites Mal zu zeigen, steht damit endgültig fest.

Patty wird ihren Titel nicht nur 1992 verteidigen, sondern sogar den »Hattrick« schaffen: 1993 wird sie zum dritten Mal amerikanischer Kunstflugmeister der »Unlimited«-Klasse. Das hat vor ihr noch kein einziger Pilot geschafft, auch kein Mann. Und damit geht sie endgültig in die Geschichte des Fliegens ein. Die Medien interessieren sich immer mehr für sie. Neben den Meisterschaften fliegt sie Airshows, die sich zu einer wichtigen Einnahmequelle entwik-

keln. Fliegen ist jetzt ihr Fulltime-Job. Aber auch auf internationaler Ebene beweist Patty ihre Klasse. Regelmäßig ist sie bei den Weltmeisterschaften auf den vorderen Plätzen zu finden. Bei allen fünf Weltmeisterschaften, bei denen sie mitfliegt, ist sie der bestgewertete US-Teilnehmer, zum letzten Mal bei der WM 1996 in Oklahoma City. Nebenbei aber bereitet sie ihren endgültigen Absprung aus dem Wettkampfsport vor und tritt bei allen wichtigen Airshows in den USA als eine der Hauptattraktionen auf.

Obwohl sie es nicht geschafft hat, auf internationaler Ebene den Thron zu erklimmen, ist sie seit 1993 in den USA so etwas wie ein fliegender Star. Sie ist die gutbezahlte Attraktion jeder Airshow und beliebte Interviewpartnerin für das Fernsehen, wenn es um das Fliegen oder um das Thema Frauenkarrieren geht. Wo sie auch hinkommt, muß sie Autogramme geben. Ihr Flugzeug wird von Tausenden von Modellbauern weltweit als ferngesteuertes Modell nachgebaut. Selbst im vielleicht bestverkauften Computerspiel aller Zeiten, dem Microsoft Flugsimulator, kann man Pattys Extra 300 S für einen Flug auswählen. In der neuesten Version sitzt sie sogar,

Patty Wagstaff und der Autor

verblüffend ähnlich programmiert, selbst am Knüppel. US-Milliardäre, wie der Chef von AOL, Steve Case, haben sich von Patty in die Geheimnisse des Kunstflugs einführen lassen, und nachdem sie in ihrer eigenen Branche bereits ein Star ist, wird sie eines Tages nach Hollywood geholt: In mehreren Kinoproduktionen der neunziger Jahre spielt Patty Pilotinnen. Wie wichtig Patty Wagstaff für die Fliegerei in den USA geworden ist, zeigt sich auch daran, daß sie als Kommentatorin neben Neil Armstrong, dem ersten Mann auf dem Mond, für die Sondersendungen des amerikanischen Fernsehens zum 100. Jubiläum des ersten Motorflugs im Dezember 2003 ausgewählt wurde.

Ihre Extra 260, mit der sie zwei ihrer drei wichtigsten Titel gewonnen hat, steht heute im *National Air & Space Museum* in der US-Hauptstadt Washington genau neben der Lockheed Vega, mit der Amelia Earhart 1932 den Atlantik überflogen hat und in Sichtweite von Charles Lindberghs *Spirit of St. Louis*. Daneben, wie eine Reliquie in einem Plexiglaskasten, einer ihrer Flugoveralls. Patty Wagstaff gehört heute zu den gefragtesten Airshow-Performern der USA. Jedes Jahr, von März bis November, reist sie mit ihrer neuen Extra 300XS und einem kleinen Troß Mitarbeiter, der sie im zweimotorigen Firmenflugzeug und einem Van begleitet, kreuz und quer durch die Vereinigten Staaten: von Florida, wo sie lebt, nach Washington State, von New Mexico nach New York – sie tritt bei den größten Flugveranstaltungen auf.

Als ich Patty frage, welche fliegerische Herausforderung sie noch gerne annehmen würde, antwortet sie (zwei Jahre vor dem Unglück der *Columbia*): »Das Space-Shuttle-Fliegen!« Ganz ernsthaft allerdings macht sie sich bereits Gedanken über eine anschließende Karriere als Linienpilotin. Niemand, der sie kennt, zweifelt daran, daß sie auch das noch schaffen wird.

1995

Bomber im Eis: »Kee Bird«

1947: Am 20. Februar startet gegen 14.30 Uhr vom Flugplatz Ladd Field bei Fairbanks, mitten in Alaska, eine viermotorige Boeing B-29 der Spezialausführung »F-13« zu einem geheimen Aufklärungsflug in die Arktis. Die B-29, durch den Abwurf von Atombomben auf Hiroshima und Nagasaki zu zweifelhaftem Ruhm gekommen, war das größte einzelne Rüstungsprojekt der Vereinigten Staaten im Zweiten Weltkrieg. Mehr als drei Milliarden Dollar wurden in die Entwicklung und den Bau der 4000 Flugzeuge gesteckt, die fast ausschließlich auf dem Kriegsschauplatz im Pazifik gegen Japan eingesetzt wurden. Die B-29 mit ihrer 11-köpfigen Besatzung hat Treibstoff für 26 Stunden an Bord. Der für heute geplante Flug soll aber höchstens 20 Stunden dauern. Nach circa 800 Kilometern Flug über die Urlandschaft Alaskas – diese Gegend wurde erst um 1930 kartographisch erfaßt – und die gewaltige Bergkette Brooks Range ist Point Barrow der letzte Checkpunkt auf dem nordamerikanischen Kontinent. Danach geht es über die eisige und tiefe Beaufort See des Arktischen Ozeans in Richtung Ewiges Eis und Nordpol.

Lieutenant Cowan, der Navigator der *Kee Bird* genannten viermotorigen Boeing, teilt seinem Piloten Lieutenant Arnett den genauen Kurs in Richtung Norden mit, den er mit Hilfe seines Sextanten nach dem Sonnenstand bestimmt hat. Das silbern glänzende viermotorige Flugzeug mit leuchtend rot lackiertem Leitwerk und ebensolchen Flügelspitzen, fliegt in fünf Kilometer Höhe dem nördlichsten Punkt der Erde entgegen. Für seinen Namen stand ein sagenumwobener mystischer Vogel Pate, der angeblich in Alaska beheimatet ist und »Kee-kee-rist« schreit, in der Sprache der Inuit: »Mir ist kalt«. Gleichmäßig dröhnen die insgesamt 72 Zylinder der gewaltigen Pratt & Whitney-Sternmotoren. Das Wetter ist klar, und so kann der Pilot in den ersten Stunden der Mission rein nach Sicht fliegen.

Nach etwas mehr als acht Stunden Flug erreicht *Kee Bird* den geographischen Nordpol – der magnetische Nordpol, an dem sich eine Kompaßnadel orientiert, liegt 1800 Kilometer weit von dieser Stelle entfernt in Kanada –, zieht eine große Schleife und macht sich bald darauf auf den Rückflug von dem geheimen Foto-Aufklärungsauftrag. Kurze Zeit später fliegt Pilot Arnett den schweren Bomber in eine Wolkenbank. Weder der Pilot noch Copilot Russel Jordan machen sich deshalb große Sorgen. Schließlich war das Wetter in den vergangenen Stunden gut, und so rechnen die erfahrenen Piloten damit, jeden Moment wieder aus der Wolkenschicht herauszukommen, den Flug nach Sicht fortsetzen zu können. Außerdem ist die B-29 ist für den Instrumentenflug ausgerüstet, sie läßt sich auch ohne Außensicht steuern. 45 Minuten später fliegt *Kee Bird* immer noch in Wolken, und langsam beginnt die Besatzung, sich Gedanken um ihre Position zu machen. Funknavigationshilfen sind so weit im Norden kaum noch zu empfangen, daher kann Navigator Cowan die Position lediglich nach der Sonne oder nachts nach den Sternen bestimmen. Der Pilot beschließt, in einen Steigflug zu gehen, um wieder über die Wolken zu kommen. Wenn Cowan freie Sicht auf die Sonnenscheibe hat, ist die Standortermittlung mit Hilfe des Sextanten kein Problem. 30 Minuten später ist *Kee Bird* in 30 000 Fuß angelangt, mehr als neun Kilometer hoch fliegt sie jetzt über dem Eis. Trotzdem ist eine genaue Positionsbestimmung immer noch nicht möglich, da die Sonne zu tief über dem Horizont steht und das Licht sehr diffus ist. In dieser nördlichen Position aber steigt die Sonne nie sehr weit über den Horizont und beginnt kurz darauf bereits wieder zu sinken. Obwohl die Sonnenscheibe für ein paar Minuten gut sichtbar scheint, weiß Navigator Cowan, daß unter diesen Umständen eine Positionsbestimmung fast sinnlos ist: Die Brechung des Lichts der tiefstehenden Sonne in der dunstigen Atmosphäre verfälscht jede Peilung.

Boeing B-29 Superfortress

Die Piloten beschließen deshalb, vorläufig auf dem letzten vom Navigator festgestellten Kurs weiterzufliegen.

Sechzehn Stunden ist *Kee Bird* jetzt in der Luft. Die Männer werden langsam müde, und immer noch versucht der Navigator, mit Hilfe seiner Karten die ungefähre Position zu bestimmen. Einmal ist der Funker, Seargeant Leader, kurz in Kontakt mit der Basis in Ladd, aber bevor er von dort eine Peilung erhalten kann, die den Flug nach Hause bringen könnte, reißt die Verbindung wieder ab. Als sich die Wolkendecke weit unten endlich einmal öffnet, blicken die Männer aus der B-29 auf wilde Gebirgsformationen und eine zerklüftete Küstenlinie. Mittlerweile hat keiner an Bord mehr eine Ahnung, wo sich der Aufklärer befindet. So oft sie das Gesehene auch mit ihren Karten vergleichen, sie bleiben ratlos.

Da auch bei dieser Langstreckenversion der B-29 die Spritreserven nicht unendlich sind, muß Kommandant Vernon H. Arnett jetzt eine Entscheidung fällen: Weiterfliegen bis es dunkel wird und der Navigator mit Hilfe der Sterne die Position feststellen kann, oder eine Notlandung wagen, solange es noch hell ist. Sehr einladend sieht die Landschaft allerdings nicht aus. Auch die Alternative ist nicht verlockend: Wenn die Sonne erst einmal ganz untergegangen ist, wird es fast 16 Stunden lang dunkel sein. Und in finsterer Nacht müssen die Piloten rechtzeitig nach Hause finden – zumindest brauchen sie einen anderen Flugplatz. Eine ohnehin riskante Notlandung irgendwo im ewigen Eis, aber auch in der Tundra, ist nur möglich, wenn es noch hell ist. Eines darf auf keinen Fall passieren: daß der Sprit über einer Gegend ausgeht, in der eine Landung nicht durchführbar ist. Dann hätten die Männer nur noch die Chance, mit dem Fallschirm abzuspringen. Weitab jeder Zivilisation würde das den fast sicheren Tod bedeuten. Der Treibstoff der *Kee Bird* ist noch ausreichend für mehrere Stunden Flug und die Männer sind deshalb immer noch optimistisch, wieder auf ihren richtigen Kurs zurück zur Basis zu finden. Ständig versucht der Funker, Kontakt zu irgendeiner Flugsicherungsstelle zu bekommen, die das Flugzeug anpeilen kann. Und schließlich erfaßt der Radiokompaß der *Kee Bird* ein starkes Funksignal. Es scheint der Radiosender KFAR aus Fairbanks zu sein. Auch dieser eignet sich gut zur Navigation und sofort dreht Pilot Arnett in Richtung der Nadel auf Heimatkurs.

Nach eine halben Stunde kommt die Ernüchterung: Das Signal verschwindet wieder, die Nadel der Anzeige dreht sich orientierungslos im Kreis. Sie sind einem bei dieser Art der Funknavigation vor allem während der Dämmerung auftretenden atmosphärischen Phänomen aufgesessen: einem Phantomsignal, das durch die Reflektion von Funkwellen in bestimmten Schichten der irdischen Lufthülle entsteht. Wieder hat die Besatzung keinerlei Information über ihren Standort. Trotzdem behält die *Kee Bird* in den nächsten Stunden ihren neuen Kurs bei. Was sollen die Piloten auch sonst tun? Vielleicht können sie ja doch noch ein auswertbares Funksignal oder zumindest einen Radiosender auffangen, der ihnen den Weg weist.

Nach Stunden der Ungewißheit reißt die Wolkendecke zum ersten Mal auf. Genau in diesem Augenblick entdeckt Copilot Jordan inmitten einer eisigen weißen Gebirgslandschaft eine große ebene Fläche. Obwohl es jetzt fast dunkel ist, erkennt er, daß es sich um einen zugefrorenen See handeln muß. Die Piloten beschließen, sich das mögliche Notlandefeld aus der Nähe anzusehen und bringen die Boeing in einen spiralförmigen Sinkflug. Als sie in weniger als 50 Meter Höhe über dem zugefrorenen See in eine steile Kurve gehen, um einen bessere Sicht auf die Landschaft zu haben, setzt einer der Motoren aus Spritmangel aus. Erst als der Pilot die schwere Maschine wieder geradestellt, schwappt der kleine Rest Treibstoff zurück in die Mitte des Tanks, der Motor springt wieder an. Nach fast genau 20 Stunden Flug, es ist jetzt 9.58 Uhr Alaska-Zeit, reicht der Sprit noch für etwa vier Minuten. Durch die zusätzlichen Steigflüge hat die B-29 mehr Treibstoff als sonst verbraucht. In einem langen geraden Anflug bringt Arnett die B-29 hinunter auf den See und kurz bevor sie landen öffnen die Männer hinten im Rumpf die Luken der Notausstiege, bringen alles, was sie an Notausrüstung an Bord haben, in die Nähe der Öffnungen – nur für den Fall, daß sie das Flugzeug eilig evakuieren müssen. Sie wissen ja nicht, was sich unter der scheinbar glatten Schneedecke verbirgt, und ob das Eis – wenn es denn welches ist – das Gewicht der Maschine tragen kann. Vorsichtshalber landet der Pilot die Maschine mit eingezogenem Fahrwerk auf dem Bauch. Ohne Fahrwerk verteilt sich die große Masse bei der Landung gleichmäßiger auf das Eis. Kurz vor dem Aufsetzen haben die zwei Männer im Cockpit noch den Hauptschalter umgelegt und so den gesamten Strom abgestellt. Obwohl nur noch wenige Liter Sprit in den Tanks sind, sollen diese im Falle einer Bruchlandung nicht durch einen elektrischen Funken in Brand gesetzt werden. Butterweich setzt die Boeing auf der nur wenige Zentimeter dicken Schneedecke auf und rutscht ein paar hundert Meter weit dahin, bevor sie fast unbeschädigt am Rand des Sees auf der schneebedeckten Tundra zum Stehen kommt.

Als die elf Männer das Flugzeug verlassen, können sie nur darüber spekulieren, wo sie gelandet sind. Kanada? Oder gar auf der gegenüberliegenden Seite des Globus in Rußland? Das ist eher unwahrscheinlich, aber an Grönland denkt keiner von ihnen. Genau dort aber befindet sich *Kee Bird* jetzt, stellen die Soldaten fest, nachdem sie bei fast minus 50 Grad Celsius das Hilfsstromaggregat der Maschine zum Laufen gebracht und mit ihrem Funkgerät um Hilfe gerufen haben. Sie finden heraus, daß sie sich etwa 250 Meilen nördlich des Luftwaffenstützpunktes Thule ganz im Norden Grönlands befinden, nur 800 Kilometer vom Nordpol entfernt! Es dauert drei Tage bis ein Transportflugzeug die Männer in den ewigen Eiswüsten Nordgrönlands findet. Die Maschine vom Typ C-54 landet auf dem See, auf dem die Besatzungsmitglieder der *Kee Bird* mit Hilfe einiger stark rauchender Feuer für ihre Kameraden eine Piste markiert haben. Die Landung des C-54 am 23. Februar 1947 geht glatt, und nachdem die Pechvögel sämtliche geheimen Unterlagen und Dokumente vernichtet haben – aus Gewichtsgründen können sie nichts mitnehmen –, werden sie zuerst nach Thule und wenig später an die US-amerikanische Ostküste geflogen wo bereits Ärzte und später eine staunende Presse auf sie warten. Daß die Männer gerettet werden können, haben sie vor allem dem Stromaggregat an Bord der B-29 zu verdanken. Ohne Funkkontakt hätten sie keine Chance gehabt zu überleben. *Kee Bird* bleibt auf Grönland. Sie soll, so der Plan der Militärs, möglichst bald zerstört werden, damit sie nicht in falsche Hände gerät. Der Auftrag wird allerdings nie ausgeführt. Die amerikanische Luftwaffe, die in den Jahren nach dem Krieg ohnehin fast an altem Kriegsgerät erstickt, schreibt die B-29 sofort ab. Niemand kümmert sich mehr um den Bomber im Eis. Jahrzehntelang, genauer gesagt 48 Jahre lang, wird er am Rand des großen Sees stehen, in der extrem trockenen Luft der Arktis noch besser konserviert als in einer Wüste. Manchmal statten ihr Militärpiloten, die in der Gegend stationiert sind, einen Besuch ab. Sie überfliegen *Kee Bird* in geringer Höhe und machen ein paar Fotos.

Anfang der neunziger Jahre wird Darryl Greenamyer aus Kalifornien auf die einsam in der Nähe des Nordpols geparkte B-29 aufmerksam. Es dauert nicht lange bis er sich das Ziel setzt, die *Kee Bird* nach Hause zu holen. Obwohl fast 4000 B-29 gebaut wurden, gibt es nur noch eine einzige flugfähige Maschine. Das Flugzeug ist deshalb von großem historischen, aber auch materiellen Wert. Noch in den sechziger Jahren verschrottete die US-Luftwaffe Hunderte von Exemplaren, die in der Wüste von Arizona eingemottet und nutzlos herumstanden – jetzt, da es keine B-29 mehr gibt, würden Flugzeugenthusiasten Millionen für eine flugfähige B-29 zahlen.

Darryl Greenamyer ist nicht irgendein flugzeugverrückter Spinner, den man nicht sonderlich ernst nehmen muß. Greenamyer ist

Eine C-54 rettet die Besatzung von Kee Bird aus Grönland

einer der verwegensten, aber auch kompetentesten amerikanischen Test- und Rennpiloten der sechziger Jahre. Bei *Lockheed* hat er den bis vor wenigen Jahren streng geheimen dreifach überschallschnellen Höhenaufklärer SR-71 *Blackbird* getestet und ist das legendäre Spionageflugzeug U-2 geflogen. Später hat er in einem modifizierten *Bearcat*-Jagdflugzeug aus dem Zweiten Weltkrieg, dessen Pratt & Whitney R-2800-Sternmotor mit 18 Zylindern und fast 46 Liter Hubraum er auf 3200 PS gebracht hat, den bis heute gültigen Geschwindigkeitsweltrekord für kolbengetriebene Propellerflugzeuge von 778 Stundenkilometern aufgestellt.

Damit nicht genug: Ein paar Jahre später baut der äußerlich ganz unscheinbare Greenamyer aus ausrangierten Ersatzteilen den ersten F-104-*Starfighter* in Privatbesitz zusammen, derselbe Typ, der in der bundesdeutschen Luftwaffe 269mal abgestürzt ist. Mit dem bunt lackierten Mach-2-Düsenjäger, den er *Red Baron* nennt, stellt er 1977 einen weiteren Weltrekord auf. In teilweise weniger als zehn Meter Höhe fliegt er 1590 Stundenkilometer schnell, Tiefflug-Weltrekord. Als Greenamyer beschließt, die alte B-29 aus der Arktis zurückzuholen, ist jedem, der ihn besser kennt, klar, daß Darryl keinen Spaß macht. Es ist ein Abenteuer ganz nach seinem Geschmack.

Wie aber plant man so ein Unternehmen? 1992 fliegt Greenamyer zum ersten Mal nach Grönland, um sich *Kee Bird* aus der Nähe anzusehen. Das Flugzeug, so stellt er fasziniert fest, ist immer noch in einem hervorragenden Zustand. Bereits bei diesem ersten Besuch schaffen es Greenamyer und seine Männer, das 45 Tonnen schwere Flugzeug anzuheben und wieder auf sein fast fünf Jahrzehnte eingezogenes Fahrwerk zu stellen. Sogar einen der Motoren lassen sie kurz an. Nach dieser ersten Inspektion ist Greenamyer äußerst optimistisch: Sechs Leute, ein paar Wochen Arbeit, das sollte genügen, um anschließend direkt von dem zugefrorenen See nach Hause zu starten.

Wieder zurück in Kalifornien macht er sich an eine detaillierte Logistik. Vor allem benötigt er eine Transportmaschine, die groß

Kaum gealtert: Kee Bird-*Cockpit*

und robust genug ist, vier frisch überholte Triebwerke für die B-29, Ersatz für ihre bei der Notlandung verbogenen Propeller, einen Bulldozer, sowie Tonnen von Ersatzteilen und Werkzeug in die eisige Landschaft Nordgrönlands zu fliegen. Er entscheidet sich für seine Caribou, einen soliden zweimotorigen Transporter, der optimal für den Einsatz auf unbefestigten Startbahnen geeignet ist. Außerdem muß er ein Team von Experten zusammenstellen, das sich mit der historischen Technik der B-29 auskennt, aber auch gewillt ist, unter den anstrengenden Bedingungen, die an dem gefrorenen See 800 Kilometer südlich des Nordpols herrschen, zu arbeiten. Darryl engagiert unter anderem seinen Bekannten Rick Kriege, mit dem er schon viele Jahre zusammenarbeitet, als Chefingenieur. Roger Van Grote, pensionierter Flugkapitän und entfernter Verwandter des deutschen Jagdfliegerasses aus dem Ersten Weltkrieg, Manfred von Richthofen, wird der Pilot der Transportmaschine. Darüber hinaus verpflichtet Greenamyer einen Werkzeugmacher und einen Spezialisten für Metallbearbeitung. Und er findet sogar noch einen Piloten, der einst eine B-29 geflogen ist. Greenamyers Team umfaßt letztlich sieben Mann.

Durch die Notlandung beschädigte Landeklappe

Worauf er sich wirklich einläßt, als er beschließt, *Kee Bird* aus seinem eisigen Grab zu befreien, das wird Darryl Greenamyer allerdings erst allmählich erfassen. Es dauert fast drei Jahre bis der doch schwerer als angenommen beschädigte Bomber so weit hergerichtet ist, daß ein Startversuch gewagt werden kann. Bei seiner zweiten Reise zu *Kee Bird* bringt Greenamyer in der Caribou bereits einen großen Teil der Ausrüstung in die Wildnis. Bei der Landung versinkt das Bugrad der schweren Transportmaschine im kurzzeitig nicht tiefgefrorenen Schlamm der Tundra am Rand des flachen Sees. Ein Reifen rutscht von der Felge, ist platt. Stickstoff oder Sauerstoff, um den Reifen wieder zu füllen, haben die Männer nicht dabei, also behelfen sie sich mit dem Propangas eines Heizofens. Auch beim zweiten Transport, diesmal ist der fünf Tonnen schwere Bulldozer zum Planieren einer Piste an Bord und das zweimotorige Flugzeug ist bei diesem Flug um fast zwei Tonnen überladen, versinkt das Bugrad der Caribou. Wie durch ein Wunder geht auch diese Landung ohne Bruch aus, und das, obwohl zusätzlich noch die Landeklappen ausgefallen sind. Jeder Anflug auf das Notlandefeld der *Kee Bird* ist sogar für die erfahrenen Profis ein Glücksspiel. Flie-

1,3 Tonnen schwer: B-29-Motor des Typs Wright R-3350

gerisch, meint der ehemalige Flugkapitän Van Grote, sei das Landen der ständig völlig überladenen Transportmaschine das Anspruchsvollste, was er jemals erlebt habe.

Greenamyer läßt alles, was zur »ambulanten« Generalüberholung der B-29 nötig ist, über den Luftwaffenstützpunkt Thule einfliegen. Die Transportprobleme sind enorm, was auch am wechselhaften Wetter liegt, das von Temperaturen bis minus 50 Grad Celsius, starkem Wind und immer wieder auch von Schneefall oder eisigem Regen bestimmt wird. Auch das Geld fließt in Strömen davon, Zigtausende von Dollars müssen immer wieder bezahlt werden, damit die Operation nicht ins Stocken gerät.

Anfang 1995 hat Greenamyer alles beschafft, was zur Reparatur des Flugzeugs nötig ist, und nach Grönland gebracht. Aus Kalifornien hat er vier frisch überholte Motoren des Typs R-3350 eingeflogen, jeder 1,3 Tonnen schwer, 55 Liter Hubraum und 2200 PS. So einen riesigen Motor einzubauen ist schon in einer gut ausgestatteten Flugzeugwerkstatt eine echte Herausforderung – bei tiefen Minusgraden im Freien sind die Arbeiten eine unglaubliche Tortur. Hinzu kommt, daß von den alten Motoren zum Teil Aggregate ab-

Knochenjob: Motoren müssen eingebaut werden, Ruder ausgetauscht

Bomber im Eis **285**

Allein ein Rad zu wechseln ist in der Wildnis eine Herausforderung

Cockpitscheiben müssen ersetzt, einige Instrumente überholt werden

Bomber im Eis

Die Arbeiten nähern sich dem Ende

gebaut und an die neuen Triebwerke wieder angebaut werden müssen. Auch vier neue Propeller, jeder mit einem Durchmesser von über fünf Metern und 500 Kilogramm schwer, werden eingeflogen. Dazu neue Reifen – die alten müssen mit Hilfe der Frontschaufel des Bulldozers von ihren Felgen getrennt werden – Fahrwerksklappen, Querruder, ein überholtes Seitenruder. Was ursprünglich innerhalb von ein paar Wochen passiert sein sollte, dauert schließlich 36 Monate. Selbst dem toughen Greenamyer erscheint es später fast irrsinnig, was die Männer weit nördlich des Polarkreises bereit waren auszuhalten, um ein altes Flugzeug wieder flugfähig zu machen. Er kann es sich im Nachhinein nur damit erklären, daß »sie den Bären am Schwanz hatten, und jetzt einfach nicht mehr loslassen konnten«. In täglichen Schichten von bis zu 15 Stunden arbeitet das Team bis zur totalen Erschöpfung. Allein um ein über 200 Kilogramm schweres Rad des Bombers zu wechseln, benötigen drei Männer über sechs Stunden. Immer wieder müssen die Arbeiten unterbrochen werden, wenn Stürme über die Tundra fegen. Ständig bremsen das brutale Wetter und technische Komplikationen die Arbeiten.

Jeder der Vierblattpropeller wiegt 500 Kilogramm

Die Männer schuften so hart, daß eines Tages der robuste Chefingenieur Rick Kriege, der schon anstrengendste Knochenjobs auf Ölfeldern gemacht hat, zusammenbricht und schwer krank wird. Als einer der heftigen Schneestürme vorüber ist, befreien die Männer ihre de Havilland-Transportmaschine von Schnee und Eis und fliegen Kriege nach Thule aus. Eine Stunde vor dem Luftwaffenstützpunkt fällt einer der Motoren der Caribou aus und sie sind drauf und dran, eine halbe Tonne Werkzeug über Bord zu werfen, damit Pilot Van Grote das Flugzeug mit einem Motor bis nach Thule in der Luft halten kann. Irgendwie schaffen sie die Landung aber, ohne diese Maßnahme ergreifen zu müssen, und der Chefingenieur wird sofort nach Kanada ausgeflogen. Zu spät: Rick Kriege stirbt im Krankenhaus an totaler Erschöpfung und inneren Blutungen. Zweifellos hat er sich zu Tode gearbeitet.

Obwohl Greenamyer zutiefst schockiert ist über den Verlust seines Freundes – er kann und will nicht mehr aufgeben. Neun Monate später, es ist Anfang Mai 1995, kommen seine Crew und er zum hoffentlich letzten Mal nach Grönland. Sie finden *Kee Bird* tief verschneit. Alle ihre Ausrüstungsgegenstände liegen festgefroren

Fast fertig: die in der Wildnis instand gesetzte Kee Bird

Auf dem Weg zum Start

in den Schneewehen. Mit einer ölbetriebenen Heizung tauen die Männer den Bulldozer auf, den sie brauchen, um ihre Generatoren und Zelte auszugraben. Kurz darauf tobt wieder ein Schneesturm. Er ist so stark, daß die in den Rumpf des Bombers geflüchteten Männer später zwei Zelte vermissen. Bei minus sieben Grad Celsius nähern sich die Arbeiten jetzt langsam dem Ende. Greenamyer, der sogar ein kleines Satelliten-Navigationsgerät für *Kee Bird* mitgebracht hat, beginnt schon, sich Gedanken über den Start vom zugefrorenen See zu machen. Eine Woche nach ihrer Ankunft läßt der Kalifornier zum ersten Mal einen der Motoren an. Nachdem der riesige Propeller wie in Zeitlupe ein paarmal durchgedreht hat, speit er plötzlich dicken schwarzen Rauch aus den armdicken Auspuffrohren und springt schließlich mit einem in der Stille der einsa-

men Landschaft durch Mark und Bein gehenden Brüllen an. »Wenn wir einen zum Laufen bringen, dann bringen wir sie alle zum Laufen«, ist Mechaniker Cecilio Grande optimistisch. Ein paar Lecks müssen noch abgedichtet werden.

Am 21. Mai, natürlich gäbe es auch jetzt noch etwas einzustellen oder zu verbessern, ist es endlich einmal windstill und wolkenlos. »Heute ist der Tag«, beschließt Greenamyer. Am frühen Nachmittag laufen alle vier Motoren. Auch den Treibstoff haben sie in 200-Liter-Fässern aus Thule eingeflogen. Zum ersten Mal seit 48 Jahren steht der Bomber mit laufenden Motoren zum Start bereit. »Sie will fliegen«, schreit Copilot Thad Dulin, der einzige, der schon eine B-29 geflogen ist, aufgeregt. Greenamyer klettert in den Pilotensitz, zwei andere Männer sind hinten im Rumpf. Die übrigen stehen herum, fotografieren. Klappt der Start, werden sie das Werkzeug zusammenpacken und in der zweiten Maschine nachkommen. *Kee Bird* steht immer noch in tiefem Schnee, Eis blockiert die Räder, alles ist festgefroren. Erst als Greenamyer die Leistungshebel weit nach vorne schiebt und die gewaltigen Motoren mit ihren 8800 PS und den riesigen Luftschrauben genügend Schub entwickeln, beginnt die B-29 sich zitternd in Bewegung zu setzen. Die Männer johlen vor Begeisterung, alle sind sicher, daß *Kee Bird* in ein paar Minuten fliegen wird. Auch Greenamyer selbst hat keine Zweifel: Sein Traum wird heute in Erfüllung gehen. Er will einfach quer über den See starten, schätzt, daß die B-29 bereits nach einem Drittel der zur Verfügung stehenden Strecke in der Luft sein wird.

Eine Schneefahne nachziehend donnert *Kee Bird* an das andere Ufer des Sees, und Greenamyer bringt die B-29 in Startposition. Ein aufregender Anblick. Er fackelt nicht lange, gibt Vollgas und mit einem Dröhnen, das das ganze Tal erfüllt, setzt *Kee Bird* sich langsam in Bewegung. Dann, ganz plötzlich, das Flugzeug rollt bereits mit beachtlicher Geschwindigkeit über das Eis, beginnt es aus dem

Fassungslos beobachtet Greenamyer, wie drei Jahre Arbeit in Flammen und Rauch aufgehen

Rumpf zu rauchen. Greenamyer bricht den Start sofort ab. Kurze Zeit später dringt dichter Qualm aus den Cockpitfenstern. Die Männer, die den Vorgang von der anderen Seite des Sees aus beobachten, sind fassungslos. Was passiert da? Schon nach wenigen Sekunden steht der Rumpf der B-29 lichterloh in Flammen. Der Stromgenerator hinten im Heck, derselbe durch dessen Strom die Originalbesatzung 1947 gerettet werden konnte, hat sich losgerissen. Das Benzin aus seiner geplatzten Spritleitung muß sich durch einen elektrischen Funken oder an einem heißen Teil entzündet haben. Greenamyer und seine Crew schaffen es gerade noch, durch Luken aus dem Flugzeug zu flüchten. Sofort versucht Greenamyer, einen Feuerlöscher aufzutreiben, aber es ist sinnlos, das Feuer ist zu stark. Die Mannschaft steht während des Dramas in sicherer Entfernung auf dem See, sieht sprachlos vor Entsetzen zu, wie ihr Traum zu unförmigen rußigen Aluminiumklumpen zusammenschmilzt. Irgendwann bricht das Heck vom Rumpf ab, fällt polternd auf das Eis. Innerhalb weniger Minuten wird *Kee Bird* fast restlos zerstört. Nur traurige Reste des Rumpfes, sowie die Tragflächen mit den neuen Motoren und Propellern bleiben übrig.

Als das grausame Spektakel vorüber ist, bleibt ihnen nichts mehr zu tun, als ihr Camp aufzulösen und mit dem Transportflugzeug zurück nach Thule zu fliegen. Drei Jahre Arbeit völlig umsonst. Eine halbe Million Dollar hat das Unternehmen verschlungen, das Leben eines ihrer Freunde gekostet. Greenamyer und die anderen sind deprimiert. »Sie wäre geflogen«, flüstert das Rauhbein, »das Höhenruder hatte schon angesprochen.«

Eine Woche nach dem Disaster – sie müssen für den Heimflug noch den Motor ihrer Caribou reparieren – fliegen die Männer in die USA. Greenamyer ist lange Zeit am Boden zerstört, er kann nicht fassen, »daß das wirklich passiert ist«.

Als ein paar Monate später der Sommer in die Arktis kommt und der See am Rande des Nordpols aufzutauen beginnt, wird das Eis zu dünn, um den erbärmlich rußgeschwärzten aber immer noch tonnenschweren Kadaver von *Kee Bird* zu tragen, und die Reste des glücklosen Bombers sinken für immer auf den Grund des Sees.

2000

Die Concorde:
Das Ende eines schönen Traums

Sie gilt vielen als das schönste Flugzeug der Welt. Als ihre Einführung in den Liniendienst in den siebziger Jahren ansteht, dichten die Werbetexter: »Bald wird es zwei Arten von Verkehrsflugzeugen geben: Die Concorde und den Rest.« Popstars und Millionäre mit Wohnsitzen in Europa und den USA pendeln mit ihr über den Atlantik, und bei jedem Flug fliegen auch ein paar Normalbürger mit, die sich einen Traum erfüllen wollen. Einige Minuten aber nachdem die Concorde mit dem Kennzeichen F-BTSC am 25. Juli 2000 auf dem Flughafen Paris Charles de Gaulle zum Start rollt, ist das bis dahin makellose Image der doppelt überschallschnellen weißen Traumvögel dahin.

Während des Starts in Paris platzt bei fast 400 km/h ein Reifen, seine Trümmer schlagen ein Loch in einen der Tanks. Daraufhin verwandelt sich das Flugzeug innerhalb einer Sekunde in eine riesige fliegende Fackel. 120 Sekunden nach der Startfreigabe stürzt es mit der Gewalt eines Bombenangriffs in ein Hotel am Stadtrand. In den Trümmern sterben 113 Menschen, 109 im Flugzeug, vier in dem Gebäude. Erst eine Untersuchung, die in ihrer Gründlichkeit an die kriminalistische Detailarbeit bei der Aufklärung mysteriöser Verbrechen erinnert und viele Monate dauert, bringt ans Licht, welche tragische und von niemandem vorhersehbare Verkettung von Umständen zu der Tragödie geführt hat. Ist der Unfall von Paris das »Ende eines Traums«, wie die britische Zeitung *The Guardian* titelt? Ist die Concorde, wochenlang ergeht sich die dem komplexen technischen Thema nicht gewachsene Tagespresse in Spekulationen, wirklich total veraltet und ein enormes Sicherheitsrisiko für die Passagiere, die sich ihr für den exakt 5849 Kilometer weiten Flug nach New York anvertrauen – und dafür sogar über zehntausend Dollar für ein Rückflugticket zahlen? Kaum ein Medienvertreter, und auch nicht alle sogenannten Luftfahrtexperten, die in staatlichen wie in Privatsendern zuhauf vorgeführt werden, versteht die Materie Concorde wirklich. 24 Jahre lang ist der pfeilschnelle Jet in seiner Nische zwischen ein paar wenigen Orten auf der Welt unterwegs gewesen, die letzten Jahre nur noch auf den Strecken Paris – New York und London – New York. Was ist nun mit dem Traum Concorde passiert?

1955: Es ist acht Jahre her, daß der amerikanische Testpilot Chuck Yeager in der kalifornischen Wüste mit der Bell X-1 die Schallmauer zum ersten Mal durchbrochen hat. Und seit 1952 ist der erste kommerzielle Airliner mit Düsenantrieb in Betrieb, die de Havilland Comet. Die britischen Ingenieure, voller Ehrgeiz, ihre zu dieser Zeit noch führende Stellung in der weltweiten zivilen Flugzeugindustrie zu halten, aber auch weiter auszubauen, denken bereits einen Schritt weiter. Sie wollen ein überschallschnelles Verkehrsflugzeug bauen, das eine Utopie Realität werden lassen könnte: An einem Tag aus Europa in die USA reisen – und zurück!

Zwei Erkenntnisse lassen nicht lange auf sich warten: Schnell ist klar, daß das Projekt technisch realisierbar ist, aber auch, daß ein Unternehmen allein die finanzielle Last unmöglich tragen kann. Deshalb formieren sich in England, auf Initiative der Regierung, 28 führende Luftfahrtfirmen, darunter de Havilland, Handley Page, Shorts und Vickers, aber auch die Triebwerkshersteller Armstrong-Siddeley, Bristol und Rolls-Royce zum *Supersonic Transport Aircraft Committee* (Überschall-Verkehrsflugzeug-Komitee). Das STAC beginnt unverzüglich mit der Grundlagenforschung und entwickelt einige Forschungsflugzeuge, die dem *Supersonic Transport* (SST) den Weg ebnen sollen. 1959 präsentiert das STAC schließlich seine Ideen, die sich aus mittlerweile Hunderten von wissenschaftlichen Berichten herauskristallisiert haben: Zwei SST sollen gebaut werden, eine 1,2 Mach schnelle 100-sitzige Mittelstreckenversion, sowie ein mit 1,8-facher Schallgeschwindigkeit fliegendes Langstreckenmodell. Und noch eines ist klar: Mit den gängigen Werkstoffen ist Mach 2,2 die Obergrenze für jeden SST-Jet, denn Berechnungen und Versuche zeigen, daß sich die Außenhaut des Flugzeugs bei dieser Geschwindigkeit auf 120 Grad Celsius aufheizen wird, und das ist das Maximum für Aluminiumlegierungen. Ein schnelleres Flugzeug, darüber herrscht schnell Gewißheit, müßte aus Titan oder Stahl gebaut werden. Die dafür notwendigen Technologien stecken zu jener Zeit noch in den Kinderschuhen und würden, wollte man sie zur Serienreife entwickeln, das Projekt um unbestimmte Zeit verschieben und auch unkalkulierbar teuer machen.

Die Bristol Aircraft Company (BAC) macht mit dem Entwurf »198« die ersten konkreten Vorschläge, wie ein Überschall-Verkehrsflugzeug aussehen könnte. Die Zeichnungen aus dem Jahr 1957 zeigen ein bizarres Flugzeug mit M-förmig geknickten Tragflächen, das aus heutiger Sicht stark an die technologischen Phantasien früher Science-Fiction-Filme erinnert. 1960 zeigt sich der Entwurf grundlegend überarbeitet, und jetzt weist er bereits einige Ähnlichkeiten mit dem später tatsächlich gebauten Flugzeug auf – beispielsweise den langgestreckten dreiecksförmigen Flügel, einen sogenannten Deltaflügel. Allerdings hat das projektierte Flugzeug noch sechs Triebwerke und soll bis zu 136 Passagieren Platz bieten. 1961 wird der ambitionierte Entwurf »198« schließlich etwas eingedampft und mit dem 100-sitzigen Projekt »223« entsteht in diesem Jahr zum ersten Mal ein Entwurf, der äußerlich der späteren Concorde sehr nahe kommt.

Aber nicht nur die Engländer sind intensiv mit der Idee eines Überschall-Verkehrsflugzeugs beschäftigt, auch die nicht minder ehrgeizigen Franzosen entwerfen ein *Transport Super Sonique* (TSS), wie das Konzept dort heißt. Inoffiziell hat die auf den Reißbrettern bereits existente Maschine der Unternehmen Nord-Aviation, Sud-Aviation (heute Aerospatiale) und Dassault bereits den Namen Super Caravelle, nach dem ersten französischen Airline-Jet Caravelle. Die Ähnlichkeit mit dem britischen Entwurf ist verblüffend, das französische Flugzeug ist lediglich etwas kleiner und nur für Kurz- und Mittelstrecken konzipiert. Im Grunde ist es nicht verwunderlich, daß dieselbe Aufgabenstellung in England und Frankreich parallel zu sehr ähnlichen Lösungen führt. Und doch ist die Überra-

Eine von 12 Concordes, die bis 2003 im Liniendienst fliegen

schung groß, als ein Team von BAC 1961 den Pariser Aerosalon besucht und dort ein ihrem Projekt »223« wie aus dem Gesicht geschnittenes französisches Pendant in Form eines Modells der Super Caravelle zu Gesicht bekommt.

Noch im selben Jahr bemüht sich BAC um eine Kooperation mit den Franzosen und Sud-Aviation, federführend bei der Entwicklung der Super Caravelle, reagiert interessiert. Zuvor haben sich die Engländer bei den Amerikanern eine Abfuhr geholt. Auch diese planen ein SST, wollen sich aber mit doppelter Schallgeschwindigkeit nicht zufrieden geben. In den USA lautet das Ziel Mach 3, und offenbar sind die Amerikaner überzeugt, daß sie zur Verwirklichung keine ausländische Hilfe benötigen. Viele Jahre später wird das SST-Projekt von Boeing – obwohl es eine gewisse Zeit lang sogar vom Präsidenten als »nationale Aufgabe« protegiert wird – aufgegeben. Über ein 1:1-Holzmodell kommt die Boeing »2707« nie hinaus,

Das Ende eines schönen Traums

und mit der Einstellung der Unterstützung durch die Regierung 1971 stirbt das Projekt für den Mach 2,7-schnellen US-Airliner endgültig.

Anders in Europa. Im Juni 1961 beschließen die Regierungen von England und Frankreich, das Projekt SST/TSS in Arbeitsteilung fortzuführen. 1965 sind die Arbeiten soweit, daß die Konstruktion »eingefroren« werden kann. Als nächstes sollen zwei Prototypen gebaut werden, einer in England, einer in Frankreich. England ist für die Triebwerke und ihre Installation sowie für die Rumpfnase und das Heck zuständig, Frankreich baut Tragflächen, Rumpf und Fahrwerk. Das Unternehmen erfordert von Anfang an eine ausgefeilte Logistik: Ein Pendelflugverkehr für Ingenieure und Techniker aber auch zum Transport fertiggestellter Baugruppen des Flugzeugs wird zwischen den beiden Produktionsstätten Filton und Toulouse eingerichtet. Eines von vielen Problemen, die gelöst werden müssen bevor überhaupt ein Teil gefertigt werden kann, ist das der Vermaßung, schließlich wird in England jedes Maß traditionell in Zoll angegeben, in Frankreich aber mit dem metrischen System gearbeitet. Schließlich einigt man sich darauf, daß auf jeder Konstruktionszeichnung beide Maße zu finden sein sollen, allein dies ein nicht unerheblicher Aufwand in einer Zeit, in der alle Konstruktionszeichnungen am Zeichenbrett angefertigt werden.

Ein auf den ersten Blick banales, aber zwischen den beiden Nationalstaaten fast ebenso schwer zu lösendes Problem, betrifft den Namen des Flugzeugs. Die von den Franzosen favorisierte Bezeichnung Super Caravelle wird von den Briten abgelehnt, da er eindeutig zu starken Bezug auf die französische Luftfahrtindustrie nimmt. Der Sohn eines PR-Managers von BAC schlägt schließlich *Concordia* vor, lateinisch für »Eintracht«. Der Name findet sofort große Zustimmung bei allen Entscheidungsträgern, nur auf die Schreibweise können sie sich nicht einigen: englisch Concord – oder französisch Concorde? Erst nach Jahren und durch die Vermittlung von Politikern gelingt 1967 eine Einigung auf *Concorde*, auch wenn viele Briten darüber verärgert bleiben.

Die Techniker haben zu jener Zeit andere Sorgen. Obwohl die atemberaubende Form des Superjets so gut wie feststeht – ein Zeit-

April 1968: Montage einer Concorde im englischen Filton

genosse findet sich an einen gigantischen Origami-Kranich erinnert – gibt es unendlich viele Aufgaben zu bewältigen und Probleme zu lösen. Vor allem die Tragflächen, das für die Flugleistung, die Sicherheit und die Effizienz des Flugzeugs entscheidende Bauteil, stellen eine Riesen-Herausforderung dar. Die Aerodynamik, die Lehre der Luftströmungen, ist für den Überschallbereich immer noch nicht genügend erforscht. Um die perfekte Form für die Flügel zu ermitteln, müssen nicht nur umfangreiche Windkanaluntersuchungen in den Bereichen unterhalb der Schallgeschwindigkeit, in der verschwimmenden Grauzone zwischen Unter- und Überschall und im Überschallbereich vorgenommen werden, auch kleinere Versuchsflugzeuge und Modelle werden gebaut und erprobt. Eine der größten Schwierigkeiten ist es, einen Flügel zu konstruieren, der einerseits im Hochgeschwindigkeitsbereich effizient und leistungsfähig ist und so den Fluggesellschaften einen kostengünsti-

Das Ende eines schönen Traums

Prototyp der Concorde in Toulouse

gen Flugbetrieb ermöglicht, andererseits aber niedrige Start- und Landegeschwindigkeiten ermöglicht, so daß die Concorde von den vorhandenen Startbahnen der zivilen Flughäfen aus betrieben werden kann.

Anders als bei Militärmaschinen, an die nicht dieselben Anforderungen bezüglich der Flugsicherheit wie bei zivilen Verkehrsflugzeugen gestellt werden, sind diese Aspekte nur schwer unter einen Hut zu bringen, denn naturgemäß erzeugt ein dünner und widerstandsarmer Hochgeschwindigkeitsflügel im langsamen Flug, wie er kurz nach dem Start und vor der Landung nicht zu vermeiden ist, nur widerwillig Auftrieb. Damit er bei niedriger Geschwindigkeit überhaupt wirksam genug ist, um das Flugzeug in der Luft zu halten, ist ein hoher »Anstellwinkel« der dünnen Tragflächen nötig. Der Anstellwinkel ist der Winkel, in dem die anströmende Luft auf die Vorderkante einer Tragfläche

Um die Sicht für die Piloten zu verbessern, läßt sich der Bug absenken

trifft. Bei den meisten Flügelprofilen ist es so, daß die durch den Flügel erzeugte Auftriebskraft zunimmt, je stärker der Flügel angestellt wird. Allerdings kann der Winkel nur bis zu einem bestimmten Grad vergrößert werden. Wird er zu groß, kann die Luftströmung der Form der Tragfläche nicht mehr folgen und reißt ab. Diesen Strömungsabriß im langsamen Flug bei hohem Anstellwinkel zu vermeiden, ist einerseits Sache der Konstrukteure und später – im Flugbetrieb – des Piloten. Zusätzlich erhöhen Landeklappen, die ausgefahren die Wölbung der Flügel vergrößern, bei niedrigen Geschwindigkeiten den Auftrieb. Der schmale Hochgeschwindigkeitsflügel der Concorde, der für eine Geschwindigkeit von über Mach 2 notwendig ist, macht aus diesen Gründen ein konstruktives Merkmal erforderlich, das sich bereits in den ersten Entwürfen für das neue Flugzeug findet: die absenkbare Nase. Nur durch sie haben die Piloten bei dem im

Das Ende eines schönen Traums

Reifentests im französischen Istres, 2001

Landeanflug hoch in den Himmel ragenden Bug eine Chance, die Landebahn zu sehen.

Der grazile und ästhetisch formvollendete Entwurf beinhaltet in seinem Inneren eine Vielzahl neuer technischer Lösungen, aber vor allem die Tragfläche, für die sich die Entwickler schließlich entscheiden, ist ein aerodynamisches Meisterwerk. In die langen schlanken Flügel sind viele neuen Erkenntnisse aus Hunderten von Versuchen und noch mehr Berechnungen eingeflossen. Auch ihr Innenleben ist innovativ: Um die Außenhaut während stundenlanger Überschallflüge zu kühlen, haben sich die Konstrukteure dafür entschieden, die Tragflächen als Tanks auszubilden. Das Kerosin ist also nicht in eigenen Behältern untergebracht, sondern direkt in den Hohlräumen der Tragflächen. Außer der Versorgung der Triebwerke und der Kühlung der Außenhaut haben die vielen Tonnen Sprit noch eine andere Aufgabe: Von

Vier gewaltige Triebwerke vom Typ Olympus treiben die Concorde an

computergesteuerten Pumpen je nach Geschwindigkeit der Maschine von den vorderen in die hinteren Tanks gepumpt, sorgt das Gewicht des Treibstoffs auch dafür, daß der Schwerpunkt der Maschine in jedem Flugzustand optimal ist.

Besondere Aufmerksamkeit wird den Motoren gewidmet. Zur Zeit der Entstehung der Concorde gibt es in Europa nur ein Triebwerk, das den Anforderungen eines SST gerecht wird: das »Olympus«, gebaut vom britischen Hersteller Bristol-Siddeley und verwendet im ebenfalls britischen »Vulcan«-Bomber. Als erstes ziviles Strahlflugzeug erhält die Concorde Nachbrenner, die beim Start den Schub zusätzlich erhöhen, indem Kerosin direkt in den Abgasstrahl der Triebwerke eingespritzt wird. Eine Besonderheit sind auch die computergesteuerten verstellbaren Lufteinlässe der Triebwerke, die für eine optimale Luftzufuhr bei jeder Geschwindigkeit sorgen. Auch beim Überschallflug muß die einströmende Luft auf

Das Ende eines schönen Traums

Start mit Nachbrenner

Geschwindigkeiten von circa 500 km/h abgebremst werden, sonst funktionieren die Triebwerke nicht.

Entwicklung und Bau der Prototypen in England und Frankreich dauern bis 1967. Bis dahin haben Airlines aus der ganzen Welt, darunter auch die amerikanische Pan Am und Air Canada, Optionen auf 74 Flugzeuge. Die Concorde scheint nicht nur ein technischer Leckerbissen sondergleichen, sondern darüber hinaus auch ein voller wirtschaftlicher Erfolg zu werden.

Die erste fertige Concorde mit der Nummer »001« und dem Kennzeichen F-WTSS wird am 11. Dezember 1967 aus ihrer Fertigungshalle in Toulouse gerollt, aber es soll noch 15 Monate dauern bis sie zu ihrem Jungfernflug am 2. März 1969 starten kann. Zuvor landen die Russen noch einen spektakulären Coup: Am 31. Dezember 1968 startet vom Flughafen Zhukovksi der erste Überschall-Airliner der Welt, die Tupolew 144 zum Jungfernflug – zwei Monate vor der

Gut zu erkennen: die Wasserabweiser vor den Reifen

Concorde, der die Tu-144 verblüffend ähnlich sieht. Es dauert nicht lange bis die westliche Fachpresse das russische Flugzeug »Concordski« tauft. Zu offensichtlich – zumindest auf den ersten Blick – ist die Ähnlichkeit. Lange Zeit wird sogar darüber spekuliert, ob KGB-Agenten sich Blaupausen der Concorde-Pläne besorgt haben könnten, Hinweise darauf scheint es zu geben. Allerdings unterscheidet sich die wesentlich grobschlächtigere Tu-144 in so vielen Details von dem französisch-britischen Entwurf, daß der Vorwurf der Spionage unbewiesen bleiben muß. Beispielsweise sind die vier Triebwerke der Tupolew in einer Einheit unter der Rumpfmitte zusammengefaßt, und auch der Flügel hat eine gänzlich andere Geometrie. Für das ungeübte Auge allerdings sind allein der wie bei der Concorde absenkbare Bug und die pfeilförmige Silhouette Beweis genug.

Auf dem Pariser Luftfahrtsalon in Le Bourget 1973 stürzt die von

Das Ende eines schönen Traums

ihren russischen Piloten spektakulär vorgeführte Tu-144 schließlich ab, nachdem sie bei einem Ausweichmanöver überlastet wird und in der Luft zerbricht. Mit großer Wahrscheinlichkeit hat ein nicht angeschnallter Kameramann das Unglück verursacht, der durch das rapide Manöver des Tupolew-Piloten das Gleichgewicht verliert und im Cockpit in die Steuerung stürzt. Auch im Liniendienst ist der Tu-144 keine große Zukunft beschieden, der Post- und Frachtverkehr nach Sibirien wird kurzzeitig aufgenommen aber bald darauf wieder eingestellt.

Zurück zur Concorde: Das britische Schwesterflugzeug, die 002, folgt der 001 am 9. April 1969 in die Luft. Das nun beginnende Flugtestprogramm verläuft ohne größere Störungen, von Anfang an sind die Piloten von den Flugeigenschaften begeistert. Die Concorde scheint wirklich ein großer Wurf zu werden. Die beiden Prototypen sind während der vielfältigen Tests an die 1000 Stunden in der Luft. Am 1. Oktober 1969 fliegt die 001 zum ersten Mal für neun Minuten mit Überschallgeschwindigkeit. Zweifache Schallgeschwindigkeit erreichen beide Maschinen erstmals im November 1970, nachdem stärkere Triebwerke vom Typ Olympus 593-3B eingebaut worden sind. Diese haben ihre Zuverlässigkeit zuvor in einem 300-stündigen Nonstoplauf unter Beweis gestellt, der fast 100 Atlantiküberquerungen entspricht.

Im Dezember 1971 wird das erste Vorserienflugzeug (»01«) fertiggestellt, das sich in einigen Details von den beiden ersten Versuchsmustern unterscheidet: So ist der Rumpf um 2,59 Meter länger und die absenkbare Bugspitze wurde überarbeitet. Sie läßt sich nun um 17,5 Grad (beim Prototypen waren es nur 12,5 Grad) absenken, um den Piloten eine bessere Sicht zu ermöglichen. Der erste schwere Zwischenfall im Testprogramm ereignet sich im Januar 1971. Bei einem Überschallflug wird eines der Triebwerke schwer beschädigt, als ein bewegliches Teil in einem der verstellbaren Lufteinlässe abbricht. Metallfragmente werden in das Triebwerk gesaugt, und die Maschine muß mit drei laufenden Motoren nach Toulouse zurückkehren, wo sie sicher landet. Ebenfalls 1971 absolviert der Prototyp 001 seinen ersten Flug zu einem anderen Kontinent: Am 25. Mai fliegt er nach Dakar und bei der Rückkehr am nächsten Tag eröffnet er den Pariser Aerosalon. 1972 findet das Demonstrationsprogramm für die Concorde seinen Höhepunkt, als die »002« auf eine 74000 Kilometer weite Reise in den Nahen Osten, den Fernen Osten und nach Australien geschickt wird. 30 Tage ist die Maschine auf dieser Werbetour unterwegs. Auch die ersten Vertragsabschlüsse werden perfekt gemacht. BOAC, Vorgänger von British Airways, und Air France bestellen insgesamt neun Maschinen fest, und Sir George Edwards, Chef von BAC, nennt diese erfolgreiche Werbung »das Ende des Anfangs«. Sechs Monate später stornieren die ersten Fluggesellschaften ihre Concorde-Bestellungen – der Anfang vom Ende für die Concorde, zumindest was den erhofften kommerziellen Erfolg betrifft.

1973 zerstört die Ölkrise alle Hoffnungen auf eine flächendeckende Einführung des Überschall-Flugverkehrs, und das in der gesamten westlichen Welt zu dieser Zeit wachsende Umweltbewußtsein bleibt ebenfalls nicht ohne Folgen. Schlagworte von der

Das Ende eines schönen Traums

Zerstörung der Atmosphäre und vor allem der den Planeten schützenden Ozonschicht werden populär, und parallel dazu wächst der Widerstand gegen die Concorde in den Metropolen der Welt auch aus einem anderen Grund: Die Concorde ist vor allem beim Start höllisch laut! Eine Verwendung lärmarmer Zweistromtriebwerke in der Concorde, wie sie bereits Anfang der siebziger Jahre für konventionelle Verkehrsflugzeuge entwickelt werden, schließt sich aus: Sie haben einen wesentlich höheren Durchmesser als die Concorde-Triebwerke und würden einen viel zu großen Widerstand erzeugen.

Es dauert nicht lange und die weltweite Faszination für das technische Wunderwerk schlägt in vielen Ecken der Welt in offene Ablehnung um. Verständlich, denn ein Flug in der Concorde über den Atlantik ist für die meisten Normalbürger unbezahlbar – weshalb sich also täglich ihrem Krawall aussetzen? In England und Frankreich arbeiten zu Beginn der siebziger Jahre noch viele Tausend Menschen in der Fabrikation, den Entwicklungslaboratorien und bei vielen kleineren Subunternehmen mit Erfolg an der Fertigung der Concorde – aber alle Marketinganstrengungen, das Flugzeug auch bei den Fluglinien unterzubringen, verlaufen buchstäblich im Sande. Schließlich springen sämtliche Interessenten außer den englischen und französischen Staatslinien ab. Der Weg der Concorde zu einer Nischenexistenz als Luxus-Reisemittel für die Reichen beginnt sich abzuzeichnen.

Dabei ist man 1973 gerade dabei, ein paar wichtige Probleme zu lösen: Mit Einführung weiterentwickelter Triebwerke des Typs »Olympus 593 Mk. 602«, ist beim dritten Prototypen, dem ersten Vorserienflugzeug, ein wichtiges Problem gelöst: Die »01« zieht keine schwarze Rauchfahne mehr nach wie die beiden ersten Maschinen. Andere Phänomene, die an sich interessierte Airlines abschrecken, lassen sich nicht abstellen. Der »Sonic Boom« genannte Überschallknall beispielsweise. Zwar wird schon bald klar, daß der Überschallknall der Concorde sich nicht gesundheitsschädlich auswirken kann, aber das physikalische Phänomen ist doch das größte Hindernis zum Erfolg. Gäbe es einen Weg, diesen lauten Knall zu eliminieren, der sich beim Durchstoßen der »Schallmauer« bei zirka Mach 1,15, also etwas über 1300 Stundenkilometern, durch Ent-

ladung der Schockwellen ergibt – ein Erfolg wäre der Concorde fast sicher gewesen. Mit dem Getöse aber will sich niemand abfinden. Die Belastung der Menschen durch Lärm in den Industriestaaten wird just zu dieser Zeit zum Politikum. Schließlich wird klar, daß die Concorde nur über dem offenen Meer schneller als Mach 1 wird fliegen können. Mögliche Märkte und Strecken wie die wichtige Verbindung von der amerikanischen Ost- zur Westküste kommen damit nicht mehr in Frage.

Obwohl sich ein wirtschaftlicher Reinfall des Jahrhundertprojekts Concorde abzuzeichnen beginnt, sorgen die Maschinen immer wieder für Schlagzeilen. Am 17. Juni 1974 zeigt Air France, fast trotzig, wozu die Maschine fähig ist: Zeitgleich mit einer Boeing 747, die in Paris nach Boston abhebt, startet vom Bostoner Logan Airport eine Concorde nach Paris Orly. Dort angekommen, verbringt die Concorde 68 Minuten zum Auftanken auf dem Boden. Anschließend fliegt sie nach Boston zurück – und landet dort zehn Minuten früher als die 747! Kurz vorher hat sie die Boeing in doppelter Höhe über dem Atlantik überholt. Ein Jahr später überquert eine Concorde von British Airways den Atlantik viermal an einem Tag! Den absoluten Rekord für den Großen Teich aber stellt wiederum eine Concorde der BA auf: Am 7. Februar 1988 fliegt die »G-BOAA« in 2 Stunden und 55 Minuten von London Heathrow nach New York.

Bei all diesen Flügen und auch nach der darauf folgenden Indienststellung in den Linienverkehr von Air France und British Airways hat die Maschine nur durch sehr wenige technische Defekte von sich reden gemacht. Ein paarmal verliert sie Teile des offensichtlich zu schwach ausgelegten Seitenruders am Leitwerk. Da die Concorde über zwei von einander unabhängige Seitenruder verfügt, stellt dieser Defekt kein großes Sicherheitsrisiko dar.

Gefährlicher ist die Sache mit den Reifen. Von Beginn an passiert es gelegentlich, daß beim Start oder bei der Landung einer der acht Reifen des Hauptfahrwerks versagt. Diese sind durch die hohen Start- und Landegeschwindigkeiten enormen Belastungen ausge-

Für Deltaflügler bei hoher Luftfeuchtigkeit typische Kondensationserscheinung auf der Oberseite der Tragfläche

Das Ende eines schönen Traums **313**

setzt, und dabei ist es nicht der geplatzte Reifen an sich, der ein Risiko darstellt: Davonfliegende Gummiteile, aber auch Fragmente der Wasserabweiser, die vor den Rädern angebracht sind und von sich auflösenden Reifen weggerissen werden, beschädigen Tanks in den Tragflächen, oder werden sogar von den Triebwerken angesaugt, so daß so manches Mal eines von ihnen im Flug stillgelegt werden muß. Im Durchschnitt alle 4000 Flugstunden versagt ein Reifen der Concorde im Liniendienst. Das mag wenig erscheinen, aber verglichen mit der Statistik für einen Airbus 340 ist es eine enorme Zahl: Bei diesem Typ versagt ein Reifen maximal alle 100 000 Flugstunden!

Der dramatischste Zwischenfall ereignet sich 1979 in Washington. Als die Concorde vom Dulles International Airport der US-Hauptstadt startet, platzen zwei Reifen gleichzeitig. Da sich anschließend das Fahrwerk nicht mehr einziehen läßt, kehrt die Maschine nach Washington zurück. Nach der Landung wird festgestellt, daß Teile des Reifens sowohl die Elektrik als auch Hydraulikleitungen beschädigt haben.

1982 warnt die amerikanische Flugsicherheitsbehörde die Betreiber bereits und verlangt, daß Reifen, Räder und Fahrwerk jeder Concorde genauestens inspiziert werden müssen, bevor die Flugzeuge einen US-Flughafen anfliegen dürfen. Obwohl die Fluggesellschaften sich daran halten, kommen immer wieder Reifendefekte vor. Insgesamt ist die Statistik bemerkenswert unrühmlich.

Der Mittag des 25. Juli 2000. In den Terminals des Pariser Großflughafens Charles de Gaulle herrscht gegen 13 Uhr geschäftiges Treiben. In einem Warteraum des Terminals 2 ist eine besondere Atmosphäre zu spüren: Für die meisten Reisenden wird es die erste Reise in einer Concorde. Es ist kein Liniendienst, sondern ein außerplanmäßiger Charterflug nach New York, organisiert von einem deutschen Luxusreisen-Veranstalter. 96 Deutsche hat das Unternehmen in einer anderen Maschine aus Frankfurt nach Paris gebracht. Von hier aus sollen sie in drei Stunden und 55 Minuten nach New York fliegen, wo bereits ihr Kreuzfahrtschiff MS Deutschland auf sie wartet, mit dem es anschließend in die Karibik und weiter nach Ecuador geht. AFR 4590 soll um 14.25 Uhr starten.

Die bereitgestellte Concorde mit der Hersteller-Seriennummer 203 hat das Kennzeichen F-BTSC und ist 1976 in den Linienverkehr der größten französischen Fluggesellschaft übernommen worden. Zum ersten Mal geflogen ist die Maschine am 31. Januar 1975. Sie ist die älteste Concorde in den Diensten der Air France, hat aber dennoch die geringste Gesamtflugstundenzahl. In den fünfundzwanzig Jahren ist das Flugzeug bis zum Morgen des 25. Juli genau 11989 Stunden in der Luft gewesen, hat 4873 Starts und Landungen absolviert, über 15 Millionen Kilometer zurückgelegt. Im Oktober 1999, also weniger als ein Jahr zuvor, hat die Maschine einen sogenannten »D-Check« durchlaufen, die größte aller vorgesehenen Wartungsmaßnahmen bei Verkehrsflugzeugen. Beim »D-Check« werden alle lebenswichtigen Komponenten überprüft, viele davon sogar ausgebaut und grundüberholt. 40 000 Arbeitsstunden hat die Wartung, bei der das Flugzeug größtenteils zerlegt wurde, verschlungen, Millionen Dollar hat sie gekostet. Alle 94 Fenster, die 13 Tanks des Flugzeugs und alle strukturell wichtigen Teile des Flugzeugs sind mit Röntgenstrahlen, Ultraschall oder anderen hochmodernen Wartungstechniken untersucht worden, um auch dem kleinsten Materialfehler auf die Spur zu kommen.

Nach dieser aufwendigsten Wartungsmaßnahme, nach der die F-BTSC die Wartungshalle der Air France praktisch neuwertig verließ, ist sie erst 576 Stunden in der Luft gewesen. Das Flugzeug hatte in den vergangen Tagen ein paar kleine technische Probleme. Nichts Ernstes, nur die typischen Wehwehchen eines hochkomplexen technischen Systems. Zwischen dem 17. und dem 21. Juli, im Rahmen eines sogenannten »A0-Checks«, und auch am Tag zuvor, dem 24. Juli, sind, nachdem sie von einem Linienflug aus New York zurückgekehrt ist, einige Reparaturen an der F-BTSC durchgeführt worden: Teile des linken Hauptfahrwerks mußten ausgetauscht werden, da ein Reifendruck-Kontrollsystem versagt hat. Und der Pilot hat von leichten Schubschwankungen bei Mach 2, zweifacher Schallgeschwindigkeit, berichtet. Also sind auch einige Bauteile der Triebwerkssteuerung ausgewechselt worden. Ein Kabel, das für die Fehlfunktion einer Kontrolleuchte des Bremssystems verantwortlich war, ist ersetzt worden, außerdem ein Verbindungsstück in einem der drei Hydraulikkreise, da es leicht undicht war und einen

Das Ende eines schönen Traums

Die starke Pfeilung der Tragfläche verursacht Wirbel, die den Luftdruck über dem Flügel absenken, so daß die Feuchtigkeit in der Luft kondensiert

Druckverlust verursachte. Zuletzt wird am Vortag noch Reifen Nummer fünf gewechselt, das linke hintere Rad des vierfach bestückten linken Fahrwerks. Eigentlich sollte die F-BTSC heute das Reserveflugzeug sein – das Schwesterflugzeug, die Concorde F-BVFA war für den morgendlichen New-York-Linienflug eingeplant, und eine weitere Maschine mit der Registrierung F-BVFC für den Charterflug mit den deutschen Urlaubern. Dann aber stellt sich während der Nachtschicht in einem der riesigen Hangars der französischen Staatslinie heraus, daß die »Victor Fox Alpha« (F-BVFA) nicht rechtzeitig fertig sein wird. Für das Management der Riesen-Airline kein Problem: In den vielen Jahren, in denen die Concorde von Paris aus über den Atlantik fliegt, hat sich bei den Verantwortlichen für diesen exklusivsten Bereich des Unternehmens Routine eingebürgert. *Eine* Concorde steht immer als Reserve bereit, und die

Wartungscrew ist in den vielen Jahren so erfahren geworden, kennt die Flotte der sechs weißen Deltaflügler mittlerweile so gut, daß selbst umfangreiche Reparaturen mit einem Minimum an Zeitaufwand durchgeführt werden können.

Die Professionalität zahlt sich aus, als am Vormittag des 25. Juli auch an der Reservemaschine ein technischer Defekt erkannt wird. Der pneumatische Antrieb der Schubumkehr von Triebwerk Nummer zwei, dem inneren der beiden riesigen Rolls-Royce/SNECMA-Turbojet-Motoren vom Typ »Olympus 593« auf der linken Seite ist defekt. Die Flugsicherheit wird von diesem Fehler nicht in Frage gestellt. Laut der sogenannten »Minimum Equipment List«, einer präzisen Aufstellung, in der für jedes Verkehrsflugzeug exakt festgelegt ist, mit welchen Mängeln ohne Sicherheitseinbußen abgehoben werden darf, ist die F-BTSC an diesem Tag lufttüchtig.

Die MEL, wie die »Minimum Equipment List« abgekürzt heißt, ist für jeden Airline-Piloten wichtiges Handwerkszeug. In den großen Flotten der Airlines kommt es trotz ausgeklügelter Wartungspläne immer wieder vor, daß Passagiere und Besatzung bereits in eine Maschine eingestiegen sind, wenn sich im letzten Augenblick vor dem Abflug herausstellt, daß eines der vielen Systeme »inop« (inoperative), also defekt ist. Ein Fehler am Autopiloten ist beispielsweise unakzeptabel. So umständlich das auch ist, die Passagiere müssen wieder aussteigen und auf ein Ersatzflugzeug warten. Eine Tankanzeige funktioniert nicht, obwohl klar ist, daß die Maschine bis zum Stehkragen aufgetankt ist? In diesem Fall kann die MEL einen Flug zum Zielort ermöglichen. Schließlich ist es nicht wichtig, ob die Anzeige den Inhalt des Tanks anzeigt, wenn die Besatzung genau über dessen Füllstand Bescheid weiß.

Daß ein Defekt an der Schubumkehr, und sei es nur an einem der vier Triebwerke, den Flug nach New York zuläßt, sieht am späten Vormittag des 25. Juli 2000 vor allem ein Mann anders: Flugkapitän Christian Marty, einer der erfahrensten Piloten der Air France und einer der 12 französischen Concorde-Kapitäne, besteht auf dem Austausch des defekten Stellmotors, obwohl ihm seine Techniker versichern, daß das Flugzeug problemlos fliegen könne. Die Landebahn auf der die Concorde in New York jeden Tag aufsetzt, ist so lang, daß die auch »Reverser« genannten Klappen, die zum Bremsen den Schub der Triebwerke nach vorne umlenken, ohnehin kaum gebraucht werden, um das Flugzeug – das dann außerdem um viele Tonnen leichter ist – abzubremsen. Was aber, wenn die F-BTSC unterwegs zu einem Ausweichflughafen muß, der nur eine wesentlich kürzere Landebahn als »JFK« in New York hat? Wird die durch den Ausfall eines Systems asymmetrische Schubumkehr dann eventuell Probleme bereiten? Solche oder ähnliche Gedanken muß Captain Marty haben, als er, »Minimum Equipment List« hin oder her, anordnet, daß der Defekt behoben werden muß. Marty handelt auf diese Weise in hohem Maße selbständig und verantwortungsbewußt – eben so, wie es die Staatslinie von einem top-bezahlten Concorde-Piloten im Prinzip auch erwartet. Sollte irgend jemand in der Wartungsabteilung an diesem Tag Zweifel an Martys Motiven für den Austausch des defekten Teils haben – Angst werden sie ihm kaum vorwerfen können.

Extremsportler Marty, 54 Jahre alt, hat bei vielen seiner Langstreckentrips ein Mountainbike dabei, fliegt mit Hängegleitern über Vulkane – und war der erste Franzose, der 1982 mit einem Surfbrett den Atlantik überquerte. 37 Tage dauerte das Unternehmen, bei dem Marty die gesamte Zeit auf dem Surfbrett verbrachte und sich weigerte, auch nur ein Mal die Hilfe des Begleitbootes in Anspruch zu nehmen.

In seinem Beruf als Flugkapitän gilt Marty als Perfektionist und als geborener Flieger. Er hat eine Fluglehrerlizenz sowie fast 13 500 Flugstunden auf allen typischen Maschinen bis hinauf zum Jumbo Jet, der Boeing 747. Vor einem Jahr ist er in das Eliteteam der Concorde-Piloten gewechselt. Es ist der ultimative Job, die Krönung einer Pilotenkarriere. Aber auch sein Copilot an diesem Tag, Jean Marcot, ist ein alter Hase. 50 Jahre alt, war er 10 000 Stunden in der Luft, und die Concorde fliegt er, wenn auch als Copilot, schon viel länger als Marty. Marcot war sogar ein Jahr lang Fluglehrer im Concorde-Simulator.

Marty, als Kapitän verantwortlich für die Sicherheit seiner Fluggäste, setzt sich durch, was den seiner Meinung nach notwendigen Austausch des defekten Teils in der Schubumkehr des Triebwerks Nummer zwei betrifft, und so beginnen zwei Techniker gegen Mittag, das Triebwerk zu reparieren. Die Abflugzeit wird sich deshalb

Concorde-Cockpit

verzögern. Da kein Ersatzteil auf Lager ist, wird das Bauteil kurzerhand aus einer anderen Concorde, die heute am Boden bleibt, transplantiert.

Erst gegen 16 Uhr ist Flug AFR 4590 abflugbereit. 100 Passagiere, darunter die 96 deutschen Luxusreisenden, besteigen voller Vorfreude den schlanken Rumpf des Mach-2-Jets und lassen sich in den eleganten Lederfauteuils nieder. In der Concorde herrscht ein anderes Klima als in der sarkastisch »Holzklasse« genannten Großraumkabine typischer Urlauberjets. In drei Stunden und 55 Minuten nach New York zu fliegen, bedeutet nach lokaler Zeit, in der US-Metropole zwei Stunden vor der Abflugzeit in Paris anzukommen! Und in 55 000 Fuß, 18 Kilometer Höhe und damit fast doppelt so hoch wie ein normaler Airliner über den Atlantik zu fliegen, ist vor allem für die Technik-Begeisterten unter den Fluggästen ein besonderes Abenteuer.

Das Ende eines schönen Traums

Der Flugdatenschreiber und das Stimmenaufzeichnungsgerät im Cockpit halten in den nächsten Minuten für die Ewigkeit fest, wie das Unglück von Air France 4590 seinen Lauf nimmt. Der Sprechfunkverkehr und die Gespräche im Cockpit, die auch viele für Laien unverständliche technische Daten enthalten (und deshalb hier weggelassen wurden), zeigen den Ermittlern später, wie sich das Drama entfaltete.

15.58 Uhr: Die Crew ruft über Funk die Flugsicherung und bittet darum, die gesamte Länge der Startbahn 26 R ausnutzen zu dürfen. AFR 4590 ist voll beladen und kann deshalb heute auf keinen Meter der Startbahn verzichten. Eine vollbesetzte Concorde benötigt trotz des gewaltigen Schubs ihrer Nachbrennertriebwerke über zweieinhalb Kilometer Anlauf, bis ihre langen und schmalen Deltaflügel genug Auftrieb produzieren, um die 185 Tonnen schwere Maschine von der Startbahn zu heben. Bei einer Länge von 62 Metern hat die pfeilförmige Maschine nur 25,5 Meter Spannweite.

16.07 Uhr: Der Controller erteilt die Erlaubnis, die Triebwerke anzulassen, und bestätigt, daß AFR 4590 wie gewünscht von der Startbahn 26 rechts abheben darf. Das Flugzeug wird jetzt rückwärts vom Flugsteig weg auf das Vorfeld geschoben.

16.13 Uhr: Der erste Offizier, Copilot Jean Marcot, fragt Flugingenieur Gilles Jardinaud nach dem Routinecheck der Feuerlöschanlage. »Tested«, antwortet dieser.

16.14 Uhr: Captain Marty nennt seinem Team die von ihm mit Hilfe von Tabellen für den Start berechneten Startgeschwindigkeiten: »V_I ist 150, V_R 198, V_2 220 Knoten.«

»V_I« ist beim Start eines Verkehrsflugzeugs die wichtigste Kenngröße. Sie drückt aus, bezogen auf die Länge der benutzten Startbahn, bei welcher Geschwindigkeit der Start nach Versagen eines Triebwerks noch abgebrochen werden kann. Versucht der Pilot einen Startabbruch nach dem Überschreiten der errechneten V_I, reicht die verbleibende Piste nicht aus, um die Maschine wieder zum Stehen zu bringen.

Während bei den meisten anderen Flugzeugen Landungen die gefährlichste Phase des Fluges sind, ist es bei der Concorde eindeutig der Start, der bei den Piloten für Adrenalinausschüttungen sorgen kann. Damit ein Überschallflug mit dieser Zuladung über eine so weite Strecke überhaupt machbar ist, mußten die Konstrukteure bei vielen Detaillösungen an die Grenze des in den sechziger und siebziger Jahren Realisierbaren gehen. Schmale, dünne Deltaflügel, die Mach 2 ermöglichen, produzieren erst bei hoher Geschwindigkeit genug Auftrieb für den Start. Bei der Geschwindigkeit für das Rotieren, V_R genannt, zieht der Pilot leicht am Steuerhorn, worauf sich die Nase des Flugzeugs von der Startbahn hebt. 198 Knoten, 370 Stundenkilometer hat Marty als V_R festgelegt. Durch das Anheben der Flugzeugnase kommen die Tragflächen in den richtigen Anstellwinkel zur anströmenden Luft. Erst dann beginnen sie, genügend Auftrieb zu erzeugen. Noch einige hundert Meter legt die Concorde beim Start mit erhobener Nase auf den acht Rädern des Hauptfahrwerks zurück, und erst bei knapp 400 Stundenkilometern hebt die Maschine wirklich ab.

Auch die Geschwindigkeit »V_2« muß jeder Pilot eines Verkehrsflugzeugs, und besonders der einer Concorde, vor jedem Start parat haben. Wie schnell muß die Maschine kurz nach dem Start sein, damit sie selbst dann noch flugfähig bleibt, wenn eines der Triebwerke in diesem Augenblick ausfällt? 220 Knoten hat Marty aus seinen Tabellen für das heutige Startgewicht seiner Maschine berechnet. Mit einer V_2 von 220 Knoten (407 km/h) ist er auf der sicheren Seite, wenn etwas passiert.

Nachdem Marty die Geschwindigkeiten für den heutigen Start bekanntgegeben hat, gehen die Männer noch einige Werte für die Schubregelung durch, die sie beim Start benutzen wollen.

16.22 Uhr: Marty weist die Crew noch einmal darauf hin, daß der Start heute mit maximalem Abfluggewicht erfolgen wird, 185 Tonnen ist die Maschine schwer, 100 Passagiere sind an Bord. Fast 100 Tonnen Treibstoff sind in die 13 Tanks gepumpt worden. »Wir sind am strukturellen Limit«, sagt Marty.

16.34 Uhr: Die Bodenkontrolle von Charles de Gaulle genehmigt das Rollen zur Startbahn. Obwohl es bereits Nachmittag ist, sagt der Mann im Tower: »Guten Morgen Air France 4590, rollen Sie zum Rollhalteort der Startbahn 26 über den Rollweg Romeo.«

16.39 Uhr: Auf dem Weg zur Startbahn erklärt der Kapitän, was er im Falle eines Defekts beim Start tun wird. Nicht, daß Marty mit einem Unfall rechnet. Aber dieses »Emergency Briefing« ist Teil der

Das Ende eines schönen Traums

vor jedem Flug wiederkehrenden Routine. Der Sinn: Der genaue Ablauf der Notverfahren soll durch das laut vorgetragene Rekapitulieren vor dem Start im Kurzzeitgedächtnis aktiviert werden und so im Notfall sofort abrufbar sein. »Also, das Startgewicht 185 Tonnen, hundert (Passagiere). Das bedeutet vier Nachbrenner bei einer Leistung von 103 Prozent. Zwischen null und 100 Knoten breche ich den Start bei jeder akustischen Warnung, der Reifenwarnung oder bei einer Warnung von rechts ab.« Was Marty damit meint: Sollte zu Beginn des Starts, wenn die Maschine noch langsam ist, irgendeine akustische Warnung auf einen Fehler hinweisen, eine der Reifenwarnlampen aufleuchten oder sein Copilot ihn vor einer plötzlich auftretenden Gefahr warnen, dann wird er den Start auf der Stelle abbrechen. Der Kapitän weiter: »Zwischen 100 Knoten und V_1 werde ich abbrechen, wenn eine Reifenwarnung kommt, ein Triebwerk brennt oder bei einer Warnung von rechts. Sind wir schneller als V_1 gehen wir in die Standardabflugstrecke und landen auf der Landebahn 26 rechts.«

Nicht zufällig erwähnt Marty die Reifen im »Emergency Briefing«. Er weiß, daß bei der Concorde ein Reifenschaden beim Start alles andere als unwahrscheinlich ist. Sie sind seit jeher auch einer der größten Schwachpunkte der Konstruktion. Fast 9 Milliarden Mark (4,6 Mrd. Euro) hat die Entwicklung der Concorde bis 1976 verschlungen – sie ist eine der größten technischen Leistungen der Menschheit. Aber zuverlässige, sichere Reifen gibt es für den Mach-2-Jet nicht.

Die Reifenplatzer haben schon oft für Unruhe bei Piloten und Sicherheitsexperten gesorgt. Allmählich aber haben sich die Flugbetriebsleiter der beiden Fluglinien, die Sicherheitsinspektoren der Luftfahrtbehörden und auch die Piloten daran gewöhnt, daß die Concorde ein echter Reifenfresser ist. Immer wieder zerreißt es einen der 1,20 Meter hohen und 90 Kilogramm schweren Reifen des Hauptfahrwerks, und das, obwohl nur wenige mehr als 25 Starts und Landungen aushalten müssen, bevor sie gewechselt werden. Das Problem, das ihnen zu schaffen macht, sind die hohen Geschwindigkeiten, durch die an den rotierenden Reifen besonders hohe Fliehkräfte auftreten. An der F-BTSC sind nur einige Tage vorher wieder zwei Reifen ausgetauscht worden.

16.40 Uhr: Die Concorde bekommt die Freigabe zum »Line-up«: Der Pilot darf das Flugzeug auf die Startbahn steuern und in Startposition bringen – muß aber warten, bis die Startbahn frei ist und er die endgültige Startfreigabe erhält.

Minuten vorher ist der französische Staatspräsident Jaques Chirac von einer Auslandsreise nach Tokio zurückgekommen. Interessiert blickt er aus seiner Boeing 747 auf die Concorde, die langsam auf die Startbahn rollt, während die Präsidentenmaschine an der Kreuzung des Rollwegs mit der Startbahn kurz anhalten muß, um dem pfeilschnellen Überschalljet Vorfahrt zu gewähren.

16.40 Uhr: Marty fragt, wieviel Sprit die Concorde auf dem Weg zur Startbahn bereits verbraucht hat. »800 Kilogramm«, antwortet Flugingenieur Jardinaud. Hinten in der Kabine setzen sich jetzt auch die sechs Flugbegleiterinnen und -begleiter auf ihre Plätze, unter ihnen die deutsche Stewardeß Brigitte Kruse.

16.42 Uhr: Air France 4590 bekommt von einem der Fluglotsen im Tower des Mega-Airports die Startfreigabe: »4-5-9-0, runway 26 right, wind 0-9-0, 8 knots, cleared for take-off.« Die Besatzung bestätigt. Captain Marty schiebt die vier Schubhebel der bärenstarken Olympus-Triebwerke nach vorn bis sie mit einem hörbaren Klick in der Vollschub-Position einrasten und löst die Bremsen. Der Wind hat, wie vom Losten durchgegeben, gerade wieder gedreht. Er kommt jetzt plötzlich aus 90 Grad, also direkt aus Osten – und damit genau von hinten. Nicht optimal für den Start, der immer gegen den Wind erfolgen sollte, aber da es sich nur um eine leichte Brise handelt auch kein Problem.

Davon, daß etwas mehr als eineinhalb Kilometer weiter auf der Startbahn 26 R, wenige Meter links von der breiten weißen Mittellinie, ein unscheinbarer, 43 Zentimeter langer und drei Zentimeter breiter Metallstreifen liegt, ahnt niemand etwas. Der sogenannte »wear strip«, aus einer extrem festen Titan-Aluminium-Legierung hergestellt, ist fünf Minuten vorher von einer nach Amerika startenden DC-10 der Continental Airlines abgefallen, ohne daß die Besatzung des mächtigen Dreistrahlers dies hätte bemerken können. Für die Continental-Maschine selbst stellt das Fehlen des an sich banalen Teils überhaupt keine Gefahr dar. Anders für die ohnehin extrem beanspruchten Concorde-Reifen.

Das Ende eines schönen Traums **323**

Die Start- und Landebahnen des Großflughafens, mit über 48 Millionen Passagieren pro Jahr nach London Heathrow und Frankfurt der drittgrößte in Europa – nach Anzahl der Flugbewegungen ist »CDG« sogar der größte europäische Airport – werden routinemäßig jeden Tag einige Male von Flughafenbediensteten abgefahren und auf Fremdkörper untersucht. Bereits ein Stein oder eine abgefallene Schraube kann im Extremfall, wenn sie von einem der beim Start mit Höchstleistung laufenden Triebwerke angesaugt werden, teure Schäden bis hin zum Triebwerksausfall verursachen. Am Morgen des 25. Juli ist die Startbahn 26 R zum letzten Mal vollständig inspiziert worden, später findet noch eine kurze Feuerwehrübung auf der Piste statt, während der die Feuerwehrmänner Ausschau nach Fremdkörpern halten. Die eigentlich für 15 Uhr vorgesehene Kontrolle wird deshalb verschoben. Selbst der gründlichste Check hätte das Teil allerdings nicht entdeckt, denn Continental-Flug 055, die DC-10, die das Metallteil verloren hat, ist nur fünf Minuten bevor Air France 4590 sich bereitmacht, gestartet. Es wird lange dauern, bis das Fehlen des Blechstreifens beim Öffnen der Abdeckung an Triebwerk Nummer drei der DC-10 mit dem amerikanischen Kennzeichen N13067 bemerkt wird.

Vierundzwanzig Sekunden sind vergangen, seit Captain Marty den Start eingeleitet hat. Die vier donnernden Nachbrenner-Triebwerke beschleunigen die Concorde. Nachbrenner haben sonst nur Militärjets. Um die Leistung kurzzeitig zu erhöhen, wird Kerosin direkt in den glühend heißen Abgasstrahl gespritzt, bei der Concorde sorgt das für satte 18 Prozent mehr Schub beim Start. Copilot Marcot meldet vier grüne »Go-Lights« – alle vier Motoren funktionieren einwandfrei. Die 100 Passagiere werden jetzt bereits mächtig in die Sitze gedrückt. Kurz darauf hat die Maschine 185 Stundenkilometer erreicht, der Copilot sagt dem Captain die Geschwindigkeit an: »100 Knoten!« Und neun Sekunden später ruft der Copilot »V_1!« Dies ist für den »Pilot Flying«, also den Piloten, der das Flugzeug beim Start steuert, der wichtigste Hinweis. Mußte er bis V_1 noch damit rechnen, den Start eventuell abzubrechen, so kann er sich jetzt mental voll auf das Abheben einstellen, denn nach V_1 gibt es kein Zurück. Fällt jetzt ein Triebwerk aus oder entsteht eine andere kritische Störung, dann muß geflogen werden, koste es, was es wolle. Zuerst muß das angeschlagene Flugzeug in die Luft, denn dort ist es, Laien erscheint der Gedanke erst einmal völlig paradox, am sichersten. So schnell so hoch hinauf wie möglich, um Zeit zu gewinnen und anschließend wieder zu landen. Für eine Landung ist keine große Triebwerksleistung nötig, aus sicherer Höhe kann jedes Flugzeug ohne Probleme zu einer nahe gelegenen Piste zurückkehren. Im Gegensatz dazu bedeutet ein Über-das-Pistenende-Hinausschießen für ein vollbesetztes und -betanktes Verkehrsflugzeug fast immer ein Katastrophenszenario. Das Flugzeug durchbricht Zäune, reißt sich an Gräben oder anderen Hindernissen Flügel oder Fahrwerk ab, der Rumpf zerbricht, Tonnen von Kerosin verwandeln sich nach einer Berührung mit den glühend heißen Teilen der Triebwerke oder ausgelöst durch Funken einer zerreißenden Bordelektrik in einen gigantischen Feuerball.

Als Flugkapitän Marty, einige Sekunden nachdem sein Copilot V_1 angesagt hat, ein seltsames Geräusch hört und kurz darauf bemerkt, daß die Leistung von Triebwerk Nummer zwei schlagartig abfällt, hat er keine Wahl. Wie tausendmal im Simulator geübt, entscheidet er sich sofort für das Abheben. Das Geräusch, das er und seine Kollegen gehört haben, entsteht in dem Moment als die F-BTSC mit dem Reifen Nummer zwei des linken Fahrwerks über den aufrecht auf der Piste liegenden Metallstreifen von der Triebwerksabdeckung der DC-10 rollt. Wie ein scharfes Messer warme Butter zerschneidet der Blechstreifen den erhitzten Reifen fast über seine ganze Breite, und nur wenige Radumdrehungen weiter löst sich unter tonnenschwerem Druck und den extremen Fliehkräften ein viereinhalb Kilogramm schweres Stück des Reifens, das mit unglaublicher Wucht nach oben gegen die Unterseite der riesigen Tragfläche geschleudert wird. Andere Teile des 90 Kilogramm schweren Reifens donnern gegen den Wasserabweiser, der wie eine Art kleines Schutzblech nah am Boden vor dem Reifen montiert ist und dafür sorgen soll, daß von den Reifen bei nasser Piste hochgespritztes Wasser abgelenkt und zerstäubt wird und nicht als Schwall in eines der Triebwerke gelangen kann. Der Wasserabweiser, aus hochfesten Kunststoffen gefertigt, wird zertrümmert, wahrscheinlich gelangen einige der Bruchstücke in den Luftansaugkanal der mit Höchstleistung laufenden Triebwerke.

Das Ende eines schönen Traums

Keine Chance, den Start abzubrechen: Captain Marty muß versuchen, die Concorde zu fliegen

Viel schlimmer aber ist ein anderer Folgeschaden des zerstörten Reifens...

Die Concorde ist ein fliegender Tank. 13 verschiedene Reservoirs befinden sich im Rumpf, vor allem aber in den Tragflächen. Besser gesagt: Die Tragflächen *sind* Tanks, denn der Treibstoff befindet sich nicht innerhalb eigener Behälter sondern direkt in ihren Hohlräumen. Durch dieses »wet wing« genannte Prinzip passen fast 100 Tonnen Kerosin in die Concorde. Außerdem hilft die große Menge Flüssigkeit in den Flügeln, die im Überschallflug auf über 120 Grad aufgeheizte Außenhaut des Flugzeugs zu kühlen. Obwohl das schwere Gummiteil mit einer Geschwindigkeit von über 100 Meter pro Sekunde gegen die Tragflächenunterseite geschleudert wird, durchschlägt es die Außenwand nicht. Aber es drückt die Außenhaut des großen Treibstofftanks Nummer 5 so weit ein, daß in dessen Innerem eine impulsartige Schockwelle entsteht. Da der Tank restlos gefüllt ist, Flüssigkeiten sich aber nicht komprimieren lassen – ein physikalisches Prinzip, das man sich beispielsweise bei der Hydraulik zunutze macht –, bricht der Tank direkt neben der Einschlagstelle des Reifenfragments von innen nach außen, als er dem schlagartig von innen erhöhten Druck nicht standhalten kann.

Ein riesiger Schwall Kerosin ergießt sich sofort auf die Startbahn, über einhundert Liter Sprit verlassen den Tank Nummer 5 jetzt pro Sekunde. Im nächsten Moment verwirbelt der enorme Fahrtwind bei nun fast 400 Stundenkilometern den baumstarken Treibstoffstrahl in eine Wolke höchstexplosiven Treibstoff-Luftgemischs. Und nur den Bruchteil einer Sekunde später entzündet ein Funke, mechanisch, aber viel wahrscheinlicher durch einen Kurzschluß in einem der freiliegenden Elektrikkabel im noch offenen Schacht des Fahrwerks entstanden, das Gas-Luft-Gemisch.

Augenblicklich brennt AFR 4590 lichterloh, zieht eine über 60 Meter lange Flamme und eine tiefschwarze Ruß- und Qualmwolke hinter sich her. In den ersten Sekunden nach dem Reifenplatzer und der Zerstörung von Tank Nummer 5, liefern die Triebwerke noch vollen Schub und die Maschine steigt zügig von der Piste weg. Das Triebwerk Nummer zwei aber saugt in diesem Moment Fremdkörper, zumindest aber eine riesige Menge unverbrannten Sprits und die heiße Gaswolke des Feuers an, und schlagartig läßt seine Leistung nach. Und auch das erste Triebwerk, der Motor ganz außen links, verschluckt sich und büßt Schub ein.

»Vorsicht!«, ruft Copilot Marcot und Captain Marty handelt sofort. Einige Sekunden nach Überschreiten der kritischen Geschwindigkeit gibt es die Option am Boden zu bleiben nicht mehr. Gefühlvoll aber bestimmter als er dies unter normalen Umständen tun würde, hebt Marty den Jet durch einen Zug an der Steuersäule von der Piste. Im Kopfhörer hört er, wie der Controller im Tower ihn ruft: »Concorde 4590, Sie ziehen Flammen hinter sich her!« Marty ist jetzt voll darauf konzentriert, den Notfall, für den er so viele Stunden im Simulator verbracht hat, perfekt abzuarbeiten. Copilot Marcot bestätigt die Meldung des Lotsen mit einem »Roger« und Flugingenieur Jardinaud ruft: »Triebwerksfehler Nummer Zwo!« Nahezu im

Das Ende eines schönen Traums

*Die Crew kämpft – aber die Maschine gewinnt keine Höhe,
das Fahrwerk läßt sich nicht einfahren*

selben Moment ertönt die Feuerwarnung. »Triebwerk Nummer Zwei abstellen«, stößt Jardinaud aus, und Marty befiehlt ihm nur knapp: »Feuerlösch-Prozedur!«, worauf der Flugingenieur sofort einen Schalter umlegt, der das automatische Feuerlöschsystem für Triebwerk Nummer zwei aktiviert, das aber angesichts der Ausmaße des Feuers so gut wie wirkungslos bleiben muß.

Zehn Sekunden später. Captain Marty handelt, wie er es im Simulator geübt hat: Die Nase der Maschine unten halten, versuchen, Fahrt aufzunehmen und zu steigen, präzise und schnell die Notverfahren abzuwickeln, nicht in Panik zu verfallen. Mindestens 220 Knoten muß er erreichen, damit die Maschine stabil fliegt! Mit dem Seitenruder versucht Marty, die Richtung zu halten, obwohl die mit voller Power kreischenden rechten Triebwerke den noch zu langsamen 185-Tonner in eine Linkskurve zwingen wollen. Nur nicht die Kontrolle verlieren, das ist jetzt das wichtigste. Geradeaus auf eine sichere Höhe steigen!

Als auch der Schub von Triebwerk Nummer eins nachläßt, beginnt Marty, das Spiel von Aerodynamik und fast grenzenloser Leistung der verbleibenden Motoren zu verlieren. Die Maschine wird nie schnell genug, damit das Ruder am Heck seine volle Wirkung entfalten kann, was vor allem daran liegt, daß das Fahrwerk noch ausgefahren ist. Obwohl Copilot Marcot es mehrfach versucht, gehen die Räder nicht in ihre Schächte. Der gigantische Luftwiderstand der zehn Räder und der weit geöffneten Fahrwerks-Tore aber bremsen das Flugzeug zu sehr ab. Und Marty kann nichts tun. Vermindert er die Leistung auf den beiden rechten Turbinen, um das Abkommen vom Kurs zu verhindern, so könnte er die Maschine gerade halten. Aber er braucht jedes der vielen hunderttausend PS, um Höhe zu gewinnen. Zieht er die Schubhebel zurück, wird die Maschine abstürzen, weil sie für einen Flug mit einem ausgefallenen und einem mit geringerer Leistung arbeitenden Triebwerk jedes Quentchen Schub der gesunden Motoren benötigt. Dennoch ist die Maschine zu langsam, um mit Hilfe der Ruder den Kurs halten zu können. Der Schaden ist genau im ungünstigsten Fall eingetreten: nach Erreichen der V_1, aber vor der sicheren Steiggeschwindigkeit V_2. Und selbst wenn das Fahrwerk einfahren würde – am 25. Juli 2000 wäre jedes Notverfahren Theorie geblieben. Durch das riesige Feuer ist die Struktur der Concorde bereits so stark beschädigt, daß sie im Flug beginnt, einzelne Teile des Rumpfes, der Tragflächen, des Fahrwerks zu verlieren. Zurück zum Flughafen kann sie es nicht mehr schaffen. Die Ermittler drücken es später in ihrem Bericht so aus: »Selbst wenn alle vier Triebwerke funktioniert hätten, der Schaden, der durch die Intensität des Feuers an der Struktur der Tragflächen und an Teilen der Flugsteuerung entstanden ist, hätte zum rapiden Verlust des Flugzeugs geführt.« In der Sprache der Unfallermittler bedeutet »Verlust des Flugzeugs«: Absturz.

Es ist deshalb ein Kampf, den auch der erfahrenste und beste

120 Sekunden nach der Startfreigabe stürzt Flug AFR 4590 in ein Hotel im Pariser Vorort Gonesse

Das Ende eines schönen Traums **329**

Pilot, und mit diesen Attributen ließe sich Marty durchaus charakterisieren, nicht gewinnen kann, auch wenn er alles versucht. Ein Freund von Marty, pensionierter Air France-Pilot, sagt später: »Wenn *er* das nicht unter Kontrolle bringen konnte, dann war es nicht möglich, es unter Kontrolle zu bringen.« Aller Optionen beraubt, kann Marty nur noch hilflos reagieren, während sich das riesige Flugzeug immer weiter nach links neigt, wie in Zeitlupe langsam von West- auf Südkurs geht. Um die Concorde überhaupt noch in der Luft zu halten, kann er nur den Anstellwinkel immer mehr vergrößern, der in ein paar Sekunden seinen kritischen Wert erreichen wird. Die Geschwindigkeit nimmt jetzt rapide ab, Copilot Marcot weist Marty mehrfach mit »watch the airspeed, the airspeed, the airspeed« darauf hin. Marty fragt noch einmal nach, ob Triebwerk Nummer zwei abgestellt ist, Flugingenieur Jardinaud bestätigt. Sieben Sekunden später meldet der Copilot, daß sich das Fahrwerk nicht einfahren läßt.

Nur eine Idee hat Marcot noch: »Le Bourget, Le Bourget!« Der Flughafen Le Bourget, nur für Geschäftsreiseflüge und während des Pariser Aerosalons in Betrieb, ist halb links voraus in Sichtweite. Vielleicht könnte ein Notlandung dort klappen. Aber Marty scheint zu wissen, daß das Manöver aussichtslos ist. »Zu spät«, bemerkt er nur knapp. Noch einmal meldet sich der Mann im Tower, gibt AFR 4590 eine Freigabe, zur Piste zurückzukehren, und auch Copilot Marcot ist ein letztes Mal am Funk: »Negativ, wir versuchen Le Bourget«. »Zu spät«, hört man Marty auf dem Band des Cockpit Voice Recorders wieder sagen. Er fügt noch hinzu: »Keine Zeit.« Dann beginnt der brennende Jet, sich langsam nach links bis fast auf den Rücken zu drehen, während seine Spitze immer steiler in den Himmel ragt. Schließlich reißt die Strömung an den Flügeln ab und mit einer gewaltigen Explosion stürzt die F-BTSC in ein Hotel im Vorort Gonesse. Im Bruchteil einer Sekunde ist das Leben von 113 Menschen ausgelöscht. Von ihnen und von der Maschine bleiben nur wenige identifizierbare Reste übrig. Verkohlte Klumpen geschmolzenen Metalls liegen herum, einzelne Räder, ein kleiner Teil des Instrumentenbretts. Irgendwo in Kratern finden sich die tonnenschweren Turbinen, die so stabil gebaut sind, daß sie bei fast jedem Flugzeugabsturz als Ganzes erhalten bleiben. Zwei

Das Ende eines schönen Traums

Bedeutet der Absturz das Ende der zivilen Überschallflüge?

Minuten nach dem Start ist von der stolzen Concorde und ihren Insassen nicht mehr übrig, als man mit einem Lastwagen abtransportieren kann.

Die Air France wird »alles tun, um die Opfer zu entschädigen«, sagt ein Firmensprecher kurze Zeit nach dem Unglück. Bis zum Abend treffen die meisten Angehörigen in Paris ein. An der Unglücksstelle findet ein Gottesdienst statt.

Das Schicksal der Concorde scheint kurz nach dem Unglück besiegelt. Aber nachdem sich die Wogen der Emotionen etwas geglättet haben, wird schnell klar, daß das Flugzeug an sich kein größeres Sicherheitsrisiko darstellt als ein konventioneller Airliner. Nach langen Untersuchungen wird deshalb ein Modifikationsprogramm für die verbleibenden 12 Maschinen entworfen, das ein für allemal die Schwachstellen des Flugzeugs eliminieren soll.

Am Mittwoch, dem 7. November 2001 ist es soweit: British Airways und Air France nehmen den Liniendienst nach New York wieder auf. Damit dies möglich wurde, ist die Concorde in wesentlichen Baugruppen überarbeitet worden. Beispielsweise wurden hochfeste Matten aus dem Verbundwerkstoff Kevlar in den Tanks installiert, die zukünftig ein Durchschlagen der Tanks von außen und damit Lecks, durch die große Mengen Treibstoff ausfließen können, verhindern sollen. Außerdem wurden an allen Maschinen des Typs die elektrischen Leitungen besser isoliert. Hintergrund: Es wird vermutet, daß die Wolke aus Treibstoff-Luftgemisch durch einen elektrischen Funken in diesem Bereich entzündet worden ist.

Die wichtigste Modifikation aber betrifft die Reifen: Vom französischen Hersteller Michelin neu entwickelt, sind sie gegenüber Beschädigungen wesentlich unempfindlicher als die ursprünglichen Reifen. Und selbst wenn einmal ein Reifen platzen sollte, sind die Folgen weniger gravierend: Von ihnen können sich maximal kleine und leichte Teile lösen, die keine Gefahr mehr für die Treibstofftanks sind.

Technisch gesehen hätten die 12 Concordes von Air France und British Airways mindestens noch bis 2007 im Linienverkehr verbleiben können. Aber durch das Unglück von Gonesse hat das Image der Superflugzeuge großen Schaden genommen, und so haben sich die beiden Airlines – nachdem die Passagierzahlen stark rückläufig waren – im Frühjahr 2003 entschlossen, den Betrieb der Concorde zum Ende des Jahres endgültig einzustellen. Es könnte ein Abschied für lange Zeit sein, denn ein neues supersonisches Verkehrsflugzeug wird derzeit von keinem Unternehmen der Welt geplant. An einem Tag aus Europa nach Amerika und zurück – das wird ab 2004 wohl Geschichte sein.

Otto Lilienthal (1848–1896) machte über 2000 Gleitflüge

1485–1903
Die Erfindung des Fliegens

15. Jahrhundert

Das Universalgenie Leonardo da Vinci macht circa 1485 einige Entwürfe für diverse *Ornithopter*, mit den Flügeln schlagende Maschinen. Davor hat er den Vogelflug studiert. In den Überlieferungen da Vincis ist keine Rede davon, daß er auch nur versucht hätte, einen der Apparate zu bauen. Die Zeichnungen wurden erst im 19. Jahrhundert entdeckt. Prinzipieller Schwachpunkt des *Ornithopters*: Der Mensch hat im Verhältnis zu seinem Gewicht zu wenig Muskelkraft, um sich in die Luft zu erheben.

Leonardo da Vincis Entwurf für einen Ornithopter

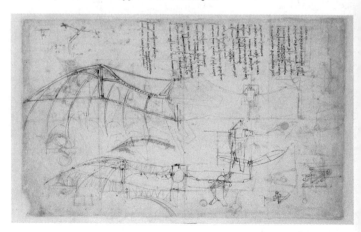

Die Erfindung des Fliegens

1783

Am 5. Juni hebt der erste unbemannte Heißluftballon der Brüder Montgolfier in Frankreich ab. Im September des Jahres fliegen die ersten Passagiere mit: ein Schaf, eine Ente und ein Hahn.

Am 21. November 1783 findet der erste Menschenflug in der Geschichte statt: Pilâtre de Rozier und der Marquis d'Arlandes schweben über die Seine und landen nach 25 Minuten.

Die Erfindungen der Brüder Montgolfier und des französischen Physikers Jacques Alexandre Charles, der ebenfalls 1783 zum ersten Mal einen Gasballon startet, werden später zur Entwicklung vieler Fluggeräte führen, die leichter als Luft sind. Dazu zählt unter anderem der Zeppelin. Der Zeppelin LZ-1, fast 130 Meter lang und mit zwei Daimler-Motoren von je 16 PS ausgestattet, flog zum ersten Mal am 2. Juli 1900. Das Rätsel des rein mechanischen Flugs der Vögel wird jedoch noch viele Jahrzehnte ungelöst bleiben.

*21. November 1783:
der erste Menschenflug*

1784

Die Franzosen M. Launoy und M. Bienvenu bauen mit Hilfe von Federn, Kork, elastischem Holz und Schnur die ersten Hubschrauber-ähnlichen Flugmodelle, die sie 1784 der Französischen Akademie der Wissenschaften vorführen. Der Engländer Sir George Cayley (1773–1857) konstruiert ab 1795 ähnliche Apparate, betrachtet sie aber vor allem als Spielzeug.

1799

Die Experimente des Engländers Sir George Cayley führen zur Entdeckung der vier Kräfte, die auf ein Flugzeug einwirken: Widerstand, Vortrieb, Auftrieb und Gewicht. Er graviert diese in eine silberne Scheibe. Auf dem bis heute erhaltenen Medaillon sind starre Tragflächen und ein kreuzförmiges Leitwerk zu sehen. Vor und zurück schlagende Klappen – der Propeller ist noch nicht erfunden – sollen das Flugzeug antreiben. Mit seinem Entwurf löst Cayley sich von der Idee der flügelschlagenden Maschine und legt die Grundform des Flugzeugs fest, die sich über 100 Jahre später durchsetzen wird.

1804

Cayley beobachtet Vögel und stellt fest, daß ihre Flügel eine Wölbung haben. Er schließt daraus, daß eine Flugmaschine mit starrem Flügel ebenso ein Profil haben muß, um genügend Auftrieb zu erzeugen. Seine nachfolgenden Versuche gelten heute als die ersten Experimente mit Flügelprofilen.

1808

Cayley entwirft ein Gleitflugzeug von eineinhalb Meter Länge mit einem Leitwerk. Im Jahr darauf läßt er das Modell eines Gleitflugzeugs zum ersten Mal fliegen. Noch 1809 baut er seinen ersten bemannten Gleiter, der immerhin eine Flügelfläche von 18,5 Quadratmetern hat. 1810 gibt Cayley ein Werk heraus, *On Aerial Navigation,* das die Grundlage der modernen Wissenschaft der Aerodynamik wird. Im Jahr darauf baut Cayley mit Hilfe von Federn kleine »Hubschrauber«-Modelle.

Die Erfindung des Fliegens

1842

William Henson läßt sich seine *Aerial Steam Carriage* patentieren, die sich durch den von einer Dampfmaschine angetriebenen Propeller auszeichnet. Henson und sein Partner Stringfellow gründen – reichlich verfrüht – die Aerial Transit Company, sozusagen das erste Luftfahrtunternehmen der Welt. Geplant ist der Warenaustausch mit fernen Ländern wie China. Die *Steam Carriage* aber wird sich nie in die Luft erheben. Werbeplakate zeigen die »Dampfkutsche« über den Pyramiden und fernöstlichen Landschaften. Zwischen 1845 und 1847 machen Henson und Stringfellow Versuche mit einem verkleinerten Modell – aber nicht einmal dieses verläßt jemals den Erdboden.

1849

Sir George Cayley baut einen Gleiter in voller Größe, den er zuerst mit Ballast an Bord testet. Noch im selben Jahr wird der 10jährige Sohn eines seiner Diener die (historisch nachweisbar) erste Person, die mit einem Fluggerät mit starren Tragflächen einen kurzen Gleitflug macht.

1853

Fünfzig Jahre bevor die Wrights in Kitty Hawk zu ihrem ersten Flug starten, überredet Cayley seinen Kutscher, sich in einen von ihm konstruierten Dreidecker zu setzen, der anschließend einen Berg hinabrollt, abhebt und den zu Tode verängstigten Mann etwa 180 Meter über ein kleines Tal trägt, bevor er eine Bruchlandung macht. Überliefert ist die darauf folgende Kündigung des Kutschers: »Sir, ich möchte bemerken, ich wurde angestellt, um zu fahren – nicht um zu fliegen.« Cayley sagt voraus, daß ein andauernder Flug erst mit der Entwicklung eines leichten und ausreichend starken Motors möglich sein wird.

Louis Letur baut und testet einen Fallschirm-Gleiter. Er wird das erste Fluggerät, das schwerer als Luft ist und im Flug erprobt wird. Ein Jahr später stirbt Letur bei der Vorführung seines Gleiters in der Nähe von London.

1856

Der Seemann Jean-Marie le Bris entwirft einen dem Vogel Albatros nachempfundenen Gleiter. Zuvor hat er auf See einen der Riesenvögel geschossen, um dessen Flügel im Wind zu testen. Ohne jegliche Spur von Understatement berichtet le Bris später: »Ich nahm den Flügel und hielt ihn in den Wind, und siehe da, er bewegte sich nach vorn in den Wind, obgleich ich ihn festhielt; trotz meines Widerstandes tendierte er dazu, in die Höhe zu steigen. So hatte ich das Geheimnis des Vogels entdeckt! Ich begriff das ganze Mysterium des Fluges.« 1857 macht le Bris einen kurzen Gleitflug, indem er den Albatros von einem Pferdegespann bergab schleppen läßt. Bei einem zweiten Versuch bricht er sich allerdings ein Bein. Später entwickelt le Bris eine größere Version seines Gleiters und unternimmt damit einige kurze Gleitflüge.

1857

Félix du Temple, ebenfalls Seemann, baut zusammen mit seinem Bruder Louis das Modell eines Eindeckers mit Zugpropeller und nach vorne gepfeilten Flügeln, die noch dazu leicht V-förmig angeordnet sind. Sogar über ein einziehbares Fahrwerk verfügt das Fluggerät. Das Modell wird von einer kleinen Dampfmaschine angetrieben und tatsächlich erhebt es sich aus eigener Kraft vom Boden und gleitet anschließend zu einer sicheren Landung. Es ist der erste wirkliche Flug einer Maschine, die schwerer als Luft ist!

1866

Francis Wenham präsentiert der Royal Aeronautical Society in London die wissenschaftliche Arbeit *Aerial Locomotion* (Luftreise) über die Form von Tragflächen. Er erklärt darin, daß gewölbte Tragflächen mehr Auftrieb liefern als gerade, aber auch, daß der größte Teil des Auftriebs im vorderen Drittel der Flügel entsteht und daß lange, schmale Tragflächen mehr Auftrieb liefern als kurze, breite. Die neugegründete Gesellschaft gibt technische Arbeiten zum Fortschritt der Aeronautik heraus. Wenhams eigene Konstruktionen sind im praktischen Test nur wenig erfolgreich – die wesentlichen Kriterien für einen effizienten Tragflügel aber hat er richtig erkannt. 1871 wird Wenham zusammen mit John Browning den ersten Wind-

Die Erfindung des Fliegens

kanal der Luftfahrtgeschichte bauen: eine lange Holzkiste mit einem dampfgetriebenen Propeller an einer Seite.

1871

Der Franzose Alphonse Pénaud theoretisiert über Flügelprofile und aerodynamische Prinzipien und erfindet einen einfachen Antrieb für seine Flugmodelle: den Gummimotor. Sein *Planophore* ist ein 50 Zentimeter langes Modell mit spitz zulaufenden Tragflächen von 45 Zentimeter Spannweite, die in V-Form angebracht sind, sowie einem einstellbaren Leitwerk, ebenfalls in V-Form. Nur 16 Gramm wiegt der *Planophore*, aber als Pénaud ihn in Paris vorführt und das kleine Modell in einem elfsekündigen Flug über 40 Meter zurücklegt, ist es damit zum modernsten Fluggerät seiner Zeit geworden – es ist der erste Flug eines in sich stabilen Flugzeugs.

1874

Das von einer Dampfmaschine angetriebene, einer großen Fledermaus ähnliche Flugzeug der Brüder du Temple hebt kurz ab, nachdem es auf einer abschüssigen Rampe auf die nötige Geschwindigkeit gebracht wurde, kann sich aber nicht so lange in der Luft halten, daß die Historiker später von einem wirklichen Flug sprechen könnten. Immerhin ist es das erste Mal, daß ein bemanntes, motorisiertes Fluggerät überhaupt den Erdboden verläßt.

1874–75

Thomas Moy demonstriert erfolgreich ein dampfangetriebenes unbemanntes Flugmodell, das er *Aerial Steamer* nennt. Bei der Vorführung im Londoner Crystal Palace erhebt es sich aus eigener Kraft 15 Zentimeter vom Boden.

1876

Alphonse Pénauds nächster Schritt: Er läßt einen bemannten Amphibien-Eindecker patentieren, der mit einem Steuerknüppel, einer verglasten Kanzel und einem einziehbaren Fahrwerk bereits viele Elemente späterer Flugzeuge enthält, seinem Erfinder aber kein Glück bringt. Pénaud muß erkennen, daß er seiner Zeit zu weit voraus ist, und daß es noch keinen Motor gibt, der leicht genug wäre, seiner ansonsten absolut durchdachten Maschine den notwendigen Vortrieb zu liefern. Seine Forschungs- und Entwicklungsarbeit gerät immer mehr ins Stocken, und schließlich verübt Pénaud, den die Brüder Wright und andere später auf eine Stufe mit der Legende George Cayley stellen werden, verzweifelt, schwerkrank und von mißgünstigen Kritikern angefeindet, Selbstmord.

1881
Louis Pierre Mouillard, der vorher bereits mit einigen selbstgebauten Gleitern kurze Flüge unternommen hat, verfaßt sein berühmtes Werk *L'Empire de l'Air* (Das Reich der Lüfte), in dem er Vorschläge macht, wie das Flugproblem zu lösen sei. Er schlägt starre Flügel vor, ist allerdings im Gegensatz zu vielen Zeitgenossen der Auffassung, daß es der Gleitflug ist, über den Piloten das notwendige Geschick und die Fähigkeiten erwerben sollten, die zur Steuerung eines Flugzeugs notwendig sind.

1884
In der Nähe von San Diego, USA, unternimmt der Amerikaner John J. Montgomery seinen ersten Gleitflug.

Alexander F. Mozhaisky, russischer Marineoffizier und Forscher, schafft es, seinen dampfgetriebenen *Monoplan* in Krasnoje Selo bei St. Petersburg mit Hilfe einer Rampe für einen Moment vom Boden abheben zu lassen. Die Maschine fliegt unkontrolliert etwa 30 Meter weit, bevor sie bei der Landung zu Bruch geht.

1889
Lawrence Hargrave, australischer Flugpionier, Erfinder und Astronom, entwirft und baut den ersten Umlauf-Sternmotor, der 1908 Vorbild für den französischen Gnome-Flugmotor werden soll. Beim Umlaufmotor drehen sich Triebwerk und Propeller um eine fixierte Kurbelwelle.

1890
Clément Ader läßt seine dampfgetriebene *Eole* in Brie, Frankreich, kurz abheben. Ungesteuert »fliegt« die *Eole* etwa 50 Meter weit. Es ist das erste dampfgetriebene Fluggerät, das kurzzeitig aus eigener

Die Erfindung des Fliegens

Kraft den Boden verläßt. Als Flug wird der Hüpfer der *Eole* niemals gewertet, da er immer noch völlig unkontrolliert ist.

1891

Der Berliner Ingenieur Otto Lilienthal ist der erste Mensch, der mit einem Gleiter sicher startet, fliegt und auch kontrolliert landet. Otto Lilienthal macht über 2000 Flüge. Durch seine Fähigkeiten als Ingenieur und Mathematiker wird Lilienthal zu einem der wichtigsten Flugpioniere vor den Wright-Brüdern. Er ist auf der ganzen Welt bekannt, Fotografien und Zeichnungen seiner Flüge werden in vielen Magazinen und Zeitschriften veröffentlicht und von vielen Flugforschern werden seine Aktivitäten aufmerksam beobachtet.

1893

Sir Hiram Maxim, der amerikanische Erfinder des Maschinengewehrs, der später Brite wurde, macht Versuche mit dem größten Flugapparat seiner Zeit. Die Maschine ist 60 Meter lang, hat eine Spannweite von 32 Metern und wiegt über 3,5 Tonnen. Zwei 180 PS starke Dampfmaschinen treiben zwei gewaltige Propeller mit je 5,5 Meter

Das Riesenflugzeug von Sir Hiram Maxim

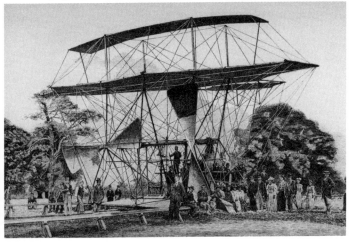

Durchmesser an. Obwohl das Flugzeug nicht fliegen kann, reißt es sich bei 70 Stundenkilometern kurz von seiner Startschiene los, verunglückt aber, bevor es zu einem wirklichen Flug kommt.

1894

Otto Lilienthal konstruiert den *Normalsegelapparat*, der sein größter Erfolg wird. Er verkauft neun Exemplare (Stückpreis 500 Mark) in die ganze Welt. Vier Normalapparate (bzw. Fragmente davon) sind heute in Museen in London, Washington, Moskau und München erhalten.

Octave Chanute gibt *Progress in Flying Machines* heraus, das erste Kompendium aeronautischer Experimente. Er wird später sowohl selbst Gleiter bauen, als auch die Entwicklungen anderer fördern, unter ihnen die Brüder Wright.

1896

Der Schotte Percy Pilcher baut seinen erfolgreichsten Gleiter, den *Hawk* (Falke), mit dem er über 200 Meter weit fliegt. Pilcher stirbt, als der *Hawk* nach vielen erfolgreichen Flügen abstürzt.

1903: Langleys Aerodrome *stürzt in den Potomac*

Die Erfindung des Fliegens

6. Mai: Samuel Langley, Direktor der Washingtoner Smithsonian Institution, der bereits seit 1890 dampfbetriebene Flugzeugmodelle entwirft und testet, katapultiert seinen *Aerodrome Number 5* von seinem Hausboot. Das unbemannte Flugzeug legt eine halbe Meile zurück, bevor es in den Potomac-Fluß stürzt.

9. August: Otto Lilienthal verunglückt mit seinem Gleiter und bricht sich dabei das Rückgrat. Wahrscheinliche Ursache des Unfalls: eine unerwartete Windböe. Er stirbt am nächsten Tag im Krankenhaus. Seine letzten Worte sind: »Opfer müssen gebracht werden.«

29. August: Octave Chanute gleitet zum ersten Mal mit dem *Chanute-Herring-Dreidecker* in Dune Park, Indiana.

28. November: Samuel Langley startet erfolgreich seinen unbemannten *Aerodrome 6*, der an diesem Tag eine Entfernung von fast 1500 Metern zurücklegt. Zwei Jahre später bewilligt die US-Regierung Langley 50 000 Dollar für den Bau eines bemannten *Aerodrome*.

Otto Lilienthal, 1896

1897

12.–14. Oktober: Clément Ader testet seinen *Avion III*. Dieser rollt, hebt aber nie ab. Ader behauptet später, in diesem Jahr fast 300 Meter weit geflogen zu sein, wofür es allerdings keinerlei Beleg gibt.

1901

Gustave Whitehead, in die USA ausgewanderter Bayer, behauptet, am 14. August 1901, zwei Jahre vor den Wrights, mit einem Motorflugzeug geflogen zu sein. Obwohl zwei amerikanische Zeitungen über den angeblichen Flug berichten, bleibt dieser unbelegt. Wissenschaftshistoriker sind heute fast einhellig der Meinung, daß die Konstruktion nie den Erdboden verlassen hat.

1903

18. August: Der Hannoveraner Karl Jatho macht in der Vahrenwalder Heide mit einem selbst konstruierten Flugzeug einen kurzen Hüpfer. Ein kontrollierter Flug gelingt ihm allerdings erst Jahre später.

8. Dezember: Langleys zweiter Versuch, seinen *Aerodrome* per Katapultstart in die Luft zu bringen, scheitert. Langley zieht sich daraufhin zurück.

1901: Gustave Whitehead mit Tochter Rose vor dem Flugapparat »Nummer 21«

1903–2003

Ein Jahrhundert Motorflug

1903
17. Dezember: In den Dünen von Kitty Hawk, North Carolina, gelingt Orville und Wilbur Wright mit ihrem Flyer der erste unwiderlegbar dokumentierte kontrollierte Motorflug der Geschichte.

1906
23. Oktober: Der in Brasilien geborene Alberto Santos-Dumont ist der erste Mensch, der in Europa mit einem motorgetriebenen Flug-

Alberto Santos-Dumont

zeug fliegt. In Paris legt er circa 60 Meter zurück und wird für eine gewisse Zeit sogar als der erste Pilot der Welt gefeiert – viele Europäer glauben noch nicht an die erfolgreichen Flüge der Wrights.

1908

13. Januar: Auf einem Feld nahe Paris bewältigt Henri Farman als erster einen ein Kilometer langen Rundkurs mit einem Flugzeug. Seine Maschine hat der französische Pionier Gabriel Voisin gebaut.

4. Juli: Glenn Curtiss fliegt in seiner *June Bug* einen Kilometer weit und ist damit der erste Amerikaner, dem ein Flug über diese Strecke gelingt.

8. August: Die Brüder Wright beginnen in Frankreich eine Reihe von Flugvorführungen, die in ganz Europa Aufsehen erregen. Den europäischen Konstruktionen weit überlegen, wird ein *Wright Flyer* im Rahmen einer dieser Demonstrationen zweieinhalb Stunden in der Luft bleiben.

17. September: Der erste Tote bei einem Flugzeugabsturz. Der US-Offizier Thomas E. Selfridge stirbt in Fort Myer als Passagier von Orville Wright, als in etwa 50 Meter Höhe einer der Propeller bricht und die Maschine abstürzt. Orville Wright wird schwer verletzt.

17. September 1908: der erste tödliche Absturz

Ein Jahrhundert Motorflug

1909

25. Juli: Nach mehreren gescheiterten Versuchen gelingt dem französischen Ingenieur, Flugzeugbauer und Piloten Louis Blériot als erstem der Flug über den Kanal nach England. Er gewinnt damit den von der englischen Zeitung Daily Mail ausgesetzten Preis von 1000 Pfund. In seinem *Blériot XI*-Eindecker benötigt er 37 Minuten für die 37 Kilometer weite Strecke über das Meer.

Im Ersten Weltkrieg wird Blériots Firma »Société Pour Aviation et ses Dérives« (SPAD) über 5600 Doppeldecker für den Einsatz bei der französischen und englischen Luftwaffe bauen.

30. Oktober: Der Deutsche Hans Grade erhält einen Preis von 40 000 Mark, den der Großindustrielle Dr. Karl Lanz für denjenigen deutschen Flieger ausgesetzt hat, der es schaffen würde, mit einer in Deutschland gebauten Flugmaschine um zwei 1000 Meter voneinander entfernte Wendemarken eine Acht zu fliegen.

Grade fliegt am Flugplatz Johannisthal-Adlershof bei Berlin eine drei Kilometer lange Acht und erhält später – nach dem Pionier August Euler – den zweiten in Deutschland ausgestellten Pilotenschein.

Blériot XI

1911

17. September: Der Amerikaner Cal Rogers startet von Long Island, New York, in seiner *Vin Fiz* zu einem Flug quer über den amerikanischen Kontinent. Rogers benutzt einen Doppeldecker des Typs Wright EX und macht bis nach Kalifornien 75 Zwischenlandungen, von denen später mindestens 19 als Abstürze beschrieben werden. Allein 18 komplette Tragflächen verbraucht Rogers bei diesem ersten Transkontinentalflug durch die USA, und der Motor des fragilen Doppeldeckers muß praktisch nach jedem Flug überholt werden. Nur drei Teile des Originalflugzeugs erreichen schließlich die Westküste! In 84 Tagen legte Rogers über 6700 Kilometer zurück. Vier Monate nach seiner Ankunft in Kalifornien stirbt Rogers nach dem Zusammenstoß seines Flugzeugs mit einem Schwarm Vögel.

1912

16. April: Harriet Quimby, erste Amerikanerin mit Pilotenschein, bezwingt als erste Frau den Kanal zwischen England und Frank-

Harriet Quimby

reich. Da nur einen Tag zuvor die Titanic im Nordatlantik untergegangen ist, nimmt die Welt kaum Notiz von Quimbys Flug. Quimby stirbt zweieinhalb Monate später, als sie bei einer Flugschau im amerikanischen Boston samt ihrem Passagier aus ihrer unstabilen Maschine vom Typ Blériot geschleudert wird – ein Flugunfall, den der später erfundene Sitzgurt hätte verhindern können.

1915

14. März: Flugpionier Lincoln Beachey stirbt beim Absturz seiner Maschine in die San Francisco Bay. Beachey ist einer der ersten Piloten, die bei Flugtagen Kunstflugvorführungen machen. Er zeigt dem staunenden Publikum Loopings und Rückenflug.

Viele Jahre später noch wird Beacheys Trick, ein Taschentuch mit der Flügelspitze vom Boden aufzuheben von Stuntpiloten auf der ganzen Welt kopiert.

15. Juli: William Boeing gründet in Seattle, USA, die Firma Pacific Aero Products, die er nur ein Jahr später in Boeing Airplane

Lincoln Beachey

Company umbenennen wird. In den nächsten Jahrzehnten wird seine Firma zum weltgrößten Hersteller von Verkehrsflugzeugen.

12. Dezember: Das erste Ganzmetallflugzeug der Welt, der Eindecker Junkers J1, geht auf dem Heeresflugplatz Döberitz bei Berlin zum ersten Mal in die Luft. Anders als die zu jener Zeit üblichen Doppeldecker hat der wegweisende Entwurf keinerlei Spanndrähte mehr, sondern ist freitragend konstruiert. Die J1 ist nicht wie spätere Flugzeuge aus Aluminium, sondern aus Stahl und Eisenblech gefertigt.

1918

13. April: Der argentinische Leutnant Luis Candelaria fliegt als erster Pilot über die Anden. In einer Morane Parasol bewältigt er die 230 Kilometer von Zapala in Argentinien nach Cunco in Chile in zwei Stunden und 30 Minuten.

15. Mai: Der erste Flugpostdienst der USA wird zwischen New York City, Philadelphia und Washington D.C. eingerichtet. Der Pilot des ersten Fluges verirrt sich allerdings und macht im Bundesstaat Maryland eine Bruchlandung. Ironischerweise wird daraufhin der erste Sack Luftpost mit dem Zug an sein Ziel gebracht.

Junkers J1

1919

15. Juni 1919: John Alcock und Arthur Whitten-Brown überqueren in einer Vickers Vimy den Atlantik von Neufundland nach Irland.

12. November: Der erste Flug von England nach Australien. Die Australier Captain Ross Smith, sein Bruder Keith und die beiden Mechaniker J. M. Bennett und W. H. Shiers fliegen in ihrer Vickers Vimy von Hounslow in 27 Tagen, 20 Stunden und 20 Minuten (136 Flugstunden) die fast 18 000 Kilometer nach Port Darwin, wo sie am 10. Dezember ankommen. Sie gewinnen damit einen Preis von 10 000 Pfund, den der australische Premier Billy Hughes dem ersten Flieger versprochen hat, der die Strecke in weniger als 30 Tagen zurücklegt.

1920

21. Mai: Der Amerikaner Dean Smith beginnt seine siebenjährige Karriere als Luftpostpilot – er ist einer der ersten von vielen jungen Fliegern, die diesen gefährlichen Beruf wählen. In den ersten neun Jahren des Luftpostbetriebs in den USA sterben 32 Postflieger, etwa jeder sechste. In sieben Jahren wird Smith über eine halbe Million Kilometer hinter sich bringen.

22. Juli: In Santa Monica, Kalifornien, gründet Donald Douglas zusammen mit dem Investor David Davis die Davis Douglas Company, aus der später der Flugzeughersteller Douglas hervorgeht. Das Unternehmen wird so berühmte Flugzeugtypen wie die DC-3, die DC-4 und DC-6 oder eines der ersten vierstrahligen Verkehrsflugzeuge, die DC-8, bauen. Das erste Flugzeug der Firma ist die *Cloudster,* die am 24. Februar 1921 ihren Jungfernflug macht.

1924

6. April: Start zum ersten Flug um die Welt. Vier Maschinen des Typs Douglas World Cruiser des US Army Air Service starten in Seattle. Zwei Maschinen gehen – ohne Verluste an Menschenleben – unterwegs verloren, die beiden übrigen beenden den Flug am 28. September. Sie legen in 175 Tagen über 44 000 Kilometer zurück, die Flugzeit beträgt 371 Stunden und 11 Minuten.

1926

6. Januar: Die deutsche Luftlinie Lufthansa wird gegründet. Der Zusammenschluß der Deutschen Aero-Lloyd AG und der Junkers-Luftverkehr AG existiert bis zum Ende des Zweiten Weltkriegs. Am 6. Januar 1953 wird die neue Fluggesellschaft Luftag gegründet, die später in Deutsche Lufthansa AG umbenannt wird.

1927

21. Mai: Charles Lindbergh, ein 25jähriger Postflieger, überquert in 33,5 Stunden als erster Mensch allein in einem Flugzeug den Atlantik von New York nach Paris. Die *Spirit of St. Louis* legt 5800 Kilometer zurück.

19. Oktober: Pan American Airways beginnt mit seinem ersten offiziellen Postdienst und fliegt sieben Säcke mit Briefen von Key West, Florida, nach Havanna auf Kuba. Am 16. Januar 1928 wird Pan Am seine ersten Passagiere befördern.

1928

17. Mai: Erster Flug des australischen Royal Flying Doctor Service (RFDS) für Gemeinden im Outback. Die erste Maschine der Flying Doctors ist ein de Havilland DH 50-Doppeldecker.

31. Mai: Charles Kingford Smith und seine dreiköpfige Crew starten in Oakland, Kalifornien, zum Flug ins 12 000 Kilometer entfernte Brisbane, Australien. Die Fokker F-VIIB/3M erreicht ihr Ziel nach Zwischenlandungen auf Hawaii und Fidschi am 9. Juni.

17. Juni: Amelia Earhart überfliegt als erste Frau den Atlantik nonstop – allerdings nicht als Pilotin, sondern als Passagier.

1929

14. Juni: Der erste blinde Passagier an Bord eines Flugzeugs. Der amerikanische Journalist Arthur Schreiber versteckt sich an Bord der *L'oiseau Canari* von Jean Assolant. Nachdem die Besatzung darüber rätselt, warum die Maschine nach dem Start in Maine so schlecht steigt, gibt Schreiber sich zu erkennen. Nach 28 Stunden und 52 Minuten erreicht die *L'oiseau Canari* Oyambre in Spanien.

1930

16. Januar: Der 23-jährige Offizier der Royal Air Force, Frank Whittle, läßt ein von ihm entwickeltes Düsentriebwerk patentieren, stößt allerdings weder bei Flugzeugherstellern noch beim Militär auf Interesse.

5. Mai: Die Engländerin Amy Johnson hebt vom Flugplatz Croydon in einer de Havilland Gipsy Moth zum Flug nach Australien ab – wo sie 19 Tage später ankommt.

15. Mai: Ellen Church wird die erste Stewardeß der Welt. Auf einem Flug der Boeing Air Transport von Oakland, Kalifornien, nach Chicago betreut sie die Passagiere. Die ersten acht Stewardessen der Firma müssen »ledig, jünger als 25 und ausgebildete Krankenschwestern« sein. Außerdem verlangt die Fluggesellschaft von Bewerberinnen ein Gewicht unter 52 Kilogramm und eine Größe von weniger als 1,62 Meter.

11. September: Erster Flug der Junkers Ju-52. Die erste Maschine hat nur einen Motor, da aber die Fluggesellschaften auf Sicherheit setzen, wird das 685 PS starke BMW-Triebwerk im darauffolgenden

Frühjahr durch drei 660 PS-Motoren (Ju-52/3m) ersetzt. Im Zweiten Weltkrieg ist die Ju-52 (Spitzname *Tante Ju*) das deutsche Pendant zur Douglas DC-3/C-47 – und dient unter anderem als Hitlers Privatflugzeug.

1931

31. März: Eine Fokker Trimotor der Trans World Airlines (TWA) auf dem Flug von Kansas City nach Los Angeles stürzt wegen verfaulter Holzteile in der Struktur der Tragflächen ab, ein berühmter Football-Coach an Bord kommt ums Leben.

Als Konsequenz aus dem Unglück verlangt die Fluggesellschaft nach einem Ganzmetallflugzeug, woraufhin die Douglas Aircraft Company die DC-1 entwickelt, die wenige Jahre später zur berühmten DC-3 weiterentwickelt wird. Über 1000 Stück der DC-3 und ihrer Militärversion C-47 sind noch heute im Einsatz.

Junkers Ju-52

1932

20. Mai: Amelia Earhart startet in ihrer Lockheed Vega zum ersten Soloflug einer Frau über den Atlantik. Für die Strecke von Harbor Grace, Neufundland, nach Culmore, Nordirland, benötigt Earhart 14 Stunden und 54 Minuten.

1933

8. Februar: Erstflug der Boeing 247, erstes modernes Verkehrsflugzeug von Boeing. Mit einer Reisegeschwindigkeit von fast 300 Stundenkilometern kann die Boeing 247 die Zeit für einen Transkontinentalflug quer durch die USA auf unter 20 Stunden drücken.

22. Juli: Wiley Post beendet seinen Soloflug um die Welt. In einer Lockheed Vega mit dem Namen *Winnie Mae* hat er für die 15 196 Meilen (über 25 000 Kilometer) weite Strecke nur 7 Tage, 19 Stunden und 36 Minuten benötigt. Bei der Landung in New York erwarten ihn 50 000 begeisterte Menschen.

Douglas DC-1

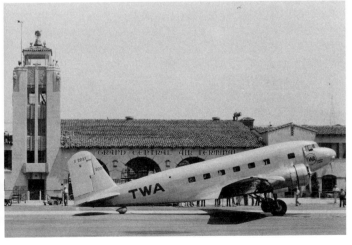

1935

22. November: Das erste große Flugboot der Pan Am (*Pan Am Clipper*) startet vor 125 000 Zuschauern von der San Francisco Bay. Die Flugboote ermöglichen Pan Am den Betrieb über den Pazifischen Ozean.

17. Dezember: Douglas Aircraft stellt die DC-3 vor, das ausgereifteste und beste Verkehrsflugzeug seiner Zeit. American Airlines wird der erste Kunde für die DC-3 und stattet seine Maschinen mit Schlafmöglichkeiten für die Passagiere aus. Einige der robusten DC-3 sind bis heute in Betrieb, vorwiegend als Buschflugzeuge in entlegenen Gebieten.

1938

14. Juli: Der amerikanische Milliardär und Rekordflieger Howard Hughes beendet seine Weltumrundung in New York. In einer Lockheed 14-N Super Electra benötigt er für eine fast 24 000 Kilometer lange Strecke nur drei Tage, 19 Stunden und 8 Minuten. 25 000 begeisterte Menschen empfangen Hughes auf dem Flugplatz Floyd Bennett Field auf Long Island.

Boeing B-314 Pan Am Clipper

1939

24. August: Die deutsche Heinkel He 178 ist das erste Flugzeug, das von einem Düsentriebwerk angetrieben wird. Der deutsche Ingenieur Hans von Ohain hat den Motor mit der Bezeichnung HeS 38 entwickelt, der das leichte Flugzeug auf eine Geschwindigkeit von über 640 Stundenkilometern beschleunigt.

1941

15. Mai: Das erste britische Strahlflugzeug, die Gloster E.28/39, geht in die Luft. Das Strahltriebwerk, in etwa zeitgleich in Deutschland und England entwickelt, wird die Luftfahrt revolutionieren.

1942

18. Juli: Die Messerschmitt Me 262, das einzige Düsenflugzeug, das während des Zweiten Weltkriegs in nennenswerter Stückzahl produziert wird, macht seinen Erstflug. Die Me 262 ist beeindruckende 870 Stundenkilometer schnell. Probleme mit der Produktion verhindern den Kriegseinsatz allerdings bis September 1944.

1944

17. April: Howard Hughes und der Präsident von TWA, Jack Frye, stellen mit einer Verkehrsmaschine des Typs Lockheed Constellation einen neuen Rekord von Burbank, Kalifornien, nach Washington D.C. auf: 6 Stunden und 57 Minuten.

13. Juli: Der französische Schriftsteller und Pilot Antoine de Saint-Exupéry (*Der kleine Prinz*) verschwindet während einer Aufklärungsmission in einer zweimotorigen Lockheed P-38 Lightning über dem Mittelmeer spurlos. Mit großer Wahrscheinlichkeit wurde seine Maschine Opfer eines deutschen Jägers.

1947

14. Oktober: Der Hauptmann der US Air Force, Chuck Yeager, fliegt in einer Bell X-1 als erster Mensch schneller als der Schall.

1949

27. Juli: Das britische Düsen-Verkehrsflugzeug de Havilland Comet startet zu seinem Erstflug. Die Comet ist das erste Flugzeug dieser Art und allen Verkehrsmaschinen der Zeit weit voraus.

1952

2. Mai: Der erste Liniendienst von BOAC (British Overseas Airways Corporation) mit der de Havilland DH 106 Comet beginnt. Die 36-sitzige Maschine fliegt von London nach Johannesburg, Südafrika, und erreicht dabei eine Reisegeschwindigkeit von über 800 Stundenkilometern.

1954

10. Januar: Eine de Havilland Comet, die gerade in Rom gestartet ist, stürzt ins Mittelmeer, alle 29 Passagiere und sechs Crewmitglieder sterben. Drei Monate später zerbricht eine andere Comet während des Flugs, der Flugbetrieb wird vorübergehend eingestellt. Eine ausgedehnte Untersuchung ergibt, daß Metallermüdung am Rumpf die Ursache für die beiden zunächst unerklärlichen Unfälle

de Havilland Comet

war. Die Comet wird für eine gründliche Überarbeitung außer Dienst gestellt – und England verspielt seine Führung im Bau von Düsenverkehrsflugzeugen.

1956

30. Juni: Eine Lockheed Super Constellation der TWA und eine Douglas DC-7 von United Airlines kollidieren in sechseinhalbtausend Metern Höhe über dem Grand Canyon. Alle 128 Menschen an Bord beider Maschinen sterben. Das Unglück führt zu vielen neuen Sicherheitsmaßnahmen durch die amerikanische Luftfahrtbehörde FAA (Federal Aviation Administration).

1958

4. Oktober: Die neue de Havilland Comet 4 nimmt den Liniendienst zwischen London und New York auf. Dennoch ist die neue Version der Comet dem Düsenverkehrsflugzeug Boeing 707 unterlegen, die am 26. Oktober 1958 in Dienst gestellt wird. Während die Boeing 707 bis zu 111 Passagieren Platz bietet, kann die Comet lediglich 67 Menschen befördern. Boeing übernimmt die Führung auf dem Markt für Verkehrsflugzeuge.

1960

16. Dezember: Eine DC-8 der United und eine Super Constellation der TWA stoßen über dem New Yorker Stadtteil Brooklyn zusammen. Das Desaster, das 138 Menschenleben fordert, wird wesentlich zur Entwicklung moderner Flugsicherungstechnologie mit Hilfe von Radar und später Computern beitragen.

1962

29. November: England und Frankreich unterzeichnen einen Vertrag über den gemeinsamen Bau des Überschall-Verkehrsflugzeugs Concorde.

1968

31. Dezember: Die russische Tupolew 144 startet als erstes Überschall-Verkehrsflugzeug – zwei Monate vor der Concorde – zu ihrem Jungfernflug.

1969

9. Februar: Das bis heute größte Passagierflugzeug der Welt, die Boeing 747 (*Jumbo Jet*), hebt zum ersten Mal ab. Die 747 ist zu dieser Zeit doppelt so groß wie der bis dahin größte Jet von Boeing, die 707, und bietet bis zu 450 Passagieren Platz. Sie wird bis heute in vielen Versionen weiterentwickelt und ist auch in ihrer modernsten Version (747-400ER) die weltweit größte Verkehrsmaschine. Erst der Airbus 380, 2003 noch in Entwicklung, wird der 747 diesen Titel endgültig streitig machen.

2. März: Der französische Prototyp der Concorde absolviert seinen Jungfernflug in Toulouse. Während der ersten 42 Minuten fliegt die Concorde noch im Unterschallbereich, am 1. Oktober 1970 wird sie die »Schallmauer« zum ersten Mal durchbrechen.

20. Juli: *Eagle* (Adler), die Mondlandefähre der Mission Apollo 11, landet im Meer der Ruhe auf dem Mond. Gesteuert wird *Eagle* während des Landeanflugs vom ehemaligen X-15- und Testpiloten Neil Armstrong und dem Militärpiloten und Wissenschaftler Edwin Aldrin.

1970

21. Januar: Die Boeing 747 wird von Pan American auf der Strecke New York – London in Dienst gestellt. Drei Jahre später wird sie zum ersten Mal auf inneramerikanischen Strecken eingesetzt. Die 747 verändert den Luftverkehr grundlegend, da sie vielen Menschen den Flug über weite Strecken zu günstigeren Preisen ermöglicht. In den drei darauffolgenden Jahrzehnten wird die weltweite Flotte der 747 über 2,2 Milliarden Passagiere befördern.

1971

24. März: Der amerikanische Kongreß beschließt, die finanzielle Unterstützung für das Projekt eines US-amerikanischen Überschall-Verkehrsflugzeugs (SST, *Super Sonic Transport*) einzustellen. Bis zu diesem Zeitpunkt hat das Projekt bereits über eine Milliarde Dollar verschlungen, keine Maschine wurde gebaut.

6. August: American Airlines nimmt mit der Douglas DC-10, dem ersten dreistrahligen Großraumjet (zwei Triebwerke unter den Tragflächen, eines im Heck) den Liniendienst auf. Die der DC-10

täuschend ähnliche Lockheed L-1011 TriStar wird ein dreiviertel Jahr später in Dienst gestellt. Den kommerziellen Wettbewerb der beiden Typen entscheidet die DC-10, deren Weiterentwicklung MD-11 bis in die neunziger Jahre gebaut wird, klar für sich.

1974

23. Mai: Air France beginnt den Liniendienst mit dem Airbus A 300. In den späten sechziger Jahren gegründet, will Airbus Industries die US-amerikanische Flugzeugindustrie, die im Westen eine Monopolstellung innehat, herausfordern. Airbus ist ein Konsortium deutscher, französischer, spanischer und englischer Hersteller. 1977 verkauft Airbus zum ersten Mal Maschinen an eine US-Fluggesellschaft, Eastern Airlines.

1976

21. Januar: Zwei Concorde von Air France und British Airways läuten das Zeitalter der Überschall-Flugreisen ein. Die französische Maschine fliegt von Paris nach Buenos Aires, die englische von London nach Bahrain. Die Produktion der Serienmaschinen endet

Prototyp der Boeing 747

bereits 1979 mit dem 16. Flugzeug, nachdem klar ist, daß außer den beiden Staatslinien Frankreichs und Englands keine Fluggesellschaft die Concorde bestellen wird.

1982

19. Februar: Die Boeing 757 hebt ab. Die 757 soll die riesige Flotte der in die Jahre gekommenen 727-Mittelstreckenjets ersetzen. Die Maschine hat eine um bis zu 80 Prozent höhere Spriteffizienz als die 727.

1987

22. Februar: Erstflug des Airbus A 320 – das erste Verkehrsflugzeug mit »Fly by Wire«-Technik, bei der die Steuereingaben des Piloten nicht mehr mechanisch übertragen werden, sondern als elektrische Impulse an die Stellmotoren der Ruder gelangen.

1991

25. Oktober: Erstflug des Airbus A 340–300. Das erste vierstrahlige Langstreckenflugzeug des europäischen Konsortiums setzt neue Standards bei Wirtschaftlichkeit und Komfort. Es bietet in der ersten Version bis zu 295 Passagieren Platz und fliegt bis zu 13 900 Kilometer weit. Die größte Version, A 340–600, die im Juli 2002 in Dienst gestellt wird, bietet 380 Menschen Platz und bewältigt Ultralangstrecken von bis zu 14 150 Kilometern.

1995

17. Mai: United Airlines stellt die 777 (*Triple Seven*) in Dienst. Der riesige Zweistrahler, der bis zu 440 Passagiere befördern kann, ist das erste komplett mit Hilfe von CAD (Computer Aided Design) am Bildschirm konstruierte Flugzeug und die erste völlige Neuentwicklung von Boeing seit mehr als einem Jahrzehnt.

1997

1. August: Die Boeing Company erwirbt McDonnell Douglas und bringt so den einzigen verbliebenen Konkurrenten beim Bau von großen Verkehrsflugzeugen in den USA unter Kontrolle.

2000

25. Juli: Eine Concorde der Air France stürzt kurz nach dem Start in Paris ab. 113 Menschen kommen bei dem Absturz ums Leben.

17. Dezember: Airbus startet offiziell sein Programm A380, Konstruktion und Bau des größten Passagierflugzeugs. Vorher als A3XX bekannt, wird die doppelstöckige A380 je nach Version zwischen 550 und 840 Passagieren Platz bieten. Der Erstflug wird für 2004, die Auslieferung der ersten Serienflugzeuge für 2006 erwartet. Die Airbus-Manager glauben, innerhalb von zwanzig Jahren bis zu 750 Maschinen des Typs absetzen zu können. Die A 380 – Spannweite 80 Meter – soll das erste Verkehrsflugzeug werden, das pro Passagier auf einer Flugstrecke von 100 Kilometern weniger als drei Liter Treibstoff verbraucht.

2001

11. September: Islamische Terroristen bringen in den USA vier Verkehrsflugzeuge der Typen Boeing 767 und 757 unter ihre Kontrolle, die sie in einer beispiellosen Selbstmord-Kommandoaktion in die Türme des New Yorker World Trade Centers und das Pentagon in Washington lenken. Die vierte Maschine stürzt im Anflug auf Washington ab. In der Folge ist der gesamte private und kommerzielle Luftverkehr der USA zum ersten Mal in seiner Geschichte für Tage lahmgelegt. Die weltweiten Verluste der Fluggesellschaften werden für 2001 auf 7 Milliarden Dollar geschätzt.

2003

1. Februar: Das Space Shuttle *Columbia,* die älteste der wiederverwendbaren amerikanischen Raumfähren, zerbricht beim Wiedereintritt in die Erdatmosphäre über Texas. Der Absturz ist wahrscheinlich auf einen beim Start verursachten Schaden an der linken Tragfläche zurückzuführen. Alle sieben Astronauten kommen bei dem Unglück ums Leben.

März: Air France und British Airways geben bekannt, daß der Betrieb des einzigen Überschall-Airliners Concorde zum Jahresende 2003 eingestellt werden soll.

17. Dezember: In Kitty Hawk, North Carolina, wird das 100. Jubiläum des ersten Motorflugs der Brüder Wright gefeiert.

Bildnachweis

Der Verlag hat sich bemüht, sämtliche Rechteinhaber ausfindig zu machen. In einigen wenigen Fällen ist dies leider nicht gelungen. Für Hinweise sind wir dankbar.

S. 2: Corbis • S. 10, 13, 16, 20, 24, 29, 31: www.first-to-fly.com • S. 32: Bettmann/Corbis • S. 35: Scherl/SV-Bilderdienst • S. 37: Eric Long, National Air and Space Museum, Smithsonian Institution (SI 2002–19481) • S. 40: Cynthia Long/aviation-history.com • S. 45: Marconi Corporation plc • S. 48: Maria Langer • S. 50, 52: Science Museum/Science & Society Picture Library • S. 56: Marconi Corporation plc • S. 61: Minnesota Historical Society/Corbis • S. 64, 74, 77, 78: Bettmann/Corbis • S. 82: Alexis von Croy • S. 84, 85 links: Dan Patterson • S. 85 rechts: Eric Long, copyright 2001 National Air and Space Museum, Smithsonian Institution (SI 2001–136) • S. 87: Bettmann/Corbis • S. 89: Alexis von Croy • S. 93: Photo provided courtesy of Purdue University, from the Purdue Univerity Libraries' Amelia Earhart Special Collections • S. 95: Corbis • S. 98, 101: Bettmann/Corbis • S. 105: Photo provided courtesy of Purdue University, from the Purdue Univerity Libraries' Amelia Earhart Special Collections • S. 106: Corbis • S. 108: Bettmann/Corbis • S. 111: Corbis • S. 113, 120: Grafik Nicola Mai • S. 124: Ric Gillespie, TIGHAR • S. 138: Museum of Flight/Corbis • S. 140, 141: Underwood & Underwood/Corbis • S. 149: Patrick Bunce, Collings Foundation • S. 161: Bettmann/Corbis • S. 164/165: Archiv Alexis von Croy • S. 172/173: Reinhart Mazur • S. 180: Alexis von

Bildnachweis

Croy • S. 182: Archiv Alexis von Croy • S. 185: Bettmann/Corbis • S. 191: Alexis von Croy • S. 192: NASA • S. 194: Archiv Alexis von Croy • S. 196/197: NASA/USAF Lt. Robert A. Hoover • S. 199: NASA/NACA • S. 201: Alexis von Croy • S. 205: Hulton-Deutsch Collection/Corbis • S. 207: NASA/NACA • S. 209, 210: NASA • S. 211: NASA/USAF • S. 213: Dean Conger/Corbis • S. 218, 220, 223, 224, 225, 229: NASA • S. 236: Sammlung privat • S. 240: Philippe Giraud /Corbis Sygma • S. 248: Grafik Nicola Mai • S. 252, 253, 254, 255: Bruce Meyer /Corbis Sygma • S. 256, 257: Dennis Garrels/Corbis Sygma • S. 260, 265, 268, 270, 271: Alexis von Croy • S. 275: Bettmann/Corbis • S. 279: Corbis • S. 280, 281, 282, 283, 284/285, 286/287, 288, 289, 290/291, 292, 293: Tim Wright/Corbis • S. 298: Philip Wallick/Corbis • S. 300: Hulton-Deutsch Collection/Corbis • S. 301: Bettmann/Corbis • S. 302, 303: Jacques Langevin/Corbis Sygma • S. 304: Stephane Ruet/Corbis Sygma • S. 305: ullstein bild – Reuters • S. 306, 307: Corbis Sygma • S. 310/311, 315: ullstein bild – Reuters • S. 318: Corbis Sygma • S. 325: ullstein bild – AP • S. 327: ullstein bild – Reuters • S. 329: ullstein bild – AP • S. 331: Museum of Flight/Corbis • S. 334/335: Corbis • S. 336: Copyright Biblioteca Ambrosiana – Auth. No. 041/03 • S. 337, 343: Bettmann/Corbis • S. 344: National Air and Space Museum, Smithsonian Institution (SI 73–9000) • S. 345: Hulton-Deutsch Collection/Corbis • S. 346: Corbis • S. 347 links: Bettmann/Corbis • S. 347 rechts: Leonard de Selva/Corbis • S. 348: Bettmann/Corbis • S. 349: Photograph courtesy of the Canada Aviation Museum, Ottawa • S. 350, 351: Bettmann/Corbis • S. 352: Museum of Flight/Corbis • S. 354: Deutsche Lufthansa AG • S. 356: Museum of Flight/Corbis • S. 357: ™ & © Boeing. Used under license • S. 358: Corbis • S. 360: Hulton-Deutsch Collection/Corbis • S. 363: ™ & © Boeing. Used under license.

Der Autor möchte Ulrich Wank, Markus Dockhorn und Andrea Göppner vom Piper Verlag für ihre Geduld und Unterstützung danken.

Bertrand Piccard, Brian Jones

Mit dem Wind um die Welt

Die erste Erdumkreisung im Ballon. Aus dem Englischen von Anja Hansen-Schmidt und Thomas Pfeiffer. 397 Seiten und 60 Farbfotos. Serie Piper

Am 1. März 1999 starteten der Schweizer Bertrand Piccard und der Engländer Brian Jones in eines der größten Abenteuer, das die Welt noch zu bieten hatte – die erste Nonstop-Umrundung der Welt per Ballon. Im fairen Wettstreit mit ihren Konkurrenten gelang das ehrgeizige Vorhaben. Nach genau 19 Tagen, 21 Stunden und 47 Minuten waren die beiden am Ziel und haben damit wahrgemacht, wovon schon Jules Verne träumte. Ein atemberaubender dokumentarischer Bericht über das letzte Abenteuer des 20. Jahrhunderts.
Süddeutsche Zeitung

Beryl Markham

Westwärts mit der Nacht

Mein Leben als Fliegerin in Afrika. Vorwort von Martha Gellhorn. Aus dem Englischen von Günter Panske. 314 Seiten. Serie Piper

Tania Blixen beschreibt sie als eine hinreißende Frau: Die unternehmungslustige Beryl Markham, die den größten Teil ihres Lebens in Afrika verbrachte, war ganz versessen auf die Löwenjagd und das Fliegen. Wie einen Abenteuerroman schildert sie ihr aufregendes Leben im Afrika der Kolonialzeit, als Kenia noch ein Ort war, an dem Europäer ihre Träume von unberührter Wildnis und Exotik verwirklichen konnten. Sie erzählt von ihrem Alleinflug über den Atlantik von Ost nach West, der sie 1936 auf einen Schlag weltberühmt machte, von einer dramatischen Rettungsaktion im afrikanischen Busch und von ihrem Leben als Frau in Kenia. Kein Geringerer als Ernest Hemingway sagte über sie: »Ihre Bücher sind phantastisch, weit wichtiger als meine eigenen Romane.«